suhrkamp taschenbuch
wissenschaft 1535

In diesem Band sind die wichtigsten Vorträge und Aufsätze versammelt, die Ernst Tugendhat in den letzten Jahren geschrieben hat. Im Mittelpunkt stehen die Moral und das Problem ihrer Begründbarkeit. Dabei geht es sowohl um die theoretischen Grundlagen der Moralphilosophie als auch um konkrete Fragen, wie etwa die Menschenrechte, die Euthanasie oder aber die Positionen und das Potential der Evolutionstheorie. So ergeben sich ungewohnte Perspektiven auf klassische Fragen. Ein anderer Schwerpunkt liegt auf der Auseinandersetzung mit Nietzsche und Heidegger, deren theoretische Konzepte auch in ihrer Anwendung verfolgt und problematisiert werden. Letzteres gilt besonders für Nietzsches Antiegalitarismus, der mit demjenigen von Hitler verglichen wird.

Ernst Tugendhat ist emeritierter Professor für Philosophie an der Freien Universität Berlin. Zuletzt sind von ihm erschienen: *Dialog in Leticia* (stw 1302); *Philosophische Aufsätze* (stw 1017); *Vorlesungen über Ethik* (stw 1100).

Ernst Tugendhat
Aufsätze 1992-2000

Suhrkamp

Bibliografische Information Der Deutschen Bibliothek
Die Deutsche Bibliothek verzeichnet diese Publikation in der
Deutschen Nationalbibliografie
http://dnb.ddb.de

suhrkamp taschenbuch wissenschaft 1535
Erste Auflage 2001

Satz: Hümmer GmbH, Waldbüttelbrunn
Druck: Nomos Verlagsgesellschaft, Baden-Baden
Printed in Germany
Umschlag nach Entwürfen von
Willy Fleckhaus und Rolf Staudt
ISBN 3-518-29135-1

2 3 4 5 6 – 10 09 08 07 06 05

Inhalt

Vorrede

In diesem Band sind die meisten der kleineren Arbeiten gesammelt, die ich in den letzten neun Jahren auf deutsch geschrieben habe (nur die Nr. 2 ist eine Übersetzung aus dem Spanischen). Die Reihenfolge ist chronologisch. Eine Gliederung in Rubriken wäre eher abwegig gewesen. Wo Zusammenhänge bestehen, ist das zum Teil anhand des Inhaltsverzeichnisses ersichtlich, andere zeigen sich erst in den Texten selbst. So besteht z. B. ein enger Zusammenhang zwischen der Nr. 8 und der Nr. 11. Die in der Nr. 8 erörterte Thematik der »Tiefendimensionen« innerhalb einer Anthropologie, die die aristotelische Idee aufnimmt, daß der spezifische Unterschied der Menschen zu den übrigen Tieren in ihrer prädikativ-propositionalen Sprache gründet,[1] habe ich inzwischen in einer anderen Arbeit fortgeführt, die aber bisher nur auf spanisch vorliegt. Von der sprachlichen Struktur her versuche ich inzwischen auch die Thematik des Vortrages über den Tod (Nr. 5) unter dem Stichwort »Mystik« fortzuführen, auch dies vorerst nur in einer spanischen Arbeit.

Von den Aufsätzen über Moral, die ich in den 90er Jahren geschrieben habe, sind hier nur die bisher unveröffentlichten Nr. 6 und Nr. 9 aufgenommen, weil nur sie über die Position, die ich in *Dialog in Leticia* (Suhrkamp 1997) erreicht hatte, hinausführen. Die Vielzahl meiner Versuche zur Moral mag inzwischen so unübersichtlich wirken, daß einige Erläuterungen nützlich sein mögen. Die *Vorlesungen über Ethik* (Suhrkamp 1993) finde ich in den meisten Teilen immer noch brauchbar, nur die zentrale 5. Vorlesung war ein völliger Reinfall, erstens wegen ihrem Unverständnis gegenüber dem Kontraktualismus und zweitens, damit zusammenhängend, wegen ihrer verfehlten Orientierung der Begründungsproblematik an Sätzen der Form »x ist gut«. Es war dieser zweite Fehler, den ich in *Dialog in Leticia* richtiggestellt habe.

Ich kann den springenden Punkt jetzt so erläutern: Eine Moral ist ein System wechselseitiger Forderungen. Deswegen kann man den Begriff des moralisch Guten nur so verstehen, wie ihn Rawls in *Eine Theorie der Gerechtigkeit* (Suhrkamp 1979) in § 66 definiert: Moralisch gut ist, wer sich so verhält, wie wir (die Mitglieder der moralischen Gemeinschaft) es wechselseitig voneinander fordern.

1 Vgl. Aristoteles, *Politik*, I, 2, 1253 a 9-17, und meine *Vorlesungen zur Einführung in die sprachanalytische Philosophie*, Frankfurt a. M. 1976.

Darin ist impliziert, daß die Begründung des moralisch Guten nichts Eigenständiges sein kann, sondern ihrerseits auf der Begründung dieser wechselseitigen Forderungen gründet. Der primäre Gegenstand von moralischer Begründung sind daher nicht Wertsätze, sondern Normen. Nun sind aber Normen Imperative, und Imperative lassen sich nicht wie Aussagen (und auch nicht analog zu Aussagen) begründen, wohl hingegen lassen sie sich *gegenüber* dem, an den sie ergehen, begründen: Hier läßt sich erstens von Gründen sprechen, sich einem Imperativ zu unterwerfen, aber dann auch zweitens von Gründen, eine Norm *einzugehen* (vgl. S. 165 ff.). Eine Begründung von Moral kann nur den Sinn haben, daß sich die Mitglieder einer moralischen Gemeinschaft wechselseitig begründen, die Normen dieser Moral zu akzeptieren; das aber heißt: ihnen in der Disposition zu den komplementären Gefühlen von Empörung und Schuld Nachdruck zu verleihen.

Kritiker haben Anstoß daran genommen, erstens, daß ich, was moralische Verpflichtung heißt, überhaupt auf eine Sanktion beziehe, und zweitens, daß ich die Sanktion an diesen wechselseitigen Gefühlen festmache. Das liegt aber nur daran, daß man sich in der Moralphilosophie im allgemeinen über die Frage, was denn unter dem moralischen »Sollen« (Müssen) gemeint sei, einfach hinwegsetzt. Einzig Kant hatte eine Antwort auf diese Frage, und diese war m. E. falsch, genauer gesagt: sinnwidrig. Wer also meine Erklärung des moralischen Sollens ablehnt, müßte eine dritte Alternative nennen, und eine solche gibt es, soweit ich sehe, nicht. Diese Kritik beruht also vielleicht nur auf Gedankenlosigkeit.[2] Man glaubt, wenn Moral nur in bezug auf die genannten Gefühle Sinn habe, sei das eine Art »Emotivismus«, und das stehe im Gegensatz zu der »kognitiven« Vorstellung, daß Moral begründet werden muß. Die Rede vom »Kognitiven« hat in der Moralphilosophie nur Verwirrung gestiftet. In Wirklichkeit besteht hier kein Gegensatz, vielmehr *heißt* eine moralische Norm begründen: sich wechselseitig zeigen, daß man Grund hat, den normativen Inhalt – das wäre, wenn man so will, das »Kognitive« – in diesen wechselseitigen Gefühlen zu akzeptieren. (Oder was will man ablehnen? Daß das, was zu begründen ist, das wechselseitige Akzeptieren ist oder daß das Akzeptieren in diesen Gefühlen besteht?) Wozu man *Grund* hat, ist, der *Sanktion* mit Bezug auf die und die *Inhalte* gemeinsam zuzustimmen.

2 Zur Richtigstellung vgl. jetzt auch P. Stemmer, *Handeln zugunsten anderer*, Berlin 2000, §§ 3-5.

Eine Moral – jede Moral, auch die autoritär begründete – gründet also in einer impliziten wechselseitigen (gefühlsmäßigen und zugleich für begründet gehaltenen) Zustimmung, und damit stehen wir vor dem »kontraktualistischen« Aspekt. Wer ihn leugnet, ist gezwungen, Moral als etwas zu verstehen, was wir (wer?) eben »haben«, wie das für das Moral-Pendant der anderen, der »festverdrahteten« Spezies gilt, wo man von Normen gar nicht sprechen kann (vgl. die Nr. 11). Es ist dieser Punkt des »Kontraktuellen«, den ich in den *Vorlesungen* mißverstanden, aber dann auch im *Dialog in Leticia* im unklaren gelassen habe. Was ihn so schwierig macht (ich habe jahrelang daran herumgebosselt) ist, einerseits den Aspekt der wechselseitigen begründeten Zustimmung nicht fallenzulassen und ihn andererseits nicht in Analogie zu einem Kontrakt im gewöhnlichen Sinn zu mißdeuten. Es ist dies, was ich versuche in der Nr. 9 dieses Bandes nachzuholen.

Aber wo stehe ich jetzt? Meine verbleibenden Unsicherheiten zeigen sich in den Schlußbetrachtungen sowohl der Nr. 6 wie der Nr. 9, und am Ende der Nr. 11 habe ich meinen Zweifeln die Zügel voll schießen lassen.

Der Stellenwert der Nr. 12 ist sicher leicht zu verstehen. Diese Abhandlung beruht auf einem Vortrag, den ich im Mai 1997 an der Universität Hamburg gehalten, aber für diesen Band vollständig überarbeitet habe.

Ich bin mir dessen bewußt, daß die Aufsätze von ungleichem Niveau sind. Von den Beiträgen zu Heidegger sind die Nr. 1 und die Nr. 10 in der Form gewiß zu salopp geraten. Es waren schnell zusammengestellte Vorträge, die ohne Überarbeitung gleich gedruckt wurden. Aber inhaltlich scheint mir alles, was ich in ihnen sage, richtig zu sein, und von Heideggers entsprechenden Thesen bleibt m. E. nichts übrig. Die Nr. 7 hingegen ist mehr auf Gründlichkeit bedacht.

Nur zwei der Arbeiten sind so geschrieben, wie ich eigentlich gerne schreiben würde, die Nr. 4 und die Nr. 5, trotz oder eben wegen ihrer offensichtlichen Widersprüchlichkeiten, und wer also nur das lesen möchte, wohinter der Autor ganz steht, überspringe alles übrige!

Tübingen, im April 2001
Ernst Tugendhat

1. Heidegger und Bergson über die Zeit

Heidegger hat in *Sein und Zeit* auf Bergsons Zeitanalyse nur zweimal Bezug genommen. In beiden Fällen hat er sich gegen sie abgegrenzt. Bergson bleibe noch der aristotelischen Zeitauffassung verhaftet, einer Auffassung von Zeit, die Heidegger als vulgäre Zeit bezeichnet. Die einzige Stelle, die ich kenne, wo Heidegger etwas ausführlicher auf Bergsons Zeitauffassung Bezug nimmt, findet sich gegen Ende seiner letzten Marburger Vorlesung, SS 1928, Bd. 26 der Gesamtausgabe. Dort sagt er auf S. 262: »Bergson hat den Zusammenhang zwischen einer abgeleiteten und einer ursprünglichen Zeit zum ersten Mal herausgearbeitet, aber so, daß er nun zu weit ging und sagte, die entsprungene Zeit sei der Raum.« Heidegger hätte auch sagen können: »aber so, daß er nun nicht weit genug ging«, denn es ist seine These, daß, was Bergson als die ursprüngliche Zeit herausgestellt habe, seinerseits in einer noch ursprünglicheren Zeit gründe, eben jener, die Heidegger meinte herausgearbeitet zu haben. Dieses Muster des Sichüberbietens ist bei Heidegger bekannt. Zum Beispiel Nietzsche habe geglaubt, die Metaphysik zu überwinden, und auch schon einige vor ihm, aber erst bei Heidegger geschehe es wirklich. Das soll uns hier nicht aufhalten. Heidegger legt an der Stelle in der Vorlesung von 1928 den Finger auf die richtige Stelle: Was Heidegger mit Bergson strukturell verbindet, und viel enger verbindet, möchte ich hinzufügen, als Heidegger mit Husserls Analysen zum Zeitbewußtsein, ist die These, die freilich bei beiden einen sehr verschiedenen Sinn hat, daß die Zeit, von der wir normalerweise sprechen, eine abgeleitete sei und von ihr eine ursprüngliche, die gewissermaßen wahre Zeit, zu unterscheiden sei. Ob Heidegger erst durch die Lektüre von Bergson auf diese für ihn so wichtige These gekommen ist, weiß ich nicht, es spielt auch für das Folgende keine Rolle.

Die Kernthese meines Vortrags wird eine ganz simple sein, daß beide Philosophen bei ihrer angeblichen Ableitung einen einfachen Fehler begangen haben; in beiden Fällen läßt sich zeigen, daß die Autoren bei der Einführung ihres angeblich ursprünglicheren Zeitbegriffs das, was Heidegger die vulgäre Zeit nennt, also die Zeit im normalen Sinn, bereits voraussetzen müssen, so daß sich die behauptete Ursprünglichkeit eines tieferen Zeitbegriffs als Täuschung erweist.

Ich werde mich sehr viel stärker auf Heidegger beziehen, weil bei ihm die in *Sein und Zeit* behauptete Ursprünglichkeit der Zeitlichkeit des Daseins gegenüber der Zeit im natürlichen Sinn die entscheidende Grundlage bilden sollte für das, was die Hauptthese von Heideggers Philosophie überhaupt werden sollte, daß nämlich der Sinn des Seins in der Zeit liegen soll. Es ist diese These, die im Titel des Buches *Sein und Zeit* angesprochen wird. Sein überhaupt müsse, wie Heidegger in § 5 sagt, aus der Zeit begriffen werden. Aber das kann natürlich, wie Heidegger sofort erläuternd hinzufügt, nicht heißen, daß es für Seiendes wesentlich sei, *in* der Zeit zu sein. »Auch das Unzeitliche und Überzeitliche«, so fügt Heidegger hinzu, »ist hinsichtlich seines Seins ›zeitlich‹.« Aber wenn das überhaupt einen Sinn haben soll, muß natürlich das Wort »zeitlich« und damit auch das Wort »Zeit« im Titel des Werkes einen anderen Sinn haben als seinen gewöhnlichen, und es ist eben die Funktion jener These von einer ursprünglicheren Zeit, die das vorbereiten soll.

Dabei sieht das große Programm, das sich Heidegger für die ersten zwei veröffentlichten Abschnitte und für den dritten, nicht geschriebenen Abschnitt vorgenommen hat, folgendermaßen aus: Die Analysen, die Heidegger im ersten Abschnitt über das Sein des Daseins – das soll heißen, des Menschen – durchgeführt hat, bilden die Grundlage für die im zweiten Abschnitt herausgestellte angeblich ursprünglichere Zeit, die die Zeitlichkeit des Daseins ist. Und nun sollte im dritten Abschnitt gezeigt werden, daß das, was Heidegger den Sinn des Seins nannte – ein sehr kryptischer Ausdruck ohnehin –, nur von dieser ursprünglicheren Zeit her verstanden werden kann.

Später, nach der sogenannten Kehre, hat Heidegger damit noch die weitere These verbunden, daß diejenige Zeitlichkeit, die die des Sinns des Seins sei, ihrerseits noch ursprünglicher sei als das, was er die ursprüngliche Zeit im zweiten Abschnitt von *Sein und Zeit* nannte, die Zeitlichkeit des Daseins. Aber von dieser 3. These können wir hier absehen. Wichtig sind die ersten zwei: Erstens die des zweiten Abschnitts, die derjenigen von Bergson analog ist, daß es eine subjektive Zeit gibt, die in ihrer Struktur ursprünglicher sei als die natürliche Zeit, und die des projektierten dritten Abschnitts, daß in einem wie immer zu definierenden Sinn der Sinn des Seins von dieser ursprünglicheren Zeit her zu verstehen sei. Die zweite These, die für Heideggers Gesamtprojekt letztlich entscheidende, die bei Bergson kein Pendant hat, ist, wie wir sehen werden, von der Wahrheit oder der Falschheit der ersten unabhängig.

Ich werde am Ende meines Vortrags auf diese zweite These zu sprechen kommen und zeigen, daß es in Wirklichkeit eine weitere Täuschung war, zu meinen, daß es einen Weg von der angeblich ursprünglicheren Zeitlichkeit des Daseins zu einer entsprechenden ursprünglichen Zeitlichkeit des Sinns des Seins gebe. Daß auch diese zweite These eine Täuschung war, ist wahrscheinlich Heidegger selbst bald nach Erscheinen des sogenannten ersten Teils von *Sein und Zeit* deutlich geworden, und hier liegt nach meiner Meinung der ganz simple Grund, warum der dritte Abschnitt nicht geschrieben wurde. Er ist nicht geschrieben worden, weil er nicht geschrieben werden konnte, und er konnte nicht geschrieben werden, nicht wegen den tiefsinnigen Andeutungen, die Heidegger später im Humanismusbrief und anderswo machte, daß er, was er sagen wollte, in der Sprache der sogenannten Metaphysik nicht sagen konnte, sondern weil man etwas, was im strengen Sinn des Wortes sinnlos ist, eben nicht sagen kann, und es gibt eben keine besondere Sprache der Metaphysik, es gibt nur *die* Sprache.

Nach meiner Meinung hätte es nur fünf Minuten klaren Nachdenkens bedurft, damit sich Heidegger schon Jahre vor Erscheinen von *Sein und Zeit* der Unhaltbarkeit der beiden Thesen hätte bewußt werden können, auf denen er sein scheinbar so großes Konzept glaubte aufbauen zu können. Aber trotz seiner bewundernswerten konstruktiven Kraft gehörte das ruhige Überprüfen seiner Grundprämissen nicht zum Stil seines Denkens. Sosehr er auch im einzelnen durchaus scholastisch und scharfsinnig sein konnte, war er, was die Konzepte selbst betraf, immer eher Visionär. Er erschaute etwas, was revolutionär erscheinen mußte, in vagen Umrissen und brachte es über sich, es in dieser Form über die Jahre hinweg stehenzulassen. Vielleicht ergeht es den meisten von uns, was die Ausgangsprämissen betrifft, ähnlich, und so muß man sich also mehr als über ihn selbst darüber wundern, daß er ganze Generationen von Philosophierenden in den Bann seiner Vision einbinden konnte. Auch ich habe dazu gehört, so sehr, daß ich deswegen im Jahr 1949 extra nach Deutschland gekommen bin. Es hat Jahre gedauert, bis ich mich davon befreit hatte. Ich habe das zuerst auf dem Weg einer Entmystifizierung seines Wahrheitsbegriffs getan. Erst etwas später wurde mir klar, daß auch der eine der im Titel des Hauptwerks genannten Grundbegriffe, der des Seins, eigentlich sinnlos ist, weil es den einheitlichen Seinsbegriff, von dem Heidegger wie naiv voraussetzte ausgehen zu können, gar nicht gibt. Erst in einem Vortrag, den ich im vorigen Jahr in Tokio hielt, habe ich bei einem weiteren Stützpfeiler von Heideggers Gebäude – der Rede von einem Sinn des Seins – gesehen, daß Heidegger ihn nur gebrauchen konnte, weil er sich nie die Mühe machte, ihn zu erklären.

In dem jetzigen Vortrag werde ich einfach voraussetzen, daß wir, was Heidegger mit Sein meint, schon irgendwie verstehen; es ist schwierig, alles gleichzeitig zu problematisieren. Es scheint mir aber nicht unpassend zu sein, jetzt, wo ich aus dem Land, in das ich einst wegen Heidegger gekommen war, wieder weggehe, mich mit einem Vortrag zu verabschieden, in dem ich die Brüchigkeit des zweiten Hauptpfeilers von Heideggers Konzept von *Sein und Zeit* aufzeige. Wahrscheinlich renne ich damit nur offene Türen ein: es gibt wahrscheinlich nur noch wenige, die diese Idee von Heidegger noch ernst nehmen; in diesem Fall handelt es sich nur um einen Rest von eigener unbewältigter Vergangenheit. Da es aber immer noch und erneut Glaubende und Tiefsinnige gibt, ist die Entmystifikation immer noch ein notwendiger, wenngleich untergeordneter Teil des philosophischen Geschäfts. Der Grund, warum ich mich dem Zeitbegriff von Heidegger so spät zuwende, hängt freilich auch daran, daß ich ihn selbst nie so einleuchtend wie den des Seins gefunden habe, aber für Heidegger selbst war er natürlich genauso zentral. Die Begriffe Sein, Sinn des Seins, Welt, Unverborgenheit und Zeit bildeten für ihn einen inneren Zusammenhang. Ich habe in die Ausarbeitung meines Tokio-Vortrags, die im Sommer in meinen *Philosophischen Aufsätzen* erschienen ist, die Zeitkritik mitaufgenommen, nicht hingegen die Bergson-Diskussion.

Bevor ich mich jetzt also dieser zuerst zuwende, muß ich ein paar Worte darüber sagen, was ich für das natürliche Zeitverständnis halte. Wir müssen uns ja darüber im Umriß verständigt haben, wenn wir uns mit Thesen zu konfrontieren haben, die einen ursprünglicheren Zeitbegriff behaupten. Für das, was wir unter Zeit verstehen, sind offenbar die zwei Begriffspaare maßgebend, die der englische Philosoph McTaggart die A- und die B-Reihe nannte. Die B-Reihe umfaßt die Begriffe »später« und »früher«. Wenn wir von Zeit reden, meinen wir die unendliche Reihe von Entitäten, die wir Ereignisse nennen, die nach der Relation früher und später geordnet werden können. Das ist eine Vorgegebenheit unseres Lebens bzw. unserer Welt, und es erscheint mir nicht besonders sinnvoll, von einem speziellen aristotelischen Zeitbegriff zu reden. Aristoteles ist eben, als der vernünftige Philosoph, der er war, auf das Selbstverständliche aufmerksam geworden, daß, wenn wir uns auf zeitliche Relationen beziehen, wir von früher, später und gleichzeitig sprechen. Was nun McTaggart die A-Reihe nennt, sind die Ausdrücke »gegenwärtig«, »zukünftig«, und »vergangen«.

Beide Begriffspaare scheinen für unser Zeitverständnis wesentlich zu sein. Ich nehme an – ich verstehe von diesen Dingen positiv sehr wenig und möchte ja hier nur auf diejenigen Unklarheiten aufmerksam machen, die bei fünf Minuten genauer Überlegung aufgefallen wären –, daß die eigentlichen philosophischen Probleme alle um das Verhältnis zwischen der A- und der B-Reihe kreisen. Es erscheint naheliegend, die A- auf die B-Reihe zurückzuführen, indem man definiert: gegenwärtig ist jeweils das, was dem Zeitpunkt gleichzeitig ist, an dem der Sprecher sich gerade befindet, zu Zukunft gehört der Teil der B-Reihe, die später ist als jetzt, und vergangen ist der Teil der B-Reihe, der früher ist als jetzt. Das einzige Problem an dieser Reduktion ist, daß sie darauf angewiesen ist, auf einen Sprecher Bezug zu nehmen, und man kann sich nun Gedanken darüber machen, ob von Zukunft usw. die Rede sein könnte, auch wenn es keinen Sprecher gäbe.

Wenn hier erst noch etwas hinzukommen müßte, wäre also auch schon hier gewissermaßen von zwei Schichten von Zeit zu sprechen, wobei freilich gerade die nicht-subjektive, die B-Reihe, die vorgängige ist, und eine Differenzierung in ursprünglich und deriviert wäre natürlich ohnehin abwegig. Ich will jedoch die Common-sense-Annahme machen, daß das volle Phänomen unserer natürlichen Rede von Zeit durch beide Begriffspaare – A- und B-Reihe – konstituiert ist.

Wenn mich jemand auffordern sollte, die hier verwendeten Begriffe ihrerseits zu erklären, so sind sicherlich die Begriffe der B-Reihe nicht verbal zu erklären, sie lassen sich aber, wie Wittgenstein in seinem *Braunen Buch* auf S. 151-55 (Suhrkamp) zeigt, durch sogenannte Sprachspiele erklären, und ich sehe nicht, wie man zweifeln kann, daß wir diese Worte als Kinder so verstehen lernen. Dabei macht Wittgenstein zwischen den Wörtern der A-Reihe und der B-Reihe keinen Unterschied, er denkt sich Sprachspiele für beide Wortgruppen aus. Versuche, wie Husserl sie unternommen hat, durch innere Anschauung eine Konstitution der

Zeitphänomene im Bewußtsein aufzuzeigen, können von daher, wenn nicht schon ohnehin, als erledigt angesehen werden.

Die entscheidende Analyse von Bergson findet sich im zweiten Kapitel seiner Frühschrift *Essai sur les Donnés immédiates de la Conscience*. Vorangegangen war eine kurze Erörterung des Raums, der als homogenes quantitatives *milieu* definiert wird, innerhalb dessen es möglich sei, gleichzeitige und gleiche Qualitäten gleichwohl zu unterscheiden. Erst innerhalb der Analyse der Zeit taucht als weitere Charakteristik die merkwürdige Bestimmung der *exteriorité* auf, in der wohl Hegels Bestimmung des Raums als Außersichsein aufgenommen wird, während die eigentlich spezifisch räumlichen Relationen wie die des Neben-, Hinter- und Übereinander nicht erwähnt werden.

Die Erörterung der Zeit beginnt sofort mit einem *non sequitur*, indem Bergson sagt: da der Raum als homogen bestimmt wurde, müsse umgekehrt alles Homogene Raum sein. Die Begründung, daß zwei Arten des Homogenen sich durch zwei Qualitäten unterscheiden müssen und der Raum sich gerade von den Empfindungsqualitäten unterscheide, kann natürlich nicht überzeugen, da es Verschiedenheiten geben kann, die nicht solche der Empfindungsqualitäten sein müssen. Mit diesem ersten Schritt ist bereits vorentschieden, daß, wenn es ein homogenes Medium der Folge gibt, also eine homogene Zeit, diese als Raum verstanden werden muß. Von der so verstandenen Zeit unterscheidet Bergson, was er die reine Dauer (*durée toute pure*) nennt, und diese stelle die ursprüngliche Form der Folge, also des Nacheinander dar. Bergson versteht diese, wie wir mit Heidegger terminologisch sagen können, »ursprüngliche« Zeitlichkeit so, daß die einzelnen Phasen des Nacheinander nicht, wie er sagt, getrennt sind, sondern sich wechselseitig durchdringen. »On peut donc concevoir la succession sans la distinction, et comme une penetration mutuelle.« Um das verstehen zu können, muß man sich klarmachen, daß Bergson wie selbstverständlich, in der augustinisch-kantischen Tradition stehend, die Zeit als Bewußtseinsform versteht. Mit ursprünglicher Zeit ist also ursprüngliches Zeitbewußtsein zu verstehen, und was er mit der wechselseitigen Durchdringung meint, erläutert Bergson am Beispiel, wie wir eine Melodie hören. Wir nehmen ja in gewisser Weise die aufeinanderfolgenden Töne auf einmal, gewissermaßen gleichzeitig wahr, und so, meint Bergson, beziehen wir uns überhaupt auf die Folge unseres Lebens. Er hat hier also den Fehler gemacht, nicht zwischen der Gleichzeitigkeit des Wahrnehmens des Zeitbewußtseins und der Ungleichzeitigkeit des intentionalen Gehaltes zu unterscheiden.

Man sieht auch, wie sich hier die Bestimmung des Raumes als *exteriorité* auswirkt. Das ursprüngliche Zeitbewußtsein ist ein Bewußtsein von Phasen, die nicht auseinander liegen. Freilich ist es schon schwer, sich Bergsons Gedanken überhaupt widerspruchsfrei vorzustellen; wie soll es möglich sein, daß aufeinanderfolgende Phasen sich wechselseitig durchdringen, ohne überhaupt unterschieden zu sein? Setzt also die angeblich ursprünglichere Zeitlichkeit die angeblich räumliche Zeit nicht voraus, die ein Außereinander ist, nur eben anderer Art?

Das bringt uns zu der Frage, wie es nach Bergson überhaupt von der ursprünglichen Zeitlichkeit zu der abgeleiteten, räumlichen kommen soll. Zunächst sagt er nur, wir hätten eine Tendenz, die Zeit an den Raum anzugleichen. Das entscheidende Argument ist dann jedoch, daß wir die Zeit verräumlichen müssen, um einen Zugang zu derjenigen Zeit zu gewinnen, die die Zeit der Natur ist.

Hier kommt Bergson zu folgender erstaunlichen Behauptung: »Außerhalb von mir, im Raum, gibt es immer nur eine einzige Stellung des Uhrzeigers oder des Pendels, weil die vergangenen Stellungen nicht mehr vorhanden sind.« Ähnlich wie Augustin meint Bergson, daß wir die natürliche Zeit nicht messen können, weil immer nur das Gegenwärtige anwesend ist. Wittgenstein hat dazu richtig bemerkt (im *Blauen Buch*, S. 50), daß man auf diese Weise die Idee eines Messens von Zeit einfach an eine andere Art des Messens, an ein Messen von Räumlichem, angleicht. Natürlich, so muß man doch antworten, kann das, was vor dem war, was jetzt ist, nicht mehr jetzt sein, eben weil es vorher war. Bergson folgert aber daraus, daß wir von einem Vorher gar nicht reden dürften. Es gibt keine Folge (*succession*) in der Natur. »Ainsi, dans notre moi, il y a succession sans extériorité réciproque; en dehors du moi, extériorité réciproque sans succession.«

Wie kommt es dann aber überhaupt noch dazu, daß wir einen objektiven Ablauf feststellen können? Dadurch, erklärt Bergson, daß »zwischen dieser Folge ohne Exteriorität und jener Exteriorität ohne Folge« eine Art von Osmose vorgeht. Und nun folgt der entscheidende Satz: »Wie die aufeinanderfolgenden Phasen unseres bewußten Lebens, die sich gleichwohl wechselseitig durchdringen, jeweils mit einer Schwingung des Pendels gleichzeitig sind«, übertragen wir einerseits das Unterschiedensein (*distinction*) des Äußeren auf das Innere und andererseits die Vorstellung eines Nacheinander auf die Schwingungen des Pendels und »schaffen so eine vierte Dimension des Raums, die wir homogene Zeit nennen«. Der Fehler, der Bergson hier unterlaufen ist, scheint mir offenkundig: wenn er sagen kann, daß jeweils eine Phase im subjektiven Nacheinander einer Schwingung des Pendels gleichzeitig ist, hat er mit der Rede von Gleichzeitigkeit bereits vorausgesetzt, daß wir die zeitliche Terminologie des Nacheinander von vornherein auf die Naturereignisse anwenden, und nicht erst durch die vermeintliche Osmose auf sie übertragen; wir sollen ja jeweils eine subjektive Phase mit *der* Schwingung in Korrespondenz bringen, die mit ihr gleichzeitig ist, und d. h. nicht mit denjenigen Schwingungen, die vorher oder nachher waren, also ist das Vorher und Nachher und damit die Folge (*succession*) auch der Pendelschwingungen bereits vorausgesetzt. Die angebliche Ableitung der objektiven Zeit von der ursprünglichen subjektiven mißlingt, und es ist natürlich auch leicht zu sehen, daß die subjektive Zeit ihrerseits die objektive – oder ich möchte lieber sagen: die natürliche – Zeit voraussetzt, weil die wechselseitige Durchdringung der Phasen im Zeitbewußtsein gar nicht solche eines Zeitbewußtseins sein könnten, wenn es sich nicht um Phasen handelte, die sich zueinander im Verhältnis von Früher und Später verhielten, weil sie ja dann sich nicht nur durchdringen, sondern zusammenfallen würden.

Das einzige, was von Bergsons Analyse übrigzubleiben scheint, ist die triviale Tatsache, daß Menschen sich zu dem, was früher und später ist, verhalten und die verschiedenen Phasen nicht nur durchlaufen. Aber es erscheint sehr zweifelhaft, diese Tatsache, daß wir uns im jeweiligen Zeitpunkt auf mannigfaltige andere Zeitpunkte bewußt beziehen, als Durchdringung zu bezeichnen. Das erscheint eine geradezu objektivistische Fehlbeschreibung dessen zu sein, was das eigentümlich Subjektive ist.

Hier ist Heidegger von einer zweifellos phänomenologisch viel angemesseneren Beschreibung des subjektiven Phänomens ausgegangen. Wir werden jedoch sehen, daß der Fehler, den er begeht, strukturell ähnlich ist wie der, der Bergson unterlaufen ist. Während Bergson primär an der Vergangenheit orientiert ist, ist Heidegger primär an der Zukunft orientiert. Beide beziehen sich freilich auch auf die andere Seite, aber es kann hier nicht um eine Darstellung der jeweiligen vollständigen Analyse gehen. Es kommt mir nur darauf an, die zentrale These mit Bezug auf die ursprüngliche und die angeblich derivierte Zeit zu prüfen.

Der entscheidende Schritt bei Heidegger erfolgt im § 65 von *Sein und Zeit*. Bereits die Analysen im ersten Abschnitt enthielten als einen Hauptpunkt die These, daß das Dasein – ein Mensch also – sich wesentlich immer zu seinem Sein verhält, und d.h. zu seinem ihm jeweils bevorstehenden Leben. Ich glaube, daß damit wirklich ein zentraler Tatbestand menschlichen Existierens getroffen ist. Ich habe das ausführlich in meinem Buch *Selbstbewußtsein und Selbstbestimmung* interpretiert. Diese Grundeinsicht findet sich bereits bei Aristoteles, aber erst Heidegger hat mit dem, was er das Zu-Sein nennt, den Aspekt des jeweils bevorstehenden Lebens und damit den Zukunftsbezug, der darin enthalten ist, explizit hervorgehoben.

Im § 65 glaubt er nun, auf der Grundlage der Todesanalyse dieses Phänomen noch verschärft zu fassen. Ich neige dazu, das so zu interpretieren, daß der Bezug auf das eigene Leben als solches, gewissermaßen vor allen einzelnen Tätigkeiten und Vorhaben bzw. diesen zugrundeliegend, explizit wird, indem die Möglichkeit des Nicht-mehr-Seins in diesem Aufsichzugehen bewußt wird. Heidegger bezeichnet nun dieses Aufsichzugehen, das nichts anderes ist als das schon in den §§ 4 und 9 hervorgehobene Zu-Sein, in § 65 als ein »auf sich Zukommen«, und dieses »auf sich Zukommen«, sagt er im nächsten Satz, sei das ursprüngliche Phänomen der »Zukunft«.

Er erläutert dann: »›Zukunft‹ meint hier nicht ein Jetzt, das noch nicht ›wirklich‹ geworden, einmal erst sein wird, sondern die Kunft, in der das Dasein in seinem eigensten Seinkönnen auf sich zukommt.« Die Abhebung der so verstandenen Zukunft von dem, was normalerweise Zukunft genannt wird, nämlich eine Zeit, die nach der jetzigen liegt, ist natürlich richtig, aber irgendeinen Tiefsinn, wie Heidegger ihn zu beanspruchen scheint, kann ich darin nicht sehen. Es handelt sich vielmehr um eine einfache verbale Unterscheidung zwischen dem, was wir normalerweise Zukunft nennen, und dem Sichverhalten zur Zukunft. Natürlich ist das Sichverhalten zur Zukunft und in diesem speziellen Fall zur eigenen Zukunft nicht selbst etwas Zukünftiges, und wenn Heidegger nun dieses Sichverhalten zur Zukunft seinerseits als Zukunft bezeichnen will, so braucht man ihm das nicht zu verwehren, weil jeder seine Worte definieren kann, wie er will.

So weit also wäre Heideggers These völlig richtig, und man könnte lediglich die Zweideutigkeit, in der jetzt das Wort »Zukunft« verwendet wird, als irritierend empfinden. Heidegger verbindet nun aber die Einführung seines neuen Zukunftsbegriffs mit der These, daß die Zukunft in seinem neuen Sinn (das Auf-sich-Zukommen) die ursprünglichere Zukunft und die entsprechende Zeitlichkeit die ursprüngliche Zeit sei, daß also das Sichverhalten zu Zukunft, Vergangenheit und Gegenwart ursprünglicher sei als das, was wir normalerweise Zukunft, Vergangenheit und Gegenwart nennen.

Aber diese These ist so evident falsch, daß es einem schwerfällt zu glauben, daß Heidegger ernsthaft an sie glauben konnte. Denn wenn wir nicht voraussetzen könnten, daß es eine Zeit nach der jetzigen geben wird, in der ich entweder leben oder sterben werde, gäbe es nichts, worauf ich zugehen könnte in der Weise, die Heidegger das Auf-sich-Zukommen nennt. Man sieht also, daß das Auf-sich-Zukommen, Zukunft in diesem angeblich ursprünglicheren Sinn, in Wirklichkeit die Zeit, die Heidegger nachher die vulgäre nennt, also das Nacheinander von Ereignissen, bereits voraussetzt. Heideggers Analysen zur Zeitlichkeit des Daseins reduzieren sich also auf die These, daß der Mensch ein Seiendes ist, das nicht nur, wie alles naturzeitliche Seiende, eine Zeitreihe faktisch durchläuft, sondern sich zu jedem Zeitpunkt seines wachen Lebens auch auf die bevorstehende Zeit bezieht.

Nachdem jetzt klar ist, daß das Sichbeziehen auf die eigene Zukunft die Zukunft im normalen Sinn bereits voraussetzt, erübrigt es sich, Heideggers gewundenen Versuchen, besonders im Schlußkapitel von *Sein und Zeit*, die Zeit des Nacheinander, in der wir von Früher und Später sprechen, aus der angeblich ursprünglichen Zeitlichkeit herzuleiten, im einzelnen nachzugehen, denn man sieht mit einem Blick, daß sie nur zirkulär sein können. Die angebliche Derivation von dem, was mit »jetzt«, »dann« und »damals« gemeint ist, in § 79, aus der Zeitlichkeit des Daseins, ist offensichtlich zirkulär. Das »früher« und »später« war bereits in der angeblich ursprünglicheren Zeitlichkeit implizit vorausgesetzt. Das einzige, was Heidegger hier beanspruchen kann, ist, daß das Festmachen des Dann und Damals an bestimmten Ereignissen in dem Auf-sich-Zukommen nicht enthalten war.

Im einzelnen gibt es bei Heidegger nicht nur wie bei Bergson einen Derivationsschritt, sondern drei. Erstens, das Verhältnis zum eigenen künftigen Sein sei ursprünglicher als das Verhältnis zu einzelnen künftigen Handlungen. Zweitens, der Bezug auf einzelne künftige und vergangene Ereignisse innerhalb der Welt der Zuhandenheit ist erneut abkünftig. Dieser Schritt ist der entscheidende, weil hier der Wechsel vom Sichverhalten zu Früher und Später zu dem geschieht, was früher und später ist, also zur Zeit im natürlichen Sinn. Drittens entspricht der vermeintlichen Deriviertheit des Vorhandenen vom Zuhandenen der weitere Schritt einer Derivation der homogenen meßbaren Zeit von der, die im vorigen Schritt konstituiert wurde.

Ich weiß nicht, ob es nötig ist, noch anzumerken, daß, falls jemand gegen meinen Nachweis, daß im Auf-sich-Zukommen ein Bezug auf Künftiges schon vorausgesetzt sei, einwenden wollte: nein, dieses Auf-sich-Zukommen sei noch ganz vorzeitlich zu verstehen, es sei da noch keine zeitliche Konnotation enthalten, das Dasein käme lediglich auf sich zu, ich antworten würde: Das wäre erstens phänomenologisch falsch; wir beziehen uns wirklich, indem wir uns auf unser zu lebendes Sein beziehen, auf unser künftiges Sein, und zweitens, wenn diese zeitliche Konnotation nicht schon in der ursprünglichen Zeit enthalten wäre, so wäre sie natürlich auch in den weiteren Schritten aus ihr nie herauszuzaubern.

Ich fasse meine Kritik an Heideggers These von der Ursprünglichkeit der Zeitlichkeit des Daseins zusammen: Während ich Bergsons Beschreibung der ursprünglichen *durée* für phänomenologisch falsch halte und nur die dann erfolgende Ableitung zirkulär ist, meine ich, daß Heidegger mit dem, was er Zeitlichkeit nennt, nämlich das Sichverhalten zu Zeitlichem und innerhalb seiner das Sichverhalten zu seinem eigenen zeitlichen Leben, ein wirkliches Phänomen beschreibt und nur die Ableitungen zirkulär sind. In beiden Fällen ist die These von einer ursprünglicheren Zeitlichkeit als die natürliche Zeit falsch.

Der Umstand nun, daß Heidegger mit der Zeitlichkeit des Daseins auf ein wirkliches Phänomen verweist, könnte es immer noch als denkbar erscheinen lassen, daß an seiner zweiten These, die er für den dritten Abschnitt ins Auge gefaßt hat, etwas dran sei, daß nämlich von der so verstandenen Zeitlichkeit des Daseins her die Ausgangsthese seines Werkes verständlich gemacht werden könne, daß der Sinn des Seins die Zeit sei. Aber ich sagte schon: wenn Heidegger je die Ehrlichkeit aufgebracht hätte, die Implikation dieser These in einem ruhigen Moment zu durchdenken, hätte er sehen müssen, daß auch sie von vornherein zum Scheitern verurteilt war. Hier müssen wir uns in einem ersten Schritt dessen versichern, was Heidegger mit »Sinn des Seins« meint. Die vermeintliche Selbstverständlichkeit der Rede von einem Sinn des Seins, wie sie Heidegger am Anfang von *Sein und Zeit* unterstellt, besteht nicht. Ich halte das ganze Konzept für falsch, aber ich möchte das hier nicht zeigen, ich habe das in meinem Tokio-Vortrag gemacht. Hier ist es am sinnvollsten, daß wir uns einfach an das halten, was Heidegger selbst in § 32 von *Sein und Zeit* sagt: »Und wenn wir nach dem Sinn von Sein fragen, dann wird die Untersuchung nicht tiefsinnig und ergrübelt nichts, was hinter dem Sein steht, sondern fragt nach ihm selbst, sofern es in die Verständlichkeit des Daseins hereinsteht.« Dieselbe Auffassung wird noch einmal im § 65, unmittelbar vor der These von der ursprünglichen Zeitlichkeit, mit etwas anderen Worten wiederholt.

Heidegger unterstellt mit dieser Erklärung, daß es sinnvoll ist zu unterscheiden zwischen Sein einfachhin und zwischen demselben Sein, »sofern es in die Verständlichkeit des Daseins hereinsteht«, und insofern es dies tut, soll von Sinn des Seins gesprochen werden können. Wenn man diese Rede von einem Hereinstehen in die Verständlichkeit des Daseins wörtlich nimmt, hieße das, daß zwischen dem Sein, insofern es erschlossen ist, und ihm, sofern es nicht erschlossen ist, unterschieden werde. Aber ist denn nicht Sein, immer vorausgesetzt, daß damit etwas Verständliches und Einheitliches gemeint ist, was ich Heidegger hier einfach schenken will, nicht immer erschlossen, sofern es doch etwas sein soll, wovon wir sprechen können?

So wird man Heideggers Intention eher in der Weise gerecht, daß Sein immer etwas in die Verständlichkeit des Daseins Hereinstehendes ist, die Philosophie aber die Möglichkeit hat, entweder darauf zu achten, daß das so ist, oder nicht, und wenn sie das tut, was Heidegger merkwürdigerweise nur sich zuspricht und dem, was er Metaphysik nennt, abspricht, dann fragt sie nach dem Sinn des Seins. Heidegger hat dann, in *Sein und Zeit* mehr andeutungsweise, in den späteren Schriften explizit, in dieser Hinsicht von der *Unverborgenheit* des Seins gesprochen. Er meinte auch, daß das der ursprüngliche Sinn von Wahrheit sei. Ich habe in meinem Buch über den Wahrheitsbegriff bei Husserl und Heidegger gezeigt, daß Unverborgenheit weder die ursprüngliche Wahrheit sei noch überhaupt einen Sinn von Wahrheit ausmache, und Heidegger hat mir das sogar noch abgenommen. Man könnte aber sagen, und so hat sich Heidegger das auch zurechtgelegt, daß das nur eine Wortfrage sei und Heidegger frei sei, etwas, was wir normalerweise nicht unter Wahrheit verstehen, Wahrheit zu nennen; was liegt schon am Wort? Ich habe freilich gezeigt, daß die Sache so einfach nicht ist, weil diese Verschiebung bei Heidegger dazu geführt hat, die Wahrheitsfrage ihrerseits auszuschalten, und das ist eine sehr ernste Sache, aber im jetzigen Zusammenhang brauchen wir uns durch diese weiteren Aspekte nicht irritieren zu lassen.

Setzen wir einfach mit Heidegger voraus, daß, wenn wir nach dem Sinn von Sein fragen, wir das am Sein thematisieren, daß es erschlossen und also unverborgen ist. Indem ich diesen Zusammenhang zwischen Heideggers These von der Zeit als Sinn des Seins und seiner späteren These von der Wahrheit des Seins als Unverborgenheit berücksichtige, glaube ich mich dessen zu vergewissern, daß ich das treffe, was Heidegger gemeint hat. Und so kann man jetzt, was in seiner zweiten These, in der These vom Sinn des Seins als Zeit, gemeint ist, etwa folgendermaßen beschreiben: Heidegger muß die Intuition gehabt haben, daß der Zeitlichkeit des Daseins eine entsprechende Zeitlichkeit des Seins bzw. des Sinns des Seins korrespondiert. Daß das seine Intention war, zeigt sich gerade in seinem Begriff der Un-Verborgenheit, jetzt mit einem Bindestrich zwischen dem »Un« und der »Verborgenheit« geschrieben. Denn, so lautet die These des späten Heidegger, das Sein ist nicht einfach, wie es angeblich von den Griechen verstanden wurde, plane Anwesenheit, eine die Verborgenheit ausschließende Unverborgenheit, sondern eine Bewegtheit zwischen Verborgenheit und Unverborgenheit. Es ist diese Bewegtheit, die Heidegger mit der Zeit als Sinn des Seins im Auge hatte. Das Sein alles Seienden soll jetzt so erfahren werden, daß es aus der Verborgenheit in die Unverborgenheit auf uns zukommt und sich in diese wieder zurückzieht. Damit scheint erreicht zu werden, daß die Bewegtheit der Zeitlichkeit des Daseins auf die Offenheit des Seins des Seienden übergegriffen hat, und gemäß der Kehre müßte man sogar sagen: das Dasein hat seine Zeitlichkeit nur aus der Bewegtheit des Seins, aus der so verstandenen Zeit als Sinn des Seins.

Aber nun stoßen wir auf den Punkt, an dem Heidegger hätte deutlich werden müssen, daß es eine gewissermaßen spiegelbildliche Entsprechung auf seiten des Seins zu dem, was er Zeitlichkeit des Daseins genannt hat, gar nicht geben kann. Die Zeitlichkeit des

Daseins ist ja, herkömmlich gesprochen, ein Bewußtseinsphänomen. Wir verhalten uns zu Zukunft, Vergangenheit und Gegenwart. Dieses Sich-Verhalten-zu kann nicht gewissermaßen auf der Seite seines Gegenübers eine Entsprechung finden. Das zeigt sich am eindeutigsten an den Worten, die Heidegger verwenden muß, um diese angebliche spiegelbildliche Entsprechung zu beschreiben. Am deutlichsten wird das in den Aufsätzen, in denen der spätere Heidegger am eindringlichsten versucht hat, seine These von der Zeit als Sinn des Seins zu erläutern, im Anaximanderaufsatz in den *Holzwegen* und in seinem späten Aufsatz »Zeit und Sein«. Er muß nämlich, um die Zeitlichkeit der Un-Verborgenheit zu beschreiben, solche Ausdrücke wie »Hervorgehen«, »Auf uns Zukommen« usw. verwenden, alles Worte, die deutlich für einen Vorgang, einen Prozeß stehen, also für etwas, was sich in der Zeit abspielt, die Heidegger als die vulgäre bezeichnet hat. Und es kann auch gar nicht anders sein, und das Erstaunliche ist, daß Heidegger sich diesen simplen Tatbestand nicht klargemacht hat.

Oder hätte Heidegger jetzt geantwortet, hier handele es sich um ein Hervorgehen und Zurückgehen, das nicht »in« einer Zeit verläuft, sondern gewissermaßen im Augenblick? Aber das wäre dann die Quadratur des Zirkels. Während es sich bei der Zeitlichkeit des Daseins wirklich um ein Phänomen gehandelt hat, das zeitlich und doch nicht prozeßhaft ist (freilich, wie ich gegen Heideggers 1. These geltend machte, dies nur sein kann, weil es sich auf eine Abfolge *bezieht*), gibt es etwas dergleichen im Seienden nicht, und wenn man behauptet: zwar nicht im Seienden, aber im Sein, so ist das Mystifikation. Ein Hervorgehen, das kein Hervorgehen in der natürlichen Zeit ist, gibt es nicht.

Ein letztes Rückzugsgefecht wäre jetzt so denkbar, daß man die These von der Zeit als Sinn des Seins fallenläßt, aber gleichwohl an der Idee vom Sein als Un-Verborgenheit mit Bindestrich festhält. Ich glaube, was Heidegger mit dieser Idee versuchte, war, eine Haltung des Menschen zu beschwören, die mit Seiendem nicht nur umgeht und rechnet, sondern auf es eingeht, so wie wir z. B. im Schauen eines Kunstwerks auf dieses eingehen können. So konnte er einem Bedürfnis unserer Zeit nach einer quasi-religiösen Haltung entgegenkommen, die auch noch philosophisch überhöht und begründet schien. Als praktisches Pendant zu dieser Haltung der Offenheit zur Un-Verborgenheit sprach Heidegger von Gelassenheit. Ich habe diese Zusammenhänge am Ende meines Buchs über den Wahrheitsbegriff bei Husserl und Heidegger interpretiert und habe dort zu zeigen versucht, daß Heidegger mit seinem Konzept einer solchen Haltung sich selbst und denjenigen eine Geborgenheit anbieten wollte, die, um an den Titel eines Buchs von Erich Fromm zu erinnern, auf der Flucht vor der Freiheit sind. Die neue Freiheit-zu ist eine auf den Kopf gestellte, geschlossene Freiheit, der Begriff der Un-Verborgenheit ein Ersatz für die rationale Frage nach der Wahrheit, und das Ethos der Gelassenheit wäre ja an und für sich eine schöne Sache, wenn es nur nicht an die Stelle der Verantwortlichkeit träte.

Für die Fragen der Ethik ist der späte Heidegger so unsensibel wie der frühe. »Soll nun«, schreibt er im »Brief über den Humanismus« (109), »gemäß der Grundbedeutung des Wortes *ethos* der Name Ethik dies sagen, daß sie den Aufenthalt des Menschen bedenkt, dann ist dasjenige Denken, das die Wahrheit des Seins als das anfängliche Element des Menschen als eines existierenden denkt, in sich schon die ursprüngliche Ethik«. Deutlicher kann man es nicht sagen: die Seinsfrage, die in die These von der Zeit als Sinn des Seins mündet, ist an die Stelle der Ethik getreten, ist Ethikersatz. Wenngleich sich der späte Heidegger, der die »milde Gelassenheit« zur »Wahrheit des Seins« beschwört, wieder vom Faschismus entfernt hat, muß eine Position, die Verantwortlichkeit, Freiheit und Wahrheit nicht nur ausläßt, sondern durch anderes ersetzt, immer faschismusanfällig bleiben.

Aber diese kulturelle Einbettung von Heideggers Denken ist eine weitere Frage. Mir ging es nur darum, einige einfache, aber für das Heideggersche Gebäude grundlegende Fehlschlüsse aufzuzeigen. Freilich, auch die kulturkritische Hinterfragung, die Frage wie ein Denken, das so durchsichtig auf Fehlern aufgebaut ist, weltweit so stark wirken konnte, kann ihrerseits nur eine angemessene sein, wenn sie nicht (wie so häufig geschieht) von außen erfolgt, sondern wenn erst einmal die innere theoretische Brüchigkeit dieses Denkens verstanden ist.

Dieser Vortrag kann Anlaß bieten zu einer wehmütigen Schlußbemerkung. Wieviel in der philosophischen Arbeit ist, wie dieser Vortrag, lediglich destruktiv, nicht konstruktiv! Wenn man die Geschichte der Philosophie mit der Geschichte der Kunst vergleicht, wirkt sie jämmerlich. Nichts, was einen Anschein von Vollkommenheit bietet, nur ganz wenige Texte, die einigermaßen standhalten. Gewiß liegt das daran, daß es in der Philosophie wie in der

Wissenschaft, aber nicht in der Kunst, um Wahrheit geht (d. h., man will wissen, wie es sich verhält) und diese Wahrheit gleichwohl nicht einfach eine wissenschaftliche sein kann. Besteht nicht der Großteil der Geschichte der Philosophie darin, daß lediglich gezeigt wird, was die Vorgänger falsch gemacht haben? Die Neigung, sich in der Philosophie in angebliche Tiefsinnigkeiten zu versteigen, ist naturgemäß groß; und wie selten stoßen wir auf einen Text, der weder verstiegen noch langweilig ist. Ich glaube, daß es das ist, was die philosophische Arbeit, ob man nun Lehrender oder Studierender ist, so sauer und so enttäuschend macht, wenn man den großen philosophischen Verführern nicht verfallen will. Es ist gut, trotzdem weiterzumachen, aber man sollte sich darüber nicht täuschen.

2. Die Kontroverse um die Menschenrechte

Was sind Menschenrechte, gibt es so etwas wie Menschenrechte, existieren sie universell, und welches sind sie?

Um diese Fragen sinnvoll angehen zu können, muß man sehen, daß es sich bei diesen Rechten um einen Teil einer legitimen staatlichen Ordnung handelt. Natürlich kann es solche Entitäten wie Rechte nicht gewissermaßen in der Natur geben, es kann nur einen metaphorischen Sinn haben zu sagen, es gebe Naturrechte, wir würden mit ihnen geboren, sondern die Menschenrechte können wie alle Rechte nur verliehene Rechte sein, und daß es sie gibt, hat den Sinn, daß sie zu verleihen Teil einer legitimen staatlichen Ordnung ist, und die These, daß sie universell existieren, kann also nur den Sinn haben, daß jede staatliche Ordnung, die sie nicht enthält, ihren Bürgern nicht verleiht, als nicht legitim anzusehen ist.

Der Begriff der Legitimität muß also den Rahmen für die Frage der Existenz der Menschenrechte bilden. Überall, wo Menschen über Menschen Macht ausüben, stellt sich die Frage, ob die Macht legitim und d.h. berechtigt ist oder nicht. Sie stellt sich in erster Linie subjektiv, für die an dem Machtverhältnis Beteiligten und insbesondere für die, die in dem Machtverhältnis die Untergeordneten, die Abhängigen sind, denn für diese stellt sich stets die Alternative, ob sie die Macht der anderen akzeptieren, weil diese schlichte Gewalt – Zwang – ausüben (*brute force*), oder ob sie die Macht von sich aus akzeptieren, und d.h. eben sie als zu Recht bestehend, als legitim anerkennen. Prinzipiell ist die Quelle der Legitimität, und d.h. der geglaubten Legitimität, immer ein moralisches Konzept. Dieses Konzept kann entweder ein traditionalistisches sein, damit meine ich ein vorgegebenes, durch Religion oder sonstige Tradition begründetes; die Macht etwa des Königs wird dann als legitim angesehen, und d.h. der Untergebene wird sich ihr freiwillig unterwerfen, weil der Glaube besteht, daß sie ihm etwa von Gott verliehen ist, daß er sie aufgrund seiner Abkunft hat, usw. Wird jede solche traditionalistische Moral als ihrerseits unbegründet verworfen, so ist die einzige Instanz, von der aus die Macht als legitim angesehen werden kann, das Interesse der Individuen selbst, und wenn sich keine Gründe anführen lassen, warum manche Individuen mehr wert sind als andere, läuft das auf die gleichmäßige Berücksichtigung der Interessen aller hinaus, so daß dies das einzige moralische Konzept ist, das verbleibt, wenn traditionalistische Konzepte entfallen. Es ist jedoch wichtig zu sehen, daß auch die gleiche Berücksichtigung der Interessen aller ein moralisches Konzept ist. Es ist nicht so, daß, wenn transzendente Legitimitätsquellen entfallen, nur die Interessen übrigblieben, sondern die gleiche Berücksichtigung der Interessen aller ist ja nicht ihrerseits ein Interesse, sondern es ist ebenfalls ein moralischer Orientierungspunkt und eben offenbar der einzig verbleibende Gesichtspunkt, auf den hin alle Betroffenen sagen können, daß ein Machtverhältnis legitim ist.

Man kann nun die historische Entwicklung der Menschenrechte im Okzident als eine Reihe historischer Zufälle ansehen, und wenn sie sich darauf reduzieren ließe, wäre es nicht berechtigt, von universellen Menschenrechten oder auch nur überhaupt von Menschenrechten zu sprechen. Die andere Möglichkeit ist, daß man die Entwicklung der Menschenrechte als eine notwendige Komponente derjenigen Legitimität ansieht, die übrigbleibt, wenn traditionalistische Legitimitätskonzepte abgebaut sind. Das Aufkommen der Menschenrechte in der europäisch-amerikanischen Geschichte wäre dann eng verknüpft mit der Geschichte des Abbaus der traditionalistischen Legitimitätskonzepte. Das heißt nicht, daß die Geschichte der Menschenrechte nicht von spezifischen Zufälligkeiten mitbestimmt ist, im Gegenteil, solche Zufälligkeiten, vom Begriff der Menschenrechte her gesehen, sind in der Tat zu konstatieren, sie werden es jedoch gerade erlauben, das inhaltliche Bild der Menschenrechte, wie es sich in den bürgerlichen Staaten entwickelt hat, auf bestimmte Inkonsistenzen zu hinterfragen, so daß wir den Vertreter der bürgerlichen Menschenrechte in einen Diskurs verwikkeln können, in dem er selbst zu einem umfassenderen Konzept geführt werden kann, das beanspruchen könnte, das universelle Konzept der Menschenrechte zu sein.

Um eine Orientierung zu gewinnen, können wir von zwei entscheidenden Phasen der historischen Entwicklung ausgehen. Die erste ist die frühe englische Phase von der Magna Charta bis zur Bill of Rights. Für diese Phase ist charakteristisch, daß das allgemeine Konzept von Legitimität noch ein traditionalistisches war. Das Recht des Königs zu herrschen war vorgegeben, und die Rechte, die er zu konzedieren gezwungen wurde, waren Sicherheitsgarantien gegenüber hoheitlicher Willkür innerhalb einer traditionalistisch verstandenen Machtordnung. Das scheint mir die Begrenzung dieser Rechte zu sein und weniger der weitere Umstand, daß diese Rechte nur einer bestimmten Schicht gewährt wurden. So gesehen muß man auch die Rechtsstaatlichkeit des kaiserlichen Deutschlands als dieser vordemokratischen Phase zugeordnet sehen; denn obwohl die Rechte jetzt nicht nur inhaltlich ähnlich erweitert waren wie die in den westlichen Demokratien und auf alle Bürger ausgedehnt wurden, handelt es sich um Freiheitsspielräume, die den Untertanen gewährt wurden, ohne daß der legitime Machtanspruch des kaiserlichen Souveräns in Frage gestellt wurde. Es ist dieser Teil der Entwicklung der Menschenrechte, der einen dazu verleiten könnte zu meinen, daß Grundrechte lediglich individuelle Freiheitsspielräume innerhalb einer nichtdemokratischen politischen Ordnung sind. Da das Volk nicht selbst an der Macht teilhat, räumt ihm die Macht wenigstens diese Spielräume ein.

Man muß nun den Übergang zur Demokratie als den entscheidenden Schritt ansehen, in dem die Legitimität der politischen Macht von einer traditionalistisch vorgegebenen zu einer auf das Wollen der Individuen selbst sich aufbauenden übergegangen ist. Die Macht steht den Bürgern nicht mehr gegenüber, sie sind nicht mehr Untertanen, sondern sie nehmen jetzt – idealiter gesehen, denn die Einzelheiten der schrittweisen Ausdehnung des Wahlrechts und das Problem der Repräsentativität brauchen uns hier nicht zu beschäftigen – an der Macht selbst teil. Nun könnte es so scheinen, als ob es, sobald die politische Macht an das Volk selbst übergeht, dies alles ist, um die Macht legitim zu machen, und die Individuen, vom Legitimitätsgesichtspunkt her gesehen, keine Eigenräume gegenüber dieser Macht brauchen. Der klassische Exponent eines solchen Konzepts einer Demokratie ohne Liberalismus war Rousseau. Es ist nicht der Umstand, daß die Demokratie, wie Rousseau sie sich dachte, eine direkte und nicht eine repräsentative war. Die Differenz zwischen direkter und repräsentativer Demokratie, wie wichtig sie in anderen Zusammenhängen ist, spielt für unser Problem keine Rolle. Der Punkt, auf den es ankommt, ist, daß nach Rousseau das Individuum seine individuelle Freiheit aufgibt und sich statt dessen als Teil des Gesamtwillens sieht. Da es auf die Besonderheiten der Rousseauschen Theorie nicht ankommt, können wir auch über seine dubiose Unterscheidung zwischen *volonté générale* und *volonté de tous* hinweggehen. Rousseau interessiert hier nur als Vertreter der Position, die glaubt, daß, sobald die Macht ans Volk übergegangen ist, die Individuen auf die Rechte, die sie gegenüber den absoluten Herrschern brauchten, verzichten können. Die Schwierigkeit, auf die wir hier stoßen, liegt im Begriff der Demokratie. Es könnte so scheinen, als ob, sobald wir Volkssouveränität haben, ein Zustand kollektiver Autonomie gegeben ist. Aber diese Rede von kollektiver Autonomie kann über eine entscheidende Differenz hinwegtäuschen. Er verschleiert den Umstand, daß der einzelne, indem er an der sogenannten Autonomie des Kollektivs teilhat, als einzelner keine Autonomie mehr hat. Er hat seine Freiheit, wie Rousseau explizit sagt, an das Kollektiv abgetreten, und wenn jetzt für die Freiheit des Individuums als solchen innerhalb des Kollektivs keine Vorsorge getroffen wird, wäre das Kollektiv letztlich die einzige Entität, und die Individuen verwandelten sich in seine Teile. Am klarsten ist das Problem in den Debatten der amerikanischen verfassunggebenden Versammlung gesehen worden. Das Stichwort war das von der zu vermeidenden Tyrannei der Mehrheit. Hier standen bestimmte Besorgnisse im Vordergrund, die prinzipiell gesehen als zufällig angesehen werden können: so war die besorgte Minderheit, die sich vor der Tyrannei der Mehrheit fürchtete, die der Wohlsituierten, und außerdem bezog sich diese Diskussion gar nicht auf die Individualrechte, sondern auf die wünschenswerte Struktur der Regierung, insbesondere die Gewaltenteilung, aber wiederum ist das für uns sekundär. Entscheidend ist, daß, wenn das Volk entscheidet, die Mehrheit entscheidet, und das bedeutet, daß, wenn die politische Ordnung eine legitime, d.h. auf die Interessen aller gleichmäßig Rücksicht nehmende, sein soll, es zwar notwendig, aber nicht ausreichend ist, daß sie demokratisch ist, sondern erstens müssen in die politischen Entscheidungen Sicherungen eingebaut werden, daß das Unterlegensein einer Minderheit nicht ihre Vernichtung bedeutet, zweitens, und das ist für uns das Entscheidende, müssen den Individuen Rechtsräume gewährt werden, in denen sie sich als Individuen behaupten und entfalten können: ihre Individualautonomie muß so weit respektiert und sogar gefördert werden, als dies sowohl mit der Autonomie der anderen als auch mit dem Funktionieren des Gemeinwesens vereinbar ist.

Es ist wichtig zu beachten, daß dieser Aspekt nicht einfach eine mögliche Auffassung ist, sondern daß sie zwingend ist, wenn es sich erstens um eine legitime Ordnung handeln soll und wenn zweitens der einzige Orientierungspunkt von Legitimität die Interessen der Individuen sein sollen. Die rousseauistische Alternative ist keine legitime, weil sie auf einer Verdrehung im Freiheitsbegriff beruht und die Interessen der Individuen als Individuen nicht mehr maßgebend sind.

Man könnte das Bisherige so zusammenfassen, daß der Liberalismus seinen Ursprung innerhalb autokratischer Ordnungen hatte, es gab daher Liberalismus ohne Demokratie, und es gibt die Idee einer Demokratie ohne Liberalismus, aber die einzig legitime politische Ordnung scheint die einer liberalen Demokratie zu sein, denn nur sie scheint die politische Macht so zu strukturieren, daß die Individuen erstens gemeinsam die Träger der politischen Macht sind und daß sie zweitens einen Spielraum als Individuen behalten.

Aber damit stehen wir erst am Anfang, denn jetzt stellen sich mindestens zwei Fragen. Erstens, wieviel Kompetenzen soll der Staat haben, und das hängt damit zusammen, was er tun muß, um die den Individuen zu sichernden Rechtsräume zu garantieren? Zweitens, verweist uns das Stichwort Liberalismus nicht auf eine letztlich zufällige oder jedenfalls einseitige Interpretation dieses Konzepts, die auf die spezifischen Interessen des kapitalistischen Bürgertums zurückgehen? Man kann auf die Geschichte der Menschenrechte nicht reflektieren, ohne John Locke zu berücksichtigen. Locke war der große Gegenspieler Rousseaus im 18. Jahrhundert: statt eines alles aufsaugenden Staates ein möglichst schwacher Staat, dessen einzige Legitimität in der Sicherung von ›Leben, Freiheit und Eigentum‹ besteht. Diese Formel kann natürlich ihrerseits nicht Legitimität beanspruchen, da sie zwar auf die individuellen Interessen von Untertanen, aber nur auf die einer bestimmten Schicht der Untertanen, die der besitzenden Klasse, Rücksicht nimmt, und der Schutz des Eigentums dieser Klasse heißt natürlich Schutz nicht nur vor willkürlicher Enteignung durch die Regierung, sondern auch Schutz gegen die Übergriffe der Armen. Führt uns also die Ablehnung des Konzepts von Rousseau nicht in eine entgegengesetzte Einseitigkeit, und ist es nicht gerade diese Einseitigkeit, die die Vorstellung stützt, daß die Idee der Menschenrechte eine Idiosynkrasie eines speziellen Gesellschaftssystems ist?

Doch auch hier werden wir unterscheiden müssen zwischen den inhaltlichen Besonderheiten des bürgerlichen Liberalismus und der zugrundeliegenden Grundidee. Es gibt zwei Möglichkeiten, das liberalistische Konzept zu kritisieren. Die eine betrifft die prinzipielle Rücksichtnahme auf die individuellen Interessen. Diese grundsätzliche Kritik, wie sie im Hegelianismus und auch im zeitgenössischen Kommunitarianismus enthalten ist, halte ich für verfehlt. Diese Kritiker werfen dem Liberalismus vor, daß, wenn es letztlich um Wohl und Freiheit der Individuen geht, übersehen werde, daß wir schon immer soziale Wesen sind. Die Liberalen haben diese Kritik provoziert, weil sie von dem Gedankenexperiment eines individualistischen Naturzustandes ohne Staat ausgegangen sind. Die Fragwürdigkeit dieses Gedankenexperiments liegt jedoch, wie wir noch sehen werden, an einer anderen Stelle. Der Rückgang auf die Individuen impliziert keineswegs, daß verneint würde, daß wir alle soziale Wesen sind, sondern nur, daß es dem Individuum selbst überlassen bleiben soll, wieweit es dieses Faktum in seinen Willen aufnimmt; sind die Individuen, wie immer sie sich verstehen, nicht die letzten Instanzen der Legitimität, so müßten andere, überindividuelle Entitäten wie Hegels Staat oder seine Sittlichkeit eingeführt werden, und von woher sollen diese zu legitimieren sein?

Versteht man also den Individualismus als solchen als das spezifisch Bürgerliche, so ist nicht zu sehen, was man dagegen einwenden kann, immer vorausgesetzt, daß die Interessen der Individuen als letzte Legitimitätsinstanz anerkannt werden. Diese Komponente des bürgerlichen Konzepts ist vielmehr eine notwendige Folge des Wegfalls der ihrerseits unbegründbaren traditionalistischen Legitimationskonzepte, und die Frage, wie grundsätzlich sich die Individuen als sozial verstehen, bleibt völlig offen. Ausgeschlossen wird nur, daß ihnen bestimmte Sozialstrukturen zudiktiert werden. Es ist nicht eine einseitige Stellungnahme zugunsten eines bestimmten egoistischen Lebenskonzeptes, diese wird lediglich offengelassen (zumindest im Prinzip), es soll nur umgekehrt jede einseitige Stellungnahme zugunsten irgendeines bestimmten Lebenskonzeptes ausgeschlossen werden.

Diejenige Kritik jedoch gegen das liberalistische Konzept, die aus der Perspektive der Legitimität mit Rücksicht auf die Interessen aller erfolgt, kann nur den Sinn haben, daß das liberalistische Konzept in der Art, wie es die rechtlich zu sichernden individuellen Eigenräume beschreibt, lediglich *eine* Gruppe von Individuen im Auge hat und die anderen Gruppen entweder übergeht oder aber sogar, in der Art wie die Rechte der privilegierten Gruppe formuliert werden, effektiv entrechtet. Wird der Liberalismus aus dieser Perspektive kritisiert, so ist das Kriterium der Kritik nicht irgend etwas, was außerhalb der Idee der Rechte steht, sondern man bleibt innerhalb der Orientierung auf Rechte, und die Kritik geht darauf, daß die Rechte von einigen anderen verletzt werden. Man kann sich die Differenz der zwei Arten von Kritik daran verdeutlichen, daß z. B. das egoistische Erwerbsverhalten nach der einen Art von Kritik als lasterhafte Lebensweise verworfen wird, nach der anderen Art von Kritik als an und für sich zugelassen und nur eingeschränkt wird, sofern es andere schädigt: es sind ausschließlich die Rechte der anderen, die einen legitimen Grund für das Verbot oder die Einschränkung bestimmter Verhaltensweisen abgeben, und dies eben, weil der einzige Maßstab von Legitimität die Rücksicht auf die Interessen aller ist.

Das erfordert nun eine inhaltliche Revision derjenigen Rechte, die in der liberalistischen Tradition als Menschenrechte anerkannt wurden. Der offenkundigste Kritikpunkt betrifft das uneingeschränkte Recht auf ungleiches Eigentum, unter gleichzeitiger staatlicher Sicherung dieses Eigentums gegenüber jenen, die keines haben. Aber die prinzipielle Auseinandersetzung mit dem inhaltlichen Konzept des Liberalismus muß tiefer ansetzen, und zwar bei demjenigen Begriff, dem der Liberalismus seine Bezeichnung verdankt, dem der Freiheit. Denn solange dieser Begriff die unbestrittene Grundlage bildet, kann der Vertreter des Liberalismus immer die Auffassung vertreten, daß auch der Arme die gleiche Freiheit hat, sich reich zu machen. Diese Redeweise setzt freilich einen bestimmten, den sogenannten negativen Freiheitsbegriff voraus, ›niemand hindert den Armen daran, sich mit legalen Mitteln zu bereichern‹, und dem ist ein anderer, sogenannter positiver Freiheitsbegriff entgegengesetzt worden, dem zufolge jemand nur frei zu etwas ist, wenn er die Fähigkeiten und die Gelegenheit dazu hat; aber erstens gehört dieser Freiheitsbegriff bereits in die Kritik des Liberalismus, der Freiheitsbegriff des Liberalismus ist der negative, zweitens reicht auch der sogenannte positive Freiheitsbegriff nicht aus, um die Interessen aller zu berücksichtigen.

Es ist eine der Merkwürdigkeiten auch der zeitgenössischen Literatur, daß der Freiheitsbegriff häufig als der entscheidende und unhinterfragbare Grundbegriff politischer Legitimität angesehen wird, eine Merkwürdigkeit, die sich nur aus dem Gewicht der liberalistischen Tradition verstehen läßt. Man kann und muß freilich sagen, daß frei zu sein, Autonomie, tun und lassen zu können, was man selbst will, handeln zu können, ein Grundinteresse des Menschen ist, aber das heißt nicht, daß sich von daher alle Interessen der Individuen verstehen lassen. Schon das Recht auf Leben oder allgemeiner gesprochen auf körperliche Unversehrtheit und Sicherheit, das zu den klassischen Rechten des Liberalismus gehört, ist nicht ein Freiheitsrecht. Eine Person kann von Freiheit, von Handlungsspielräumen nur Gebrauch machen, wenn gewisse fundamentale Voraussetzungen, infolgedessen noch fundamentalere Interessen, gewährleistet sind. In dieser Hinsicht unterscheiden sich jedoch verschiedene Personengruppen voneinander. Daß die liberalistische Tradition den negativ verstandenen Freiheitsbegriff für die Menschenrechte als allgemein grundlegend ansehen konnte, lag daran, daß sie von einer privilegierten Personengruppe ausging, für die diese fundamentaleren Voraussetzungen mit Ausnahme der Sicherheit als gewährleistet angesehen werden konnten. Diese Voraussetzungen sind insbesondere, daß die Person die erforderlichen Fähigkeiten und materiellen Bedingungen zur Ausübung von derjenigen Freiheit hat, die die Voraussetzung der eigenen Lebenserhaltung ist. Kinder, Alte, Kranke und Behinderte haben nicht einmal die dafür erforderlichen Fähigkeiten. Und die, die kein Eigentum haben und auch kein solches erwerben können, weil der Besitz unter den Privilegierten bereits aufgeteilt ist, haben zwar die Fähigkeiten, aber nicht die materiellen Bedingungen. Diejenigen, die kein Eigentum haben, haben die Voraussetzung der eigenen Lebenshaltung nur, wenn sie sich bei denen, die Eigentum haben, verdingen und sich also von ihrer Macht abhängig machen. Das liberalistische System der Menschenrechte ist also in seinem inhaltlichen Konzept ein nicht legitimes, weil es erstens die Interessen verschiedener Teile der Bevölkerung nicht berücksichtigt und weil es zweitens neue Machtverhältnisse zugunsten der privilegierten Klasse erzeugt. Man könnte fragen, ob man diese Aussage nicht dahingehend abschwächen sollte, daß man sagt, dieses politische Konzept, also dieses Konzept der Menschenrechte, sei immerhin legitim für die privilegierte Klasse, aber erstens fragt sich, ob eine solche Relativierung von Legitimität (legitim für) überhaupt einen Sinn hat, und zweitens war das auch gar nicht der Anspruch der liberalen Tradition, vielmehr beanspruchte diese eine echte Legitimität für ihr Konzept. Der Liberalismus behauptete, daß die liberal verstandenen Menschenrechte tatsächlich im Interesse aller seien, und das gelang ihm, indem er einfach die Augen davor verschloß, daß erstens die Besitzlosen von ihrer negativen Freiheit ohne Gewährleistung von materiellen Voraussetzungen keinen Gebrauch machen können und daß zweitens die übrigen Randgruppen überhaupt existieren, was dadurch erleichtert wurde, daß Kinder, Frauen, Alte, Behinderte einfach als Anhängsel der männlichen erwachsenen erwerbsfähigen Personen und nicht als eigene Rechtssubjekte angesehen wurden. Es ist nun gerade dieser Umstand, daß die liberale Tradition die Interessen aller andersgearteten Gruppen, die nicht zu der privilegierten Kerngruppe gehören, nicht verneinte, sondern einfach übersah oder zumindest umdeutete, der es möglich macht, der nicht legitimen Konzeption des Liberalen die legitime nicht nur einfach gegenüberzustellen, sondern ihm zu zeigen, daß das partiell Legitime seiner Konzeption, wenn es in seiner Partialität anerkannt wird, von sich aus zu einem umfassenderen Konzept führt.

Das betrifft jedoch bereits die Basis, von der aus man die Frage nach der politisch-sozialen Legitimität stellen muß. Der Grund, warum ein hypothetischer Naturzustand und ein sich darauf gründender Kontrakt kein angemessener Ausgangspunkt ist, ist nicht der, den der konservative Antiindividualismus im Auge hatte – ihm zufolge stehen wir immer schon in sozialen Verhältnissen, die wir dann irgendwie zu akzeptieren hätten –, sondern der Grund ist, daß dieser Ausgangspunkt, wenn überhaupt, nur ein solcher für die Mitglieder der privilegierten Klasse des Liberalismus ist, nämlich für erwachsene und gesunde Männer, die ihren Lebensunterhalt im Prinzip selbst bestreiten können und die für die Aushandlung eines Kontrakts gleich stark sind; deswegen haben ja die Theoretiker des Naturzustandes immer explizit die fragwürdige Voraussetzung gemacht, daß alle von Natur ungefähr gleich stark sind. Das von der Legitimität her gesehen erforderliche politisch-soziale System normativer Gleichheit kann sich jedoch nicht auf der Basis gleicher faktischer Inputs eines Kontrakts ergeben. Die Idee eines Kontrakts ist also immer schon das ideologische Konstrukt derjenigen gewesen, die überhaupt in der Lage gewesen wären, einen einigermaßen symmetrischen Kontrakt oder überhaupt einen Kontrakt einzugehen.

Dieser Ausgangspunkt wirkte so radikal, weil er vor die Frage nach dem Wie des politischen Gemeinwesens sogar die nach dem Ob-überhaupt stellte: wollen wir uns überhaupt zusammentun und ein politisches Gemeinwesen bilden? Die so gestellte Frage bezieht aber, wie bei Locke sehr deutlich wird, das Soziale als solches nicht ein, mit dem Ergebnis, daß die sozialen Machtverhältnisse erhalten werden und die politischen nur dazu dienen, sie zu zementieren. Aus der Perspektive des gleichmäßigen Interesses aller können wir die Frage nach dem Wie des Politischen nur in eins mit der Frage nach dem Wie der gesellschaftlichen Abhängigkeiten stellen. Da ein Teil der Bevölkerung, wie die Kinder und die Alten, primär abhängig und auf Hilfe angewiesen sind und für sie die Idee eines Kontrakts ausfällt, können wir die Ausgangssituation nur so sehen, daß wir alle bereits in mannigfaltigen Abhängigkeiten voneinander stehen und die Frage ist, wie diese so zu verändern sind, daß sie als legitim angesehen werden können.

Anstelle des Freiheitsbegriffs der liberalen Tradition wird daher ein anderer Grundbegriff erforderlich, der den der Freiheit umgreift. Hier hat sich zunächst der Begriff der positiven Freiheit nahegelegt, und die meisten Vertreter der sozioökonomischen Rechte arbeiten mit ihm, aber er reicht z. B. für Kinder, Kranke und Alte nicht aus, weil sie nicht nur Betätigungsbedingungen brauchen, sondern positive Unterstützung – und die Frage, wofür sie diese brauchen, betrifft eben den erforderlichen Grundbegriff. Vielleicht kann man sagen: damit sie gedeihen können. Die Rechtsräume, die eine legitime Staatsordung jedem Individuum einräumen muß, sind nicht einfach Freiräume, sondern – wie ich es etwas unbeholfen ausdrücke – Eigenräume des Sichentfaltens und Gedeihens.

Damit soll der positive Freiheitsbegriff keineswegs entwertet werden, ebensowenig wie der negative, sie reichen nur nicht aus. Der negative, daß das Individuum frei von unmittelbarer Gewalt und von Zwang ist, ist zweifellos für jedes Konzept der Menschenrechte fundamental. Und es ist richtig, daß an ihn unmittelbar der der positiven Freiheit angeschlossen wird. Für den ersten Schritt der Ausdehnung der Grundrechte über die der negativen Freiheitsrechte hinaus ist er grundlegend, weil erstens Autonomie ein menschliches Grundbedürfnis ist und weil zweitens nur mit ihm das primäre Defizit der kapitalistischen Gesellschaftsordnung gemildert werden kann, das darin besteht, daß viele Menschen ihren Lebensunterhalt bestreiten wollen und im Prinzip könnten, aber nicht können. Sie werden daran gehindert durch die bestehenden ökonomischen Machtverhältnissse, durch die negative Freiheit und die daraus resultierende Machtakkumulation der Privilegierten. Daraus ergibt sich die staatliche Verpflichtung auf Schaffung angemessener Arbeitsbedingungen für alle, die dazu fähig sind, insbesondere also das Recht auf Arbeit, das in vielen Menschenrechtserklärungen anerkannt ist, aber noch in keinem kapitalistischen Land verwirklicht ist. Und daraus ergeben sich eine Reihe von Forderungen zur Schaffung gleicher Ausgangsbedingungen, wie die Abschaffung bezahlter Privatschulen für die Elite und die Abschaffung des Erbrechts. Die Hervorhebung des Begriffs der positiven Freiheit ist auch deswegen wichtig, weil es das Prinzip Hilfe zur Selbsthilfe unterstreicht und ein falsches Verständnis des Wohlfahrtsstaats verbietet, dem zufolge es sich um eine bloße Kompensation durch Güter handeln könnte.

Gleichwohl hat dieses Prinzip seine Grenzen. Verwahrlosten Kindern, Alten, Behinderten fehlt nicht nur die Gelegenheit, sondern die Fähigkeit zum Lebenserhalt. Hier hat also der positive Freiheitsbegriff seine Grenzen. Sie müssen direkt unterstützt werden, freilich auf eine Weise, daß die Autonomie, deren sie fähig sind, weitestgehend berücksichtigt wird. Aber solche Rechte wie das auf Kranken- und Altersversorgung können natürlich nicht auf das Recht auf positive Freiheit reduziert werden.

Es ist zu beachten, daß die Anerkennung der Rechte der Nichterwerbsfähigen einen zusätzlichen moralischen Sprung erfordert. Denn bei denjenigen, denen die Gemeinschaft lediglich die Bedingungen der eigenen Lebenserhaltung bereitstellt, kann man weitgehend sagen, daß die ungleichen ökonomischen Machtverhältnisse teilweise kompensiert werden, wie man sich z. B. an der Forderung nach Landverteilung veranschaulichen kann. Der Reichtum der Privilegierten muß eingeschränkt werden, weil er die Armut der Unterprivilegierten verursacht. Die Reichen befinden sich mit den Armen in Kooperation, aber in einer Form von Kooperation, die nicht im gleichen Interesse der Betroffenen ist. Hier ist es daher leichter, daß der gutwillige Liberale die Ungerechtigkeit dieses Systems der Menschenrechte anerkennt. Bei denjenigen hingegen, die an ihrem Gedeihen nicht aus Gründen gehindert werden, die das soziale System zu verantworten hat, könnten diejenigen, denen es gutgeht, gegenüber denjenigen, die hilfsbedürftig sind, jede Verantwortung zurückweisen, ähnlich wie sie es z. B. gegenüber denjenigen tun könnten, die von einer Naturkatastrophe geschädigt würden. Jedoch ist es erstens nur begrenzt richtig, daß diese Hilfsbedürftigkeit vom ökonomischen System unabhängig ist. Die Reichen haben gewöhnlich keine verwahrlosten Kinder, und sie können sich gegen Krankheit, Alter und die Konsequenzen von Naturkatastrophen selbst helfen. Entscheidend ist freilich wohl, daß der Liberale geltend machen könnte, daß sein ursprünglicher Kontrakt sich auf die Behinderten usw. nicht erstreckt hat, anders formuliert: er könnte sie einfach aus den normativen Verpflichtungen von Gesellschaft und Staat herausdefinieren. Das kann freilich heute auch mit einem Teil der im Prinzip Erwerbsfähigen geschehen: es liege nicht am kapitalistischen Wirtschaftssystem, sondern am Geburtenüberschuß, daß es mehr Menschen gibt als arbeiten können. Es handele sich nicht um Ungerechtigkeit, sondern Pech. So zu argumentieren ist jedoch nicht möglich, wenn eine nichtkontraktualistische Position bezogen wird, wenn eingestanden wird, was einfach die Realität ist, daß diese Menschen genauso ein Teil der Gesellschaft sind und ihre Interessen genauso zählen. Deswegen müssen ihre Rechte auf die Hilfe, die ihnen zu geben ist, als Menschenrechte anerkannt werden, die sie gegenüber dem politischen Kollektiv haben, wenn dieses als legitim gelten können soll. Sie haben Anspruch auf Hilfe, diese ist eine Pflicht und nicht Gnade.

Ein Recht, das heute besonders umstritten ist, ist das auf Freizügigkeit. Dieses Recht, das ein negatives Recht ist, wird heute allgemein innerstaatlich anerkannt, und ebenso das Recht auf Auswanderung, aber nicht das auf Einwanderung. Die Frage ist, ob, wenn von universellen Menschenrechten gesprochen wird und wir uns in einer Situation weltweiter ökonomischer Interdependenz befinden, Staaten das Recht haben, sich in dieser Weise abzukapseln. Was ist der prinzipielle Unterschied zwischen den beiden folgenden Phänomenen: in vielen armen Ländern zäunen sich Gruppen von Reichen in Wohnkomplexe ein, die durch Stacheldraht und Bewaffnete gegen das Eindringen von Armen geschützt werden. Analog bunkern sich die reichen Staaten gegen das Eindringen von Armen ein. Die Argumentation ist in beiden Fällen analog: wir können nichts dafür, daß es den Armen schlechtgeht, und in beiden Fällen wird die staatliche Gewalt oder staatlich geduldete Gewalt dafür in Anspruch genommen, das Recht auf Eigentum zu schützen. Die klassische kapitalistische Argumentation gegen die Armen, die der Ameise gegen die Grille: wir haben unser Haus in Ordnung gebracht, ihr das eurige nicht, also habt ihr kein Recht, in unser Haus einzudringen, wird auf nationaler Ebene wiederholt. Wenn wir ökonomisch eine Weltgemeinschaft sind, stellt sich die Frage, ob die Menschenrechte in dieser Weise national eingeschränkt werden dürfen und als Kriterium für Legitimität nicht nur die Rücksicht auf die Interessen aller Menschen in diesem Staat, sondern aller Menschen angesehen werden muß. Aber auch die andere Seite der Analogie, die staatliche Sicherung der Wohnung, ist vielleicht nicht ganz so selbstverständlich, wie es scheint. Daß Häuser und Wohnungen unverletzlich sind, erscheint als ein fundamentales negatives Recht. Aber man kann sich doch fragen, ob, was so selbstverständlich scheint, nicht nur ein Teil der bürgerlichen Interpretation der Menschenrechte ist, *wenn* das Kollektiv diesen Schutz einerseits durch Polizei und Justiz sichert und diejenigen, die kriminalisiert werden, wenn sie einzudringen versuchen, in ihrer Not sich selbst überläßt. Die beiden Fälle sind gewiß nicht ganz so analog, wie ich sie hingestellt habe. Außerdem ist natürlich klar, daß, wenn die Unverletzlichkeit der Wohnung nicht erzwungen würde, das Chaos einträte. Ich meine nur, daß wir in beiden Fällen vor Problemen stehen, die gerade heute äußerst real sind und an denen man sich klarmachen kann, wie eng die Grenzen gezogen sind, über die hinaus auch die Aufgeklärteren unter den Privilegierten nicht bereit sind, die bestehende Ordnung in Frage zu stellen.

3. Das Euthanasieproblem in philosophischer Sicht

Zunächst zur Erläuterung des Titels: *Euthanasie* heißt, von der griechischen Etymologie her gesehen, ein guter Tod. Sachlich heißt das: das vorzeitige Herbeiführen eines möglichst menschenwürdigen Todes, wenn sonst ein menschenunwürdiges Dahinsiechen und Sterben bevorstünde. Unter dem »Euthanasie*problem*« ist die Frage zu verstehen, ob ein solches Herbeiführen oder Geschehenlassen eines vorzeitigen Todes unter Umständen moralisch *erlaubt* oder sogar *geboten* ist und ob es demzufolge auch juristisch erlaubt bzw. geboten sein *sollte*. Das ist zumindest die Kernthematik. Es gibt außerdem Fragen, die sich an diese Kernthematik eng anschließen, auch wenn sie nicht unter die angegebene Definition fallen, insbesondere das Problem des Rechts auf Selbsttötung und des Rechts auf Beihilfe zur Selbsttötung, sowie das Problem des Rechts auf Abtreibung, das zwar zum Teil unter diese Definition zu bringen ist, aber nicht in allen Fällen.

Was kann nun die Philosophie zur Klärung dieser Problematik beitragen und was nicht? Es handelt sich zweifellos um eine interdisziplinäre Problematik, die das gemeinsame Nachdenken von Philosophen, Juristen und Medizinern erfordert. Der Philosoph kann die Frage nur in abstrakten Begriffen klären; vom Juristen erwarten wir die Klärung, wie die gegebenenfalls abstrakt einleuchtenden Normen konkret juristisch zu implementieren wären; und nur auf der Grundlage von medizinischer Erfahrung kann man in bestimmten Fällen sagen, ob und mit welcher Sicherheit gewisse, zunächst noch abstrakte und entsprechend unbestimmte Begriffe wie die des unerträglichen Leidens und der sinnlosen Lebensperspektive anwendbar sind. Damit ist zugleich angezeigt, wo in den folgenden Überlegungen zwangsläufig Lücken auftreten müssen.

Was kann nun die Philosophie hier überhaupt beitragen? Nach meiner Meinung zweierlei. Es gibt erstens einen schwachen Beitrag, den die philosophische Reflexion, wenn man sie als Begriffsklärung versteht, auf jeden Fall erbringen kann und muß. Er besteht darin, daß angegeben wird, aus welchen ethischen Prämissen bzw. Prinzipien welche Konsequenzen folgen. Auf diese Weise kann erreicht werden, daß die Diskussion nicht mehr so intuitiv und kasuistisch geführt wird, wie das bisher weitgehend der Fall ist. Die meisten, die über diese Fragen diskutieren, gehen von ethischen Vorstellungen aus, die mehr oder weniger von unseren teils religiösen, teils aufklärerischen Traditionen vorgegeben sind. Das ist unbefriedigend. In dem Maße, in dem wir uns heute bestimmter Probleme in diesem Bereich, die immer schon vorhanden waren, deutlicher bewußt werden, in dem sie sich aber auch durch die Fortschritte der Medizin verschärfen, müssen wir uns auf die Grundlagen besinnen, von denen aus wir hier urteilen können, und wenn es mehrere mögliche Grundlagen gibt und wir uns unsicher darüber sind, auf welche wir uns stellen sollen, sollten wir uns auch das bewußtmachen. Nebulosität ist auf jeden Fall schädlich, und ein klares Bewußtsein über das eigene Nichtwissen ist immer der erste Schritt zu einer verantwortlichen Stellungnahme.

Es gibt zweitens die Möglichkeit eines starken Beitrags der Philosophie zum Euthanasieproblem, der darin bestünde, daß die moderne Philosophie selbst diejenige Instanz wäre, die über die Grundlagen der Ethik reflektiert, insbesondere seit die Religion, in unserem Fall die christliche, nicht mehr als für die Ethik bestimmend angesehen wird. Auch diejenigen unter uns, die gläubige Christen sind, können sich heute nicht mehr damit zufriedengeben, ihre moralischen Überzeugungen lediglich aus der Religion zu beziehen, denn wir können nicht ein fundamentalistisches, sondern nur ein laizistisches Gemeinwesen wollen, und wir befinden uns, innerhalb und außerhalb unseres Staates, in einer Weltgemeinschaft, in der sich Menschen, die zu verschiedenen Religionen oder auch zu gar keiner gehören, über ihre moralischen Rechte und Pflichten verständigen können müssen. Die Moral, insbesondere die Überzeugungen von der Zulässigkeit oder Unzulässigkeit des Tötens einer bestimmten Art, ist keine Privatsache; die diesbezüglichen Normen sind Forderungen, die wir wechselseitig aneinander stellen, und zwar an alle. Diejenigen, die sie nicht einhalten, unterliegen der moralischen Empörung und gegebenenfalls Ächtung, und wir glauben berechtigt zu sein, sie zu bestrafen. Das erfordert eine Rechtfertigung, die nicht auf besonderen religiösen Überzeugungen beruhen darf, sondern möglichst für alle einsichtig sein können muß.

Hier stellen sich freilich skeptische Fragen. Gibt es denn moralische Überzeugungen, insbesondere solche, die nicht in den engsten, kontraktualistisch zu begründenden Bereich der Reziprozität gehören – daß sie in diesen engsten Bereich gehören, läßt sich gerade von den Fragen der Euthanasie nicht sagen –, die auf einer allgemein menschlichen Grundlage zu rechtfertigen sind? Und zweitens: ist es nicht eine Überforderung und gegebenenfalls falsche Anmaßung der Philosophie, wenn man sie als Hüterin der Moral gewissermaßen an der Stelle der früheren Funktion der Religion sehen wollte? Aber eine solche Anmaßung besteht eigentlich nirgends. Was die moderne philosophische Moral, freilich mit mehr oder weniger Glück, zu machen versucht, ist, so etwas wie das natürliche moralische Bewußtsein, falls man von einem solchen sprechen kann, zu artikulieren. Daß es damit nicht zum besten bestellt ist, sieht man darin, daß sich die modernen Moralphilosophen nicht auf eine einzige Position haben einigen können. Man kann wohl, sehr grob gesprochen, den Großteil der modernen philosophischen Versuche zur Moral in zwei Traditionen einteilen: auf der einen Seite den Utilitarismus (und auch die Mitleidsmoral von Schopenhauer gehört hierher); hier ist der Grundbegriff der des Vermeidens von Leiden, und das ist der Grund, warum Schopenhauer und der Utilitarismus auch die Tiere in die Ethik miteinbeziehen. Auf der anderen Seite haben wir die Kantische Moralauffassung. Dabei sollte man sich nicht an der dubiosen Begründung auf einen übersteigerten Rationalitätsbegriff orientieren, sondern an der (begrifflich freilich ebenfalls fragwürdigen) Auffassung von der »Würde« (oder dem »absoluten Wert«) aller Menschen (oder des Menschen als »Zweck an sich«) und der (begrifflich klareren) Auffassung vom Menschen als Träger moralischer Rechte, wobei man sich bei der Frage, um welche Rechte bzw. Pflichten es sich dabei handelt, weitgehend an diejenigen Pflichten halten kann, die sich schon im Kontraktualismus ergeben: nicht schädigen, helfen, einhalten der spezifisch kooperativen Pflichten wie insbesondere Versprechen und Vereinbarungen. Der Kantianismus läßt sich als angereicherter Kontraktualismus verstehen, angereichert insofern, als es sich nicht um lediglich auf einem impliziten Übereinkommen beruhende Pflichten handelt, die dann auch auf eine beliebig kleine Gruppe begrenzt werden können, sondern um ein wechselseitiges Achten (als Rechtssubjekte), wobei jeder Mensch als ein so verstandenes Subjekt anerkannt wird.

Die Stärken und Schwächen dieser beiden großen modernen Traditionen lassen sich leicht erkennen. Der Utilitarismus hat keinen genuinen Gerechtigkeitsbegriff, was für das Euthanasieproblem keine unmittelbaren Folgen zu haben scheint, doch hängt damit zusammen, was für unsere Poblematik schon gewichtiger ist, daß für den Utilitarismus die Individuen keine unveräußerlichen Rechte haben, dem Individuum als solchem wird als Rechtssubjekt nicht Rechnung getragen, es ist nur Träger von Gefühlen. Auf der anderen Seite kann man es als Stärke des Utilitarismus ansehen, daß er universeller ist als der Kantianismus: er bezieht sich auf alle fühlenden Wesen. Damit hängt zusammen, daß der Kantianismus – die Ethik der Achtung – ähnlich wie der Kontraktualismus eine Reziprozitätsethik ist, während der Utilitarismus (hierin der jüdisch-christlichen Tradition näher) eine unilaterale, nicht-reziproke Ethik ist, d.h., wir haben auch Pflichten Wesen gegenüber, die ihrerseits keine Pflichten haben und auch nicht – wie die kleinen Kinder – später haben werden.

Man kann das Euthanasieproblem heute nicht diskutieren, ohne diese Konzeption der modernen philosophischen Moral bzw. des modernen moralischen Bewußtseins im Auge zu haben, genauso wie die Auffassung der jüdisch-christlichen Tradition. Wir haben es also im wesentlichen mit drei für das heutige okzidentale moralische Bewußtsein bestimmenden moralischen Konzeptionen zu tun. Ich werde mich im folgenden im wesentlichen an das halten, was ich als den möglichen schwachen Beitrag der Philosophie bezeichnet habe, denn es kann nicht Aufgabe dieses Aufsatzes sein, die verschiedenen Konzepte gegeneinander auszuspielen und zu fragen, wie sie sich ihrerseits begründen lassen. Es soll lediglich gezeigt werden, welche Antworten auf die verschiedenen Fragen, die sich im Umkreis des Euthanasieproblems stellen, sich von den verschiedenen Konzepten aus nahelegen.

Lediglich mit Bezug auf das Konzept der jüdisch-christlichen Tradition möchte ich auf einige naheliegende kritische Fragen hinweisen, die sich von einem aufgeklärten, nicht aus dieser Tradition bestimmten moralischen Bewußtsein stellen. Bevor ich das tue, ist es wichtig, sich klarzumachen, wie groß das Gewicht gerade dieser Tradition für uns alle ist. Auch diejenigen von uns, die nicht gläubig sind, sind in einer Gesellschaft sozialisiert worden, die immer noch weitgehend von der jüdisch-christlichen Tradition bestimmt ist. Es ist daher naheliegend, daß wir mehr oder weniger bewußt speziell aus dieser Tradition stammende moralische Inhalte internalisiert haben, die dann unsere intuitiven (quasi instinktiven) Reaktionen auf Vorschläge auch dann bestimmen können, wenn unser aufgeklärtes moralisches Bewußtsein von seinen Prinzipien her uns eher in die entgegengesetzte Richtung weist. Wir müssen hier gegenüber unseren intuitiven moralischen Selbstverständlichkeiten besonders argwöhnisch sein.

Es gibt einen Satz, der für die jüdisch-christlich-islamische Moral mit Bezug auf die mit der Euthanasie zusammenhängenden Probleme grundlegend und für ein aufgeklärtes Moralbewußtsein keineswegs evident ist: »Alles menschliche Leben und nur das menschliche Leben ist heilig (unantastbar).« Beide Teile dieses Satzes sind für ein unvoreingenommenes Bewußtsein merkwürdig und daher auch in anderen Religionen und Traditionen in dieser extremen Form nicht vorhanden. Daß das Leben an sich unantastbar ist und das Verbot des Tötens nicht nur als eine intersubjektive Norm besteht, ist nur eine Folge davon, daß für den Gläubigen sein Leben etwas von Gott *Gegebenes* ist, das daher nicht in seiner eigenen Verfügung steht (deswegen ist die Idee des Heiligseins für die der Unantastbarkeit wesentlich); entfällt diese Voraussetzung, entfällt auch die normative Folge.

Ebenso merkwürdig ist der Umstand, daß in dieser religiösen Tradition das übrige Leben zur vollständigen Disposition steht und gegenüber anderen fühlenden Lebewesen keine moralischen Normen bestehen. Das ist die normative Folge einer im 1. Buch Moses festgelegten Auffassung, die man als mythologische bezeichnen kann, daß Gott den Menschen nach seinem Ebenbild geschaffen und ihm die übrige Erde übergeben hat, daß er sie sich unterwerfe (Genesis I, 26).

In der Diskussion über Euthanasie, Abtreibung und die Moral (oder Nichtmoral) gegenüber Tieren findet man immer wieder die Auffassung, daß die Voraussetzung, daß die Spezies Mensch (und nicht eine besondere Eigenschaft des Menschseins, seine Vernunft, sein Personsein, seine Autonomie) schon als solche denjenigen, die zu ihr gehören, eine moralisch einzigartige Stellung gebe, den meisten unter uns wie selbstverständlich erscheint. Es liegt dann aber nahe, sich zu fragen, inwiefern sich die in einer heutigen Diskussion einstellende Verwunderung angesichts der Zumutung, daß wir Pflichten auch gegenüber Tieren haben, sich von der Zumutung in einem Gespräch in der 1. Hälfte des 19. Jahrhunderts in den Südstaaten der USA, daß wir auch Pflichten gegenüber Schwarzen haben, unterscheidet.

Ist die engere Zugehörigkeit überhaupt ein Kriterium, und wenn sie es nicht im allgemeinen ist, wieso ist sie es dann gerade an der Grenze der Spezies? Deswegen wird heute vielfach die Diskrimination gegen Tiere in Analogie zum Rassismus und Sexismus als Speziesismus bezeichnet. Ich will nicht behaupten, daß es unmöglich ist, ohne Rückgriff auf religiöse Mythen zu zeigen, daß die beiden Fälle verschieden sind[1], aber es ist gewiß schwierig, und es ist daher mindestens nicht selbstverständlich, daß sie verschieden sind. Auch in der kantianischen Tradition werden freilich direkte moralische Pflichten gegenüber Tieren nicht anerkannt, aber bei Kant ist das Kriterium nicht, daß sie nicht zur Spezies Mensch gehören, sondern daß sie keine Personen sind, und das soll heißen, daß sie ihrerseits kein moralisches Bewußtsein haben. Dieses Kriterium gilt für Kant »für alle vernünftige Wesen«, also z.B. Engel, und in der heutigen Philosophie pflegt man analog in der *Science-fiction*-Redeweise die Möglichkeit von außerterrestrischen menschenähnlichen Wesen heranzuziehen.

Wenn wir die drei für uns wichtigsten moralischen Traditionen vergleichen – die jüdisch-christlich-islamische, die utilitaristische und die kantianische –, so läßt sich im Vorgriff auf das Euthanasieproblem erkennen, daß sie sich in ihren inhaltlichen Folgen zu einem guten Teil überlappen, sich jedoch in den Schwerpunkten, die sie setzen, unterscheiden, und es sind Unterschiede dieser Art, die nicht in den von allen wie selbstverständlich anerkannten Kernbereich der Moral gehören, den man etwa durch den Kontraktualismus bzw. die sogenannte »goldene Regel« definieren kann, durch die sich in solchen Randgebieten der Moral, wie es die Euthanasie und die Abtreibung sind, gegensätzliche Auffassungen ergeben. Die Schwerpunkte, auf die es hier ankommt, sind die absolute Priorität, die die jüdisch-christliche Moral der Erhaltung des menschlichen Lebens gibt; die primäre Orientierung am Leiden, die für den Utilitarismus charakteristisch ist; und die Orientierung an den Rechten der Personen, die für den Kantianismus bestimmend ist und die dazu führt, daß hier der Anerkennung der Autonomie des Individuums ein hoher Rang eingeräumt wird. Für alle drei ethischen Konzeptionen sind natürlich alle drei Werte wichtig:

1 Ich habe selbst einen solchen Versuch unternommen in meinem Aufsatz »Wer sind alle?«, aber ich weiß nicht, ob dieser Versuch geglückt ist; s. A. Krebs (Hrsg.) *Naturethik*, Frankfurt a.M. 1997, S. 100-110. Dieser Aufsatz wurde bereits 1989 geschrieben, für eine dann nicht erschienene Festschrift für G. Patzig.

Lebenserhaltung, Leidvermeidung, Achtung der Autonomie, aber die Differenzen ergeben sich in komplexen Situationen, in denen diese Werte in Konflikt geraten.

Ich werde nun im folgenden fünf im Umkreis der Euthanasiefrage stehende Probleme erörtern, wobei jeweils das nächste auf das vorhergehende aufbaut. Hier wird nun also zu fragen sein, was sich ergibt, wenn man die eine oder andere moralische Grundkonzeption vertritt. Bei den vier ersten Problemen werden sich deutliche Antworten ergeben, beim vierten wenigstens im Umriß. Das fünfte Problem halte ich für so schwierig, daß sich nur noch offene Fragen ergeben werden.

1. Das erste und einfachste Problem ist, ob es ein moralisches Recht auf Selbsttötung gibt. Diese Frage kann von der jüdisch-christlichen Grundprämisse aus nur eindeutig negativ beantwortet werden, und natürlich werden von dieser Grundprämisse her auch alle weiteren Fragen negativ beantwortet werden. Wenn Leben prinzipiell unantastbar ist, so ist es dies in allen Fällen, jedenfalls in allen Fällen, die hier zur Diskussion stehen werden. Der Fall der Selbstverteidigung und Selbstopferung (Tötung, um anderen Tod zu vermeiden), der in der christlichen Tradition dann auch auf die Frage der moralischen Berechtigung eines Krieges ausgedehnt wurde, steht hier nicht zur Diskussion.

Für beide modernen moralischen Positionen hingegen besteht, wie schon für die Stoiker, überhaupt kein Grund, die Selbsttötung als moralisch unzulässig anzusehen, *wenn* dadurch nicht Pflichten anderen gegenüber verletzt werden. Eine nichtreligiöse moralische Position, die den Selbstmord als solchen ächtet, scheint mir kaum vorstellbar, obwohl viele so denken. Das hängt mit dem untergründigen Fortleben christlicher Normen in unser aller Bewußtsein zusammen, von dem schon die Rede war. Man sagt dann, man dürfe sich nicht das Leben nehmen, weil das Leben einem *gegeben* ist. Aber dieser Gedanke, daß mir das Leben gegeben sei, ohne von jemandem gegeben zu sein, ist nicht sinnvoll. Gott läßt sich nicht naturalisieren, und eine halbreligiöse Haltung – man glaubt, aber man weiß nicht an wen, oder an »irgendeine Macht« – sollte, wenn man intellektuelle Redlichkeit will, zurückgewiesen werden, sie impliziert auch eine Respektlosigkeit gegenüber dem Ernst der religiösen Haltung. Kant selbst freilich glaubte, daß er das moralische Verbot des Suizids aus seinem kategorischen Imperativ ableiten könnte, aber das war, wie in der Literatur heute weitgehend anerkannt wird, ein Irrtum; auch er war hier einfach ein Kind der christlichen Tradition.

Wer im normalen Leben steht, hat freilich fast immer Verpflichtungen gegenüber anderen, und in dem Maße, in dem das der Fall ist, steht der Selbstmord mit Recht unter einem moralischen Odium. Das trifft jedoch in vielen Fällen nicht zu, besonders in jenen, wo die Person meint, daß sie von ihrer Umgebung nicht gebraucht wird oder ihr sogar nur noch zur Last fällt. Diese Meinung kann richtig oder unrichtig sein, sie ist gewiß unter dem Gesichtspunkt der Autonomie zu respektieren.

Das 2. Problem betrifft die Beihilfe zur Selbsttötung, und hier betreten wir bereits das Terrain der Euthanasie, wo man bei Schwerstkranken von Tötung auf Verlangen spricht. Im Strafrecht ist die Beihilfe zur Selbsttötung im allgemeinen verboten, und lediglich die sogenannte passive Euthanasie (dazu komme ich im nächsten Punkt) wird in schweren Krankheitsfällen faktisch häufig praktiziert und, wenn ich recht sehe, gerichtlich weitgehend geduldet.

Aber wie haben wir dieses Problem moralisch zu beurteilen? Weitgehend identisch wie das vorige. Aus der christlichen Perspektive muß die Beihilfe zum Suizid genauso verboten sein wie das Suizid selbst. Aus moderner Perspektive ergibt sich aus dem Recht auf das Suizid plus der allgemeinen Pflicht zur Hilfe wie selbstverständlich nicht nur das Recht, sondern gegebenenfalls die Pflicht zur Beihilfe zur Selbsttötung. Ich sage »gegebenenfalls«, weil derjenige, der hier um Hilfe gebeten wird, eventuell das Recht und vielleicht sogar die Pflicht hat zu einer eigenen Beurteilung der Situation dessen, der sterben will. Das ist in jedem Fall so, wo Pflichten gegenüber anderen verletzt würden.

Wo es sich nur um das Wohl und Wehe des Betreffenden handelt, wird der Utilitarist anders urteilen als derjenige, für den die Autonomie der Person an erster Stelle steht. Haben wir das Recht, Hilfe zu verweigern, nur weil wir meinen, daß der andere seine Situation falsch beurteilt? Ist das nicht Paternalismus (eine Haltung, die der Utilitarist weitgehend bejahen muß)? Dürfen wir auf eine Bitte dieser Art abschlägig reagieren, weil wir den Betreffenden für irrational halten? Ich bezweifle das; wir sind alle mehr oder weniger irrational.

Eine wirkliche Barriere ist erst dort gegeben, wo wir den anderen für unzurechnungsfähig halten, und dafür gibt es mehr oder weniger brauchbare Kriterien. Unzurechnungsfähigkeit ist immer eine berechtigte Grundlage für Paternalismus. Autonomie setzt Zurechnungsfähigkeit voraus.

Zuzugeben ist, daß die Beihilfe zum Selbstmord bzw. die Tötung auf Verlangen vor Mißbrauch nicht ohne weiteres geschützt ist und daß deswegen entsprechende Barrieren eingebaut werden müssen. Ist einmal diese Art Hilfestellung im Prinzip strafrechtlich freigestellt, kann und muß sie auch objektiviert werden; es kann nicht einem einzelnen überlassen bleiben, einen solchen Schritt zu tun, da verhindert werden muß, daß jemand auf diese Weise eigene Interessen verfolgt und denjenigen, der um Sterbehilfe bittet, gegebenenfalls manipuliert.

Im gesamten Bereich der Euthanasie wird häufig das Argument des möglichen Mißbrauchs überstrapaziert. In der gegenwärtigen Problematik besteht natürlich auch im entgegengesetzten Fall die Möglichkeit des Mißbrauchs, indem Interessen vorhanden sein können, den anderen zu entmündigen. Die Rede von möglichem Mißbrauch setzt immer voraus, daß wir es mit einer komplexen Materie zu tun haben; statt es dabei zu belassen und dadurch die berechtigten Fälle zu kriminalisieren, müßten – wie überall – Regelungen getroffen werden, die so gut wie möglich die berechtigten von den unberechtigten Fällen unterscheiden lassen.

Das 3. Problem ist das einzige, das nach meiner Meinung nicht von der moralischen Grundkonzeption abhängt, sondern lediglich eine Begriffsklärung erfordert. Es betrifft die Unterscheidung zwischen sogenannter aktiver und sogenannter passiver Euthanasie. Als aktiv wird diejenige bezeichnet, wo von ärztlicher Seite der Patient getötet wird, als passiv diejenige, wo der Arzt den Patienten lediglich sterben läßt, d.h. nichts tut, um den Tod zu verhindern. Häufig wird auch die passive Euthanasie noch in der Weise eingeschränkt, daß man sagt, der Arzt brauche keine »ungewöhnlichen« Mittel zur Lebensverlängerung einzusetzen, aber diese zusätzliche Unterscheidung erscheint äußerst fragwürdig. Es hängt lediglich vom Stand der medizinischen Technik ab, welche Mittel man als ungewöhnlich bezeichnet.

Die heute moralisch und juristisch herrschende Auffassung scheint die zu sein, daß zwischen den beiden Formen der Euthanasie ein wesentlicher Unterschied besteht und daß die passive gegebenenfalls geduldet wird, die aktive in jedem Fall als strafbar anzusehen ist.

Auf philosophischer Seite hingegen ist man sich heute weitgehend darin einig, a) daß die Unterscheidung auf einer Begriffsverwirrung beruht und b) daß das Festhalten an der Unterscheidung und das Verbot der aktiven Euthanasie bei gleichzeitiger eventueller Duldung der passiven nur zu unnötigem Leiden und also zu moralisch unakzeptablen Konsequenzen führt.

Worin soll der Unterschied bestehen zwischen einem Arzt, der den Stecker des Sauerstoffgerätes herauszieht, und demjenigen, der sieht, daß er im Begriff steht, herauszufallen und nichts dagegen tut? Oder, um ein Beispiel, das nicht zur Euthanasie gehört, heranzuziehen: worin besteht der Unterschied zwischen einer Mutter, die ihr Kind mit einem Messer tötet, und derjenigen, die es absichtlich verhungern läßt? Zwischen Tun und Unterlassen läßt sich in solchen Fällen kein moralisch relevantes Kriterium angeben. Moralisch relevant ist ausschließlich die Absicht, die das Tun bzw. die Unterlassung leitet.

Ein bei nachdenklichen Menschen vorhandener Grund, warum sie glauben, die beiden Fälle unterscheiden zu müssen, ist, daß die Nichtunterscheidung zu einer Nichtunterscheidung zwischen negativen und positiven Pflichten führen könnte, und das wäre in der Tat eine unannehmbare Konsequenz. Unter negativen Pflichten versteht man diejenigen, die darin bestehen, daß man anderen nicht schaden darf; unter positiven diejenigen, die besagen, daß man anderen helfen, d.h. von ihnen Schaden abwenden soll. Der Unterschied dieser beiden Pflichtarten ist im *allgemeinen* scharf: die negativen Pflichten bestehen gegenüber jedermann und absolut (es ist nicht sinnvoll, hier von einem »mehr oder weniger« zu sprechen); die positiven Pflichten hingegen bestehen in verschiedenen Graden und unterscheiden sich je nach der Nähe der Betreffenden.

Nun muß man aber sehen, daß es einen bestimmten Grad von Nähe gibt, wo man nicht mehr zwischen Schädigen und Schaden-nicht-Abwenden unterscheiden kann. Das ist genau dort der Fall, wo eine Person in der Obhut einer anderen steht, d.h. diese für das Wohlergehen jener die Verantwortung trägt. Genau das trifft z.B. auf das Verhältnis der Mutter zu ihrem Kind oder auf das des Arztes zum Patienten zu. Während die Vernachlässigung positiver Pflichten im allgemeinen selbstverständlich nicht impliziert, daß man will, daß der andere geschädigt wird, ist genau das der Fall bei der Vernachlässigung der positiven Pflicht, wo der andere in meiner

Obhut steht. Die Absicht ist deswegen in diesen Fällen dieselbe, wie wenn man den anderen schädigen will. Positive und negative Pflicht fallen hier zusammen.

Die aktive Euthanasie unterscheidet sich also nur in den äußeren Handlungen bzw. Unterlassungen von der passiven Euthanasie, nicht in der die Handlungen bzw. Unterlassungen leitenden Absicht (dasselbe läßt sich z.B. über zwei äußerlich verschiedene Weisen der aktiven Tötung sagen). Die Art des Sterbenlassenwollens hat jedoch für den Betroffenen gravierende Unterschiede (genauso wie z.B. ein langsamer, mit Folterungen verbundener Mord sich von einem raschen Mord unterscheidet): das Leiden dessen, dem passive Euthanasie zuteil wird, ist länger und gegebenenfalls äußerst grausam. Daher ist die aktive Euthanasie meist die moralisch gebotene. (Es kann freilich sein, daß der Patient seinerseits die passive vorzieht; das kann gute Gründe haben, und dann ist seine Autonomie unbedingt zu respektieren.) Häufig wird gerade gegen die aktive Euthanasie das Argument des möglichen Mißbrauchs ins Feld geführt. Es ist aber nicht zu sehen, inwiefern sich in dieser Hinsicht aktive und passive Euthanasie unterscheiden sollen.

Das 4. Problem ist schwieriger. Es ist das der sogenannten nichtfreiwilligen Euthanasie. Man unterscheidet nichtfreiwillige von unfreiwilliger Euthanasie. Mit letzterer ist gemeint, daß der Patient gegen seinen Willen getötet wird, und das ist natürlich unter allen Umständen verboten. Von nichtfreiwilliger Euthanasie spricht man hingegen, wenn die Patienten nicht sagen können, was sie wollen, wie bei kleinen Kindern, insbesondere Säuglingen, aber auch bei Erwachsenen und insbesondere alten Menschen, die sich in einem Zustand befinden, in dem sie sei es nicht bewußt, sei es nicht kommunikationsfähig sind.

Wie ist hier gemäß den verschiedenen moralischen Grundprinzipien verantwortlich zu handeln? Für die jüdisch-christliche Tradition ist natürlich die Euthanasie hier ebenso verboten wie im Fall, daß sie vom Patienten gewünscht wird. Wie sieht es aus der Sichtweise der beiden anderen moralischen Positionen aus? Es erscheint selbstverständlich, daß in diesem Fall diejenigen, in deren Obhut die sich nicht äußern könnenden Patienten stehen – Ärzte, Eltern, staatliche Instanzen –, sich fragen müssen: Was würde der Patient vorziehen, wenn er sich äußern könnte? Und da müssen dann die allgemeinen Gesichtspunkte ausschlaggebend sein, die in so einem Fall – hoffnungslose Krankheit, schweres Leiden – für jemanden bestimmend sein können. Es ist also eine stellvertretende Entscheidung erforderlich, nach bestem Wissen und Gewissen, und hier müssen ärztliche Erfahrungen über das Ausmaß des Leidens und den eventuellen Grad der Wahrscheinlichkeit einer Genesung von großem Gewicht sein.

Häufig wird einem hier entgegnet: man dürfe nie über das Leben eines anderen entscheiden. Aber warum nicht? Und vor allem: Um eine Entscheidung handelt es sich so oder so: man entscheidet sich zu einer lebenerhaltenden Behandlung oder gegen sie. Es ist unsinnig zu sagen, wenn der Betreffende nicht selbst entscheiden könne, dürfe man nicht für ihn entscheiden. Denn das heißt, die eigene Verantwortung preiszugeben oder sie zu mißbrauchen. In jedem Fall wäre das moralisch verwerflich. Die sonderliche Vorstellung, man dürfe hier nicht für den anderen entscheiden, kann ich mir nur als weiteres Überbleibsel aus der traditionellen Auffassung zurechtlegen, daß menschliches Leben unantastbar sei.

Einige Anmerkungen sind noch erforderlich:

1. Es besteht hier zweifellos eine breite Grauzone von Fällen, wo das Leiden nicht so groß und die Genesungsaussicht nicht so hoffnungslos ist, daß eine eindeutige Entscheidung möglich wäre. Die breite Grauzone ändert jedoch nichts daran, daß es Fälle gibt, die in den eindeutigen schwarzen Rand gehören, und diese ihrem Leid zu überlassen, nur weil es andere Fälle gibt, über die man nicht so leicht entscheiden kann, erscheint, wenn man nicht die extreme religiöse Position bezieht, unmenschlich. Fast überall in der normativ zu regelnden Welt haben wir Grauzonen; daraus folgt nicht, daß wir nicht verpflichtet sind, sie normativ zu regeln. Nebenbei gesagt war ich überrascht, auf einer Podiumsdiskussion in Düsseldorf im März 1992 auch von der Gegenseite zu erfahren: Natürlich *gebe* es eindeutige Fälle. Doch nur um diese handelt es sich in erster Linie. Es geht vorerst nur um das moralische und strafrechtliche Prinzip. Ist dieses einmal neu gefaßt, ist viel ärztliches Wissen und moralisches Nachdenken erforderlich, um über die Zwischenfälle des dunklen Grau angemessen zu entscheiden.

2. Es ist bemerkenswert, daß sich hier der Utilitarismus leichter tut als der Kantianismus. Die primäre Ausrichtung am Leiden und die selbstverständliche Aufnahme aller leidensfähigen Wesen (und also insbesondere aller Menschen, die nicht irgendwelche engeren Kriterien des Personseins erfüllen) in die Klasse derjenigen, denen gegenüber eine moralische Verpflichtung besteht, erleichtert es

dem Utilitaristen, in diesem Bereich moralische Verantwortung zu übernehmen, während der Kantianer leichter zu einem Indifferentismus neigen könnte.

3. Eine bestimmte Form des Mißbrauchs ist hier sehr naheliegend. Das einzige, was aus nichtchristlicher Sicht nicht nur moralisch erlaubt, sondern moralisch geboten ist, ist die unfreiwillige Euthanasie aus der Rücksicht auf die Interessen des Betroffenen. Hingegen muß gesichert werden, daß bei einer nichtfreiwilligen Euthanasie die Interessen der Umgebung bzw. der Gesellschaft nicht bestimmend sein können. Man kann fragen, wie eine solche Sicherung möglich ist. Die Antwort kann nur lauten: durch das, was auch in allen anderen politischen moralischen Fragen einzig ausschlaggebend sein kann: durch eine aufgeklärte demokratische Entscheidung. Aus Angst, daß eine aufgeklärte demokratische Entscheidung in die falsche Richtung gehen könnte, ein apriori-Verbot auszusprechen (und wo sollte dieses festgeschrieben werden?), könnte nur zum Totalitarismus führen. Historisch sind es bisher die totalitären Systeme gewesen, insbesondere der Nazismus, die zu der menschenverachtenden Politik der Tötung derjenigen Mitbürger geführt haben, die dem Staat nur zur Last fallen.

Es muß freilich zugegeben werden, daß es hier noch einen weiteren Fall gibt, bei dem die Freigabe der Tötung aus Rücksicht auf die Interessen der Gesellschaft denkbar scheint: nämlich bei Menschen, die nicht leiden, aber auch nicht mehr fühlen, also solchen, die sich in einem endgültigen Koma befinden. Die Begründung der Tötung wäre hier, aus nichtreligiöser Sicht, keine moralische mehr, sondern die Tatsache, daß diese Menschen nicht mehr der moralischen Gemeinschaft, wie weit auch immer man sie faßt (fühlende Wesen), angehören.

Der zuletzt genannte Fall gehört eigentlich bereits in das 5. Problem. Während die Euthanasie in den Formen, die ich im 2., 3. und 4. Problem beschrieben habe, immer ein moralisches Müssen betraf (der Christ sagt, wir dürfen diese Menschen nicht töten, die moderne Moralkonzeption sagt, wir sollen bzw. müssen sie töten), stellt sich jetzt die Frage, ob es auch eine Klasse von Menschen gibt, die wir aus nichtreligiöser Sicht zwar nicht töten sollen bzw. müssen, wohl aber töten dürfen. Das erscheint auf den ersten Blick wie ein schrecklicher Gedanke, und er ist es auch. Denn Töten ist etwas an und für sich normativ so eindeutig Verbotenes, daß es schwer ist sich vorzustellen, daß, wenn das Verbot durchbrochen werden darf, dies durch etwas begründet werden kann, was nicht mindestens so stark wiegt, also ebenfalls ein Verbot sein muß.

Was kann es also für einen schwächeren Grund geben, der ein Töten nicht gebietet, sondern lediglich zuläßt? Der Grund kann nur darin bestehen, daß auf denjenigen Menschen, der gegebenenfalls getötet werden darf, die Kriterien nicht zutreffen, die überhaupt der Grund für das Tötungsverbot sind. Alle traditionellen Ethiken, auch die modernen, sprechen allgemein von dem Verbot, Menschen zu töten, aber sind nicht auch Embryonen oder wiederum Menschen, die in einem endgültigen Koma liegen, Menschen, d.h. Angehörige dieser biologischen Spezies, ebenso Säuglinge? Gilt für sie das Tötungsverbot genauso? Wir wissen, daß es Kulturen gab, die das Tötungsverbot sonst strikt einhielten, aber ungeborenes Leben, gegebenenfalls auch Säuglinge und gegebenenfalls auch Alte, auf die bestimmte Kriterien zutrafen, ausnahmen. Weiterhin fragt man sich: Gilt das Tötungsverbot auch für Tiere, und wenn nicht, warum nicht?

Auf diese Fragen geben uns kantianische Ethiken kaum Antworten, nicht weil sie es im Prinzip nicht könnten, sondern weil in dieser Tradition die Frage der Anwendbarkeit der im Kernbereich selbstverständlichen Normen auf diese Randgebiete so gut wie nicht gestellt worden ist. Eine eindeutige Antwort finden wir hingegen in der jüdisch-christlichen Tradition. Wie ich schon bemerkte, gilt hier als einziges und entscheidendes Kriterium die Zugehörigkeit zur Spezies Mensch, also: Tiere dürfen getötet werden, keinerlei Angehöriger der Spezies Mensch darf getötet werden. Aus moderner Sicht muß diese Auffassung merkwürdig wirken. Um sie überhaupt zu verstehen, muß man sich klarmachen, daß die Bibel natürlich nicht von der Spezies Mensch spricht, sondern einfach von »dem Menschen« als einem aus der Vielfalt der biologischen Spezies völlig abgehobenen Geschöpf (er ist an einem eigenen Tag geschaffen worden), und entsprechend wird natürlich nicht von »den übrigen Tieren« gesprochen, sondern von »den Tieren«. Aber so können wir heute nicht mehr sprechen.

Im Utilitarismus wird diese Unterscheidung als eine prinzipielle geleugnet. Das Kriterium dafür, daß wir einem Wesen gegenüber moralische Pflichten haben, ist, daß es fühlen, insbesondere Schmerzen fühlen kann. Wenn man gleichwohl auf moderner Basis eine Unterscheidung macht, kann sie nicht in der Zugehörigkeit zur Spezies liegen, sondern nur in bestimmten Charakteristiken, die gewöhnlich unter dem Personenbegriff zusammengefaßt werden (doch kommt es auf dieses *Wort* natürlich nicht an): Vernunft, Autonomie und dergleichen. Für Kant war das entscheidende Kriterium die Vernunft, konkreter dann aber, wie man in seiner Durchführung in der *Grundlegung zur Metaphysik der Sitten* sieht, die Fähigkeit, selbst moralisch handeln zu können. Dieses Kriterium ist sicher zu eng; es würde bereits Kleinkinder aus dem inneren Kreis derjenigen, die moralische Rechte haben, ausschließen.

Ein eventuell brauchbares Kriterium scheint mir dasjenige zu sein, das John Harris in seinem Buch *The Value of Life* (London 1985) – die beste Schrift, die ich zur Problematik der Euthanasie kenne – nennt, nämlich die Fähigkeit eines Wesens, sein Leben zu schätzen, und das setzt voraus, daß das Wesen überhaupt nicht nur Bewußtsein, sondern eine bewußte Beziehung zu seinem Leben hat. Man kann sagen, daß der Grund des Tötungsverbots eben der Umstand ist, daß wir eine bewußte Beziehung zu unserem Leben haben und gewöhnlich unser Leben schätzen und es insofern, um es in der Terminologie von Kants kategorischem Imperativ zu formulieren, allemal nicht wollen können, daß es ein allgemeines Gesetz werde, daß andere unserem Leben ein Ende setzen, wenn wir es selbst nicht wollen.

Ein solches Personenkriterium, das selbst besser in die Tradition des Kantianismus paßt, kann nun auch vom Utilitarismus übernommen werden. Aus dessen Perspektive kann man jetzt sagen: erstens, keinem fühlenden Wesen dürfen Schmerzen zugefügt werden; zweitens, kein Wesen, das eine bewußte Beziehung zu seinem Leben hat, darf getötet werden; diejenigen, die keine solche Beziehung zu ihrem Leben haben, dürfen getötet werden, wenn das schmerzfrei möglich ist (bei Kindern wäre hinzuzufügen: nur wenn die Eltern es erlauben).

Viele finden so eine Auffassung monströs, denn dann wäre nicht nur die schmerzfreie Tötung von Tieren und Foeten, sondern eventuell auch von Säuglingen erlaubt, und es scheint unklar, wie weit hinauf das reichen würde. Wir müssen uns natürlich fragen, inwieweit die Zurückweisung einer solchen Auffassung nicht nur auf unreflektierten Intuitionen beruht, die aus der christlichen Tradition stammen. Aber es ist auch denkbar, daß man die Auffassung aus anderen Gründen zurückweisen kann. Ich will das hier offenlassen. Wir stehen vor einer Problematik, die man nur »mit Furcht und Zittern« angehen kann, und ich will mich hier darauf beschränken, auf die Widersprüche zu verweisen, in denen sich heute das allgemeine Bewußtsein an diesem Punkt befindet. Wir sollten doch, so würde man erwarten, Konsistenz in unsere Anschauungen bringen können.

Der erste Widerspruch besteht darin, daß man Tiere und diejenigen Menschen, die keine Personen sind, anders behandelt. Bis kein nach modernen Kriterien erstelltes einsichtiges Kriterium dieser normativen Unterscheidung plausibel gemacht wird, ist das nur dann kein Widerspruch, wenn die christliche Position bezogen wird. (Es gibt Leute, die glauben, das sei ein Grund, an der christlichen Konzeption festzuhalten. Es lohnt sich, die dahinterstehende Logik explizit zu machen: man hält eine Norm *N* für erhaltenswert; *N* folgt aus *C* (der christlichen Position); ergo *C*.)

Sehen wir jetzt von den Tieren ab! Es ist heute weitgehend gesellschaftlich akzeptiert, daß eine Abtreibung aufgrund einer pränatalen Diagnose zu einem relativ späten Zeitpunkt der Entwicklung des Foetus *erlaubt* ist, auch in Fällen, die nach den unter dem vierten Problem genannten Kriterien eine Tötung *nicht gebieten*, z. B. bei Mongolismus. Hier wird also zugelassen, daß ein Kind vor der Geburt getötet werden darf, nur weil es für seine Eltern unbequem wäre, während die Tötung nach der Geburt sogar in den Fällen nicht zugelassen wird, wo dies aus der Perspektive des Kindes selbst erforderlich scheint. Wie läßt sich das vereinbaren?

Wenn man die menschliche Entwicklung in moralisch relevante Phasen einteilt, so wird man nach den vorhergehenden Überlegungen etwa zu folgenden Phasen kommen: 1. die Phase, in der wir annehmen können, daß das Kind noch nicht fühlen kann; hier kann es nach dem Kriterium des Utilitarismus in jedem Fall getötet werden; 2. die Phase, in der das Kind schon fühlt, aber noch keine Person ist, in der das Kind also nach den vorhin genannten Kriterien gegebenenfalls getötet werden dürfte, wenn das schmerzfrei möglich ist; 3. die Phase, in der der Mensch Person ist und in der eine Tötung unzulässig ist.

Es ist die 2. Phase, die das große Kopfzerbrechen bereitet. Die im vorletzten Absatz beschriebene Auffassung, die die Tötung vor der Geburt erlaubt, nach der Geburt verbietet, ist natürlich dann nicht widersprüchlich, wenn sich zeigen ließe, inwiefern die Geburt den entscheidenden Einschnitt darstellt. Es gibt gute Gründe, die Geburt als eine wichtige Wasserscheide anzusehen, trotz der in neuerer Zeit aufgeworfenen Fragen, ob man nicht vielmehr den Zeitpunkt der *viability*, der Fähigkeit des Kindes, außerhalb des Mutterleibes zu leben, als relevanter anzusehen habe. Man kann sagen, daß mit der Geburt ein gradueller Prozeß der Kommunikation beginnt, der zum Personsein hinführt, der Mensch also vom Zeitpunkt der Geburt an einen Prozeß beginnt, an dessen Ende das Personsein steht.

Es kommt der mehr pragmatische Gesichtspunkt hinzu, daß sich danach keine Phase mehr findet, die als eindeutiger Einschnitt zwischen Personsein und Nichtpersonsein angesehen werden kann. Doch erscheint es zweifelhaft, daß solche Überlegungen genügen. Man muß mißtrauisch sein, ob man hier nicht nur Argumente an den Haaren herbeizieht, die lediglich die Funktion haben, bestehende Auffassungen zu legitimieren. Wir stoßen hier ins Dunkel.

Die große Unklarheit, die über dem 5. Problem liegt, darf nicht darüber hinwegsehen lassen, daß die ersten 4 Punkte je nach ethischer Grundüberzeugung klare Antworten erlauben. In der Auseinandersetzung mit den Befürwortern einer Euthanasie nach 2, 3 und 4 besteht häufig die Unfairness zu behaupten, daß insbesondere 4 unmittelbar zu 5 überleite. Die obigen Ausführungen zeigen, daß davon keine Rede sein kann.

4. Partikularismus und Universalismus

Die Enttäuschung des Krieges, so heißt eine kleine Abhandlung von Sigmund Freud aus dem Jahre 1915; die Enttäuschung betraf den Rückfall in Barbarei, nachdem in Europa die Mächte, die scheinbar die Garanten der Zivilisation gewesen waren, den Krieg in Gang gesetzt hatten. Die Hemmungen der Moral, einer Moral, die man sich gewöhnt hatte als universalistisch zu verstehen, erwiesen sich als dünnes Mäntelchen, das leicht wegzuziehen war, sobald die nationalen Gefühle angesprochen waren.[1]

Am Ende dieses Jahrhunderts stehen wir vor einer Reihe weiterer Enttäuschungen. Immer wieder wurden wir mit Möglichkeiten konfrontiert, die offenbar allgemeinmenschliche sind und die uns in unserer moralischen Selbsteinschätzung immer weiter zurückgesetzt haben. Wir sahen ein ganzes Volk sein Ressentiment nach außen so steigern, daß es in der Lage war, andere für Untermenschen zu halten und schließlich wie Ungeziefer zu vernichten. Danach – nur kurz dauerte die Zwischenzeit, in der man sich noch einmal der Idee des Fortschritts hingab und eine Welt frei von Furcht und Not in Aussicht stellte – gewöhnte sich die westliche Welt daran, in selbstgewählter Dauererwartung der atomaren Vernichtung der ganzen Menschheit zu leben. Heute erleben wir einen Rückfall in die Schrecken von Nationalismus und Fremdenhaß.

Diese letzte Enttäuschung ist um so größer, als viele gerade, wenn irgend etwas, den Nationalismus für überwunden wähnten. Er habe, so meinte man, zu einer überholten Phase der historischen Entwicklung gehört; heute hätten wir gelernt, mehr und mehr universalistisch zu denken; das partikularistische Denken des Nationalismus, soweit es hier und da noch in Erscheinung tritt, lasse sich als Regression verstehen. Inzwischen sehen wir, daß sich der Nationalismus nicht so leicht abtun läßt; wie ein amerikanischer Autor es jüngst formulierte: »nationalism is here to stay« (Tony Judt). Wie schon Freud in jener kleinen Arbeit bemüht war, was er zunächst Enttäuschung nannte, vielmehr als Ernüchterung zu sehen, so

1 Sigmund Freud, *Gesammelte Werke*, Bd. 10, Frankfurt a.M. 1946, S. 324ff.

bleibt auch uns nur übrig, zu versuchen, zu verstehen, statt zu klagen und anzuklagen.

Wir waren vielleicht zu fortschrittsgläubig, als vom Partikularismus als einer Regression die Rede war. Es ist naheliegender, Partikularismus und Universalismus nicht in einem Nacheinander zu sehen und sie auch nicht als sich unbedingt ausschließende Gegensätze zu verstehen. Versuchen wir also zuerst, diesen abstrakten Begrifflichkeiten ihren schlagwortartigen Charakter zu nehmen und sie ins menschliche Leben, in das sie doch gehören müssen, zurückzunehmen.

Universalismus ist eine primär moralische Kategorie. Es erscheint als eine kulturelle Errungenschaft, daß es Gebote und insbesondere Verbote gibt, die die Menschheit als ganze betreffen, von denen wir niemanden meinen ausschließen zu dürfen. »Liebe deinen Nächsten wie dich selbst«, so lehrte Jesus, und mit seiner Geschichte vom Samariter machte er deutlich, daß mit dem Nächsten auch diejenigen gemeint sind, die jenseits der Grenze leben. Freilich, indem Jesus das universalistische Gebot als Liebesgebot formulierte, wurde es vielleicht überstrapaziert. Würde es ernst genommen, wäre der Partikularismus von der Moral her gesehen in der Tat ausgeschlossen und auch schon damals nur als Regression denkbar. Aber da Menschen sich stets in kleineren und größeren Gruppen, also partikularistisch, gesehen haben, hätte das nur die Folge, daß die universalistische Moral, so erhaben verstanden, sich bestenfalls in einen frommen Traum auflösen müßte.

Hier kann ein Satz helfen, der auf Hume zurückgeht: Der Sinn der Moral ist die Kompensation unserer begrenzten Sympathiegefühle. So gesehen ist die Moral nicht eine Erweiterung von Sympathie und Liebe, sondern sie steht, neben der Gefühlsbeziehung, die auch eine Gefühlsgebundenheit, also allemal partikularistisch ist, für eine ganz andere Form der zwischenmenschlichen Anerkennung, nämlich der wechselseitigen Achtung. Angesichts der Tendenz zur Aggression, aber auch zur Gleichgültigkeit ist die Kooperation, auf die Menschen angewiesen sind, ohne diese zweite Dimension der Achtung nicht denkbar. Wir können die zwei zwischenmenschlichen Anerkennungsformen kontrastieren, indem wir etwa sagen: Du brauchst ihn nicht zu lieben, aber du sollst ihn achten. Die Achtung und die Perspektive auf Gerechtigkeit, auf die sie verweist, ist eine Haltung, die wir nicht von Natur haben, sondern die wir ausbilden, weil wir sie wechselseitig voneinander fordern, einklagen und begründen. Ohne diese normative symmetrische Beziehung können auch die engsten Beziehungen nicht stabil sein; andererseits reicht sie über die engen Beziehungen hinaus und ist eben deswegen tendenziell universell.

Was meinen wir hingegen mit *Partikularismus*, wovon dann Nationalismus eine bestimmte Ausformung sein soll? Menschen leben in Gruppen der verschiedensten Größen und bestimmt durch verschiedene Gemeinsamkeiten wie Verwandtschaft, Lokalität, Gewohnheiten und Anschauungen; in den meisten Fällen ist diese Gruppenzugehörigkeit nicht nur eine faktische, sondern eine, die gefühlsmäßig gefärbt ist: Wir leben in einem Gegensatz von vertrauter Umgebung und unvertrautem, eventuell bedrohlichem Außerhalb. Wir nehmen diese Abgrenzung häufig auch in unseren Willen auf, wir identifizieren uns mit ihr. Ohne solche kollektiven Identifizierungen blieben wir in einer Sphäre, deren Luft zu dünn für menschliche Existenz wäre. Für die sozialen Wesen, die wir sind, scheinen partikulare Kollektivitäten sinnstiftend zu sein, so sehr, daß, wenn sie nur teilweise vorgegeben sind, sie manchmal zum anderen Teil erfunden werden, wie man das so häufig gerade am Nationalismus sieht.

Fast immer wird, wie schon in den Fußballstadien zu beobachten ist, das eigene Kollektiv positiv bewertet, und das impliziert, daß man sich gegen die anderen nicht nur abgrenzt, sondern dazu neigt, sie abzuwerten. In dem Maße, in dem beim einzelnen eine stabile Selbstwertgewinnung nicht gelingt, Kränkungen aufgestaut werden, dient dann die Identifizierung mit dem Wert des Kollektivs als Ausgleich für das individuell fehlende Selbstwertgefühl. Im Bedürfnis nach Abwertung des Außen zeigt sich eine pathologische Komponente, aber die Unterscheidung zwischen Eigenem und Fremdem als solche wird man nicht schon als pathologisch ansehen dürfen. Hingegen ist nicht zu bezweifeln, daß das partikularistische Bedürfnis nach Abgrenzung, wenn es dazu führt, das Außen abzuwerten, mit dem moralischen Universalismus in Kollision gerät. Solange die Menschen den Hang zum Wir-Bewußtsein nur als eine Sache von Neigung und Abneigung ansehen, wird die Spannung zum Universalismus nicht kritisch, weil man versteht, daß die Neigung dem moralisch Geforderten unterzuordnen ist. So können sich die zwei antagonistischen Tendenzen, die beide natürlich sind, arrangieren, ohne daß eine gegenüber der anderen verleugnet werden muß.

Aber in der subjektiven Abneigung liegt die Tendenz, in eine objektive Abwertung umzukippen, in moralische Nichtachtung, und das kann ideologisch abgesichert werden, indem der Partikularismus die Seite des Moralischen für sich selbst beansprucht; die Loyalität zum Eigenen kann ihrerseits sogar als Quelle des normativ Geforderten ausgegeben werden. Es gibt hier verschiedene Übergänge und Kompromisse, aber es gibt auch das Extrem, daß die Kategorie Mensch ihren normativen Stellenwert verliert und von der Freund-Feind-Unterscheidung ganz verdrängt wird. Wenn jedoch im Partikularismus ein wesentliches Bedürfnis menschlicher Existenz zum Ausdruck kommt, stehen wir vor einer Spannung, die prinzipiell beseitigen zu wollen nicht sinnvoll erscheint, sondern die wir immer neu überbrücken müssen; eine Überbrükkung, die, auch wo sie nicht zur Katastrophe führt, stets labil bleiben wird.

Primo Levi spricht im Vorwort zu seinem Auschwitz-Buch[1] von einer Schlußfolgerung, deren unvermeidliche letzte Konsequenz das Vernichtungslager ist. Die Prämisse ist der Satz: »Jeder Fremde ist ein Feind.« So formuliert, wird man die Konsequenz kaum leugnen können. Sprechen wir hingegen nur von partikularer Identifikation und der Unterscheidung zwischen Vertrautem und Fremdem, ist die Konsequenz zwar eine bleibende Bedrohung, aber nicht zwingend, und es ist, wenn man von der Extremform des Faschismus absieht, dieser Zwischenbereich, in dem die Auseinandersetzung zwischen Universalismus und Partikularismus stattfindet. Der Universalismus kann den Partikularismus nur zähmen, er kann ihn nicht aufheben.

Sehen wir uns nun den speziellen Partikularismus an, der als Nationalismus bezeichnet wird. Ich glaube, daß hier zwei Begriffe sowohl von Nation als auch von Nationalismus deutlicher unterschieden werden müssen, als dies meist der Fall ist. Ernest Gellner stellt in seinem Buch *Nationalismus und Moderne*[2] folgende Definition an den Anfang: »Nationalismus ist vor allem ein politisches Prinzip, das besagt, politische und nationale Einheiten sollten dekkungsgleich sein.« Unter politischer Einheit ist der moderne Staat verstanden. Gellners Definition zufolge ist also von Nationalis-

1 Primo Levi, *Ist das ein Mensch? Ein autobiographischer Bericht*, München 1992

2 Ernest Gellner, *Nationalismus und Moderne*, Berlin 1991.

mus erst zu sprechen, wenn gefordert wird, daß die nationale, also offenbar die ethnische Einheit mit der politischen deckungsgleich sein soll. Damit ist ein wichtiger Begriff von Nation und Nationalismus definiert. Aber schon die Definition selbst setzt einen zweiten voraus, nämlich die Identifizierung mit dem eigenen Staat, ob dieser ethnisch definiert ist oder nicht.

Entsprechend hat auch das Wort »Nation« in der Moderne zwei Bedeutungen: Die eine steht für die Ethnie, wie Gellner hier voraussetzt, die andere für das Staatsvolk. Man könnte ja sonst nicht von der belgischen oder chilenischen Nation sprechen. Es gibt nicht eine spezifisch chilenische Ethnie, wohl aber eine chilenische Nation, zu der alle Chilenen gehören. Der zweite, von Gellner nicht gemeinte, aber vorausgesetzte Begriff von Nation ist eigentlich der erste. Er ist es auch historisch. Die französische Erklärung der Menschenrechte von 1789 sagt in Artikel III: »Die Nation ist wesentlich die Quelle aller Souveränität.« Hier hat das Wort »Nation« überhaupt keine ethnische Konnotation, sondern steht einfach für die Menge all jener, die auf dem Territorium leben, das bisher vom König beherrscht worden war. Die Nation in diesem Sinn wird in der Französischen Revolution so wichtig, weil die Souveränität vom König auf die Nation übergeht, aber »Nation«, wie das Wort hier verwendet wird, steht für die Bevölkerung dieses Territoriums und hat noch keine ethnische Konnotation. Daß in der Moderne die Nation – und durchaus in diesem ersten Sinn, als Staatsvolk – für die Individuen zum primären partikularen Identifizierungskollektiv wird – im Unterschied etwa zum Dorf oder zur Religionsgemeinschaft –, gründet erstens darin, daß die Nation jetzt als Souveränitätsträger politische Bedeutung gewinnt, und zweitens in den modernen ökonomischen Bedingungen, die den Territorialstaat – Nationalstaat in diesem Sinn – zum Träger des Gemeinwohls machen.

Die Idee der Selbstbestimmung der Nation, wie sie in der Französischen Revolution proklamiert wurde, wird als universelles Menschenrecht verstanden und ergibt sich aus der universalistischen Moral. Aber die Nation muß nun nicht nur als kollektives Wesen nach oben, dem früheren Souverän, abgegrenzt sein, sondern gewissermaßen auch nach links und rechts, also von anderen Nationen, und sie ist das zunächst durch die territorialen Grenzen. Aber genügt das für das Wir-Verständnis der sich mit der Nation identifizierenden Individuen? Allemal kommt das Bewußtsein einer gemeinsamen Geschichte hinzu, und es gibt Staaten wie die hispanoamerikanischen oder die Schweiz, bei denen das alles ist. Aber es war nun sehr naheliegend, daß mehr verlangt wurde, zumal in der Frühzeit des Nationalismus dort, wo, wie in Deutschland oder Italien, ein Territorialstaat nicht schon die Voraussetzung war, sondern erst gebildet werden sollte. Das nationale Wir-Bewußtsein stützt sich jetzt nicht mehr primär auf das gemeinsame Territorium, sondern auf die ethnischen Bestimmungen wie Sprache, Sitten, vermeintliche Abstammung. Aber auch die so definierte Nation ist auf Nation im ersten Sinn bezogen, sei es, daß das Staatsvolk weitgehend ein solches ethnisches Bewußtsein hat, sei es, daß die autonome politische Existenz von einer ethnischen Minderheit angestrebt wird. Es ist das, was in Gellners Definition zum Ausdruck kommt.

Wir haben also zwei Begriffe von Nation und entsprechend zwei Formen von Nationalismus, und man kann einsehen, daß beide die entscheidenden Ausprägungen des Partikularismus in der Moderne darstellen. Man kann aber nicht sagen, daß der erste im Sinn der universalistischen Moral gut oder harmlos ist, der zweite bösartig. Die Zusammenhänge sind komplizierter.

Man bezeichnet manchmal die gutartige, nichtaggressive Form des Nationalismus als Patriotismus, dieses Wort ist aber ebenso zweideutig. Der Unterschied läßt sich nur idealtypisch in der Weise festhalten, daß in der gutartigen Form das Individuum seine partikulare Identität dem Universalismus unterordnet. Es versteht dann seine Zugehörigkeit zu seinem nationalen Gemeinwesen primär als politische Verantwortung und ohne latente Aggression nach außen. Vertritt man hingegen universalistische Prinzipien, also insbesondere die Menschenrechte, nur nach innen und endet der Universalismus an den Staatsgrenzen, so haben wir jenen klassischen Nationalismus, der Freud so betroffen machte. »Es ist immer möglich«, schreibt er in *Das Unbehagen in der Kultur*[1], »eine größere Menge von Menschen aneinander zu binden, wenn nur andere für die Äußerung der Aggression übrig bleiben.« Denkt man etwa an den Krieg um die Falklandinseln und die patriotische Begeisterung, die er in Großbritannien entfachte, kann man sich gut klarmachen, wie verbreitet diese Einstellung auch heute noch ist, sogar unter Menschen, die sich nach innen als demokratisch und rechtsstaatlich

1 Sigmund Freud, op. cit. (Anm. 1), Bd. 14, S. 419ff.

verstehen und ohne besondere ethnische Komponente. Diese Einstellung scheint dem Universalismus noch nicht zu widersprechen, indem man die Kriegsbereitschaft, wenigstens verbal, primär defensiv versteht und den Außenstehenden dasselbe Recht zugesteht, für ihr Gemeinwesen zu den Waffen zu greifen. Der Erste Weltkrieg wäre dann moralisch einwandfrei gewesen. Immerhin unterscheidet sich diese Haltung durch ihren eigentümlichen negativen Egalitarismus von jener, die mit dem Eigenen einen besonderen Wert verbindet.

Worin bestünde ein solcher kollektiver Wert? Es ist naheliegend, daß das erst im ethnischen Nationalismus denkbar wird. Viele, die in einer ethnisch homogenen Umgebung (oder was sie dafür halten) leben wollen, sagen: »Wir wollen unter uns bleiben, das läßt sich durchaus universalistisch verstehen, denn die anderen sollen genauso das Recht haben, unter sich zu bleiben.« Die Schwierigkeit ist nur, daß jetzt die Grenzziehung zwischen uns und den anderen auf eine Weise verändert werden muß, daß sich das nicht mehr ohne Gewalt bewerkstelligen läßt. Die Unterscheidung ist ja jetzt nicht mehr territorial definiert, sondern durch ethnische Qualitäten, und die territoriale Trennung soll diesen Qualitäten, wirklichen oder vermeintlichen, entsprechen. Aber um das zu erreichen, ist eine gewaltsame Veränderung erforderlich, heute wohlbekannt als ethnische Säuberung.

Beide Nationalismen – der territorialstaatliche wie der ethnische – können sich noch durchaus in einer universalistischen Sprache artikulieren, wenn das Kollektiv sich in der Defensive befindet oder zu befinden glaubt. Auch dem Patrioten des Territorialstaates fällt es leichter, seine Bereitschaft zum Krieg nicht gleich als Fortfall des moralischen Bewußtseins zu deuten, wenn er sie als Bereitschaft zur Verteidigung des Eigenen versteht. Nur sollten wir inzwischen gelernt haben, daß die Übergänge zwischen Verteidigen und Angreifen fließend sind und daß die Berufung aufs Moralische in der Rede vom gerechten Krieg sehr dehnbar ist.

Ähnlich erscheint der ethnische Partikularismus verständlich und in seinen Forderungen sogar universalistisch, wenn er aus Verfolgung hervorgeht und nur Gleichstellung fordert. Hier wäre ein weiteres Mal ein Gleichgewicht zwischen Partikularismus und Universalismus gegeben, und das zeigt, daß auch das ethnische Partikularbewußtsein nicht bösartig zu sein braucht. Nur weiß man, wie leicht aus Verfolgten Verfolger werden. Wir sollten also nicht zu schnell die heutigen ethnischen Katastrophen auf ein mangelndes universalistisches Bewußtsein zurückführen. Ein radikales Freund-Feind-Denken ist meist nicht der Ausgangspunkt. Der Fehler ist nicht ein moralischer im Sinn der Gesinnungsethik; die Konflikte beginnen häufig relativ harmlos, und der Fehler besteht vielmehr in einem Mangel an moralischer Weisheit, an Voraussicht, wie schnell sich scheinbar harmlose Differenzen in einer Weise wechselseitig hochschaukeln, daß am Ende ein Haß da ist, der von den meisten nicht gewollt war, aus dem und seinen Folgen dann aber auch nicht mehr so leicht herauszukommen ist.

Was alle menschlichen Konflikte, die wir kennen, zwischen einzelnen wie zwischen Gruppen, zusätzlich verschärft, ist gerade das moralische Selbstverständnis, die Selbstgerechtigkeit. Einerseits können wir gar nicht anders, als die Moral gegen die aggressiven Exzesse zu Hilfe zu rufen, andererseits sind wir alle in unserer Sozialisation so tief in der moralischen Wolle gefärbt, daß alle Auseinandersetzungen, individuelle wie kollektive, erst durch die wechselseitige moralische Selbstgerechtigkeit ihre Wucht gewinnen. Es ist also nicht schon die Moral als solche, auch die universalistische nicht, die wir zur Korrektur brauchen, sondern ihre abwägende, selbstkritische Anwendung.

Während das moderne Staatsrecht wenig entwickelt hat, was den Exzessen des Nationalismus im ersten Sinn Grenzen zieht, hat es, soweit es dies in der Form des Rechts tun kann, den Gefahren des ethnischen Nationalismus eine Norm entgegengestellt, nämlich in der Verfassungsgarantie, daß niemand wegen seiner Rasse, Religion oder seines nationalen Ursprungs benachteiligt werden darf. Dieser Grundsatz des Liberalismus erkennt die mit Rasse, Religion, Nation angesprochenen kollektiven identitätsstiftenden Differenzen in ihrer Existenzberechtigung an und verbietet zugleich ihre Diskriminierung. Das entspricht der Unterordnung des Partikularen unter das Universalistische, von dem ich anfangs sprach, und zeigt zugleich, daß das nicht nur der fromme Wunsch des Moralisten ist, sondern die Grundbedingung, wie man trotz verschiedener kollektiver Identitäten zusammenleben kann; es ist also nicht nur eine moralische Norm, sondern zugleich eine pragmatische Einsicht; in Europa weitgehend das Ergebnis der Religionskriege.

Freilich, so kostbar solch ein Rechtssatz ist, so muß er doch ins Wanken geraten, wenn das allgemeine Bewußtsein nicht Schritt hält oder aus dem Tritt fällt. Vielleicht waren es nur äußere Gründe, ökonomische vor allem, die in Westeuropa die Gefahren des Nationalbewußtseins – in beiden Formen – hatten zurücktreten lassen. Darauf verweist der sich heute in ganz Westeuropa ausbreitende rassistische Fremdenhaß, eine Form des kollektiven Partikularismus, die sich von den Nationalismen unterscheidet, weil sie sich weniger auf ein Wir-Konzept stützt, sondern lediglich das Andersartige ablehnt. Während uns das ethnische Bewußtsein auch aus der Perspektive der verfolgten Minderheiten entgegentrat, äußert sich das rassistische mehr von oben nach unten. Wie kommt es, so können wir uns fragen, daß uns äußerliche Eigenschaften wie die Hautfarbe dazu veranlassen, am gleichen Menschsein unseres Gegenübers zu zweifeln? Nicht doch, so könnte eine andere Stimme in uns sich äußern, genauso wie im ethnischen Nationalismus wollen wir ihnen nichts absprechen, wir wollen nur unter unseresgleichen bleiben. Angenommen, daß das wirklich ein unschuldiger Ausgangspunkt wäre, so muß es ein Kopfschütteln der universalistischen Stimme in uns darüber erzeugen, wieweit uns dieses Motiv bereit macht, die so definierten anderen, auch wenn wir sie nicht geradezu verfolgen, so doch als Menschen zweiter Klasse anzusehen, obschon nicht an sich, so doch im Umgang. Wenn uns nun wieder die andere Stimme zuflüstert, es sei nur dieser Umgang, den wir nicht wollen, so wird man antworten müssen: Wir leben eben nicht mehr in einer Welt von getrennten Inseln und abgeschlossenen Bergtälern, und wir kommen also nicht umhin, die Beziehung von Universalismus und Partikularismus in unserem psychischen Haushalt neu zu überdenken. Was dabei herauskommen wird, läßt sich nicht voraussagen. Man kann nur gewisse Eckdaten nennen, und dazu gehört, daß wir weder die universalistische Forderung noch das partikularistische Bedürfnis verleugnen können, aber auch, daß die Realität sich heute multikulturell verändert hat und weiterhin verändern wird. Das partikularistische Bedürfnis mag vielleicht im allgemeinen konstant sein, weist aber eine gewisse Flexibilität mit Bezug auf die Inhalte auf: Wenn Glaubensfragen aufhören konnten, ein Grund der Diskriminierung zu sein, warum sollen sich dann die ethnischen Differenzen in dieser Funktion nicht als ebenfalls entbehrlich erweisen, wenn wir nur einmal gelernt hätten, mit ihnen zu leben?

Es ist vielleicht nicht angemessen, eine Betrachtung dieser Art mit einer zu hoffnungsvollen Note zu beenden. Daher erinnere ich noch einmal an Primo Levis Schlußfolgerung. Ihre Prämisse lautet:

»Jeder Fremde ist ein Feind.« Wir haben, seit er das schrieb, keine neuen, seien es historische, seien es sozialpsychologische, seien es moralphilosophische Erkenntnisse gewonnen, auf die vertrauend wir sagen dürften, diese Prämisse sei nur hypothetisch zu verstehen und nicht, wie er selbst meinte, als ein freilich nur genereller, aber doch empirisch wahrer Satz. Ist das aber so, müssen wir angesichts der Konsequenz, die Levi nennt, eingestehen, daß wir über kein Gegenmittel verfügen, gewissermaßen über keinen Impfstoff. Das heißt dann aber, daß jeder es nur glücklichen zufälligen Umständen zu verdanken hat – einer Verbindung vielleicht von Hautfarbe und Geographie –, wenn er glaubt, sich in Sicherheit wiegen zu können, sich und seine Kinder nicht eines Tages über Nacht zu Ungeziefer gestempelt zu sehen.

5. Über den Tod

Kann die Philosophie etwas zum Todesverständnis beitragen? Montaigne hat seinen Essay I, 20 überschrieben »*Que philosopher, c'est apprendre à mourir*«. Dieser Satz geht, über Cicero, auf Platon zurück.[1] Hugo Friedrich[2] hat aber glaubhaft gemacht, daß Montaigne, zumindest in seinen späteren Versuchen, sich gegenüber dem Nutzen der Philosophie für das Sicheinstimmen auf den Tod eher skeptisch verhalten hat. Und man wird Montaigne darin gewiß zustimmen können, soweit man sich den Beitrag der Philosophie von einem eigenständigen Zugang, den die Philosophie zu dem Todesphänomen haben könnte, erwartete, wie es bei Platon der Fall war. Freilich, man könnte weitergehen und die Besorgnis zum Ausdruck bringen, daß die abstrakt begrifflichen Mittel der Philosophie schon als solche die Todeserfahrung in ihrer Konkretisierung und Variabilität verstellen. Zweifellos stammen von der Philosophie auch viele Sophismen über den Tod, wie z. B. der epikureische Gedanke, daß am Tod nichts zu fürchten sei, weil wir, wenn wir tot sind, nichts empfinden; als ob die Furcht vor dem Tod in der Furcht vor einem Zustand danach bestünde. Sollte man also nicht einfach sagen: Der Tod ist eben das Ende des Lebens, und wir wissen, daß, wenn auch nicht alle, so doch die meisten Menschen sich vor ihm fürchten, und basta? Wozu noch eine philosophische Klärung? Aber schon, daß wir hier sagen müssen »die meisten«, zeigt, daß dieser Sachverhalt keineswegs eindeutig ist (Montaigne sagte [I, 50]: Cicero ängstigte sich vor dem Tod, Cato wünschte sich ihn, Sokrates war er gleichgültig). Außerdem ist unklar, wenn man von der Furcht vor dem Tod spricht, was es genau am Tod ist, wovor wir uns fürchten. Es scheint also ein Klärungsbedarf zu bestehen, und ist das nicht die klassische Ausgangssituation für eine philosophische Frage?

Viele Menschen haben nicht nur das eine oder andere Verständnis vom Tod, sondern leben in einem vortheoretischen Konzept, das sie sich zusammengezimmert haben; sie geben etwa Gründe an, warum sie sich vor ihm fürchten oder warum sie sich nicht vor ihm fürchten. So gibt es eine Vielfalt von Meinungen, die sich meist in Wörtern ausdrücken, die ihrerseits häufig vieldeutig oder unbe-

1 Cf. *Phaidon* 64a.
2 H. Friedrich, *Montaigne*, Bern 1946, 6. Kap.

stimmt sind. Damit ist die Frage, ob Philosophie hier etwas beitragen kann, nicht nur positiv beantwortet, sondern auch ein Weg, eine Methode vorgezeichnet. Es gibt, meine ich, keinen eigenständigen philosophischen Zugang, wir können nur von vorgegebenen Ansichten ausgehen, und die philosophische Zutat besteht erstens in Klärung und zweitens in Ergänzung von Einseitigkeiten. Hier wie in so vielen anderen Fällen philosophischer Klärungsbedürftigkeit gilt die Maxime, daß alle Ansichten berücksichtigt werden sollten, sei es, daß sie sich dann als falsch erweisen, sei es, daß sie mit anderen zu integrieren sind, sei es, daß Alternativen offenbleiben. So ergibt sich ein Vorgehen, das unvermeidlich einen subjektiven Ausgangspunkt hat und sich dann schrittweise als klärungs- und ergänzungsbedürftig erweist und allemal unabgeschlossen bleibt. Falls eine Art von Ansichten nicht berücksichtigt wird, liegt darin eine gewisse Willkür, die aber gemildert wird, wenn man sie explizit macht. Ich werde z. B. eine ganze Klasse von Ansichten über den Tod überhaupt nicht berücksichtigen, nämlich die, die eine der Varianten des Glaubens an ein Leben nach dem Tod voraussetzen. Ich bekenne, daß das eine subjektive Entscheidung ist. Ich meine, daß es gute Gründe gibt, einen solchen Glauben nicht zu haben, und daher interessieren mich diese Meinungen zu wenig.

Bevor ich mit einem mehr systematischen Versuch beginne, will ich, wie ich mir das angedeutete Hin und Her zwischen Ansichten und philosophischer Klärung vorstelle, an einem Beispiel illustrieren, das für mich – hierin zeigt sich der unweigerlich subjektive Ausgangspunkt – kein beliebiges ist, weil es eigentlich diese Begegnung war, die, ein oder zwei Jahre zurückliegend, mir den Anstoß für die folgenden Reflexionen gab. Ich war in einem Hafenstädtchen in Chile zufällig mit einem alten Mann, viel älter noch als ich, in ein Gespräch geraten. Vor einiger Zeit habe er sich in einer Krankheit befunden und sich gefürchtet, daß sie zum Tod führen könnte. Er habe gegenüber Gott ein Gelübde abgelegt, ihm eine Kirche zu bauen, falls er ihn errette und ihm noch einige Jahre schenke. Gott hatte ihn erhört, und hier war er also und baute. In diesem Fall handelt es sich nicht um eine Ansicht über den Tod, sondern um ein Verhalten, das eine bestimmte Ansicht impliziert, eine Ansicht freilich, die so trivial scheinen kann, daß man sich wundern könnte, warum sie mich aufhorchen ließ. Um das verständlich zu machen, muß ich einen Schritt zurückgehen und sagen, welches vor dieser Begegnung mehr oder weniger die Vorstellung gewesen war, die ich mir vom Tod zurechtgezimmert hatte. Ich hatte mir das Leben wie eine Wurst vorgestellt in zeitlicher Dimension, eine Wurst, die allemal ein Ende in der Zukunft hat, und ob sie nun etwas länger oder kürzer sei, das mache zwar einen Unterschied, aber keinen wesentlichen: Wurst bleibt Wurst. Wie kommt man zu so einer Auffassung? Sie legt sich nahe, wenn man sich klarmacht, daß das Leben *irgendwann* ein Ende findet; es ist nicht dieser Umstand als solcher, der uns ängstigt, ja es liegt nahe, daß uns, wie es Bernard Williams in einem Aufsatz vertreten hat[1], das Gegenteil ängstigen würde: daß wir das Leben ohne Ende weiterführen müßten. Heißt das dann aber nicht, daß es uns außer in den Fällen, die man als tragisch zu bezeichnen pflegt, beim Tod eines jungen Menschen, der, wie man sagt, sein Leben noch vor sich hat, nicht so schrecklich erscheinen sollte, daß das Leben etwas kürzer statt etwas länger sei? Aber für meinen Alten in Chile war das offenbar der Fall, und was mich nach dieser Begegnung beunruhigte, war, daß seine Auffassung so natürlich wirkte. Aber warum? Worin genau lag der Unterschied zwischen seiner und meiner Auffassung? Seine Auffassung mag deswegen als so natürlich erscheinen, weil beim Leben wie bei allem mehr eben mehr ist als weniger. Doch das hatte ich nicht geleugnet; ich hatte nur gemeint, dieser quantitative Unterschied könne nicht so wesentlich sein. Angenommen, er wäre nicht alt gewesen, und als er 27 war, hätte ihm eine *bruja*, wie man in Chile sagt, eine Wahrsagerin also, vorausgesagt, er werde 79 Jahre alt werden; hätte er auch dann ein so großes Gelübde abgelegt, damit Gott ihm noch ein paar zusätzliche Jahre schenke (über die 79 hinaus)? Das wäre nicht undenkbar, aber eher kurios, und gewiß hätte es mich nicht aufhorchen lassen. Jetzt wird deutlich, was mich an der Äußerung des Alten betroffen machte. Es war nicht die Bedeutung des Quantitativen, die ich übersehen hatte, sondern daß wir uns zum Tod immer von einem bestimmten Standpunkt aus verhalten, von einem Standpunkt innerhalb der Wurst: Wir sehen weder die Wurst noch ihr mögliches Ende von außen. Was mich also an dieser Geschichte beeindruckte, war die Wichtigkeit der angenommenen Nähe oder Ferne des Todes oder besser gesagt: der Unterschied zwischen der angenommenen Wahrscheinlichkeit oder Unwahrscheinlichkeit seiner Nähe. Mit Nähe möchte ich sagen, daß man glaubt, daß man *bald* sterben wird.

1 »The Macropoulos Case; Reflections on the Tedium of Immortality«, in: B. Williams, *Problems of the Self*, Cambridge 1973, S. 82-100.

Ein solches Bewußtsein unterscheidet sich nicht nur auf der einen Seite von unserem gewöhnlichen, in dem der Tod uns fern scheint und es einen Phantasieaufwand erfordert, sich vorzustellen, er könnte uns jetzt oder bald treffen; es ist auch auf der anderen Seite zu unterscheiden von dem, was ich die vegetative Todesangst nennen will. Freilich gibt es hier keine scharfen Grenzen: Weder das Bewußtsein der Todesferne ist von dem der Todesnähe scharf unterschieden, noch ist das Bewußtsein von Todesnähe immer scharf unterschieden von der vegetativen Todesangst; aber auch wenn beide eng verbunden sind, meine ich, daß sie begrifflich unterschieden werden sollten. Von vegetativer Todesangst spreche ich, wenn man in einer bedrohlichen Situation zu sein glaubt, die zum Tod führen kann, aber nicht muß, z. B. wenn man verfolgt wird oder von einer Brücke herunterstürzt oder sich in einem abstürzenden Flugzeug befindet usw. Wieder ein wenig anders ist es, wenn man in einer Krankheit im Sterben zu liegen glaubt; in diesem Fall kommt die Bedrohung von innen. Im Unterschied zu der bloßen Vorstellung, man werde bald sterben, sind für die vegetative Todesangst (ich sehe jetzt von dem eben genannten Krankheitsfall ab) bestimmte Ausdrucks- und physiologische Faktoren charakteristisch, die wir ähnlich an anderen Säugetieren wahrnehmen, z. B. Zittern, extrem erhöhte Herztätigkeit usw., wenn ein Kalb in einem Rodeo von Reitern bedrängt wird. Nicht zufällig sprechen wir bei der vegetativen Todesangst von Angst, weil das ein diffuser Zustand ist, der nicht, wie man in der Philosophie zu sagen pflegt, einen bestimmten intentionalen Gegenstand hat, während die Furcht, daß man bald sterben wird (trotz Heideggers abwegiger Rede von der Angst vor dem Tod), die Furcht vor einem klar definierten Ereignis ist (das Ereignis ist natürlich nicht hinsichtlich seines Wann und Wo usw. definiert, aber das ist auch nicht erforderlich: Es ist klar definiert einfach dadurch, daß es das Ereignis ist, das darin besteht, daß einer aufhört zu leben). Während bei der vegetativen Todesangst uns nahestehende andere Tiere zwar nicht genauso, aber doch ähnlich reagieren wie Menschen, ist nicht anzunehmen, daß andere Tiere die Furcht, daß man bald sterben wird, kennen, weil man dafür die Sprache und ein Zeitbewußtsein braucht: man muß das Wort »bald« verstehen. Sosehr sich beim Menschen beides verbinden kann, wäre es doch falsch anzunehmen, daß, was ich das vegetative Todesbewußtsein nenne, den Höhepunkt der Furcht vor dem baldigen Tod darstellt – etwa wie sich das »schon« zum »bald« verhält. Wir können uns den Unterschied der beiden Phänomene etwa an einer Person verdeutlichen, die ihrem Leben ein Ende bereiten will und in dieser Hinsicht ganz unambivalent und ohne Furcht ist und gleichwohl Furcht vor der vegetativen Todesangst hat, die sie für die kurze Übergangszeit des gewaltsamen Sterbens (wenn sie sich z. B. ertränkt) voraussieht.

Für die Frage, was es denn ist, wovor genau wir uns fürchten, wenn wir uns vor dem Tod fürchten, scheint mir einiges gewonnen zu sein, wenn wir die Furcht vor der Todesnähe einerseits von dem Bewußtsein, daß wir irgendeinmal sterben werden bzw. daß wir jederzeit sterben können, unterscheiden und sie andererseits auch von der vegetativen Todesangst unterscheiden. Was mich an dem Gelübde meines Alten aufhorchen ließ, ist, daß es, ganz unabhängig davon, ob sich vegetative Todesangst damit vermischt oder nicht, beängstigend sein kann (nicht muß), daß man bald nicht mehr leben wird, obwohl man natürlich immer wußte, daß man irgendwann einmal nicht mehr leben wird, und einen das gewöhnlich so wenig affektiv berührt, daß man es als natürlich ansieht. Es kann einem entscheidend wichtig sein, jetzt, sagen wir mit 81, noch eine Weile weiterzuleben, obwohl einem dieselbe Verlängerung nach 81 früher, als man 27 war, gleichgültig gewesen wäre. Ist also, was man angesichts eines bevorstehenden Todes meist will, so etwas wie eine Galgenfrist, ein Aufschub? Wenn ja, warum? »Nur jetzt nicht sterben, sondern später«: Das, meine ich, ist es, was in dem Gelübde des Alten zum Ausdruck kam.

Ich habe von dieser Begegnung erzählt, um an einem Beispiel zu zeigen, wie ich mir die Methode vorstelle, verschiedene Meinungen zu vergleichen, aneinander zu korrigieren, Zweideutigkeiten zu desambiguieren, und wie dazu, in einem so subjektiven Reflexionsbereich, auch die Berechtigung gehört, einige Aspekte zurückzustellen und andere verstärkt zu beleuchten, wenn man das nur explizit macht. Freilich ist dabei auch schon die Frage selbst ein Stück weit verdeutlicht worden. Es ist nicht so klar, was es ist, wovor wir uns fürchten, wenn wir uns vor dem Tod fürchten. Warum, so läßt sich jetzt fragen, fürchten wir uns, falls wir uns überhaupt vor ihm fürchten, nicht vor dem Tod als solchem, sondern wollen nur einen Aufschub?

Aber ich will jetzt etwas systematischer vorgehen. Freilich, nach dem, was ich anfangs sagte, kann das nur einen relativen Sinn haben. Der Ausgangspunkt ist unausweichlich subjektiv, von der begrenzten Optik des Reflektierenden abhängig. Es scheint mir aber jetzt vorteilhaft, von philosophischen Ansichten auszugehen, allerdings nur, wenn diese sich nicht, wie die platonisch-stoisch-epikureische Tradition, in einen Gegensatz zu vorphilosophischen Ansichten setzen, sondern sich als deren Interpretation verstehen, also »hermeneutisch«, wie man es mit Heidegger nennen kann. Der methodische Vorteil besteht dann einfach darin, daß es das Vorgehen abkürzt: In einer philosophischen Ansicht treten uns meist vorphilosophische Ansichten schon gebündelt entgegen. Ich will nun – das ist wiederum ganz subjektiv – von zwei philosophischen Ansichten ausgehen, die als Ausgangspunkt den Vorteil haben, daß sie nicht nur entgegengesetzte Auffassungen darstellen, sondern gar nicht auf ein und dieselbe Frage antworten. Jede interessiert sich für etwas, was die andere nicht einmal erwähnt, wie zwei Schiffe, die in einem Fluß aneinander vorbeifahren, ohne voneinander Notiz zu nehmen. Ich meine erstens das Kapitel über das »Sein zum Tode« in Heideggers *Sein und Zeit* (1927) und zweitens Thomas Nagels Aufsatz »Death« (1970).[1]

Heidegger stellt eine Frage, die im christlichen Denken üblich war, aber er stellt sie, wie es wohl erst seit dem 19. Jahrhundert hie und da geschehen ist (ich bin kein Historiker), ohne den christlichen Jenseitsbezug, nämlich was es für das *Leben* bedeutet, des Todes ansichtig zu sein. Bei Nagel kommt diese Frage nicht vor. Seine Leitfrage ist die Frage, ob und wieso der Tod ein Übel ist. Diese Frage kommt wiederum bei Heidegger nicht vor. Das aber muß nun, wenigstens auf den ersten Blick, äußerst merkwürdig scheinen. Man müßte ja vielleicht nicht unbedingt, wie Nagel es tut, von einem *Übel* sprechen; vielleicht paßt dieses Wort auf den Tod nicht. Allerdings müßte man zeigen, warum nicht. Was jedoch Heidegger tut, nämlich behaupten, daß wir den Tod fürchten oder, wie er zu sagen vorzieht, uns vor ihm ängstigen, ohne zu sagen, warum und was es an ihm ist, das wir fürchten: das bedeutet, etwas als Faktum voraussetzen, statt es verständlich zu machen. Heidegger hat die Wörter »gut« und »schlecht« ganz allgemein in *Sein und Zeit* vermieden, wohl weil er das Normative vermeiden wollte, aber man mag das beurteilen, wie man will, allemal reicht die Verwendung dieser Wörter weit über den Bereich des Moralischen und überhaupt des Normativen hinaus, und ich meine, es handelte sich

1 Abgedruckt in seinen *Mortal Questions*, Cambridge 1979 (dt. *Über das Leben, die Seele und den Tod*, Königstein/Ts. 1984).

hier mehr um eine tiefsitzende Antipathie als eine durchdachte Position, wie so manches bei Heidegger. Nun könnte man vielleicht sagen, die Rede von Gütern und Übeln mußte für Heidegger allzu objektivistisch klingen, aber es gibt doch eine recht unschuldige Verwendung dieser Wörter, die durchaus subjektivistisch ist: Man nennt Übel diejenigen Dinge, die im allgemeinen vermieden werden wie Schmerzen, Freiheitsentzug, Verlust von Menschen, Verlust von Sachen und schließlich eben auch den Verlust des eigenen Lebens, und Güter diejenigen Dinge, die im allgemeinen erstrebt werden wie Schmerzlosigkeit, Freude, Freiheit, menschliche Beziehungen usw. und schließlich eben (scheinbar): zu leben. Vielleicht gibt es eine Möglichkeit, hier Heidegger näherzukommen, indem man solche objektiv klingenden Wörter wie »schlecht« und »Übel« durch subjektive Wörter wie Wünschen einerseits, Vermeidenwollen andererseits ersetzt. Aber irgendein Vokabular dieser Art ist unvermeidlich, um überhaupt verständlich zu machen, warum man Wörter wie »Angst« und »Furcht« verwendet und worauf sie sich im jeweiligen Fall speziell beziehen. (In dem Abschnitt über die Furcht gebraucht Heidegger immerhin den Ausdruck »Übel«, aber nur, um Aristoteles zu zitieren.)

Heidegger gebraucht hier aber doch wenigstens *ein* Wort, das die angegebene Funktion zu erfüllen scheint. Nur ist es leider, ohne daß Heidegger darauf aufmerksam wird, zweideutig. Es ist das Wort »Worumwillen«. Dieses etwas künstliche Wort (es ist sehr schwer, es in andere moderne Sprachen zu übersetzen) ist die Übertragung des selbst bereits etwas künstlichen, aber bewußt terminologischen Ausdrucks *to hou heneka* des Aristoteles. Aristoteles verwendet den Ausdruck für das, um willen wovon jemand etwas macht oder überhaupt handelt, also den Zweck, und da dieses Wort bei Aristoteles noch nicht zweideutig war, hatte er keine Hemmungen, es mit dem Guten (in einer bestimmten Verwendung des Wortes) gleichzusetzen. Nun ist die erste starke These in *Sein und Zeit*, daß der Mensch (oder »das Dasein«, wie Heidegger zu sagen beliebt) sich so auf sein Sein (Leben) bezieht, daß es ihm um dieses geht[1], eine Formulierung, die Heidegger später so aufnimmt, daß für den Menschen (ich sage »den« statt »einen«, um Heideggers Rede von »dem Dasein« näher zu bleiben) das eigene Sein sein letztes Worumwillen ist.[2] Heidegger hat das in einer bestimmten

1 M. Heidegger, *Sein und Zeit*, Halle a. d. Saale 1927, S. 12.
2 Loc. cit., S. 84 u. ö.

Umwandlung von Aristoteles übernommen. Aber er hätte nun dadurch, daß er das Worumwillen nicht einfach mit Zweck, dem Guten, dem Erstrebten gleichsetzte, der Möglichkeit Rechnung tragen können, daß wir gegebenenfalls den Tod dem Leben vorziehen können. Denn man könnte ja zustimmen, daß das Leben unser letztes Worumwillen ist, also worum es uns letztlich geht, aber doch gleichzeitig finden, daß wir gleichwohl mit Hamlet fragen können, ob es nicht besser ist, tot zu sein, als zu leben. Aber bei Heidegger kommt diese Frage nicht vor; ja, da man, um sie zu stellen, das Wort »besser« oder ähnliches braucht (»whether 'tis nobler«, sagt Shakespeare) und Heidegger solche Wertwörter nicht verwenden will, kann die Hamletsche Frage bei ihm gar nicht vorkommen. Daß es einem Menschen »um sein Sein« geht, erscheint daher bei Heidegger wie ein bloßes Faktum, über das sein Wille nicht hinausreichen könnte, wie er es aber doch offenkundig kann, wenn wir vorziehen, nicht mehr zu leben.

Das Wort »Worumwillen« ist zweideutig, weil es einerseits für die Zwecke im Leben steht und andererseits für den Lebensrahmen als solchen. Auch derjenige, der sich sein Leben nimmt, tut dies, weil es ihm um sein Leben geht; das Leben ist der äußerste Bezugspunkt alles seines Wollens. Jetzt läßt sich deutlich sehen, inwiefern sich jenes äußerste Worumwillen, das für uns das Leben ist, von jedem begrenzteren Worumwillen, von bestimmten Zwecken, unterscheidet. Wer einen bestimmten Zweck nicht mehr will, sieht von ihm ab, hat dann eben andere Zwecke; wer hingegen sein Leben nicht mehr will, will es nicht mehr, weil es so ist, wie es ist; er bleibt auch, indem er es zurückstößt, willentlich auf es bezogen. Das Verhältnis des Lebens als Worumwillen zu den übrigen Gütern ist daher nicht einfach hierarchisch. Was ich Heidegger vorwerfe, ist nicht, daß er das Leben nicht als Gut bezeichnete, sondern daß er nicht, wenn er schon eine neue Begrifflichkeit entwickelte, der Möglichkeit Rechnung getragen hat, daß man es als »besser« ansehen kann, dem Leben ein Ende zu setzen. Es hätte, wenn Heidegger das Problem überhaupt erörtert hätte, gute Gründe geben können zu bestreiten, daß das Leben ein Gut ist, erstens weil alle Güter Güter nur sind innerhalb ihrer und weil man es zweitens als schlecht, sogar als unerträglich ansehen kann. Aber dann beginnt natürlich auch die Auffassung vom Tod als Übel fragwürdig zu werden. Gewiß, auch das wird von Heidegger nicht gesagt, aber einfach deswegen nicht, weil er sowohl diese objektiv-wertende als auch eine subjektiv-wertende Terminologie vermeidet. Wieso also haben wir Angst vor dem Tod?

Hier führt Heidegger ein weiteres Wort ein, das eine Antwort auf diese Frage geben soll, aber es ist eine Scheinantwort. Es handelt sich um den Ausdruck »das Nichts« oder, wie Heidegger in *Sein und Zeit* noch vorsichtiger formulierte, das »Nicht« oder »die Nichtheit«.[1] Ist es denn aber evident, daß wir vor dem Nichthaften Angst haben? Fürchten wir uns davor, einzuschlafen? Im Gegenteil, wir wünschen häufig nichts sehnlicher, als zeitweise in dieses Nichts zu sinken. Aber eben vielleicht nur zeitweise? Nun ja, vielleicht ist das der Punkt, aber eben das ist doch vielmehr klärungsbedürftig. Jedenfalls ist es ein Fehlschluß zu sagen: Das Sein des Menschen ist sein Worumwillen, also fürchtet er sich davor, nicht mehr zu sein.

Auf die Frage, warum sich, seien es alle Menschen (so Heidegger), seien es die meisten (so fände ich es richtiger formuliert) vor dem Tod fürchten, erhalten wir also von Heidegger keine Antwort, und wir können keine erwarten, weil er die Terminologie, mit deren Hilfe sie zu beantworten wäre, verwirft, ohne eine andere, entsprechend differenzierte an ihre Stelle zu setzen.

Was tut nun Nagel? Setzt man sich erst einmal über die Zweideutigkeit hinweg, die sich innerhalb der Rede von Gütern und Übeln zeigte, scheint er die richtige Ausgangsfrage zu stellen: Ist der Tod ein Übel, und wenn ja, inwiefern? Das könnte zu einer Antwort auf die Frage führen, was es am Tod ist, das wir fürchten, wenn wir uns vor ihm fürchten. Nagel verwirft zuerst mit Recht die Auffassung, daß das *Totsein* ein Übel ist, denn wenn ich tot bin, kann für mich nichts weder gut noch schlecht sein. (Allerdings setzt Nagel hier, ebenso wie ich es getan habe, die Auffassung voraus, daß es kein Leben nach dem Tod gibt, daß also der Tod wirklich ein Aufhören und nicht nur ein Wandel ist.) Das Übel scheint also nur darin bestehen zu können, daß mich der Tod, wie Nagel das zunächst formuliert, der Güter des Lebens beraubt. Diese Redeweise hat nun aber etwas Mißliches an sich, das auch viele andere Formulierungen haben, die bei der Beschreibung des Todes verwendet werden, wie wenn man sagt, im Tode verabschiede sich der Sterbende von der Welt. Alle solche Redeweisen implizieren, daß das Subjekt, das diese Tätigkeiten vollzieht (wie Abschiednehmen)

1 Loc. cit., S. 285 f.

oder diese Widerfahrnisse erleidet (wie der Güter beraubt zu werden), irgendwie erhalten bleibt, während es doch in Wirklichkeit aufhört zu existieren. Diese Schwierigkeit ist freilich eine in der Sprache tief verwurzelte: Auch wenn wir es mit etwas Nichtlebendigem zu tun haben, ergibt sich dieselbe Mißlichkeit, wenn wir sagen: »Es hat aufgehört«, als ob noch von *ihm* zu reden wäre, wenngleich als einem nicht mehr Existierenden. Hier in fehlerhafte Vorstellungen zu geraten ist nur dadurch vermeidbar, daß das einzige Prädikat, das dem Gegenstand, nachdem er aufgehört hat, im Präsens oder Futur zusprechbar ist, eben das des Aufgehörthabens ist. Man kann also, wenn es sich um ein Lebendiges handelt, noch im Präsens sagen: Es ist gestorben, es ist tot. Freilich ist auch das nicht ganz ohne Schwierigkeit, weil immer noch ein Subjekt im Präsens erwähnt wird, aber wenigstens sagt man dann nichts weiter von diesem Subjekt, als daß es nicht existiert. Von Beraubtwerden, Abschiednehmen usw. kann jedoch nicht die Rede sein. Wenn also der Tod als Übel angesehen wird, kann dieses Übel nicht darin bestehen, daß man der Güter des Lebens verlustig geht, sondern nur darin, daß das Leben selbst zu Ende geht, und das könnte heißen, wenn doch der Tod ein Übel ist, daß das Leben selbst ein Gut ist. Nagel führt das nicht in dieser Weise ein, aber er behauptet es, und er befindet sich mit diesem Satz, daß es gut für einen ist zu leben, in einer edlen Tradition, wie sich eben an Aristoteles gezeigt hat. Nagel schreibt: Es gibt Dinge, die das Leben besser machen, andere, die es schlechter machen, aber der Wert des Lebens besteht nicht einfach in dem, was übrigbleibt, wenn man das eine vom anderen abzieht. Das Lebendigsein selbst – und d. h. gewisse Faktoren, sagt er, die das bewußte Lebendigsein als solches konstituieren wie Wahrnehmen, Wollen, Tätigsein und Denken – sei schon an und für sich »entschieden positiv«.[1]

Bevor ich das problematisiere, will ich zwei Zusatzgedanken von Nagel erwähnen. Erstens macht er, wie ich finde zu Recht, darauf aufmerksam, daß dieser Wert des Lebens (wenn er denn besteht) offensichtlich ausschließlich nur eine Sache des Bewußtseins sein kann und sich nicht auf das organische Leben bezieht: »Fast jedermann«, schreibt er, »wäre es egal, ob er auf der Stelle tot wäre oder ob er nur in ein Koma fiele, das zwanzig Jahre später, ohne daß er je wieder erwacht wäre, mit dem Tod endete«.[2] Zweitens bemerkt er

1 Loc. cit. (cf. Anm. 4), S. 16.
2 Ibid.

in einer Anmerkung: »Manchmal wird behauptet, es sei der Prozeß des Sterbens, den wir in Wirklichkeit fürchten. Aber ich hätte eigentlich nichts am Sterben auszusetzen, würde ihm nicht der Tod folgen.«[1] Der letzte Satz ist gewiß eine Übertreibung, aber Nagel will hier die Furcht vor dem Aufhören von der vegetativen Todesangst ähnlich unterscheiden, wie ich es vorhin getan habe.

Zurück nun aber zu seiner These, daß das Leben im Sinn des Erlebens – er faßt die vorhin genannten Faktoren im Wort »experience« zusammen – unabhängig von allen einzelnen Gütern ein Gut sei. Er gibt, merkwürdigerweise, keine Gründe an und keine näheren Erklärungen, und sein Wort »emphatisch« ist gewiß verdächtig. Man benützt es, wenn man sich in Wirklichkeit seiner nicht so sicher ist. Man pflegt nicht zu sagen, man sei emphatisch der Meinung, daß 2 + 2 = 4 ist. Vielleicht meinte Nagel, die These vom Leben als Gut folge aus dem Faktum der Furcht vor dem Tod. Aber das wäre ähnlich zirkulär, wie wenn Heidegger die Angst vor dem Tod einfach als Faktum voraussetzt. Auf den naheliegenden Einwand freilich, den man hier gegen Nagel machen könnte: daß es Menschen gibt, die den Tod nicht fürchten, und andere, die ihn sogar suchen, hätte er eine leichte Antwort. Er könnte sagen: Wenn die Übel im Leben ein gewisses Maß überschreiten, können sie das Gut, das im Leben selbst liege, überwiegen. Dies also wäre kein Einwand. Aber ein ausreichender Einwand bestünde doch darin, daß, solange keine Begründung angegeben wird, Nagels These eine bloße Behauptung ist und viele Menschen es umgekehrt sehen. Sie würden entgegnen: »Nein, das bewußte Leben ist als solches neutral. Wieso soll das bloße Bei-Bewußtsein-Sein schon als solches positiv sein?« »Und wir«, so könnte weiter argumentiert werden, »können das Phänomen, daß die meisten sich vor dem Tod fürchten, durchaus einfacher erklären, nämlich so: du, Nagel, hast ja eben zugegeben« (das habe freilich nur ich für ihn getan, aber nehmen wir an, er habe es zugegeben), »daß die Übel im Leben den Wert des Lebens überwiegen können; ist es dann nicht näherliegend, von diesem fragwürdigen Wert des Lebens an sich abzusehen und einfach die Übel mit den Gütern zu vergleichen?« Wer so denkt, braucht nicht den vorhin genannten semantischen Fehler zu begehen, daß, wovor man sich fürchtet, darin bestünde, von den Gütern des Lebens beraubt zu sein; wovor wir uns fürchten, kann

1 Loc. cit., S. 23.

aus logischen Gründen zwar immer nur das Aufhören des Lebens sein, nicht das Beraubtwerden der Güter. Aber der Grund, warum einer nicht will, daß das Leben aufhört, kann durchaus eben darin bestehen, daß er meint, daß die Güter im Leben die Übel überwiegen.

Man scheint es also so sehen zu können oder auch so, wobei freilich Nagel den Nachteil hat, den jeder hat, der eine unbewiesene und von anderen als uneinsichtig erklärte Annahme macht. Welche Partei hätte mein chilenischer Alter in diesem Streit ergriffen? Betete er um noch ein paar Jahre unter der Voraussetzung, daß in ihnen die Güter die Übel überwiegen würden? Diese Annahme wirkt gerade bei einem alten Mann merkwürdig. Ging es ihm also, wie Nagel nahelegt, lediglich um die Lebensverlängerung als solche? Aber warum? Weil, wie Nagel behauptet, das Leben ein Gut ist, und wenn es länger dauert, ein größeres? Klingt das nicht unwahrscheinlich? Erinnern wir uns, daß die Geschichte des Alten zu einem Phänomen führte, von dem wir bei Nagel nichts hören, die besondere Relevanz der Todesnähe, genauer natürlich: der angenommenen Todesnähe.

Nun scheint mir, daß die beiden eben referierten Auffassungen, die von Nagel und die eines von mir fingierten Gegners, in gleicher Weise etwas im unklaren lassen oder sogar falsch sehen, nämlich das Verhältnis zwischen dem Leben einerseits und den Übeln und Gütern andererseits. Beide Parteien scheinen vorauszusetzen, daß das Leben wie ein Behälter oder eine Unterlage ist, sei es, daß es einen eigenen Wert hat oder – nach der anderen Auffassung – keinen. Dem steht eine verbreitete Lebenserfahrung entgegen, die die übrigen Tiere wohl nicht kennen, die die Menschen jedoch häufig befällt und häufig lange erfüllt, nämlich die der Leere, des Überdrusses. Das Leben kann, ohne positive Übel, gleichwohl unerträglich erscheinen, und zwar so unerträglich, daß viele sich gerade deswegen (andere freilich aus anderen Gründen) den Tod *wünschen*. Dieses Phänomen dürfte es nach Nagel, also wenn das bewußte Lebendigsein schon als solches wünschenswert (oder »ein Gut«) ist, gar nicht geben, ja nicht einmal geben können; nach der anderen Auffassung natürlich noch weniger, da es dort nicht einmal vorkommt, außer als Behälter, also quasi als Tablett: für angenehme Klötzchen einerseits, unangenehme andererseits. In Wirklichkeit scheint jedenfalls ein Teil dessen, was man die Lebensgüter nennt, sich in seinem Gutsein-für-mich gerade auf das Leben zu beziehen, in einer Weise, die häufig so zum Ausdruck gebracht wird, daß man sagt, daß diese Güter – es sind meist Tätigkeiten, Weisen des Bezogenseins auf andere, aber auch einfach Erlebnisse – es – das Leben – »erfüllen«[1], ihm, wie man auch sagt, »Sinn« geben; anderenfalls erscheint es eben als »leer«, »sinnlos«. Es gibt Güter, die den negativen Gegenpart zu Übeln bilden, z.B. Freiheit gegenüber Freiheitsentzug, aber diejenigen Güter, die dem Leben Sinn geben – es sind wohl immer Verhaltensweisen –, sind nicht von dieser Art, sie haben eine andere Metrik. Ein Unterscheidungsmerkmal scheint zu sein, daß das, was dem Leben Sinn gibt, nie nur, aber immer auch von mir abhängt. Ich erlange z.B. ein Gut, Freiheit, wenn ich aus dem Gefängnis entlassen werde, aber ob das meinem Leben Sinn geben wird, hängt davon ab, ob und was ich mit dieser Freiheit mache.

Was folgt daraus für Nagels These vom Eigenwert des Lebens? Erst einmal dasselbe wie vorher, nur mit diesem anderen Begriff. Während Nagel sagt, das Leben als solches sei emphatisch positiv, meine ich, daß das Leben als solches neutral ist, es ist an und für sich ohne Sinn, es kann mir ebensowohl als erfüllt wie auch als leer erscheinen, das aber hängt jetzt auch von mir ab: Ich kann ihm Sinn geben. Und wenn mir das nicht gelingt, finde ich das Leben häufig (nicht notwendigerweise, wie sich zeigen wird) unerträglich: Manche wollen dann lieber tot sein. Das soll natürlich nicht heißen, daß ich in dieser Sinngebung etwas aus nichts schüfe, frei nach Sartre. Wenn ich z.B., wie vorhin, aus dem Gefängnis entlassen werde, ist mir die Freiheit vorgegeben, aber das ist noch nicht an und für sich sinnvoll, und es ist uns natürlich sehr viel mehr vorgegeben, z.B. haben die meisten von uns zwei Beine, aber wir müssen sie in Bewegung setzen, und wir finden Menschen um uns vor und z.B. auch Musik und schöne Kunst usw. Wir befinden uns also in einer bestimmten, günstigeren oder ungünstigeren Umgebung und sind mit Dispositionen ausgestattet, in der Jugend meist mehr als im Alter, aber wir müssen die Dispositionen betätigen, und wenn das in der Weise befriedigen soll, daß es das Leben erfüllt – und das muß es scheinbar, wenn wir das Leben nicht als leer empfinden sollen –, müssen wir sie in einer bestimmten Weise betätigen, aber wie, darauf ist wohl nicht generell zu antworten, weil es eine Frage ist, die sich jedem einzeln stellt.

1 Cf. *Wie sieht erfülltes Leben aus?*, ed. H. Weigel, Stuttgart u. Berlin 1976.

Diese Kritik an Nagel verweist natürlich schon auf eine existenzphilosophische Auffassung. Aber bevor ich zu Heidegger zurückkehre, muß ich sagen, wie aus der jetzigen Perspektive Nagels Frage zu beantworten ist. So wie Nagel es darstellt, wäre der Tod schon an und für sich ein Übel, wie das Leben an und für sich ein Gut ist. Man müßte es dann auch vorziehen, daß das Leben gar kein Ende hätte. Daß dies erstens für Wesen, wie wir es sind, deren Bewußtsein im Unterschied zu dem von anderen Tieren auf das Leben selbst bezogen ist, attraktiv wäre und daß dies zweitens, zeitlich, einem todlosen Leben (wenn wir denn die Option hätten) vorzuziehen wäre, ist zumindest umstritten[1]; es liegt eher nahe zu sagen, daß wir dann noch in der einen oder anderen Tätigkeit Sinn finden könnten; aber was wäre dazwischen? Hätte das *Leben* Sinn? Es scheint sich jedenfalls das, was ich anfangs nahelegte, zu bestätigen, nämlich daß wir uns nicht vor dem Tod im allgemeinen – daß wir einmal sterben werden – fürchten, sondern jeweils jetzt; das heißt: es wäre jetzt ein Übel; aber warum? Nur weil man länger leben will? Vielleicht, aber nun nicht mit Nagels Begründung, denn das Leben ist nicht an und für sich ein Gut. Hingegen ließe sich jetzt sagen: Das Übel bestünde darin, daß ich jetzt durch den Tod die Chance – die letzte Chance – verliere, meinem Leben Sinn – oder mehr Sinn – zu geben. Das würde erklären, warum der baldige Tod uns erschreckt, warum wir einen Aufschub wollen. »Nur nicht jetzt, nur nicht in dieser Sinnlosigkeit sterben.« Das gäbe zumindest eine Antwort auf die Frage, was am jetzt bevorstehenden Tod das Übel ausmacht. Ich sage nicht, daß es die einzige Antwort ist; sie enthielte aber zugleich eine Erklärung, wieso das Bevorstehen dieses Übels als Herausforderung erlebt wird.

Es ist diese Antwort, die zu Heidegger zurückführt. Es ist der Aspekt der Herausforderung, den er im Auge hat. Aber was bedeutet diese Herausforderung bei ihm, denn sie ist offenbar nicht einfach identisch mit dem, was sich eben zeigte? Bei Heidegger sieht es so aus, daß der Mensch, weil es ihm um sein eigenes Leben geht, Angst vor dem Tod hat, haben muß (wenn er nicht uneigentlich existiert), aber wir haben schon gesehen, daß das falsch ist. Diese Auffassung ist die Folge davon, daß Heidegger die Zweideutigkeit im Begriff des Worumwillen nicht gesehen hat und daß er den Wertwörtern ausweicht (Hamlets »ob es besser ist« ist bei ihm

1 Cf. oben S. 78 und den Aufsatz von Bernard Williams, auf den in Anm. 3 verwiesen wurde.

kein möglicher Gedanke). Er hätte sonst seine These so erläutern müssen, daß das Leben das höchste Gut ist, und wir haben eben in der Auseinandersetzung mit Nagel gesehen, daß das nicht stimmt: Das Leben ist nicht ein Gut, sondern es kann, teils durch glückliche Umstände, teils immer auch durch uns, Sinn gewinnen; kann, muß nicht. Die Erfahrung der Leere ist immer die andere Seite für ein Bewußtsein, das sich zeitlich zu seinem Leben verhält. Der eigentliche Kern von Heideggers Gedanke, daß das letzte Worumwillen jedes Menschen sein eigenes Leben ist, ist, daß wir voluntativ nicht nur auf einzelne Inhalte bezogen sind, Zwecke und Tätigkeiten, sondern immer auch auf das eigene Leben, aber auf dies beides, das eigene Leben und die Inhalte, nicht nebeneinander, so daß wir auf das eine und auch auf das andere voluntativ bezogen wären, sondern – wie ich das in der Kritik an Nagel zu zeigen versuchte – so, daß wir durch die Inhalte (und natürlich nur durch sie) dem Leben Sinn geben können oder auch nicht. Es ist freilich nicht abzustreiten, so gibt Heidegger selbst zu, daß wir das Leben als solches vergessen und uns an die Inhalte, die begrenzten Zwecke, gewissermaßen verlieren können. Es ist das, was Heidegger mit dem Wort »Verfallen« meint. Wenn das aber eine offensichtliche Möglichkeit ist – wir gehen zumeist in isolierten Tätigkeiten, Zielsetzungen und der Vermeidung von Übeln auf –, dann stellt sich die Frage, ob die These von dem voluntativen Bezug auf das Leben als solches vielleicht nur eine philosophische Erfindung ist. Ist er überhaupt phänomenal ausweisbar? Darauf lautet Heideggers Antwort: gerade durch die Angst vor dem Tod. Wenn die Furcht vor dem Tod, wie es sich vorhin in der Kritik an Nagel nahelegte, so verstanden werden kann, daß ich angesichts der Möglichkeit des Nichtmehrseins davor erschrecke, daß mein Leben leer war – jetzt auch in dem Sinn, daß ich mich an belanglose Inhalte verloren habe –, dann heißt das, daß der Tod mich daran erinnert, daß ich nicht nur dies und das verfolge und befürchte, sondern eben – in all dem – *lebe*. Im Verhalten zum Tod – dem Ende meines *Lebens* – werde ich meines Lebens ansichtig.

Ich meine nun aber – in der Auseinandersetzung mit Nagel wurde es offensichtlich –, daß es nicht nur die Nähe des Todes ist, die uns auf das Leben als solches aufmerksam machen kann. Man kann hier auf die Verzweiflung hinweisen, so wie Kierkegaard sie beschreibt, das Verzweifeln am Leben, weil unsere begrenzten Ziele scheitern oder weil sie uns ausgehen; dann erscheint, gewissermaßen hinter den begrenzten Zielen, das Leben selbst, und dann stößt unser Wollen, wenn wir es so definiert haben, daß es sich in den begrenzten Zielen erschöpft, ins Leere. Das ist nicht die Leere des Todes, sondern des Lebens, und was uns unerträglich scheint, ist nicht der Tod, sondern das Leben; der Tod ist dann nicht das, was wir fürchten, sondern begehren. Der Überdruß angesichts der Sinnlosigkeit und die Erfahrung der Todesnähe sind also zwei gegensätzliche Möglichkeiten, die jedoch darin übereinkommen, daß wir in beiden mit dem Leben als solchem konfrontiert werden, im Gegensatz zu den begrenzten Zielen. Bei Heidegger klingt diese zweite Möglichkeit höchstens am Rande an (in *Sein und Zeit* kaum, in den Vorlesungen eher; man braucht das nicht nachzulesen, weil man es sich begrifflich klarmachen kann). Schon Heideggers massive Rede vom Nichts und der Angst vor dem Nichts, als ob alles am Leben, was als nichtig erfahren würde, ungefähr dasselbe wäre, hinderte ihn daran, diese zweite Möglichkeit in ihrer Gegensätzlichkeit zur ersten zu erkennen. Dabei ist nicht abzustreiten, daß sich die beiden Erfahrungen durchaus verbinden können. So ist bekannt, daß viele, die in Depression versunken sind und am liebsten sterben würden, wenn sie sich dann durch eine schwere Krankheit, z.B. einen Infarkt, wirklich in Todesnähe sehen, um jeden Preis leben wollen. Auch schließt die Depression nicht die Todesfurcht aus, ja es ist naheliegend, daß der Depressive, obwohl er sich den Tod wünscht, ihn gleichzeitig fürchtet, weil er nicht in dieser Verfassung – im Bewußtsein, am Leben vorbeigelebt zu haben – aufhören will.

Ich will mit alledem nicht leugnen, daß es auch Menschen gibt, oder besser gesagt Menschen in bestimmten Situationen, die sich den Tod weder wünschen noch ihn fürchten, und man sollte sie nicht, wie Heidegger es tut, in die Ecke der Uneigentlichkeit schieben, in die der Lebensvergessenheit. Es kann verschiedene Gründe geben, warum man den Tod nicht fürchtet und ihn doch nicht sucht, auf der einen Seite ein bestimmtes Gefühl von Sinninsuffizienz, auf der anderen gerade das Gefühl, erfüllt gelebt zu haben. Wer das Bewußtsein hat, sinnvoll gelebt zu haben, dürfte eigentlich, wenn das bisher Ausgeführte stimmt, wenn er ein bestimmtes Alter erreicht hat, keinen Grund mehr haben, sich vor dem Tod zu fürchten. Meine Frage war hier eher hypothetisch: Was am Tod ist es, das man fürchtet, *wenn* man ihn fürchtet? Einige Anworten scheinen mir falsch oder einseitig, und meine ist gewiß auch einseitig. Zum

Beispiel habe ich, Heidegger und Nagel folgend, das Soziale ganz herausgelassen. Man könnte mir entgegenhalten, der Tod sei ein viel komplexeres Phänomen, ein Knäuel von Problemen. Das ist gewiß richtig, aber wenn wir nicht im völlig Unbestimmten bleiben wollen, müssen wir – glaube ich – irgendwo anfangen, aber mit einer Lupe, und dann ergänzen. Worauf es mir ankam, war nicht so sehr, eine bestimmte Antwort zu geben, als einen Diskurs, der schon wenig Neues zu bieten schien, wieder in Gang zu bringen.

Zumindest eine Ergänzung ist schon aufgrund meiner eigenen Gedankenführung erforderlich. Auf die Ausgangsfrage, inwiefern – um mit Nagel zu sprechen – der Tod ein Übel ist, oder – unverfänglicher formuliert – warum wir ihn fürchten, fanden wir bei Heidegger gar keine Antwort, bei Nagel eine falsche. Die Frage, so zeigte sich, kann nur lauten: Warum fürchten wir, bald zu sterben? Das war das Ergebnis bereits der Auseinandersetzung mit dem chilenischen Alten. Ich habe als eine mögliche Antwort vorgeschlagen: weil wir durch den Tod die Chance verlieren, dem Leben einen Sinn zu geben oder mehr Sinn zu geben. Ich ließ aber offen, daß diese quasi existenzphilosophische Antwort nur eine mögliche ist. Ich bezweifle, daß sie dem chilenischen Alten eingeleuchtet hätte. Er hätte – so meine ich – gesagt, daß er lediglich weiterleben wolle. Aber warum, wenn doch die Übel im Alter die Güter überwiegen?

Ich werde nur auf einem Umweg zu einer Antwort kommen, indem ich zuerst die existenzphilosophische Antwort weiter kläre. Ein Begriff, den ich an zentraler Stelle verwendete und im unklaren ließ, war der der Sinngebung. Ich kann, was ich damit meine, etwa so erläutern (alle Klärungen, so erinnere man sich, sind vorläufig und können verbessert werden): Wenn wir auf der einen Seite selbstvergessen auf irgendeinen Zweck aus sind, erfüllt dieser unser Wollen, aber das bleibt isoliert; und was kommt danach? Wir stehen dann vor der Leere des Lebens; leer, weil unser Wollen nicht mehr oder nur partiell noch greifen kann. Wenn wir hingegen das Leben selbst bejahen können, und das kann immer nur durch Tätigkeiten und Zwecke oder Haltungen, Haltungen auch zu unserem Leiden, geschehen, geben wir dem Leben Sinn. Das Leben ist für mich sinnvoll, so möchte ich das quasi definieren, wenn ich mich einerseits nicht in den begrenzten Zwecken verliere, sondern mich auf das Leben selbst beziehe, und ich mir andererseits nicht, weil es mir leer erscheint, den Tod wünsche.

Diese Definition ist freilich, bewußt, völlig formal. Gibt es Rezepte? Heidegger verneint das entschieden[1], und letztlich ist das gewiß richtig, nicht nur wegen der Verschiedenheit der Lebenssituationen, sondern weil es dem Umstand widerspräche, daß die Sinngebung nur als Akt der Freiheit verstanden werden kann. Aber wenigstens die formale Charakterisierung des Existenzproblems sollte möglichst angemessen erfolgen, und ich meine, daß es so, wie Heidegger es darstellt, verengt und mit unnötigen Merkwürdigkeiten belastet ist. Die einzige Aussage, die man bei Heidegger darüber findet, wie sich das Bewußtsein der Todesnähe auf das Leben auswirkt, ist, daß es »von der Verlorenheit in die zufällig sich andrängenden Möglichkeiten« befreie.[2] Das ist sicher eine Seite, aber Heidegger schreibt so, als stehe jeder immer vor einer Menge von Möglichkeiten – das ist sein Wort für die begrenzten Zwecke – und müsse nur wählen. Wieder zeigt sich, daß Heidegger die Situation der Leere, in der jemand wenigstens meint, keine Möglichkeiten zu haben, nicht berücksichtigt. Und dann spricht er so, als gelte es, die »eigenste« Möglichkeit zu wählen. Dieser Ausdruck: »eigenste Möglichkeit« schillert in *Sein und Zeit*. Erstens steht er für den Todesbezug selbst, und hier finde ich den Ausdruck einleuchtend – es handelt sich um etwas, worin jeder ganz auf sich zurückgeworfen, »unvertretbar« ist[3] –, aber dann, im folgenden Kapitel, verwendet Heidegger den Ausdruck auch inhaltlich, als ob es darauf ankäme, einen bestimmten ganz eigenen Weg zu finden. Durch dieses Insistieren auf Eigenstes und Eigentlichkeit gibt Heidegger seinem Gedanken eine sehr eigene Wendung, durch die das Problem, vor das wir uns wirklich angesichts des Todes gestellt sehen, schon in seiner formalen Fassung vereinseitigt wird.

Tolstoi hat in seiner Erzählung »Der Tod des Iwan Iljitsch« eine allgemeinere Formulierung gewählt, die ich angemessener finde. Heidegger erwähnt diese Erzählung nebenbei in einer Anmerkung[4], aber ich meine, daß das, was Heidegger über das Sein zum Tode sagt, lediglich der Versuch ist, das, was Tolstoi in der Form einer Erzählung beschrieben hat, begrifflich zu fassen – und Tolstoi gelang das ohne die Sophistereien, die sich bei Heidegger finden

1 Loc. cit. (cf. Anm. 5), S. 298.
2 Loc. cit., S. 264.
3 Loc. cit., S. 239f., 263f.
4 Loc. cit., S. 254 Anm.

und von denen ich nur einige genannt habe.[1] Die Einsicht, zu der Iwan Illjitsch am Ende seiner Krankheit und seiner Todesangst kommt, ist: Ich habe falsch gelebt, mein Wohlbefinden war Täuschung, ich habe nicht gelebt, wie ich gesollt hätte. Ich finde diese Antwort befriedigender, schon weil sie formaler und allgemeiner ist als Heideggers Rede von Möglichkeiten und einer eigensten. Sie scheint auch genau dem zu entsprechen, was ich vorhin meinte, als ich sagte: Ich habe am Leben vorbeigelebt. Heidegger war der Bezug auf ein Sollen offensichtlich unsympathisch, und man wird in der Tat vorsichtig sein müssen, wie das Wort hier zu verstehen ist.

1 Der in systematischer Hinsicht entscheidende Irrtum, der Heidegger im Todeskapitel unterlaufen ist – er macht die Absicht des ganzen Buches zunichte –, besteht darin, daß er glaubte, wenn er vom Tod als Möglichkeit spricht, »Möglichkeit« im existenzialen Sinn verstehen zu können. Mit Möglichkeiten im existenzialen Sinn meint Heidegger Seinsweisen des Daseins. Der Tod hingegen, der »jeden Augenblick möglich ist« (d. h. eintreffen kann), läßt sich natürlich nur als Ereignis verstehen, das Ereignis des Aufhörens meines Lebens, und das »Vorlaufen zum Tode« ist ein Sichverhalten *zu* diesem Ereignis. Um sich gegen diesen einfachen Tatbestand zu sperren, schreckte Heidegger nicht vor den abenteuerlichsten Sätzen zurück: »Das Zu-Ende-Sein besagt existenzial: Sein zum Ende« (S. 250). Die Hinzufügung des Wortes »existenzial« soll die magische Wirkung haben, das Ende als Sein zum Ende zu verstehen, während dieser Ausdruck doch seinen Sinn verliert, wenn man nicht zwischen dem Ende und dem »Sein zu« ihm unterscheidet. Dieselbe Verdrehung wiederholt sich in dem Satz: »Das mit dem Tod gemeinte Enden bedeutet kein Zu-Ende-Sein des Daseins, sondern ein Sein zum Ende dieses Seienden« (S. 243). Man kann so eine Definition nicht verbieten, muß sich aber im klaren sein, daß sie impliziert, daß wir immer, wenn wir uns zum Tod verhalten, am Sterben sind. Daß Heidegger das, was man normalerweise als Sterben versteht, demgegenüber als »Ableben« bezeichnet, wird man wohl nur noch als geschmacklos empfinden können. – Der strukturelle Fehler, der Heidegger hier unterlaufen ist, ist derselbe, den er im § 65 begeht, wenn er behauptet, die existenziale »Zu-Kunft« sei ursprünglicher als das Künftige, und den schlichten Tatbestand übersieht, daß jemand in der Weise dieser »Zu-Kunft« auf sich – sein Leben – nur zukommen kann, wenn vorausgesetzt ist, daß es eine zukünftige Ereignisfolge gibt (cf. meine *Philosophischen Aufsätze*, Frankfurt a. M. 1992, S. 131). Die Grundthese von *Sein und Zeit*, daß das existenziale Sein ursprünglicher sei, als was Heidegger »Vorhandenheit« nennt, scheitert also in gleicher Weise bei der Todesanalyse wie bei der allgemeinen Analyse der existenzialen Zeitlichkeit. (Man kann, sobald man diese Fehler durchschaut hat, nur erstaunt mit dem Kopf schütteln.) – Weil der Tod nun einmal ein Ereignis ist, spreche ich im Text dauernd von Furcht vor dem Tod, wo Heidegger von Angst spricht. Wir haben Furcht vor dem Tod, also vor etwas. Gerade wenn man, wie Heidegger es tut, die Angst in der Weise terminologisch von der Furcht unterscheidet, daß die Angst keinen intentionalen Gegenstand hat, ist es sinnwidrig, von der Angst vor dem Tod zu sprechen. Bei einer laxeren Verwendung des Wortes »Angst«, wie sie dem üblichen Sprachgebrauch entspricht, ist gegen diese Redeweise natürlich nichts einzuwenden.

Hat Tolstoi es auf Gott bezogen? Er sagt das aber nicht. Und moralisch wird man es auch nicht verstehen können. Ich schlage vor, es so zu verstehen: Ich habe falsch gelebt, d. h. nicht so, wie ich gesollt hätte, wenn ich, wie ich gelebt habe, angesichts des Todes bedauere. Wieder bleibt die Antwort ganz formal, formaler als die Heideggers. Wir müssen nicht Angst vor dem Tod haben, aber wenn wir sie haben, haben wir sie – meine ich – davor. Aber auch diese Aussage scheint zu stark, denn viele Menschen würden mir widersprechen und mit meinem chilenischen Alten sagen: Nicht, weil sie bedauern, wie sie gelebt hätten, hätten sie Furcht vor dem Tod, sondern einfach, weil sie weiterleben wollten. Etwas fehlt also noch.

Ich bleibe gleichwohl noch einen Moment bei Tolstoi. Für ihn war die Begegnung mit dem Tod Anlaß zur Umkehr, jedoch keiner Umkehr, wie in der christlichen Tradition, zu einer Norm. Was man erlebt, ist vielmehr wie eine Verbindung eines Ausrufezeichens mit einem Fragezeichen. Das Beängstigende ist die Unbestimmtheit des Fragezeichens. In der Erzählung erscheint schließlich ein Licht, das die Angst löst. Das wirkt erst einmal wie ein *deus ex machina* und ist gewiß nicht verallgemeinerbar.

Schlicht verallgemeinerbar ist hier wohl nichts, aber lehrreicher erscheint mir, wie Tolstoi das Bewußtsein der Todesnähe in dem zwanzig Jahre früher geschriebenen Roman *Krieg und Frieden* darstellt. Als Fürst Andrej in der Schlacht von Austerlitz tödlich verwundet wird (er stirbt dann gleichwohl nicht), sieht er, nachdem er rücklings auf die Erde gefallen war, »nichts mehr über sich als den Himmel, den hohen Himmel, der jetzt nicht klar, aber doch unermeßlich hoch war, mit ruhig über ihn hingleitenden Wolken« (III, § 16). Der Hinweis auf die Wolken scheint mir deutlich zu machen, daß nicht der christliche Himmel gemeint ist, sondern unser wirklicher, der wahrnehmbare Himmel. »Wie ist es nur zugegangen«, fragt sich Andrej, »daß ich diesen hohen Himmel früher nie gesehen habe?« »Ja, alles ist nichtig, alles ist Irrtum und Lüge«, sagt er, ähnlich wie Iwan lljitsch sein früheres Leben als Irrtum und Täuschung erkennt, alles »außer diesem unendlichen Himmel«. In den kurzen Momenten, in denen ihm das Bewußtsein wiederkehrt, sieht er immer wieder diesen hohen Himmel, und als zufällig Napoleon, sein früheres Idol, heranreitet und ihn anspricht, würdigt er ihn keiner Antwort. Napoleon erscheint hier als der Inbegriff der begrenzten Ziele, wie groß auch immer sie einem erscheinen mögen. »In diesem Augenblick erschien ihm Napoleon als ein so kleiner, nichtiger Mensch im Vergleich mit alledem, was jetzt zwischen seiner Seele und diesem hohen, unendlichen Himmel mit den darüber hinlaufenden Wolken vorging« (III, § 19).

Es ist ein alter Topos, daß der Mensch angesichts des Todes sich seiner Geringfügigkeit und der Geringfügigkeit seiner Sorgen bewußt werden kann. Wie anders klingt das als die Frage nach der eigensten Möglichkeit. Die Maßstäbe werden zurechtgerückt. In diesem Sinn läßt sich jetzt auch das Licht der späteren Novelle und die dortige Rede von einem Sollen verstehen. Es zeigt sich etwas Offensichtliches, was nur verdrängt worden war. Im gewöhnlichen Leben und auch gerade in der Depression neigt jeder dazu, sich als Universum zu sehen, aber es ist ein Irrtum: Ich bin *in* der Welt, diese ist das Universum, und ich nur eine Partikel. Der Tod und schon das Altern enthalten die Chance, diesen Irrtum einzusehen und sich gewissermaßen innerhalb des Theaters auf die Seite zu stellen, aus dem Zentrum heraus. Im gewöhnlichen Leben liegt die Vorstellung nahe, daß mein Bewußtsein vielmehr das Theater ist, deswegen empfindet der Depressive diese Leere, obwohl doch das Theater der Welt, wenn man nicht gerade z. B. in einem Konzentrationslager ist, voller Leben ist. Und deswegen erscheint das Aufhören des Lebens, wenn ich das nicht sehe, nicht als ein im Theater Zurück- und schließlich aus ihm Heraustreten, sondern als Aufhören des Theaters selbst, und das wirkt unvorstellbar im Sinn von schrecklich. Für denjenigen hingegen, der den Tod zum Anlaß nehmen kann, sich aus dem Zentrum zurückzunehmen, das Napoleonische abzustreifen, verändern sich die Gewichte. Er läßt sich los, indem er sich in die Welt zurück und in dieser an den Rand stellt. Das bedeutet nicht, daß er entschwebt (und etwa mit Gustav Mahler sagt »Ich bin der Welt abhanden gekommen«), sondern diese Positionsänderung kann auch zu einer Quelle der Sinngebung seiner konkreten Situation werden. Es ist das, was Fürst Andrej aufgehen wird, wenn er sechs Jahre später zum zweiten Mal, und diesmal endgültig, tödlich verwundet wird. So gesehen, legt der Tod auf die Frage, vor die er stellt, selbst eine Antwort nahe, aber es ist nicht leicht, sie zu ergreifen.

Warum nicht? Ich habe vorhin von einem Irrtum gesprochen, und man kann sagen, es ist ja wirklich ein Irrtum, sich als Zentrum der Welt zu sehen, aber es ist, darin muß man Nietzsche recht geben, ein Irrtum, ohne den kein Mensch und kein Lebewesen lebensfähig wäre. Wer sich selbst nicht über alles wichtig nimmt, ist nicht lebensfähig. Es ist das, was die Stoiker mit dem Begriff der *Oikeiosis* und Rousseau mit dem des *amour de soi* im Auge hatten. Als Säugling ist jeder allemal für sich das ganze Theater, das Universum. Im Aufkommen und Wachsen des Realitätssinns spaltet sich das dann: Wir lernen, daß wir das Universum uns gegenüber haben und unsere Wünsche mit ihm in Einklang bringen müssen. Aber nach wie vor sind unsere Wünsche das für uns Ausschlaggebende, wir halten an diesem Mikrokosmos fest und wir würden unsere Lebensfähigkeit verlieren, wenn wir uns nicht gegen die Grenzen stemmten, die uns die Realität vorgibt. Jeder Weg hinauf, alle Kreativität, jeder Einsatz, aber wohl auch alles Obensein, alles Glück setzt diese Selbstzentriertheit voraus und impliziert das Risiko der Verzweiflung. Die Gelassenheit, das Sichloslassen ist nicht mehr Realitätssinn, denn in dieser Haltung stemmen wir uns nicht mehr nach außen und haben das Universum nicht mehr uns gegenüber, sondern treten in dieses zurück.

Die Rede von einem Irrtum, sich als Zentrum anzusehen, ist also nicht ganz richtig. Weil es ein Irrtum ist, haben wir die Möglichkeit, uns loszulassen und zurückzustellen. Aber weil dieser Irrtum die Bedingung des individuellen Lebens ist, läßt sich das nur als Grenzmöglichkeit verstehen. Mit der Geschichte des Fürsten Andrej ist gleichzeitig die Gegenmöglichkeit, das Am-Leben-Haften meines chilenischen Alten verständlich geworden. Beide Geschichten Tolstois enthalten eine Umkehr. Geschieht diese nicht, dann ist das Weiterlebenwollen um jeden Preis selbstverständlich – nicht weil das Leben ein Gut ist, nicht weil die Güter die Übel überwiegen, sondern weil der Wille zur Selbsterhaltung die erste, grundlegende Komponente der *Oikeiosis* des Sichwichtignehmens ist, und das ist auch der Grund, warum das Aufhören schrecklich erscheint, wenn man im Zentrum bleibt, d. h. selbst das Theater ist. Diese Reaktion ist jetzt verständlich, aber sie wirkt unter bestimmten Bedingungen irrational, sei es, daß man sich, z. B. im Alter, in einer Situation befindet, in der es außer aufgrund dieses Triebs nicht sinnvoll erscheint, am Leben zu haften, sei es, weil man etwas als schrecklich empfindet, was man nicht als schrecklich empfinden muß, *wenn* es den anderen Weg gibt, den des Fürsten Andrej. Man kann jetzt das mysteriöse »sollte«, auf das wir in der anderen Geschichte gestoßen waren, so interpretieren, daß der, der sich dem Tod nahe sieht, es bedauern würde, wenn ihm die Entzentrierung nicht gelingt, wenn es ihm also nicht gelingt, mit dem Apostel Paulus, wenn auch nicht in seinem Sinn, auszurufen: »Tod, wo ist dein Stachel?« (Kor. I, 15,55)

Man könnte die Gelassenheit vielleicht ihrerseits unter den Realitätssinn subsumieren, weil sie sich besonders dann nahelegt, wenn das Festhalten als irrational erscheint, ähnlich wie wir ein Übermaß an Emotionen zu vermeiden versuchen, wo wir dieses als realitätsunangemessen erkennen, ohne deswegen die Emotionalität als solche zu verachten. Das führt schließlich zur Frage nach der anzustrebenden Ausgewogenheit zwischen Festhalten und Kämpfen einerseits und Loslassen andererseits. Denn um Ausgewogenheit scheint es sich doch handeln zu müssen. Die schlichte Lebensverneinung, wie der Buddha sie lehrte, wirkt ebenso fragwürdig wie die sture Selbstbehauptung. Das Loslassen, die Gelassenheit, ist im übrigen eine Haltung, die wir uns nicht nur dem Tod gegenüber wünschen, sondern in allem unseren Tun und Trachten, und doch wissen wir, daß die Gelassenheit, wenn sie nicht nur als Grenzmöglichkeit verstanden wird, zur Gleichgültigkeit und Apathie führen würde. So scheint unser Leben in einer Gratwanderung zwischen diesen gegensätzlichen Haltungen zu bestehen, deren Verlauf wohl jeder für sich finden muß, wobei der Kompaß, die Anzeige des Sichverirrens, vielleicht nur in dem vorhin genannten Bedauern besteht.

Aber, so könnte man fragen, sind hier nicht einfach eine Reihe von Lebensmöglichkeiten genannt worden, ohne daß klar wurde, welche Verbindlichkeit sie haben oder welche Grundlage, sei es in unserem Wesen, sei es in sonst etwas? Warum müssen wir uns denn z.B. nicht nur auf die begrenzten Ziele, sondern auch aufs Leben selbst beziehen? Und dann: Warum müssen wir, wenn auch nicht uneingeschränkt, Gelassenheit anstreben? Und schließlich: Warum müssen wir die eben angedeutete Ausgewogenheit anstreben? Diese Fragen sind nicht sinnvoll, das »warum müssen wir?« ist nicht sinnvoll; wir müssen nichts. Die Vorstellung der tradierten Philosophie, daß wir Haltungen einnehmen *müssen*, und dies, weil sie auf etwas *beruhen*, erscheint mir nicht sinnvoll. Philosophieren geschieht nicht in dritter Person, in der wir über etwas – und auch über andere und auch über mich selbst – beschreibend und erklärend reden, sondern in erster und zweiter Person, in der wir miteinander über willentliche Einstellungen, tradierte oder auch nicht-tradierte, sprechen – Einstellungen, die wir zu haben glauben oder die wir erstrebenswert finden. Indem wir sie in ihren

Implikationen klären, erweisen sich einige als konfus, und es liegt dann nahe, sich von ihnen zu trennen, aber zwingend ist das nicht; sind sie klar, so können wir uns analytisch über ihre Implikationen verständigen, Implikationen, die uns gegebenenfalls so wenig behagen, daß wir uns auch von ihnen trennen wollen könnten; aber auch das ist nicht zwingend. Schließlich zeigen sich bei der Klärung andere Haltungen, die keine unerwünschten Implikationen zu haben scheinen (über das »scheinen« kommen wir ohnehin nie hinaus), und das kann dann dazu führen – aber wieder nicht zwingend –, daß wir sie als wirkliche Optionen unseres Wollens (aber nicht unbedingt als ausschließliche) ansehen. Alle Willenseinstellungen, die faktischen und die erstrebten, haben eine mehr oder weniger weitgehende und mehr oder weniger verstandene Grundlage, eine historische z. B. oder eine biologisch-anthropologische, aber die Frage, ob es und inwieweit es das eine oder das andere oder ein drittes ist, ist nicht sehr wichtig, weil die Fragen, vor die wir uns gestellt sehen, praktische Fragen sind: Fragen, wie wir leben wollen, nicht Fragen, wie wir sind oder woher wir kommen. Wir *wollen* im Lichte dessen, was wir zu sein glauben, und je besser wir verstehen, was wir sind, desto klarer unser Wollen; aber das Wollen würde aufhören, ein Wollen zu sein, wenn sich jemand einbildete, daß, weil wir so und so sind, wir so und so wollen müssen. Wir müssen etwas wollen nur relativ zu etwas anderem, was wir wollen.

6. Was heißt es, moralische Urteile zu begründen?

Für Gertrud Nunner-Winkler

Es ist gewiß nicht so klar, daß man moralische Urteile begründen kann, irgendwie ähnlich wie empirische Urteile über Tatsächliches. Entstammt also vielleicht der Wunsch, moralische Urteile zu begründen, aus einer verfehlten Analogie? Das scheint deswegen nicht der Fall zu sein, weil sich leicht zeigen läßt, daß moralische Urteile allemal begründungsbedürftig sind, so sehr, daß diese Begründungsbedürftigkeit geradezu zum Sinn von Moral zu gehören scheint. Ich will das an drei Beispielen erläutern:

1. Wir können uns z. B. denken, daß in der moralischen Sozialisation ein Kind diese Warum-Frage stellt, etwa in Fragen wie: Warum seid ihr entrüstet, wenn ich das das und das tue? Warum *muß* ich, warum müssen wir das und das tun? Die moralischen Normen sind Einschränkungen unserer Freiheit, sie haben also etwas Belastendes. Daher scheint es naheliegend, nach einer Begründung zu fragen, warum wir ein solches normatives System eingehen, im Unterschied zu einem Spiel, wo wir uns auch einschränkenden Regeln unterwerfen, die wir jedoch – im deutlichen Unterschied zur Moral – frei eingehen und wieder verlassen können. An dieser Frage eines Kindes wird nur besonders deutlich, was für uns alle gilt. Die Eltern können die Frage nicht immer befriedigend beantworten; wenn nicht, werden sie das als peinlich empfinden, sie werden nicht sagen: diese Regeln sind also etwas Subjektives, denn woher nähmen sie, wenn sie so subjektiv wären, das Recht, das Einhalten dieser Regeln vom Kind zu fordern? Woher nehmen wir Erwachsene das Recht, das voneinander wechselseitig zu fordern?

Mein 2. Beispiel läßt sich an das erste anschließen. Einige der Regeln wie z. B. Tisch- und Kleidersitten, die einzuhalten die Eltern von dem Kind fordern, erscheinen wie Konventionen. Was das heißt, werden die Eltern vielleicht auch nicht so genau sagen können, aber sie werden doch die Forderung, Regeln einzuhalten, die sie als konventionell ansehen, von solchen Forderungen, wie nicht zu lügen oder nicht zu quälen, unterscheiden. Diese im engeren Sinn moralischen Regeln scheinen in einem Sinn begründet zu sein, den die Eltern eventuell wiederum nicht genau erklären können, der aber allemal anders zu sein scheint als die Begründung, die für Konventionen gilt.

Mein 3. Beispiel: Wenn das Kind schon etwas älter ist, wird es, wenn es nicht in einer sehr homogenen Umgebung aufwächst, andere Auffassungen von Moral kennenlernen, und es kann nun also die Eltern oder sich selbst fragen: haben wir gute Gründe dafür, daß wir gerade unsere Moral für richtig halten? Was spricht für und gegen diese Moral und für und gegen andere Moralen? »Andere« Moralen – das kann sich auf andere inhaltliche Regeln beziehen, aber auch auf die Gesamtkonzeption, wie wenn das Kind auf andere Kinder stößt, die die Moral religiös verstehen oder gerade nicht oder die sie nicht universalistisch, sondern ethnisch verstehen usw.

Mein 1. Beispiel zeigt, daß die Begründungsbedürftigkeit von vornherein zu aller Moral gehört und daß sie damit zusammenhängt, daß die Moral in wechselseitigen Forderungen besteht. Das 3. Beispiel weist darauf hin, daß die Begründungsfrage besonders dringlich in einer Zeit wie unserer wird, in der verschiedene sich widersprechende Auffassungen von Moral einander gegenüberstehen. Hier stellt sich die Begründungsfrage in besonders akuter Form: die Frage ist nicht nur, wie die einzelnen Urteile begründet sind, sondern wie eine Moral im ganzen (und das kann heißen: eine ganze Begründungskonzeption) begründet ist. Ich glaube, daß die Begründungsfrage an dieser Stelle für uns alle ein brennendes Problem geworden ist, denn wie wollen wir von anderen fordern, daß sie sich Normen fügen, die sie nicht als ihre eigenen anerkennen und die sie nicht für gültig halten? Es ist gerade dieser Konflikt zwischen verschiedenen Anschauungen, der uns leicht dazu führen kann, unsere eigenen moralischen Anschauungen und so auch alle anderen für subjektiv, für unbegründet anzusehen.

Aber das ist eine Haltung, die wir im Leben selbst kaum durchhalten können. Wir urteilen in unseren intersubjektiven Beziehungen unvermeidlich dauernd moralisch und stellen Forderungen auf, die, wenn wir sie als unbegründet ansehen müssen, ihre bindende Kraft verlieren würden. Wir können daher auch nicht gut auf eine bloß historische Betrachtungsweise ausweichen, in der wir sagen: je nach subjektiven Bedingungen, seien diese individualpsychologische oder kollektive (sozioökonomisch-historische), haben wir verschiedene moralische Anschauungen; diese seien also gewiß begründet, aber nicht an sich durch Gründe, sondern kausal durch Ursachen. Begründet wäre dann nicht, daß das und das moralisch richtig ist, sondern daß ich es dafür halte. Dieser Ausweg ist nicht möglich, wenn wir selbst innerhalb einer Moral stehen und innerhalb wechselseitiger Forderungen, denn wir könnten ja dann nicht mehr anderen zumuten, so sein zu sollen. Wenn wir uns etwa sozial und politisch darüber auseinandersetzen, was gerecht ist, würden wir diese Frage nur verdrängen, wenn wir uns darauf zurückzögen, daß wir verschiedene Vorstellungen von Gerechtigkeit haben. Gewiß haben wir die, aber wir setzen uns doch darüber auseinander, was gerecht ist, was wir also voneinander wechselseitig fordern dürfen.

Ich meine also, um das Bisherige zusammenzufassen, daß die Annahme, daß moralische Urteile auf Gründe bezogen, begründungsbedürftig sind, keine Marotte ist und auf keine fragwürdige Analogie mit Aussagesätzen zurückgeht, sondern daß ein solcher Anspruch auf Begründetheit den moralischen Urteilen immanent ist. Man kann sich das klarmachen, indem man moralische Urteile von ästhetischen unterscheidet. Auch ein ästhetisches Urteil – wie wenn ich sage »dieser Wein oder dieses Kunstwerk ist gut – oder besser als jenes« – ist äußerlich ein Aussagesatz und könnte also nach der Analogie empirischer Sätze verstanden werden. Aber hier läßt sich gegebenenfalls zeigen, daß der objektive Anspruch, den solche ästhetischen Urteile zu erheben scheinen, nur ein Schein ist und sich solche Aussagen auf subjektive Sätze reduzieren lassen, in denen von einem Subjekt oder einer Gruppe von Subjekten personenrelative Aussagen der Art gemacht werden, daß ihnen dieser Wein gefällt oder mehr gefällt als jener, und ebenso beim Kunstwerk. Ein ästhetisches Urteil enthält keine Forderungen an andere, muß sie jedenfalls nicht enthalten, und ist deshalb nicht begründungsbedürftig. Ein Kind ist frei, die ästhetischen Urteile der Eltern zu verwerfen, es wertet dann eben anders. Die ästhetischen Urteile enthalten, es sei denn daß man sie moralisch überformt, keine Belastung, keine Freiheitseinschränkung, die intersubjektiv begründungsbedürftig wäre.

Gewiß ist es als Grenzfall denkbar, daß wir unsere moralischen Urteile ähnlich auf subjektive Sätze reduzieren müssen wie die ästhetischen, aber es scheint offenkundig, daß das ein viel tieferer Einschnitt in das moralische Leben wäre, als das beim ästhetischen Urteil der Fall ist. Es würde die Art und Weise, wie wir uns wechselseitig zueinander verhalten, grundsätzlich ändern. Ein Wort wie »gerecht«, das für die Ausgewogenheit des Normativen zwischen den Subjekten steht, gibt es im Ästhetischen nicht, und für dieses Wort gäbe es, anders als für das Wort »gut«, kein entsprechendes Wort, das es in den subjektiv reduzierten Sätzen verträte. Unser ästhetisches Verständnis wird nur verändert, wenn wir es subjektiv verstehen, das moralische Verständnis würde hingegen aufgehoben werden, es würde in ein ganz anderes Verständnis der intersubjektiven Beziehungen übergehen.

Und doch: so klar es scheint, daß moralische Urteile begründungsbedürftig sind, so wenig klar ist es doch, wie sie begründet werden können, ja mehr noch: es ist nicht einmal klar, was es denn ist, *was* zu begründen ist. Das ist ein merkwürdiger Tatbestand, wenn es so klar ist, daß ein moralisches Urteil (z. B. für das Kind) begründungsbedürftig ist. Müssen wir denn nicht annehmen, daß das, was das Kind als *begründungsbedürftig* ansieht, genau das ist, was *zu begründen* ist?

Das ist wohl richtig, wenn sich nur das Kind genügend klar darüber artikulierte, was es als begründungsbedürftig ansieht. Sollen wir sagen: es ist das, daß es, daß wir alle so handeln *müssen* oder sollen, oder: daß es *gut* ist, so zu handeln, und das Gegenteil schlecht, oder: daß es *richtig* ist, so zu handeln, und das Gegenteil falsch? Das ist gewiß einleuchtend, aber ist es denn so klar, was mit diesem Müssen oder Sollen oder Gut und Schlecht und Richtig und Falsch gemeint ist?

Die Schwierigkeit wird deutlich, wenn wir annehmen, daß, falls die Eltern z. B. das Wort »schlecht« aufnehmen und erklären, daß so und so zu handeln aus den und den Gründen schlecht ist, das Kind zurückfragen könnte: und was ist damit schon gezeigt, daß etwas begründeterweise schlecht ist? Was hat das für mich und was hat es für euch für einen Stellenwert?

Was das Kind damit meint, wird verständlich, wenn es sich von vornherein gar nicht auf solche Ausdrücke wie »schlecht« oder »verboten« bezieht, sondern etwa fragt: warum werdet ihr so böse, wenn ich so handle, warum erregt ihr euch so? Denn es schien doch diese Erregung zu sein, die das Kind betroffen machte und die es nach einer Begründung fragen ließ, eine Erregung, von der es spürte, daß sie die Basis der intersubjektiven Beziehung, gewissermaßen den Teppich, auf dem man gemeinsam steht, tendenziell in Frage stellt. Ich will damit sagen: nur wenn das Kind seine Begründungsfrage so formuliert, daß das Prädikat, in dem sich die Begründungsbedürftigkeit äußert, den emotionalen Stellenwert miteinbezieht, den ein moralisches Urteil für uns hat, wird deutlich, wonach hier eigentlich gefragt wird.

Ich will das an Hand einer denkbaren Antwort verdeutlichen, die seit Kant bei manchen Philosophen, soweit sie sich überhaupt mit der Begründungsfrage beschäftigen, beliebt ist. Nehmen wir an, das Kind hätte das Prädikat »geboten« gewählt (»warum sind solche Handlungen geboten bzw. verboten?«) und die Eltern würden antworten: weil die Moral auf Vernunft beruht und unmoralisch handeln irrational ist. »Irrational mit Bezug worauf?« könnte nun das Kind zurückfragen. »Nicht mit Bezug auf etwas«, wird ihm geantwortet, »es ist an und für sich irrational, und ist das nicht schlimmer, als wenn es nur relativ auf etwas irrational wäre?« »Aber«, so könnte das Kind zurückfragen, »wieso kann euch, daß es irrational ist, derart erregen?«

Ich will es hier offenlassen, ob eine solche absolute Verwendung der Rede von »rational« und »irrational« überhaupt verständlich ist; ja ich will es im Sinn der Vertreter dieser Auffassung sogar als zugestanden ansehen, daß sich begründen läßt, daß bestimmte Handlungen rational, andere irrational sind. Nehmen wir also an, daß das Begründungsprogramm, wie diese Philosophen es sehen, vollständig eingelöst wäre! Was wäre damit erwiesen, außer daß wir nun sagen können, so zu handeln sei eben vernünftig bzw. unvernünftig? Nehmen wir an, der Vertreter dieser Auffassung würde sagen: »Aber ich bitte Sie, die Vernunft ist doch das Vermögen der Begründung, wie könnte also das Moralische eindeutiger begründet sein, als wenn gezeigt würde, daß es vernünftig ist?« Ich würde ihm antworten: »Es ging doch nicht darum, das Moralische nur überhaupt zu begründen (immer vorausgesetzt, daß es überhaupt klar wäre, was das heißt), sondern darum, zu begründen, daß es eben moralisch sei, und wiederum kann es sich nicht einfach um dieses *Wort* handeln, sondern darum, daß es einen bestimmten intersubjektiven emotionalen Stellenwert hat, und das wäre bei diesem Begründungsprogramm erst der Fall, wenn verständlich gemacht würde, daß es gerade das so verstandene Irrationale ist, das eine Grundlage für jene Erregung ist, und d. h. dann dafür, die entsprechenden Handlungen intersubjektiv zu verbieten.« Wer also die Moral in der Weise begründen will, daß er zeigt, daß das Unmoralische unvernünftig ist, hätte zuerst zeigen müssen, was das

Unvernünftige für einen intersubjektiven emotionalen Stellenwert für uns hat. Wer so vorgeht, hat sich also darüber getäuscht, was das relevante Prädikat ist, wenn es um Moral geht.

Was ist dann also das relevante Prädikat? Sollen wir einfach irgendwelche moralischen Urteile nehmen, bei denen das Prädikat z. B. ist, daß etwas gut oder schlecht ist oder daß man so handeln muß? Nehmen wir an, man hält sich, wie es in der Geschichte der Philosophie so oft geschehen ist, an das Prädikat »gut«! Die Eltern würden also dem Kind antworten: »Der Grund, warum wir so erregt reagieren, ist, daß so zu handeln schlecht ist, und daß es schlecht ist, läßt sich begründen.« Es wäre dann denkbar, daß das Kind antwortet: »Wenn es so ist, will ich euch einen Kompromiß vorschlagen; beide Seiten können eine Konzession machen: ich will diese Begründung akzeptieren, also akzeptieren, daß die und die Handlungen schlecht sind. Ihr hingegen sollt mir in der Weise entgegenkommen, daß ihr euch angesichts dieser Handlungen, von denen ich zugestehen werde, daß sie schlecht sind, nicht mehr erregt.«

Was ich damit zeigen will, ist, daß das Prädikat »gut« im Gegensatz zu »vernünftig« zwar schon zweifellos relevant ist, daß es aber an und für sich noch nicht den Kern des Moralischen trifft (dasselbe würde für »richtig« gelten). Wir können uns ein Begründungsprogramm vorstellen, das zeigt, daß wir Urteile der Form »x ist gut (oder schlecht)« begründen können, das uns aber immer noch mit Bezug auf unser Fühlen und Handeln kaltläßt. Wir könnten dann sagen, das und das sei gut, das lasse sich begründen, aber was heißt das für uns? Und wenn umgekehrt ein Skeptiker wie der analytische Philosoph Charles Stevenson glaubt zeigen zu können, daß wir Sätze der Form »x ist gut« nicht begründen können, daß sie keinen objektiven Stellenwert haben, kann man einwenden, daß damit der skeptische Spaten noch gar nicht an der Wurzel angesetzt ist.

Wie wäre es mit dem Wort »geboten« statt »gut«? Könnte das Kind, was ihm als geboten, als »Pflicht«, dargestellt wird, nicht ebenfalls von sich abschütteln? Wie blaß auch dieses Wort an und für sich ist, wird deutlich, wenn man es, wie Kant tat, mit dem Begriff des Vernünftigen zusammenstellt. Eine Pflicht, die nur darin besteht, das zu tun, was vernünftig ist, kann an und für sich noch nicht greifen. Eine Schwierigkeit mit solchen Prädikaten wie »Sollen«, »Geboten«, aber genauso auch bei »gut«, ist, daß diese Prädikate ziemlich unbestimmt und daher vieldeutig sind. Versteht man das Sollen so, daß, was ihm Sinn gibt, jene intersubjektive Erregung ist, dann allerdings scheint, wie wir *das* begründen können, relevant zu sein.

Zeigt das aber nicht, daß, womit wir eigentlich anfangen müssen, die präzisere Ausgrenzung jener Erregung ist? Das könnte Stirnrunzeln hervorrufen, denn dürfen wir die Moral auf ein Gefühl gründen? Ist die Moral nicht primär etwas »Kognitives«? Ich glaube jedoch nicht, daß wir diese zwei Aspekte gegeneinander ausspielen sollten. Eine Emotion ist vielmehr dadurch charakterisiert, daß sie eine emotionale Reaktion auf etwas ganz Bestimmtes ist, daß sie einen bestimmten propositionalen Inhalt hat. Wir können der Frage, worin eigentlich das Besondere jener Erregung besteht – nennen wir sie der Einfachheit halber die moralische Erregung –, nur nachgehen, indem wir fragen, was es denn genau ist, worüber sie sich erregt. Und umgekehrt können wir nur verstehen, was die Moral, also etwa das Gute, ist, was sie für uns ist (und sie ist nur, was sie für uns ist), wenn wir sie mit dem ihr zugehörigen Affekt zusammennehmen, denn nur in ihm ist sie für uns.

Damit ist jetzt eine Aufgabe bezeichnet, bei der Beantwortung der Frage, wie wir denn das Moralische überhaupt definitorisch einführen wollen, gewissermaßen hin- und herzugehen zwischen einem intuitiven Vorbegriff über den moralischen Affekt und einer strukturellen Beschreibung des Gegenstandes dieses Affekts.

Fangen wir mit dem Affekt an! Wie reagieren wir affektiv auf Unmoralisches, etwa da, wo dieses Dimensionen des Ungeheuerlichen annimmt, wie in den Folterkammern, Gulags und Vernichtungslagern unserer Zeit? Und wie stellen wir uns vor, was nachträglich affektiv in den Tätern selbst vorgeht, in dem Fall, daß sie überhaupt noch ein moralisches Bewußtsein haben? Manche meinen, zur moralischen Erregung gehöre, das himmlische Fegefeuer über die Täter zu wünschen; wenn man nicht mehr an Gott glaube, seien Ausmaß und Art der Erregung, die die Untaten hervorrufen oder hervorrufen müßten, nicht mehr verständlich, und das sei auch der Grund, warum in einer Zeit, in der die Menschen nicht mehr Gott fürchten, so viele zu Untätern werden. (Merkwürdig nur, daß das doch auch in früheren Zeiten der Fall war.)

Wir werden nicht einfach sagen wollen, die Reaktion angesichts der Untaten ist ein äußerstes Entsetzen, denn wie ist dieser Affekt genauer zu beschreiben? Die bloße Stärke kann ihn ja noch nicht charakterisieren. Man wird ihn auch nicht angemessen beschreiben, wenn man nur das Leiden der Opfer im Auge hat, denn dann könnte man ähnliches angesichts des Leidens von Tieren empfinden. Diese Täter, so fühlt man, haben die Bande der Menschheit durchschnitten, aber was heißt das? Müssen wir, um die apokalyptische Situation zu charakterisieren, uns auf Gott berufen? Stellt der Zorn Gottes nicht einfach eine Projektion, eine Idealisierung des Zorns der Gemeinschaft dar? Vielleicht könnte man antworten, aber unser Zorn ist ohnmächtig, Gottes Zorn wäre wirksam, er würde effektiv rächen und damit die moralische Weltordnung wiederherstellen und so unter Beweis stellen, daß das Moralische nicht nur eine Idee ist.

Gehen wir dem kurz nach! Was würde eine göttliche Strafe am moralischen Sachverhalt verändern? Kommt es auf die Bestrafung als solche an, darauf, daß denen, die das getan haben, wiederum Übles widerfährt, oder nicht vielmehr darauf, daß der Täter die Reaktion seines Gegenübers – sei dies nun Gott oder die Gemeinschaft – für *rechtens* ansehen kann? Aber was heißt »rechtens«?

Wenn das hier der wesentliche Begriff ist, erscheint es als sekundär, ob es die Reaktion Gottes ist oder nur die der Gemeinschaft. Wenn Gott, um moralisch relevant zu sein, dieselbe Eigenschaft haben müßte, die die Gemeinschaft gegenüber dem Täter haben muß, können wir gleich bei der Gemeinschaft bleiben.

Also was heißt »rechtens«? Ich meine, Recht ist der Gegenbegriff zu Macht. Offenbar müssen wir von einer normativen Ordnung, die durch Macht, also äußere Strafandrohung, auferlegt ist, eine rechtmäßige normative Ordnung unterscheiden. Ich sehe nicht, wie wir diese anders bestimmen können, als indem wir sagen, daß eine normative Ordnung nur dann eine rechtmäßige ist, wenn die unter ihr stehenden Individuen sie sich selbst auferlegt haben, wenn sie ihre eigene ist. Die rechtmäßige Ordnung ist also wesensmäßig eine autonome Ordnung, doch ist diese Autonomie nicht, wie es in Kants Moraltheorie aussieht, eine, in der das Individuum sich selbst die normative Ordnung auferlegt, und dasselbe würde sich bei den übrigen Individuen nur wiederholen, vielmehr legen sich die Individuen diese Ordnung *wechselseitig* auf. Es handelt sich um etwas, was man als kollektive Autonomie bezeichnen kann und das von der Autonomie eines Kollektivs dadurch zu unterscheiden ist, daß es die Autonomie der Individuen selbst, aber innerhalb des Kollektivs ist: jeder ist Quelle der Norm *und* Adressat. Es besteht insofern eine Freiheitsbeschränkung, als jeder den anderen unterworfen ist, aber nur, weil er es selbst will. Es besteht also ein Zwang, aber dieser Zwang besteht, ebenso wie bei einem Spiel, nur darin, daß jedes Individuum an eine Regel gebunden ist, die ebenso von allen anderen bestimmt wird und an die diese ebenfalls gebunden sind. Was ich kollektive Autonomie nenne, ist ohne diesen gleichen wechselseitigen Zwang, aber auch nur diesen, nicht denkbar.

Wenn nun eines der Individuen ein solches normatives System verletzt, verletzt es seine eigene Regel, die aber zugleich die Regel aller anderen ist. Es verletzt zugleich alle anderen in ihrer Eigenschaft als Träger dieser Regel, und wir können also sagen: die affektive Reaktion der anderen darauf, in dieser Weise verletzt zu werden, ist das, was für den, der die Ordnung verletzt hat – natürlich immer nur, wenn er sich als Glied dieser Ordnung versteht –, »furchtbar« ist. Wir haben also eine eigentümliche Reziprozität in der Art, wie sowohl der, der die Ordnung verletzt hat, wie die anderen auf eine solche Verletzung der gemeinsamen Ordnung reagieren. Man kann die Reaktion des Verletzenden als Schuldangst bezeichnen und die der anderen als Empörung; das sollen aber nur andeutende Ausdrücke sein, weil beide Wörter auch anders verstanden werden können und hier den präzisen Sinn haben sollen, diejenige Emotion zu bezeichnen, deren propositionaler Gegenstand eine Normverletzung speziell eines autonom-kollektiven Systems ist. Schuldangst in dem so definierten Sinn ist also ausschließlich diejenige Emotion, in der der Verletzende die Erregung vor Augen hat, mit der die anderen Glieder eines kollektiv-autonomen Systems auf seine Verletzung reagieren oder reagieren würden. Man muß diese Emotion nicht, wie ich es früher getan habe, als Empörung bezeichnen, ich habe die Empörung bisweilen als tendenzielle Exkommunikation beschrieben, d. h., daß die übrigen Mitglieder auf die Verletzung des Systems in der Weise reagieren, daß sie dem Verletzenden tendenziell seinen Status als Mitglied der moralischen Gemeinschaft absprechen. Es ist denkbar, daß man diese exkommunizierende Tendenz als nichtzwingendes zusätzliches Moment ansieht, zu ihm scheint eine explizite Strafintention zu gehören, die noch nicht Teil des ursprünglichen Affektes ist. Dieser bestünde dann nur in dem bloßen Entsetzen angesichts des Geschehens als solchen, und die Reaktion des Täters bestünde nur darin, sich bewußt zu sein, Gegenstand dieses kollektiven Entsetzens zu sein. Er hat gewissermaßen die Bande der Gemeinschaft durchschnitten, die übrigen Menschen halten entsetzt den Atem an, und es wäre also die Vorstellung, daß er der Gegenstand dieses kollektiven Entsetzens, sei es real oder imaginiert, ist, das das ausmacht, was ich die Schuldangst des Täters nannte. Diese Vorstellung, Gegenstand eines solchen (wirklichen oder möglichen) kollektiven Entsetzens zu sein, ist, was für den Täter eine Hölle darstellt, natürlich nur, wenn er sich als Mitglied der Gemeinschaft ansieht, d.h., wenn Mitglied zu sein zu seiner eigenen Identität gehört, wenn also die Normen der Gemeinschaft nicht solche sind, die ihn zu einem Feind stempeln, und er auch selbst sich nicht als Feind der Gemeinschaft gegenüberstellt: in beiden Fällen wären die Normen nicht seine eigenen Normen, die Gemeinschaft nicht seine Gemeinschaft und deren Entsetzen wäre also für ihn wie nichts oder besser gesagt nur die Basis einer äußeren Gefahr.

Mit demjenigen Affekt, mit dem wir wechselseitig, als Täter und als die anderen, auf eine Verletzung eines durch kollektive Autonomie charakterisierten normativen Systems reagieren, hätten wir jetzt also denjenigen Affekt identifiziert, den wir als den spezifisch moralischen bezeichnen können. Wir können jetzt auch die anderen Prädikate miteinbeziehen, müssen sie dann aber als durch den jetzt beschriebenen Affekt bzw. durch die kollektive Autonomie definiert ansehen. Zum Beispiel kann man jetzt sagen, »gut« im moralischen Sinn steht für das, wie wir voneinander wechselseitig wollen, daß wir sind. Diese Bestimmung ist noch vergleichsweise unbestimmt, aber wenn wir ihr jetzt den bestimmten Sinn geben, der in der Rede von einer kollektiven Autonomie enthalten ist, können wir sagen: was in diesem Sinn als schlecht bezeichnet wird, wäre dann genau das, dem der vorhin beschriebene Affekt entspricht, und dieser Affekt definiert dann auch die Rede, was wir als moralisch geboten ansehen wollen und was als richtig.

Man könnte hier erstens einwenden, ich hätte diesen Affekt einfach als denjenigen beschrieben, der einem bestimmten Konzept von Moral entspricht, begrifflich charakterisiert durch die kollektive Autonomie, und heißt das nicht, daß die Substanz meiner Darstellung einfach die dieser Moral war und der Affekt dann nur als eben derjenige dieser Moral bestimmt wurde? Das ist richtig und kann auch gar nicht anders sein, gleichwohl ist eine Moral nur als Moral dargestellt, wenn sie einen affektiven Stellenwert hat: die Darstellung des Affekts und die seines propositionalen Gegenstandes – also der Moral in *diesem* Sinn – gehen Hand in Hand. Zweitens könnte man fragen: mit welchem Recht bezeichne ich den moralischen Affekt gerade als den zu dieser Moral gehörigen, einer Moral der kollektiven Autonomie? Gibt es nicht auch Moralen, die nicht durch kollektive Autonomie charakterisiert sind? Ja, aber es ist sinnvoll so vorzugehen, daß wir die Fahne erst einmal an einer Stelle des Bodens festmachen und danach sehen, wie sich diese Stelle mit anderen, ähnlichen vergleichen läßt. Es ist also sinnvoll, erst mit einem Fall zu beginnen, den wir strukturell einfacher beschreiben können, und erst dann zum Allgemeinen überzugehen.

Wir können jetzt das Gespräch des Kindes mit seinen Eltern wiederaufnehmen. Auf seine Frage nach einem Grund für ihren Affekt können die Eltern jetzt darauf hinweisen, daß die Normen, auf deren Verletzung sie in dieser Weise affektiv reagieren, alle von der Art sind, daß sie die Struktur der kollektiven Autonomie haben, d.h., daß sie die Normen eines jeden und zugleich aller anderen sind, daß also der Verletzende Regeln verletzt, die seine eigenen und zugleich die der Gemeinschaft sind, die wiederum (und nur aufgrund dieser Regeln) seine eigene ist. Diese Struktur zu haben heißt aber, daß die Normen in einem ganz bestimmten Sinn begründet sind, nämlich gleichermaßen für alle. Die Eltern würden dem Kind etwa sagen: »Sind sie nicht auch für dich begründet, d.h., willst nicht auch du, daß sie gelten? Aber du siehst, sie sind in der Weise für dich begründet, daß du zugleich weißt, daß sie für alle begründet sind, und erklärt das nicht, warum auch du, wenn sie verletzt werden, sei es von dir selbst, sei es von anderen, diese Verletzung als die Aufkündigung der Gemeinschaft erlebst, die sie ist?«

Unsere philosophierenden Eltern hätten damit gegenüber ihrem philosophierenden Kind etwas Doppeltes geleistet: sie hätten erstens klargestellt, worin die Erregung, die das Kind beunruhigt hat, besteht, d.h., worauf sie sich bezieht, d.h., sie hätten klargestellt, was es ist, was hier zu begründen ist, und sie hätten zweitens, wenn die Norm wirklich von der Art einer kollektiven Autonomie ist, gezeigt, daß sie begründet ist in dem Sinn, daß sie für alle gleichermaßen begründet ist.

Aber können wir sagen, die Eltern hätten damit die Norm oder das entsprechende moralische Urteil begründet? Nein, diese absolute Redeweise von einem Begründetsein eines moralischen Urteils ergibt gar keinen Sinn. Sie hätten vielmehr gezeigt, daß es in einer *bestimmten Weise* begründet ist, nämlich in der, daß es für alle gleichermaßen begründet ist. Diese Präzisierung, daß das Begründetsein ein bestimmtes Begründetsein ist, hat eine doppelte Konsequenz. Erstens die, daß die Eltern dem Kind das Ergebnis jetzt auch so erläutern können: »Und je nachdem, welches Gewicht für dich *diese* Begründungsweise hat, wirst du dich als Mitglied dieser Gemeinschaft ansehen und den entsprechenden Affekt haben.« Zweitens ist damit das Feld natürlich für andere Begründungsweisen geöffnet, d.h. dann aber dafür, daß das Kind sich nun fragen kann – daß also wir alle uns fragen können –, wie diese Begründungsweisen sich für es – für uns – zueinander verhalten. Sobald wir uns mit einer anderen Begründungsweise konfrontiert sehen, stellt sich eine Begründungsfrage auf zweiter Ebene: das Kind kann nun dieEltern fragen, mit welcher Begründung sie an ihrer Begründungsweise festhalten im Gegensatz zu einer anderen Begründungsweise.

Was wäre eine andere Begründungsweise? Hier müssen wir uns daran erinnern, daß sich uns das Normensystem, das sich als kollektiv autonom charakterisieren ließ, als Gegenbegriff zu einem durch Macht aufrechterhaltenen Normensystem ergab. Zwischen den beiden Polen eines reinen Machtsystems, wo einer die Normen erläßt und erzwingt und alle anderen nur die Adressaten der Normen sind (also dem Tyrannenmodell), und dem Normensystem, wo alle gleichermaßen Subjekte und wechselseitig Adressaten sind, lassen sich beliebige Zwischenmöglichkeiten denken. Erinnern wir uns jetzt auch, daß für denjenigen, der das Normensystem verletzt, die Erregung der anderen Mitglieder nur furchtbar ist, wenn er die Normen ebenso als seine eigenen wie als die der anderen ansehen kann.

Dabei bin ich hier über verschiedene andere Varianten hinweggegangen. Für ein Kleinkind sind die Normen nicht seine eigenen, und gleichwohl ist die Erregung der Eltern furchtbar. Hier haben wir eine moralische Gemeinschaft, in der die Normengeber auf einer Seite und die Adressaten auf der anderen stehen und von seiten der Adressaten gleichwohl eine Identifizierung besteht. In einem ähnlichen Verhältnis haben sich Menschen gegenüber Gott gesehen. In moralischen Systemen dieser Art sind Normen begründet, wenn sie von der rechtmäßigen Autorität erlassen sind. Man kann diesen Begriff von Rechtmäßigkeit als unaufgeklärt ansehen.

Nehmen wir also an, daß *diese* Möglichkeit einer andersartigen Begründungsweise unser Kind nicht weiter beeindruckt! Es gibt dann aber die Möglichkeit, daß die Begründung zwar nicht mehr transzendent ist, aber doch innerhalb der moralischen Gemeinschaft einseitig ist. Und weiterhin: auch wenn sie intern ausgewogen ist, kann sie nach außen exklusiv sein. Wir können uns also die Begründungsfrage 2. Stufe so denken, daß man auf das Verhältnis dieser verschiedenen Begründungsweisen zueinander reflektiert.

Es erscheint selbstverständlich, daß für das Kind eine Norm unattraktiv ist, die es bzw. die Gruppe, zu der es gehört, benachteiligt oder gar zu Außenseitern erklärt (z. B. wenn es dunkelhäutig ist). Ein solches moralisches System könnte es sich nicht zu eigen machen, und wenn es das doch tut, nur durch Unaufgeklärtheit. Aber spricht das für das Kind gegen alle Formen der Unausgewogenheit? Warum sollte es nicht einem System zustimmen, das zwar unausgewogen ist, aber nicht zu seinem eigenen Nachteil und vielleicht sogar zu seinem Vorteil?

Hier gibt es in der ethischen Literatur zwei Auffassungen. Die Kontraktualisten sind der Auffassung, jeder von uns würde am liebsten einem System zustimmen, das zu seinen Gunsten so unausgewogen ist wie möglich, und insofern sich dann doch eine Ausgewogenheit ergibt, geschieht das nur deswegen, weil die anderen sich auf seine Vorschläge nur einlassen werden, wenn er auf seine Unausgewogenheit und sie auf ihre Unausgewogenheiten verzichten, und wiederum andere müssen dann ganz ausgeschlossen bleiben.

Die andere Auffassung ließe sich zunächst so zum Ausdruck bringen, daß das ausgewogene System deswegen auch vom einzelnen vorgezogen wird, weil sich nur von ihm sagen läßt, daß es rechtens ist, aber wenn wir den Ausdruck »rechtens« hier erst einmal weglassen, weil er zuviel vorwegnimmt, könnten wir sagen, die Eltern könnten das System der kollektiven Autonomie dem Kind gerade dadurch als begründet darstellen, daß es nicht nur für es begründet ist, sondern gleichzeitig und gleichermaßen für alle. Es wäre dann gerade diese Weise des Begründetseins, die schon für das Subjekt selbst einen höheren Stellenwert hätte, als wenn es nur für es begründet wäre. Wenn man das unwahrscheinlich finden und die kontraktualistische Auffassung für einleuchtender halten kann, ist damit jedenfalls erwiesen, daß das Begründetsein im Sinn von »für alle gleichermaßen Begründetsein« nicht der einzige Sinn ist, in dem vom Begründetsein moralischer Normen gesprochen werden kann.

Wenn wir von hier aus auf die moralische Situation unserer Zeit reflektieren, so läßt sich eine Spannung zwischen drei Auffassungen von Moral konstatieren: Die eine Auffassung ist universalistisch und versteht Moral im Sinn der kollektiven Autonomie. Die zweite ist die partikularistische, die sich auf die Identifizierung mit einer bestimmten Gemeinschaft gründet (das Kollektiv sind dann nicht alle, sondern alle-so-und-so). Und die dritte ist die kontraktualistische, die aber ebenfalls exklusiv ist, weil nur diejenigen in den Vertrag mitaufgenommen werden, die genug mitbringen, um für die anderen interessant zu sein.

Kontraktualismus und Partikularismus sind zwei Weisen zu begründen, daß es nicht jeder Mensch ist, dem gegenüber wir moralisch verpflichtet sind, sondern die relevanten anderen sind nur die (oder jedenfalls primär die), zu denen ich aufgrund meines Gruppenzugehörigkeitsgefühls gehöre oder mit denen einen Kontrakt einzugehen für mich nützlich ist; die übrigen sind ausgeschlossen oder tendenziell ausgeschlossen.

Beide Positionen haben, obwohl ihre Kriterien der Grenzziehung sich gegenseitig ausschließen, etwas auf den ersten Blick Plausibles und der Universalismus etwas auf den ersten Blick Unplausibles. Denn vorausgesetzt, daß die Moral nicht mehr transzendent, sondern nur immanent begründet wird, und wenn doch für jede Person die Moral allemal für sie begründet sein muß, ist es dann nicht einleuchtend, daß entweder diejenige Moral für sie begründeter sein wird, in der ihr Zugehörigkeitsgefühl berücksichtigt wird, oder diejenigen anderen, die für sie besonders nützlich (und, wenn kein Kontrakt zustande kommt, besonders gefährlich) sein können? Warum soll also unser philosophierendes Kind nicht für eine dieser Begründungsweisen optieren?

Diese Frage legt sich dann besonders nahe, wenn unterstellt wird, daß das Kind sich auf der Seite der jeweils Begünstigten befindet. Heißt das aber dann nicht, daß der Universalismus eine Moral ist, die sich, wie Nietzsche meinte, nur für die Schlechtweggekommenen nahelegt? Aber bleiben wir bei unserem Kind und betrachten wir es als zugestanden, daß der eine oder der andere Partikularismus in seinem Interesse wäre!

Die Eltern könnten nun sagen: »Der Partikularismus könnte für uns leichter sein und der Kontraktualismus vorteilhafter, aber wenn wir nur überhaupt für eine Moral optieren, optieren wir für ein System wechselseitiger Forderungen; wechselseitige Forderungen zu begründen heißt aber, sie wechselseitig zu begründen. Wie willst du aber das System gegenüber anderen begründen, wenn es für dich vorteilhafter ist als für sie?«

Eine andere Stimme, etwa die eines kontraktualistischen Freundes, könnte hier zu bedenken geben, daß jedes Individuum aber doch erst einmal einen Grund haben muß, der moralischen Gemeinschaft überhaupt beizutreten, und in diesem ersten Schritt muß für es sein eigener Vorteil maßgebend sein, also ob der Beitritt für es gut ist; wir dürfen nicht unterstellen, daß dem Individuum schon am Gemeinwohl gelegen ist, bevor es beigetreten ist, sonst ergäbe sich ein Zirkel.

Die Eltern könnten das zugeben, aber sie würden darauf hinweisen (nehmen wir an), daß das Individuum, wenn es sich erst einmal als Mitglied der moralischen Gemeinschaft versteht, sich damit auf eine Begründungsweise eingelassen hat, zu deren Sinn es gehört, eine Begründung innerhalb der Gemeinschaft zu sein, und für die nicht mehr die Frage maßgebend ist »Ist es besser für mich?«, sondern »Ist es gerecht?«; dieses Prädikat beziehe sich aber auf die Ausgewogenheit des Systems zwischen den Individuen, ob es für alle gleichermaßen gut ist. Im konsequenten Kontraktualismus kann daher der Begriff der Gerechtigkeit nicht vorkommen.[1]

Jetzt könnte sich das Kind einschalten und sagen: »Aber selbst wenn es so ist, daß innerhalb des Systems wechselseitig begründet werden muß, was spricht dagegen, es als exklusiv zu verstehen? Warum muß das System der kollektiven Autonomie zugleich als universalistisch gesehen werden?«

Die Antwort der Eltern könnte lauten: »Die moralische Gleichheit, die das System der kollektiven Autonomie bestimmt, ist ein System der Nichtdiskrimination (alle haben gleiche Rechte). Definiert man nun die moralische Gemeinschaft durch einen Akt der Diskrimination (wer dazugehören darf und wer nicht), dann ist dieser Definitionsakt durch ein Handeln genau der Art bestimmt, die innerhalb der moralischen Gemeinschaft verboten sein soll (etwa: weil man weiß, daß die Diskrimination nachher nicht mehr möglich sein wird, führt man sie noch schnell vorher durch). Die kollektive Autonomie, das gleiche Begründetsein für alle, impliziert also die Universalität.«

Was ist nun aus dieser Auseinandersetzung über die Begründungsfrage zweiter Stufe für das zu lernen, was unter einer Begründung moralischer Urteile oder Normen zu verstehen ist? Die drei

1 Ich bin der Auffassung, daß der Rekurs von David Gauthier (*Morals by Agreement*, Oxford 1986) auf einen Gerechtigkeitsbegriff von seiner kontraktualistischen Position aus nicht zu begründen ist.

Konzepte stehen für drei verschiedene Weisen, das Begründetsein von Moral zu verstehen. In allen drei Fällen handelt es sich um ein Begründetsein *für*, und die drei Positionen unterscheiden sich je nachdem, was wir hinter das »für« einsetzen: bei der universalistischen Auffassung »für alle«, bei der partikularistischen Auffassung »für alle, die der Gemeinschaft F angehören«, bei der kontraktualistischen Auffasung »für mich«. (Natürlich entspricht jeder dieser drei Auffassungen ein anderes Verständnis des moralischen Affekts, aber ich kann das hier nur noch andeuten: bei der universalistischen Moral ist der Affekt, von dem ich bisher nur negativ gesprochen habe, wenn man ihn in seiner positiven Kehrseite betrachtet, der der universellen Achtung; bei der partikularistischen Moral ist es der der Achtung für alle F, und dieser Affekt kann sich dann, je nach Ausformung, verbinden mit einem Affekt der Nichtachtung aller anderen. Bei der kontraktualistischen Moral entfällt der gemeinsame Affekt, in seinem politischen Pendant gibt es daher auch keine Abwertung der Ausgeschlossenen, nur Gleichgültigkeit.)

Wir haben also, wenn wir von transzendenten Begründungsweisen absehen, diese drei Begründungsweisen: für alle, für alle F, für (jeweils) mich. Von hier aus läßt sich jetzt auch besser verstehen, warum die sich bei moralischen Urteilen nahelegenden Prädikate unbestimmt waren. Besonders klar läßt sich das für das Prädikat »gut« zeigen. Im streng genommenen Kontraktualismus entfällt dieses Prädikat, an seine Stelle treten die vielen Sätze »gut für x«. Hingegen paßt die Erklärung »moralisch gut ist, was wir wechselseitig voneinander fordern« (Rawls, *Theory of Justice* § 66) sowohl auf den Partikularismus wie auf den Universalismus, nur daß das »wir« im Fall des Partikularismus für »alle F« steht, im Universalismus für alle.

Diejenigen Regeln, die wir für konventionell halten im Sinn bloßer Sitten, müßten sich in ihrer Begründungsweise von allen drei Konzepten der moralischen Begründung unterscheiden. Wir hätten also eine abermals andere Begründungsweise. Auch bei den Sitten können wir das Prädikat »gut« im eben definierten Sinn verwenden, auch hier kann man sagen: so ist es, wie wir wechselseitig voneinander fordern, daß wir uns verhalten, aber bei den Sitten erscheint es nicht sinnvoll, sie auf eine Begründung hin zu hinterfragen: daß wir das wechselseitig voneinander fordern, ist weder dadurch begründet, daß es für alle F gut ist, noch, daß es für alle gut ist. Dieses »für« kommt hier nicht vor. Man kann in einem schwachen Sinn trotzdem von Begründetsein sprechen, das dann aber nur darin besteht, daß die Mitglieder der Gemeinschaft sich wechselseitig darin bestätigen, und der Affekt, mit dem sie das tun, ist mit dem moralischen Affekt verwandt, aber nicht identisch. In den Sitten äußert sich nur ein Bedürfnis, daß die Mitglieder der Gemeinschaft sich wechselseitig ihre Gemeinsamkeit bestätigen. Es wäre eine weitere Aufgabe zu zeigen, wie sich nun die Sitten zur Moral verhalten. Um nur anzudeuten, was sich ergibt: In einer partikularistischen Moral können die Sitten in die moralischen Normen aufgesogen werden. In der universalistischen müssen sie sich ihr unterordnen. Wenn eine Sitte einige Mitglieder schädigt, kann das in einer partikularistischen Moral heißen, daß das Mitglieder zweiter Ordnung sind, während es in einer universalistischen Moral nicht Mitglieder zweiter Ordnung gibt und die Sitte sich dann als ummoralisch erweist.

Die Miteinbeziehung der Konventionen legt es jetzt nahe, einen allgemeinen Begriff von Moral in Betracht zu ziehen. Wenn wir, wie es in der Ethnologie üblich ist, vom Begriff der *social pressure* ausgehen, können wir einen inneren Kern von einer äußeren Schale unterscheiden. Der innere Kern ist der Bereich, in dem die Normen der *social pressure* als begründungsbedürftig erscheinen. Die Schale würde für denjenigen Bereich stehen, in dem keine Begründungsbedürftigkeit besteht, also für die Sitten. Der Kern ist der Bereich, der von den drei Begründungsweisen umstritten ist, die ich zu unterscheiden versuchte.

Ich habe von drei Bedeutungen gesprochen, in denen man verstehen kann, wie die Begründung von Normen verstanden werden *kann*. Aber dieses »kann« besagt nicht, daß es uns freisteht, wie wir von der Begründung von Normen sprechen wollen. Da die drei Begründungen konkurrieren, stellt sich die Frage, wie man begründen kann, daß die eine gegenüber den anderen einen Vorrang hat. Das war eben die Begründungsfrage zweiter Ebene. Aber wie ist sie zu verstehen? Welches ist das gemeinsame Prädikat, das sich die drei Positionen gegenseitig streitig machen?

An dieser höchsten Stelle scheint schließlich unklar, was unter Begründung zu verstehen sei. Wenn der Vorzug, wie in den vorigen Überlegungen unterstellt, der universalistischen Auffassung gebührt, worin besteht er? Sollen wir sagen, es sei die richtigere Auffassung von Moral, aber »richtiger« in welchem Sinn?

Eine Möglichkeit wäre, daß sich das aus dem allgemeinen Begriff von Moral ergibt, also etwa aus dem Begriff der *social pressure*. Weil *social pressure* etwas Wechselseitiges ist, sei impliziert, daß auch die Begründung eine wechselseitige sein müsse, und diesem Kriterium entsprechen Kontraktualismus und Partikularismus nicht oder jedenfalls weniger gut als das Konzept der universalistischen kollektiven Autonomie.

Aber man kann an dieser Art der Begründung zweifeln. Soll die Begründung nur in einer begrifflichen Konsistenz bestehen? Machen wir uns dann nicht allemal davon abhängig, was wir als begrifflichen Ausgangspunkt wählen?

Eine andere Möglichkeit ist, daß wir die Auszeichnung der kollektiven Autonomie einfach in einer menschlichen Haltung sehen, in der Ausgewogenheit der Forderungen, die jeder an andere stellen möchte, mit den Forderungen, vor die er sich selbst gestellt sehen möchte. Diese Art, sich in seinen intersubjektiven Beziehungen zu sehen, wäre die *wünschenswertere*, und das ließe sich an nichts weiterem mehr aufhängen. Das wäre dann die Letztgegebenheit: man möchte nicht Tyrann sein und möchte sich deswegen auch nicht an einem System beteiligen, in dem die eigene Gruppe in einer tyrannischen Beziehung zu anderen stünde. Das war die Begründung Platons für die Moral, und wir können vielleicht nicht anders als auf sein Argument zurückgreifen, um klarzustellen, warum für uns eine Moral besser begründet ist als die anderen.

7. Schwierigkeiten in Heideggers Umweltanalyse

Wie in fast allen Teilen von *Sein und Zeit* verbinden sich in der Analyse der »Umwelt« (§§ 15-18) (1) positive Problemstellungen, die festgehalten werden sollten, mit (2) unausgewiesenen und gegebenenfalls zweifelhaften Meinungen sowie (3) mit unterbliebenen Differenzierungen und schließlich (4) mit schlichten Irrtümern. Hier wie überall wird derjenige, der nicht nur verstehen möchte, was Heidegger meint und will, bemüht sein, das Haltbare vom Unhaltbaren zu trennen.

Die Umweltanalyse steht in einem Textzusammenhang, der mit dem § 12 beginnt. Dort erklärt Heidegger, daß »das Dasein« den Wesenszug des »In-der-Welt-Seins« hat. Damit soll erstens gesagt sein, daß das Dasein nicht als weltloses Subjekt angesetzt werden darf, sondern immer schon in einer Welt, bei innerweltlichem Seienden ist (§ 13). Wichtiger ist aber der zweite Punkt: Heidegger unterscheidet (§ 14) zwischen Welt im Sinn des innerweltlichen Seienden und Welt als das, »›worin‹ ein faktisches Dasein als dieses ›lebt‹« (65). In dem Ausdruck »In-der-Welt-Sein« soll der Teilausdruck »Welt« in diesem zweiten Sinn verstanden werden (Heidegger erklärt (65), er wolle, wenn er bisweilen »Welt« im ersten Sinn verwendet, das Wort immer in Anführungszeichen setzen – eine Regelung, die er dann freilich nur manchmal einhält). Mit der Rede vom In-der-Welt-Sein soll also nicht nur gesagt sein, daß das Dasein wesentlich auf eine »Welt« (mit Anführungszeichen), Dinge bezogen ist – vielmehr: Es ist nie nur auf einzelne Dinge bezogen, sondern immer auch auf Welt (ohne Anführungszeichen), und Heidegger verbindet damit die weitere (freilich in diesem Kapitel erst im § 18 explizite, deutlicher dann in § 69c hervorgehobene und erst in *Vom Wesen des Grundes* ganz ausdrückliche) These, daß das Dasein nicht nur auch auf Welt bezogen ist, sondern daß der Weltbezug die Bedingung der Möglichkeit ist, daß das Dasein sich überhaupt auf einzelnes Seiendes beziehen kann. Wir werden aber gut daran tun, beide Thesen zu unterscheiden, denn die erste, daß wir nie nur auf einzelnes Seiendes bezogen sind (erst auf dieses und dann auf jenes und so fort), sondern zugleich auch immer auf ein »im ganzen«, scheint ein kaum zu bestreitender phänomenologischer Tatbestand zu sein, während man sich bei der weitergehenden These fragen kann, wie solche Thesen von der Bedingung von einem durch das andere nachweisbar sein sollen (auch wenn Heidegger dafür bestimmte Kriterien hat, sind diese doch nicht selbstverständlich und werden ihrerseits zur Diskussion zu stellen sein).

Bisher ist aber noch nicht recht klargeworden, wovon überhaupt die Rede ist. Die vorhin aus § 14 zitierte Bestimmung des »Worin« des Lebens, die in § 18 mit der Rede des »Worin« des »Verstehens« wiederaufgenommen wird, ist sehr unbestimmt. Diese Unbestimmtheit ist eine Folge einer methodischen Eigenart von Heidegger, die man vielleicht als Wortfetischismus bezeichnen kann: Fast immer, wenn er auf ein neues Phänomen zu sprechen kommt, bezeichnet er dieses, statt durch eine strukturelle Beschreibung, erst einmal mit einem Wort, einem Substantiv – er scheint dann zu unterstellen, daß dieses für eine bestimmte Sache steht, deren Struktur nachfolgenden und z. T. späteren Erläuterungen überlassen werden kann. Eine mehr nominalistische Auffassung, der zufolge wir es mit verschiedenen Strukturen zu tun haben, bei denen es eine offene Frage ist, wieweit sie zusammengehören, und daß die Zuordnung zu einem Wort eine bloße Frage der Nomenklatur ist, lag ihm fern. So auch hier: mit »Welt« (ohne Anführungszeichen) werde angeblich etwas in sich Bestimmtes und möglicherweise Komplexes gemeint (ebenso wie z. B. mit »Sein«, »Geworfenheit«, »Bewandtnis«, usw. usw.), und die Bitte eines kritischen Lesers, erst einmal *ein* Strukturmerkmal anzugeben, stößt also ins Leere. Ich will aber annehmen, daß das strukturelle Phänomen, das Heidegger im Auge hat, im Anschluß an die Ausführungen in *Vom Wesen des Grundes* besser mit »im ganzen« zu bezeichnen ist als mit »Worin«. Dahin deuten die Ausdrücke »Verweisungsganzheit«, »Zeugganzes« usw., die in den §§ 15 ff. verwendet werden.

Das »Worin« weist freilich auf eine Merkwürdigkeit in der Art, wie Heidegger in § 14 den Begriff der Welt einführt: Er sagt, da Welt nicht eine Bestimmung der Dinge sei, sei sie ein »Seinscharakter des Daseins« (man hätte erwarten können, daß sie weder das eine noch das andere sei). Nur das Dasein »habe« Welt, sei »weltlich«. Die Dinge hingegen sollen als »innerweltliches Seiendes« bezeichnet werden, weil sie dem Dasein innerhalb »seiner« Welt begegnen. Wo bleiben die anderen Menschen? Sie erscheinen am Ende von § 15 nur am Rande und werden dann erst im 4. Kapitel quasi anhangsweise behandelt, ohne daß sich das auf den Weltbegriff (z.B. im § 69c) auswirkt. Von der Sache her ist kaum zu verstehen, wieso die Mitmenschen nicht ebenso wie die Dinge zu meiner Welt gehören. Man kann sich diese Merkwürdigkeit von Heideggers Weltbegriff wohl nur so erklären, daß er bei aller Zurückweisung des Subjekt-Objekt-Schemas doch an diesem orientiert war. (Auch die Verwendung des *singulare tantum* »Dasein« spricht für diese Orientierung, indem der Ausdruck »*das* Dasein« den Ausdruck »*das* Bewußtsein« ersetzt.) (Besonders auffällig ist diese Abstraktion davon, daß jeder Mensch auch in seinem Selbstbezug nur einer von allen ist, in den Ausführungen über die Räumlichkeit: Heidegger unterscheidet die Räumlichkeit des innerweltlichen Seienden (§ 22) von der Räumlichkeit *des* (scheinbar jeweils einzigen) Daseins (§ 23); es sind scheinbar zwei sich ausschließende Weisen von Räumlichkeit (vgl. die ersten Sätze des § 23). Heißt das, daß die Menschen sich wechselseitig als »innerweltliches Seiendes« (Dinge) uminterpretieren müssen, wenn die einen die anderen räumlich lokalisieren, und das Dasein auch sich selbst, wenn es weiß, daß es selbst so lokalisierbar ist?)

Die Frage, mit der nun der § 15 beginnt: welches das *nächstbegegnende* innerweltliche Seiende sei, müßte verwundern, wenn man nicht wüßte, daß Heidegger auf den Nachweis eines Bedingungsverhältnisses im Begegnen zusteuert. Schon im § 13 hatte er erklärt, daß das erkennende Verhalten zum innerweltlichen Seienden auf »einer Defizienz des besorgenden Zu-tun-habens« mit ihm gründe (61), und zwar bestehe diese Defizienz darin, daß dann das innerweltliche Seiende nicht mehr auf Welt hin verweist: Es erfolgt eine »Entweltlichung der Welt« (65). Wenn Heidegger, vorgreifend in § 13 und dann im § 15, erklärt, das innerweltliche Seiende, wie es uns im Besorgen und im Umgang gegeben ist – was dann als »Zuhandenheit« bezeichnet werden wird –, sei das »innerweltlich zunächst entdeckte« Seiende, so ist die Begründung für diese These nicht, daß es sich in der unvoreingenommenen phänomenologischen Deskription so zeigt, sondern sie besteht in der konstruktiven These, (1) daß das Zuhandene im Unterschied zum Vorhandenen unmittelbar an ihm selbst Welt-bezogen ist und (2) daß Welt die Bedingung der Möglichkeit dafür ist, daß das nicht daseinsmäßige Seiende dem Dasein überhaupt begegnen kann. Worin diese 2. These ihrerseits gründet, wird noch zu fragen sein.

Wie wird nun dieses nächstbegegnende Seiende beschrieben?

Hier konfrontiert Heidegger den Leser mit zwei massiven Substantiven, die nur partiell erklärt werden: »Zeug« und »Zuhandenes«. Mit »Zeug« soll das Seiende, um das es sich handelt, quasi »ontisch« bezeichnet werden, während »Zuhandenheit« der »ontologische« Terminus ist: Er steht für »die Seinsart von Zeug, in der es sich von ihm selbst her offenbart« (69). Die Problematisierung dieser zwei Substantive wird ein Hauptstück meiner Auseinandersetzung mit Heideggers Umweltanalyse darstellen.

Zuerst »Zeug«. Heidegger gibt zwei strukturelle Kennzeichen: erstens, daß ein Zeug immer zu einer »Zeugganzheit« gehört. (»Zeug ist immer... *aus* der Zugehörigkeit zu anderem Zeug« [68]). Als Beispiele nennt er: »Schreibzeug, Feder, Tinte, Papier, Unterlage, Tisch, Lampe, Möbel, Fenster, Türen, Zimmer« (68), eine »Werkstatt« (84), »ein Hof, mit all seinem Gerät und seinen Liegenschaften« (84). Zweitens: jedes »Zeug ist wesenhaft ›etwas, um zu ...‹«, und diese Struktur des Um-zu soll »Verweisung« genannt werden (68). Im Folgenden, besonders im § 17, wird klar, daß mit »Verweisung« nicht eine höhere Gattung gemeint ist, in die das Um-zu eingeordnet würde, sondern der Terminus steht ausschließlich für diese Beziehung des Um-zu.

Hier drängen sich zwei Fragen auf. Erstens: Warum führt Heidegger für die immer schon bekannte Mittel-Zweck-Beziehung eine neue Terminologie ein? Zweitens: Muß nicht von der linearen und transitiven Beziehung des Um-zu (z. B. der Hammer ist zum Hämmern, das Hämmern zum Befestigen, dieses zum Schutz gegen Unwetter, S. 84) unterschieden werden die mehr netzwerkartige Beziehung *zwischen* den Dingen in den oben genannten Beispielen? Es ist diese netzwerkartige Beziehung, nicht hingegen die lineare Beziehung der Verweisung, in der sich ein »im ganzen« konstituiert. Schreibzeug, Tisch, Lampe, Fenster, Zimmer haben zwar jeweils eine Zweckmäßigkeit – und diese Zweckmäßigkeit ist mitbestimmend für ihre netzwerkartige Beziehung untereinander –, aber die Beziehung untereinander ist nicht selbst die einer »Verweisung«. Wenn also Heidegger in den §§ 15-18 von einer Verweisungsganzheit und einer Bewandtnisganzheit spricht (und »mit etwas bei etwas seine Bewandtnis haben« (§ 18) bringt gegenüber der Um-zu-Relation strukturell nichts Neues), so ist zu bedenken, daß sich in der Verweisungsbeziehung als solcher keine Ganzheit bildet, und bei dem »im ganzen«, das in den Beispielen Zimmer, Werkstatt, Hof angesprochen wird, stehen die Dinge, die zusammen ein Ganzes ausmachen, in Beziehungen, die nicht selbst Verweisungsbeziehungen sind. Und müssen alle Dinge, die zu einem solchen »im ganzen« gehören, überhaupt eine Um-zu-Charakteristik haben? Zum Hof kann z. B. auch ein unbrauchbares Sumpfgelände gehören, und der Hof (und entsprechend jede andere solche Ganzheit) grenzt an anderes, das seinerseits mitverstanden ist: Er ist kein Gebilde im luftleeren Raum, er steht in einer Umgebung. Gehört nun das innerhalb und außerhalb des Zimmers, des Hofes usw. Vorhandene mit zu dem »im ganzen«, mit zu meiner Umwelt oder nicht? Diese Frage ist mit Ja oder Nein zu beantworten, je nach der Bedeutungsnuance, mit der das Wort »Welt« (ohne Anführungszeichen) in Ansatz gebracht worden ist: *wenn* »Welt« (ohne Anführungszeichen), wie Heidegger zunächst sagt, für das »Worin« steht, in dem das Dasein »lebt«, und *wenn* dieses, wie in den §§ 15 und 18, als Verweisungsganzheit verstanden wird, dann nein; *wenn* »Welt« (ohne Anführungszeichen) formaler verstanden wird, also für alles Mitverstandene, in dem einzelnes seinen Ort hat, stehend, also für ein »im ganzen«, bei dem man freilich wieder sagen kann, daß es das »Worin« ausmacht, in dem das Dasein »lebt«, dann ja. (Wie schon bemerkt, kommen solche nominalistischen Überlegungen bei Heidegger nicht vor.)

Allemal stehen wir hier vor folgender Merkwürdigkeit: Heidegger orientiert sich in seinen strukturellen Überlegungen in §§ 15-18 so gut wie ausschließlich an der bekannten Relation, die er mit »Verweisung« lediglich neu benennt (wenn er »verschiedene Weisen des Um-zu« unterscheidet »wie Dienlichkeit, Beiträglichkeit, Verwendbarkeit, Handlichkeit« (68), so ist das nur eine Worthäufung, mit der keine in der weiteren Analyse berücksichtigten Differenzierungen gegeben sind; einen neuen Aspekt bringt nur die später hinzukommende »Abträglichkeit« (83), die jedoch überhaupt nicht als »Um-zu« faßbar wird, sondern als etwas, dem »Rechnung« zu »tragen« ist); diejenige Struktur hingegen, die etwas Neuartiges darzustellen scheint und für die Idee von Welt wichtig würde, wird nur in Beispielen angezeigt, nicht strukturell thematisiert.

Wir kommen einen Schritt weiter, wenn wir uns jetzt der anderen Frage zuwenden, warum Heidegger für die Mittel-Zweck-Relation eine neue Terminologie einführt. Die Mittel-Zweck-Rede wird traditionellerweise mit Hilfe des Begriffs des Guten bzw. Erwünschten und mit dem der Kausalität erklärt: Besteht ein Kausalverhältnis zwischen x und z und wird z gewünscht, dann ist x ein

Mittel, um z zu erreichen; für den, der z will (es für gut hält), ist es rational, x zu wollen; es ist ein relatives Gut, um das Gut z zu realisieren.

In Wirklichkeit scheint sogar Heideggers eigene Rede vom »Um-zu« gar nicht verständlich, wenn man sie nicht in den Kontext dieser kausalen und wertbezogenen Erklärung stellt; etwas ist ein »Um-zu«, es ist dazu da, um (z. B. ein Hammer, um auf die und die Weise zu schlagen), wenn ein Gegenstand dieser Art standardmäßig dazu gut ist (man kann auch mit einem Ding, das nicht ein Hammer ist, z. B. einem Stein oder einer Zange, dieses Ergebnis erreichen, aber dann nicht standardmäßig; das ist die primitivere Relation; sie gründet in der Erkenntnis einer entsprechenden Kausalrelation). Heideggers Verwendung des Ausdrucks »Um-zu« ist also in Wirklichkeit gar keine Alternative zu der traditionellen Erklärung; sie ist lediglich ein Kürzel und auf diese verwiesen. Beschränkt man sich, wie Heidegger es tut, auf den *Ausdruck* »Um-zu« und erklärt man »Verweisung« nur mittels dieses Ausdrucks, ohne die Zusammenhänge zu beachten, auf die dieser Ausdruck verweist, dann haben wir keine Alternative, sondern ein Minus an Erklärung; diese Erklärung hängt für sich genommen in der Luft.

Warum Heidegger die traditionelle Erklärung vermeidet, wird in den vorausgehenden Überlegungen auf S. 68 oben deutlich. Er schreibt: »Oder aber man charakterisiert diese ›Dinge‹ als ›wertbehaftete‹ Dinge. Was besagt ontologisch Wert? Wie ist dieses Haften und Behaftetsein kategorial zu fassen? Von der Dunkelheit dieser Struktur einer Wertbehaftetheit ...« usw. Heidegger versteht also seine Erklärung mittels »Um-zu« als eine Alternative zu der sich auf Werte beziehenden traditionellen Erklärung, und er meint offensichtlich, daß die von ihm genannten Fragen nur in dunkle Konstruktionen führen können. Doch scheint nichts einfacher zu sein als das, was mit dem von Heidegger verpönten »Haften« gemeint ist. Gewiß haftet ein Wert nicht wie eine zusätzliche, aber nicht materielle Eigenschaft, die man sich gleichwohl in der Analogie zu einer solchen vorstellen würde, an dem Gegenstand (es ist das, was von Heidegger unterstellt wird), sondern: daß der Gegenstand für eine Person einen (absoluten oder relativen) Wert hat, *heißt*, daß sie ihn für sich für (absolut oder relativ) gut hält; in unserem Fall handelt es sich um ein relatives Gutsein, d. h. der Gegenstand hat Eigenschaften, aufgrund deren mit ihm etwas getan werden kann, was relativ zu etwas anderem gewollt wird.

Der Grund, warum Heidegger eine solche Erläuterung zurückgewiesen hätte, kann also nicht sein, daß sie in angebliche Dunkelheiten führt, denn das tut sie, wie gezeigt, nicht; er kann also nur darin bestehen, daß die Zusammenhänge, so gesehen, seinem (in § 13 schon antizipierten) Beweisziel widersprechen, daß das praktische (»besorgende«) Sichverhalten des Menschen zu den Dingen vom theoretischen Sichverhalten (dem »erkennenden«) *unabhängig* ist und ihm *zugrunde liegt* (erst durch eine »Entweltlichung der Welt« werde das theoretische Sichverhalten überhaupt möglich). Aber daß diese Zusammenhänge Heideggers Beweisziel widersprechen, ist gewiß kein Argument gegen sie, sondern gegen dieses selbst.

Eine wichtige Zielsetzung von Heideggers Umweltanalyse bestand darin, das Sich-Verhalten des Menschen zu den Dingen als ein primär praktisches zu erweisen. Das leuchtet soweit ein und soll nicht in Zweifel gesetzt werden, aber wir müssen natürlich unterscheiden zwischen der These: das Sichverhalten des Menschen zu den Dingen ist *immer auch* ein praktisches, und der These Heideggers: es sei zunächst ein *nur* praktisches.

Denken wir als Beispiel an ein etwa zweijähriges Kind vor einem Baukasten. Es kann die Bausteine betrachten, es kann sie aber auch verwenden. In letzterem Fall kann es sie verwenden »um-zu«, z. B. um sic aufeinander aufzubauen. Dies ist dann ein Ziel, das es befriedigt (also für es »wertvoll« ist). Eine solche Verwendung ist aber nicht unabhängig von einem Erkennen: Das Kind wird z. B. konstatieren, daß die Bausteine, wenn sie würfelartig sind (diese »Eigenschaft« haben), für diese Verwendung »geeignet« sind, nicht hingegen, wenn sie eine Kugelgestalt haben. Heideggers Behauptung, daß die Dinge im Umgang »allenfalls Geeignetheiten und Ungeeignetheiten« haben, nicht hingegen »Eigenschaften« (83), muß also verwundern, weil ein Ding nur als geeignet für etwas angesehen werden kann aufgrund seiner Eigenschaften.

Gehen wir nun einen Schritt weiter. Hat das Kind schon, sei es von anderen, sei es durch Probieren, »gelernt«, wie es mit den Bausteinen einen Turm bauen kann, wird es, je nach Innovationslust und Intelligenz, diesen Umgang entweder automatisieren – wir haben dann ein eingefahrenes Handlungsmuster –, oder es wird sich neue Möglichkeiten des Bauens ausdenken, die ihrerseits ein genaueres Erkennen der verschiedenen Eigenschaften der Bausteine zur Bedingung haben. Im Unterschied zu instinktgesteuertem Verhalten scheint menschliches Handeln nicht von der Art zu sein, daß es mit schon eingefahrenen Handlungsmustern beginnt (»we are not hard-wired«). Automatisierte Handlungsweisen bilden sich aus, sie werden aber überall durchbrochen, wo das Handeln auf Verbesserungsmöglichkeiten sinnt bzw. neuartigen Umständen Rechnung trägt. Immer wenn das der Fall ist, geht das Handeln Hand in Hand mit einem erweiterten *Erkennen*.

Ich meine, daß sich jetzt verstehen läßt, was für einen Umgang mit den Dingen Heidegger im Auge haben muß, wenn er ihn als unabhängig vom Erkennen und von Wertsetzungen zu beschreiben versucht. Man braucht in der Auseinandersetzung mit seinen Ausführungen nicht zu leugnen, daß es so ein Handeln auch gibt, aber dieses eingefahrene, automatisierte Handeln – ohne Überlegung, ohne Vernunft – mag zwar dasjenige Handeln sein, in dem wir uns »zunächst und zumeist« bewegen, aber man wird doch verneinen, daß es erstens das spezifisch menschliche ist oder daß das menschliche Handeln im ganzen so verstanden werden kann und zweitens daß das theoretische Verhalten gegenüber dem praktischen sekundär ist, daß also ein reflektiert praktisches (»umsichtiges«) ohne Erkennen möglich ist.

Nun beruft sich freilich Heidegger selbst auf das Wort »Umsicht«. »Der Umgang mit Zeug« habe seine »eigene Sichtart«, und dies sei eben die Umsicht. Auch dieses Wort wird in § 15 nur massiv hingestellt, als ob es wichtiger sei, ein Wort aus »Um« und »Sicht« zusammenzustellen, als eine Strukturbeschreibung zu geben. In § 15 wird nur gesagt: »Der Umgang mit Zeug unterstellt sich der Verweisungsmannigfaltigkeit des Um-zu. Die Sicht eines solchen Sichfügens ist die Umsicht.« Diese Erläuterung ist so unbestimmt, daß das Wort ebensogut einerseits für das in seiner Eigenart gewiß schwer faßbare Bewußtsein bei automatisierten menschlichen Handlungsabläufen stehen kann als auch andererseits für dasjenige Bewußtsein, das im Handeln für unerwartete Veränderungen der Handlungslage aufmerksam ist und zu dem gewiß das Theoretische mitgehört. Signifikant sind freilich Heideggers Ausdrücke »unterstellt sich« und »Sichfügen«, die eine eigentümlich passive Auffassung der »Umsicht« nahelegen, die eher zum automatisierten Handeln paßt.

Bei der Wiederholung der Analyse im Licht der Zeitlichkeit in § 69 b bringt Heidegger freilich die Umsicht überraschend in einen Zusammenhang mit »Überlegung«, und er fügt hinzu: »Das ihr eigentümliche Schema ist das ›wenn so‹: wenn dies oder jenes z. B. hergestellt, in Gebrauch genommen, verhütet werden soll, so bedarf es dieser oder jener Mittel, Wege, Umstände, Gelegenheiten« (359). Das scheint die einzige Stelle zu sein, an der Heidegger das Wort »Mittel« verwendet, und im Wort »soll« ist – so unlieb es Heidegger wäre, das zuzugeben – eine Wertsetzung impliziert. Heidegger erläutert nicht weiter, aber man kann den zitierten Satz kaum anders verstehen als so, daß der Wenn-Satz für eine Wertsetzung steht, der So-Satz für mögliche zu erkennende Sachverhalte, wenn zwischen beiden ein Kausalverhältnis angenommen wird. Eine praktische »Überlegung« (auch dieses Wort scheint im ganzen Buch nur hier verwendet zu werden) wird aber dabei nicht stehenbleiben, da die angenommene Wertsetzung durch verschiedene Bedingungen besser oder schlechter erfüllt werden kann und das Überlegen wesentlich im Abwägen dieser verschiedenen Möglichkeiten besteht. Zu dem »besser« gehört auch die Berücksichtigung aller anderen eigenen Zwecksetzungen und in diesem Sinn das Eingehen auf eine Ganzheit, die aber nicht eine Verweisungsganzheit wäre und die auch nicht passiv hinzunehmen ist, die daher nicht als das verstanden werden kann, dem man sich nur zu »unterstellen« hätte. Heidegger hat an dieser Stelle (§ 69 b) in der Bezugnahme auf Überlegung nur einen Spalt geöffnet, der aus dem Kontext der eingefahrenen Handlungsmuster herausgeführt hätte; in den weiteren Ausführungen, in denen wieder alles »Konstatieren« abgewehrt wird, wird dieser sogleich wieder geschlossen. So wie das Handeln in § 15 beschrieben wird, scheint jedenfalls die Rede von Umsicht und Umsichtigkeit, so wie sie in ihrer gewöhnlichen Verwendung verstanden wird, nicht zu passen.

Ich kann jetzt das im Anschluß an das Wort »Zeug« Gesagte so zusammenfassen:

1. Heidegger spricht in Wirklichkeit von zwei Strukturen, die freilich teilweise zusammengehören: a) Ganzheiten, b) lineare Um-zu-Relationen. (a) wird nicht weiter geklärt, scheint aber für das Weltphänomen zentraler zu sein. Aufgrund der ausschließlichen Orientierung an (b) werden die Ganzheiten als Verweisungsganzheiten bezeichnet; orientiert man sich aber an (a), ist nicht einzusehen, warum nicht auch solches, das in keiner Um-zu-Relation steht, in dem Zusammenhang steht, daß also alles »Zuhandene« innerhalb von »Vorhandenem« begegnet. Dann kann aber Welt nicht nur von Zuhandenem her verstanden werden.

2. Heideggers Versuch, das praktische Sich-Verhalten (zu »Zuhandenem«) vom theoretischen (zu »Vorhandenem«) zu isolieren, scheitert – es sei denn, man versteht praktisches Sich-Verhalten ausschließlich als Handeln in eingefahrenen Handlungsmustern; dies ist aber als selbständiges und »primär gegebenes« nicht denkbar. Das Ergebnis von (1), daß zu Welt immer auch Vorhandenes gehört, wird also unter (2) noch dadurch verstärkt, daß zumindest das umsichtige praktische Verhalten zu seinem eigenen Gegenstand sich auch überlegend, »theoretisch« verhält.

Die eben verwendeten Ausdrücke »Vorhandenes« und »Zuhandenes« waren ein Vorgriff. Das Wort »Zuhandenheit« wird in § 15, Abs. 6 eingeführt und, zwar nicht explizit an dieser Stelle, aber nachher durchweg, als Gegenbegriff zu »Vorhandenheit« verwendet. Von »Vorhandensein« war zuerst in § 9 die Rede; dort wurde der Terminus als angebliches Äquivalent des traditionellen Begriffs »existentia« eingeführt, als Gegenbegriff zu »Existenz« in Heideggers speziellem Sinn als dem spezifischen Sein des Daseins. Das Dasein existiere in der Weise, daß es ihm »um« sein Sein gehe und daß es sich zu diesem als seinem »Zu-sein« verhalte; als solches könne es nicht zugleich als vorhandenes gedacht werden (42).

Heidegger unterscheidet also drei Weisen von Sein von Seiendem: Existenz als Sein des Daseins, Vorhandensein und Zuhandensein als Sein des »innerweltlichen Seienden«, und zwar soll das Sein des innerweltlichen Seienden, wie es primär begegnet, von der Welt her, als Zuhandenes erfahren werden: In seinem Um-zu begegnet es aus einer Verweisungsganzheit, die ihrerseits nur vom Worumwillen des Daseins her zu verstehen ist (86), während – wenn der Weltbezug zurücktritt – das innerweltliche Seiende als bloß Vorhandenes begegnet (61, vgl. auch §§ 16 und 33).

Aber jetzt muß man sich fragen: Sind diese drei Worte *verständlich*? »Existenz« am ehesten. Hier haben wir einen der seltenen Fälle, in denen Heidegger *zuerst* eine Strukturbeschreibung gibt und *dann* sagt, er wolle das so beschriebene Sein mit diesem Wort bezeichnen (12). Die Worte »Vorhandensein« (42) und »Zuhandensein« hingegen führt Heidegger so ein, daß suggeriert wird, der Leser könne schon aus ihrem Klang oder ihrer Zusammensetzung entnehmen, was sie bedeuten.

Bei »Vorhandensein« kann man sich immerhin zurechtlegen, was das Wort bedeuten soll. Die angebliche Entsprechung zu »existentia« (42) stimmt natürlich nicht, denn auch bei anderen assertorischen Satzformen, wie z. B. der prädikativen, soll Sein den Sinn von Vorhandensein haben. (Selbst wenn die Entsprechung stimmte, würde das nicht weiterhelfen, denn was besagt »existentia«? Außerdem will Heidegger nicht »Vorhandensein« durch »existentia« erklären, sondern umgekehrt.) Vollends in die Irre führt natürlich Heideggers immer wiederkehrende Zusammenstellung von »Vorhandenheit« mit »Hinsehen«, »Nur-noch-Hinsehen«, »Begaffen«, »starres Begaffen«, Begegnen-lassen »nur noch in seinem puren Aussehen« (z. B. 61, 69). Erhellender ist die Zusammenstellung mit »Erkennen« (§ 13). Am ehesten läßt sich wohl, was Heidegger mit Vorhandensein meint, durch das erläutern, was ich in früheren Arbeiten als »veritatives Sein« bezeichnet habe, dasjenige »ist«, das sich auf eine ganze Proposition bezieht (»es ist so«). In diesem Sinn könnte man sagen: Mit Vorhandensein ist soviel wie Konstatierbarkeit gemeint.

Aber »Zuhandenheit«? Hier gibt Heidegger überhaupt keine Erklärung, und die Andeutungen, die er macht – als Zuhandenes »begegnet« das Seiende, so wird es »entdeckt«, wenn es nicht »als vorkommendes« »erfaßt« wird, sondern unmittelbar »im Umgang« selbst (69) –, geben wenig her. Die Frage wäre ja, *wie* es denn »im Umgang« begegnet. In gewöhnlicher Terminologie formuliert: Welche Art von Bewußtsein haben wir von den Dingen, während wir mit ihnen in eingefahrenen Handlungsmustern umgehen? Ich weiß nicht, was sich darauf antworten ließe, denn sobald das Handeln ein irgendwie explizites ist, sobald es auch nur im »ontischen Umgang« dem entspricht, wie Heidegger es in der ontologischen Analyse erklärt, sobald man also *meint*, der Hammer beispielsweise ist dazu da (oder das Hämmern erfolgt) »für ...« oder »um-zu ...«, haben wir eine Aussage, also ein »apophantisches« Sich-Verhalten zu Vorhandenem. Das spezifische Bewußtsein (»Entdecken«), das zum automatisierten Verhalten gehört, läßt sich nicht näher beschreiben, weil es vor-apophantisch und damit vorsprachlich ist. (Der Versuch, den Heidegger in § 33 gemacht hat, für das spezifische Bewußtsein dieser Umgangsweise Worte zu finden (»zu schwer, den anderen Hammer!«), ist natürlich verfehlt, da dieser Ausdruck aus einem elliptischen prädikativen Satz plus einem elliptischen Imperativ besteht.)

Die Rede von Zuhandenheit ist also nicht nur von Heidegger nicht geklärt worden; sie läßt sich gar nicht klären. Daß man das so leicht übersehen kann, liegt erstens daran, daß in der Tat nicht zu leugnen ist, daß auch ein automatisiertes menschliches Handeln mit Bewußtsein erfolgt, zweitens aber daran, daß man die Strukturen, die in einem ausdrücklichen Handeln konstatiert werden können (insbesondere also das »Um-zu«), in das unausdrückliche Handeln zurückprojiziert, und nun sollen diese Strukturen angeblich gerade dort ihren ursprünglichen Ort haben. Da Heidegger ein aussagendes wertendes Verstehen, daß etwas »gut für« ist, nicht gelten lassen will und da er alles Konstatieren als ein Begaffen auffassen zu müssen meint, glaubt er alles praktische Verstehen (eines Um-zu) in das unausdrückliche Handeln verlegen zu müssen. Macht man sich hingegen klar, daß alle Strukturen, die Heidegger in der Zuhandenheit finden wollte (insbesondere also das »Um-zu«), primär im reflektierten Handeln gegeben sind, verliert jenes ominöse Bewußtsein des automatisierten Handelns auch das Gewicht, das Heidegger ihm zugeschrieben hatte. Es scheint schwer, mit Sätzen wie diesem etwas anzufangen: »Das Hämmern selbst entdeckt die spezifische ›Handlichkeit‹ des Hammers« (69). Inwiefern soll man vom Hämmern selbst sagen können, daß es eine Weise des Entdekkendseins ist, inwiefern gilt das nicht vielmehr von der praktischen Reflexion, die im Hämmern gegebenenfalls als eine Disposition vorhanden ist, aber ob sie das ist, ob also das unreflektierte Handeln potentiell reflektiert und nicht *nur* automatisiert ist, zeigt sich nur, wenn es auf die entsprechenden Umstände reflektiert-umsichtig reagiert, und dabei ist dann das Bewußtsein ein apophantisches.

Im Bisherigen habe ich noch nicht berücksichtigt, daß mit Zuhandenheit das innerweltliche Seiende, wie es angeblich »zunächst gegeben« ist, nicht nur überhaupt charakterisiert sein soll, sondern daß damit das *Sein* dieses Seienden getroffen sein soll. Es soll sich in seinem *Sein* vom Sein des Vorhandenen unterscheiden. Diese These führt in zusätzliche und von der deskriptiven Unbestimmtheit von »Zuhandenheit« unabhängige Verständnisschwierigkeiten. Heidegger hat nirgends etwas darüber gesagt, welche Kriterien für die Unterscheidung verschiedener Weisen von Sein maßgebend sein sollen. Hier muß erstaunen, mit welcher Leichtigkeit und ohne jede vorgängige Klärung, was überhaupt unter »Sein« zu verstehen ist, Heidegger meint verschiedene Weisen von Sein unterscheiden zu können. Angenommen, wir gehen von einem Vorverständnis aus, das sich irgendwie an der faktischen Verwendung des Wortes »ist« orientiert, und angenommen ferner, daß wir dieses »ist« im Sinn von Heideggers Vorhandensein, also etwa als Konstatierbarkeit, Feststellbarkeit verstehen, was kann es dann heißen, daß es auch einen anderen Sinn von »ist« gibt, der aber gerade nicht durch diesen apophantischen sprachlichen Ausdruck, sondern durch gar keinen sprachlichen Ausdruck gegeben ist? Was macht erstens den Unterschied aus, und was berechtigt zweitens zu sagen, daß es sich in beiden Fällen um generisch das gleiche – nämlich eben *Sein* – handelt?

Orientiert man sich an den Ausführungen am Anfang des § 18, gewinnt man den Eindruck, daß für Heidegger »Sein« so viel besagt wie »Begegnen«, und das läßt sich dann so ergänzen, daß Begegnen als das Korrelat des »Entdeckens« verstanden wird. Die Zuhandenheit des Zuhandenen wäre dann von der Vorhandenheit des Vorhandenen so unterschieden, daß es sich um zwei unterschiedliche Weisen des Begegnens, zwei unterschiedliche Gegebenheitsweisen handelt. So gewinnt die Unterscheidung der zwei sogenannten Weisen des Seins einen verständlichen Sinn: Im automatisierten Umgang sind uns die Dinge gewiß anders gegeben als in der expliziten Bezugnahme. Versteht man allerdings das, was Heidegger den Umgang mit Zuhandenem nennt, als automatisiertes Handeln, wird man leugnen, daß das so gegebene Seiende »zuerst begegnet« (83). Und allemal bleibt die Frage, mit welchem Recht Heidegger Sein als Begegnen, als unmittelbares Korrelat des »Entdeckens« ansetzt. In der Tradition ist gewiß meistens ein Zusammenhang zwischen *esse* und *percipi* gesehen worden, aber außer etwa bei Berkeley kaum so, daß das *esse* geradezu als *percipi* verstanden worden wäre. Bei Heidegger wird jedoch von dieser Zusammenstellung her vieles verständlich, so z. B. daß die Existenz des Daseins als eine eigene Weise des Seins angesehen wurde (das Dasein begegnet sich selbst prinzipiell anders, als ihm anderes begegnet), und so insbesondere die These des späten Heidegger, Sein sei als Un-Verborgenheit (als Sich-Zeigen, als Hervorgehen aus der Verborgenheit) zu verstehen. Von daher wird auch die sonst so merkwürdig erscheinende These in den §§ 43 c und 44 c verständlich, daß »nur solange Dasein ist«, es »Sein – nicht Seiendes – ›gibt‹« (212, 230). So wie Heidegger diese These hinstellt, erscheint sie leicht rätselhaft; man fragt sich insbesondere, wieso das »es gibt« von Sein, aber nicht von Seiendem, vom »Entdecktwerden« (Wahrheit im Heideggerischen Sinn) abhängen soll, wo doch Sein wesentlich Sein von Seiendem sein soll, und wenn Seiendes von Dasein unabhängig ist, es auch sein Sein sein müßte. Liest man aber immer, wenn Heidegger von Sein spricht, Sich-Zeigen, so ist die These nicht mehr rätselhaft, sondern geradezu trivial. Dasselbe gilt für die paradox wirkende Behauptung »Bevor die Gesetze Newtons nicht entdeckt wurden, waren sie nicht ›wahr‹« (226). Wenn man für »wahr sein« mit Heidegger, aber im Gegensatz zum normalen Verständnis des Wortes, »Entdecktsein« setzt, stimmt der Satz und ist wiederum trivial. Zu diesem Sonderbegriff Heideggers von »wahr« gehört unmittelbar sein Sonderbegriff von »Sein«. Daß er damit das Verständnis von Sein – was man normalerweise darunter versteht und immer darunter verstanden hat – auf ein neues Niveau hebt (und das war ja der Hauptanspruch des Buches und ist Heideggers Hauptanspruch auch nachher geblieben), wird man nicht finden können. Man wird also zugeben, daß mit »Zuhandenheit« – so wenig Klares man sich auch darunter vorstellen kann – eine andere Gegebenheitsweise angesprochen ist, aber nicht ein anderer Sinn von Sein.

Im § 15 setzt Heidegger aber noch auf einen Schelm anderthalbe, indem er am Ende des Paragraphen behauptet: »Zuhandenheit ist die ontologisch-kategoriale Bestimmung von Seiendem, wie es ›an sich‹ ist.« Entspricht denn nicht – so wird man zurückfragen – das, was mit »an sich« gemeint ist, in etwa dem, was man mit »objektiv« meint, indem das Ansich der Gegenbegriff zum Für-mich oder Für-uns ist? Die Rede von »an sich« in diesem üblichen Sinn besagt soviel wie »so wie es in Wahrheit ist« im Gegensatz zu »scheinbar«; gehört dann aber das Ansich nicht wesentlich zum Apophantischen, also zum Vorhandensein? Überall wo wir sagen »so ist es«, haben wir auch die Differenz zwischen »so ist es an sich« und »so ist es scheinbar«. Wie soll man dann aber das Zuhandensein als das Ansichsein von Seiendem verstehen können?

Heidegger wiederholt seine These gegen Ende des § 16 und erklärt hier sogar: »In der primären und ausschließlichen Orientierung am Vorhandenen ist das ›An-sich‹ gar nicht aufzuklären« (75). Wie soll man das verstehen, wenn die Spannung, in der das An-sich steht, nämlich zu »Für uns« und »scheinbar«, gerade wesentlich zum Vorhandenen gehört? Wo wir mit den Dingen nur umgehen (insbesondere also im automatischen Umgang), macht diese Differenz gar keinen Sinn; sie kommt erst auf, wenn wir uns in feststellender Einstellung auf Dinge und Werte beziehen.

Während sich Heidegger im § 15 wieder nur an das Wort »Ansich« hält, ohne zu sagen, welche Struktur er dabei im Auge hat, gibt er in dem Stück in § 16 eine Antwort auf diese Frage: Im »Nichtheraustreten des Zuhandenen aus seiner Unauffälligkeit konstituiert ... sich die phänomenale Struktur des An-sich-seins dieses Seienden« (75). Heidegger nimmt hier einen Aspekt auf, der schon im § 15 hervorgehoben wurde: Das Zuhandene ist nicht »thematisch«; »das Eigentümliche des zunächst Zuhandenen ist es, in seiner Zuhandenheit sich gleichsam zurückzuziehen, um gerade eigentlich zuhanden zu sein« (69). Diese Aussagen bestätigen erneut meine Interpretation, daß Heidegger mit der Zuhandenheit das eingefahrene, automatische Handeln im Auge hat. Aber wie kommt Heidegger darauf, den Charakter der Unauffälligkeit, des Unthematischseins als Ansich zu verstehen? Die Antwort auf diese Frage findet sich in dem Satz: Das »Un« der »Unauffälligkeit« meint »den Charakter des Ansichhaltens des Zuhandenen, das was wir mit dem An-sich-sein im Auge haben« (75). Aber stimmt es, daß wir mit der Rede vom »An sich« soviel wie »Ansichhalten« im Auge haben? Zu sagen, daß das Seiende »an sich hält« (75) oder »sich zurückzieht« (69), ist natürlich eine Metapher. Heidegger sagt daher auch, daß es »sich gleichsam zurückzieht«. Was Heidegger mit der Metapher meint, ist das Unthematischsein. Aber hat er denn recht, daß es das ist, was »wir mit dem An-sich-sein im Auge haben« (75)? Gewiß nicht, da »unthematisch Gegebensein« etwas ganz anderes ist als »Objektivität«.

So entpuppt sich die merkwürdige These, daß Zuhandenheit die Bestimmung des Seienden sein soll, wie es »an sich« ist, als das Ergebnis eines Wortspiels: Während »an sich«, wie der Ausdruck normalerweise verstanden wird, soviel wie »objektiv« meint im Gegensatz zu »für uns« (oder auch, in der aristotelischen Tradition, »wesentlich« im Gegensatz zu »akzidentiell«), will Heidegger den Ausdruck, indem er sich an die unbestimmte Metapher des »Ansichhaltens« hält (und weil in diesem Ausdruck auch der Teilausdruck »Ansich« vorkommt), im Sinn von Unthematischsein verstanden wissen. Sobald man sich das klarmacht, verliert die starke These, das Seiende sei an sich Zuhandenes und nicht Vorhandenes, ihre Merkwürdigkeit, aber dann auch ihre Pointe: Denn setzt man für »Ansichsein« Unthematischsein, so ist in der Tat das Seiende so, wie es im eingefahrenen Umgang gegeben ist, also das Zuhandensein, unthematisch. Und doch: Wenn Heidegger erklärt, was das Seiende an sich sei, sei nicht Vorhandenes, sondern Zuhandenes, so schwingt die normale Bedeutung (»so wie es in Wahrheit ist«) gerade mit; das läßt sich ja nicht vermeiden und gehört immer zu Heideggers Wortspielen. So ergäbe sich: Nimmt man »an sich« im üblichen Sinn des Wortes, ist die These, Zuhandenes ist, wie das Seiende an sich sei, sinnlos; nimmt man »an sich« in der Bedeutung von Unthematischsein, ist sie trivial. Ihre Pointe und ihren scheinbaren Tiefsinn gewinnt sie dadurch, daß sie zwar in der zweiten Bedeutung ihren Inhalt hat, aber daß die erste Bedeutung mitschwingt. Sie hätte jetzt den Sinn: So wie das Seiende in Wahrheit ist (»an sich« im gewöhnlichen Sinn), ist es in der Weise, daß es unthematisch begegnet (»an sich hält«). Von daher ist wohl auch Heideggers Aussage zu verstehen, »ontisch« spreche man von Ansich im Zusammenhang des Vorhandenen, »ontologisch« sei aber das Seiende an sich Zuhandenes (S. 76 oben). Macht man das explizit, ergibt sich in etwa: Weil das Seiende für den Umgang je und je unthematisch ist (»ontisch«), ist diese Begegnungsweise die, wie das Sein dieses Seienden (»ontologisch«) in Wahrheit ist.

Aber ist denn dieser Satz, daß das Seiende in Wahrheit so ist (nämlich Zuhandenes), wahr (richtig)? In der Darstellung von Heidegger findet er seine Begründung einfach durch Heideggers schlafwandlerisches Schillernlassen und Ineinanderschieben der zwei Bedeutungen des Wortes »an sich«. Heidegger konnte solche Sätze aus ihrem Schillern nicht gut herausheben; im vorliegenden Fall kann er von dem Ansich im gewöhnlichen Sinn schon deswegen nur in dieser schillernden Weise reden, weil sein Wahrheitsbegriff dieses Ansich gar nicht hergibt, und es wäre auch gar nicht leicht zu sagen, was es heißen soll, daß das Seiende an sich (»in Wahrheit«) die und die Seinsweise hat. Solche ontologischen Aussagen sind von Heidegger nirgends methodisch vorbereitet worden, und man wird also, worauf Heidegger hinauswill, wieder nur so interpretieren können, daß diese Seinsweise einen Primat im Gegebensein haben soll, eine These, auf die ich noch zurückkommen werde.

Ich gehe nun zu dem auf § 15 folgenden Textstück §§ 16-18 über. Der Aufbau ist der folgende: § 15 hatte die Funktion, das innerweltliche Seiende so zu interpretieren, daß an ihm das Phänomen Welt sichtbar werden könne; die These ist dabei, daß nur Zuhandenes, weil es im Kontext eines »im ganzen« begegne, nicht hingegen Vorhandenes, auf Welt verweise. Im Übergang von § 15 auf § 16 reflektiert Heidegger darauf, daß im gewöhnlichen Umgang, so wie er in § 15 beschrieben wurde, Welt gleichwohl noch nicht selbst begegne; es müssen daher, bevor »ontologisch« auf Welt reflektiert werden könne, innerhalb des Umgangs Zusammenhänge ausfindig gemacht werden, in welchen Welt »ontisch« »aufleuchte« (72) bzw. »sich melde« (75). Es ist nun die Aufgabe der §§ 16 und 17, zwei solcher Zusammenhänge darzustellen. In § 18 wendet sich dann die Analyse explizit dem Phänomen Welt und der Frage zu, wie dieses Phänomen es möglich mache, daß innerweltliches Seiendes dem Dasein begegne.

In § 16 werden als erster Zusammenhang, in dem im Umgang selbst (also »ontisch«) Welt sich zeige, drei Situationen vorgeführt, in denen die Verweisung von einem Zeug auf anderes gestört wird, sei es, daß etwas sich als »unverwendbar« herausstellt (3. Abs.) oder daß es »fehlt« (4. Abs.) oder daß es »im Wege liegt« (5. Abs.). In allen drei Fällen treten die Verweisungen aus ihrer »Unauffälligkeit« heraus, sie werden auffällig und »thematisch«. (Heidegger verwendet allerdings für jede der drei Situationstypen ein anderes Wort, mit »Auffälligkeit« wird nur der erste Typ bezeichnet, aber diese drei Worte verdanken sich nur Heideggers Freude am Bilden von Substantiven, sie bezeichnen keine sich unterscheidenden Strukturen.) Was ist es nun, was sich in dieser Auffälligkeit zeigt? Hier nennt Heidegger drei Dinge. Wenn die Verweisung gestört wird, zeigt sich erstens das Zuhandene jetzt »als Zeugding, das so und so aussieht und in seiner Zuhandenheit als so aussehendes ständig auch vorhanden war. Die pure Vorhandenheit meldet sich am Zeug« (73). Zweitens, die Zuhandenheit »verschwindet nicht einfach, sondern in der Auffälligkeit des Unverwendbaren verabschiedet sie sich gleichsam. Zuhandenheit zeigt sich noch einmal, und gerade hierbei zeigt sich auch die Weltmäßigkeit des Zuhandenen« (74). »In einer Störung der Verweisung« wird »die Verweisung ausdrücklich« (ebd.). Und indem die Verweisung ausdrücklich wird, kommt drittens auch das »im ganzen«, z. B. »die ganze ›Werkstatt‹ ... in die Sicht ... Mit diesem Ganzen aber meldet sich die Welt« (75).

Der Gedanke ist, wenn es mit ihm nur seine Richtigkeit hat, gewiß ingeniös: In den verschiedenen Modi der Störung der Verweisung erfolgt eine »Entweltlichung des Zuhandenen« (75), das Zuhandene »enthüllt sich als nur noch Vorhandenes« (73), aber gerade dadurch treten auch die Zuhandenheit des Zuhandenen und mit dieser die Welt – indem sie sich »verabschieden« – in die ausdrückliche Sicht.

Hat es damit seine Richtigkeit? Zunächst bestätigt der § 16 meine Interpretation, daß Heidegger mit der Zuhandenheit das, wie er sagt, störungsfreie und d. h., wie ich interpretierte, eingefahrene Umgehen mit den Dingen meinte. Folgt dann aber nicht, daß die Bewußtseinsänderung, die durch Störungen – oder auch schon, wie ich hinzufügen möchte, durch das umsichtige Wachsein für die Möglichkeit von Störungen – stattfindet, sich gar nicht als Heraustreten aus dem Praxisbezug verstehen läßt? Es ist vielmehr, meine ich, der Praxisbezug selbst, der aus einem unthematischen zu einem expliziten (und so auch eigentlich erst jetzt umsichtigen) wird. Gewiß erscheinen jetzt die Dinge, wie Heidegger sagt, als vorhandene, aber sie tun das einfach, weil sie allemal, wenn sie explizit bewußt werden, als vorhandene wahrgenommen werden, aber in eins damit treten ihre (tatsächlichen, gestörten oder möglichen) »Verweisungszusammenhänge« (»Zweckbezüge«) thematisch ins Bewußtsein. Daß auch das Praktische (die »Verweisung«) ausdrücklich wird, kann dann nicht, wie Heidegger es tut, so erklärt werden, daß es bewußt wird, weil es sich »verabschiedet«, sondern die Zweckbezüge werden bei einer Störung des eingefahrenen Handelns (oder auch schon im für Störungen wachen Umgang) in der gleichen Weise thematisch wie die theoretischen Komponenten, die zu ihnen von vornherein gehörten. Bezeichnenderweise hat Heidegger die Störung wie eine Momentaufnahme gesehen – wenn die Verweisung sich *verabschiedet*, wäre sie ja danach weg – und hat nicht danach gefragt, wie das Bewußtsein aussieht, das nun explizit auf den gestörten Verweisungszusammenhang *eingeht*, indem es z. B. den beschädigten Gegenstand repariert oder verbessert. Geht das Bewußtsein auf die Dinge nun als vorhandene oder als zuhandene ein? Gewiß nicht als Zuhandene, wenn man Zuhandenheit als Automatismus versteht, und doch als solche, wenn man unter Zuhandenheit die Zweckzusammenhänge versteht, und auf diese kann man sich nur so explizit beziehen, daß man die kausalen Mittel-Zweck-Fragen stellt, die Heidegger nachträglich in § 69 b (oben S. 116) als charakteristisch für die Umsicht zugestanden hat und die, richtig verstanden, die Dinge allemal als theoretisch erkennbare berücksichtigt.

Was folgt daraus für die Frage nach dem »Aufleuchten« von Welt? Die Voraussetzungen, unter denen Heidegger diese Frage stellt, könnten ihre Beantwortung fast aussichtslos erscheinen lassen: Einerseits bedeute die thematische, theoretische Bezugnahme auf die Dinge als vorhandene eine »Entweltlichung des Zuhandenen« (75), andererseits gehöre zum umsichtigen Umgang mit dem Seienden wegen seiner Unausdrücklichkeit »das Sich-nicht-melden der Welt« (ebd.). Heidegger löst dieses Dilemma durch die so ingeniös erscheinende These vom Aufleuchten der Welt im Moment der »Verabschiedung« der Zuhandenheit der Dinge. Läßt sich nun das durch eine Verweisungsstörung (oder das Bewußtsein ihrer Möglichkeit) bedingte Übergehen ins Thematische nicht als Verabschiedung des Praxisbezugs verstehen, entfällt diese Konstruktion. Ohnehin wird sie von Heidegger merkwürdig beschrieben: Inwiefern soll, wenn eine Mittel-Zweck-Beziehung gestört wird, also z. B. ein Werkzeug sich als beschädigt erweist, über diese Verweisungsbeziehung hinaus »die ganze Werkstatt« »in die Sicht« kommen?

Darüber hinaus kann man Heideggers Annahme, daß es besondere ontische Situationen geben muß, in denen Welt »aufleuchtet«, überhaupt merkwürdig finden. Welt ist vielleicht wesensmäßig ein Hintergrundphänomen. Heidegger war von einer allgemeinen methodischen Überzeugung ausgegangen, daß alles, was man ontologisch thematisieren kann, auch schon vorontologisch thematisch gegeben sein muß. Dieselbe methodische Funktion hat im § 39 die Angst, als ontische Erfahrung der Ganzheit des In-der-Welt-Seins als Grundlage für die dann im § 40 folgende ontologische Analyse der Sorge. In beiden Fällen, bei der Erörterung der Welt in § 18 wie dann auch bei Angst und Sorge wirkt sich die vorausgehende Analyse dessen, was im Ontischen dem Ontologischen entsprechen soll, auf die nachfolgende Analyse des Ontologischen gar nicht aus.

Im § 17 hat Heidegger noch eine zweite Situation herauszustellen versucht, in der Welt ontisch begegnen soll, nämlich in der Zeichenverwendung. Hier ist nun freilich Heidegger ein schlichter Irrtum unterlaufen. Das zeigt sich, wenn man Husserls Analyse der »Anzeichen« in der I. Logischen Untersuchung, auf die Heidegger in einer Anmerkung selbst verweist (77), zum Vergleich heranzieht. Das »Gemeinsame« der Anzeichen besteht nach Husserl darin, »daß irgendwelche Gegenstände oder Sachverhalte, von deren Bestand jemand aktuelle Kenntnis hat, ihm den Bestand gewisser anderer Gegenstände oder Sachverhalte in dem Sinn anzeigen, daß die Überzeugung von dem Sein der einen von ihm als Motiv ... erlebt wird für die Überzeugung oder Vermutung vom Sein der anderen« (§ 2). Das läßt sich an dem Beispiel erläutern, an Hand dessen Heidegger seine andersartige Interpretation gibt (78f.), der Pfeil (oder heute: das Lichtzeichen), mit dem ein Autofahrer den übrigen Verkehrsteilnehmern einen bevorstehenden Richtungswechsel anzeigt. In diesem Fall zeigt dieser Pfeil bzw. der Sachverhalt, daß dieser Pfeil diese Stellung einnimmt (oder dieses Lichtzeichen aufblinkt), den Verkehrsteilnehmern den anderen Sachverhalt an, daß das Auto in die eine oder andere Richtung abbiegen wird. Demgegenüber behauptet nun Heidegger, durch das Zeichen werde »das jeweilige Umhafte der Umwelt in eine ausdrückliche ›Übersicht‹« gebracht; es werde eine »Orientierung« über die »Umwelt« gegeben (79); das Zeichen »hebt« »ein Zeugganzes ... in die Umsicht, so daß sich in eins damit die Weltmäßigkeit des Zuhandenen meldet«. Der letzte Teilsatz zeigt, inwiefern das Zeigen eines Zeichens eine weitere Instanz für das »Sich-melden« von Welt an die Hand geben soll. Die Grundlage für diese These ist, daß es »ein Zeugganzes« sein soll, was vom Zeichen angezeigt wird. Aber was angezeigt wird, ist überhaupt kein Zeugganzes, sondern, wie Husserl sagt, einfach »ein anderer Gegenstand oder Sachverhalt«, in Heideggers Beispiel der Sachverhalt, daß das Auto abbiegen wird (oder, wenn man will, der Sachverhalt, daß der Fahrer die Absicht hat abzubiegen). Gewiß kann man bei Zeichen, die absichtlich gestiftete sind, mit Heidegger sagen, daß sie der »Orientierung« dienen. Aber das ändert nichts daran, daß das Angezeigte nicht ein Zeugganzes ist, sondern ein einfacher Sachverhalt. Man darf hier auch nicht relativierend sagen, das eine sei Husserls Interpretation, das andere Heideggers, sondern die Erklärung Husserls ist richtig, diejenige Heideggers falsch. Natürlich läßt sich Husserls Erklärung auch praktisch abwandeln, indem man, statt zu sagen »das Zeichen wird verstanden, wenn man das und das meint«, sagt »es wird verstanden, wenn man so und so handelt« (z. B. statt zu sagen »ich meine, er wird abbiegen«, kann man sagen »ich tue das, was je nach meinem Standort usw. die Handlung ist, die diesem Sachverhalt – bzw. meiner Meinung, daß er besteht – Rechnung trägt«). Der auf das Zeichen richtig Reagierende muß sich also innerhalb seiner Handlungsganzheit umsichtig verhalten, aber diese wird nicht durch das Zeichen angezeigt. Es ist ein Irrtum, daß das Zeichen ein »Zeugganzes« »in die Umsicht hebt«.

Im § 18 will nun Heidegger zeigen, inwiefern Welt es möglich macht, daß innerweltliches Seiendes begegnen kann und woran es liegt, daß das Zuhandene »zuerst« begegnet (vgl. die beiden ersten Absätze des § 18). Zu diesem Zweck führt er ein neues Wort ein, »Bewandtnis« (84). Zunächst (am Anfang des 2. Absatzes) scheint es so, als soll mit diesem Wort der Sinn von »Verweisung« näher verständlich gemacht werden. Aber was mit Verweisung gemeint sein soll, war schon im § 15 festgelegt worden: das »Um-zu«. Zwar haben wir gesehen, daß Heidegger diesen Ausdruck seinerseits nicht klärt. Das tut er aber auch jetzt nicht, und im Folgenden wird sichtbar, daß der Ausdruck »es hat mit x bei y seine Bewandtnis« den Ausdruck »x verweist auf y« lediglich ersetzt, ohne etwas strukturell Neues beizutragen, so daß, wenn Heidegger ab jetzt von »Bewandtnisganzheit« spricht, damit nichts anderes gemeint ist als mit der bisherigen »Verweisungsganzheit«.

Allerdings kommt in den Erläuterungen auf S. 84 ein neuer Aspekt hinzu, der jedoch auch schon in § 15 hätte eingeführt werden können und nicht an der neuen Terminologie hängt: Heidegger weist daraufhin, daß alle Um-zu-Bezüge »letztlich auf ein Wozu« zurückgehen, das nicht seinerseits auf etwas anderes verweist, und dieses »primäre ›Wozu‹« ist ein »Worum-willen«, nämlich »das Sein des Daseins, dem es in seinem Sein wesenhaft um dieses Sein selbst geht« (84). Heidegger verweist mit dem letzten Teilsatz auf denjenigen Satz, den er auf S. 12 der ganzen Existenzanalyse vorangestellt hatte; auf ihn wird noch zurückzukommen sein. Worauf er hier in § 18 aufmerksam macht, ist zunächst einfach das, was in normaler Terminologie so formuliert würde, daß alles, was als Mittel zu einem Zweck verwendet wird, auf einen Zweck verweist, der nicht wieder Mittel ist, sondern Selbstzweck. Das Wort »Worumwillen« ist die Übersetzung des aristotelischen *hu heneka*, das so viel wie Zweck bedeutet (das, worumwillen man etwas anderes will), und man kann es natürlich auch so verwenden, daß es besagt: letztes Worumwillen. Aber daß dieses letzte Wozu »das Sein des Daseins« ist, ist nicht selbstverständlich. Gewiß hat alles, was Selbstzweck ist, die Eigentümlichkeit, daß es um seiner selbst willen gewollt wird, aber erstens folgt daraus, daß es dem Dasein um sein Sein geht, nicht, daß alles, was es um seiner selbst willen will, eine Weise des eigenen Seins ist – das ist nur eine Setzung Heideggers –, und außerdem verdeckt das *singulare tantum* in dem Ausdruck »das Sein des Daseins«, daß das letzte Worumwillen eines Menschen ebensogut etwas sein kann, was es selbst will, als auch etwas, was ein anderer oder mehrere andere wollen (oder, in Heideggers Redeweise, kann es umwillen des Seins anderer ebensogut wie umwillen des eigenen Seins geschehen).

Auf diese Bestimmung des Seins *des* Daseins als *das* letzte Worum-willen, die er auf S. 84 einführt, kommt Heidegger auf S. 86 in einer Wendung zurück, die dann für den Weltbegriff entscheidend sein wird. Bevor ich dem nachgehe, ist nun aber zu klären, welche Bewandtnis es mit Heideggers Einführung des Wortes »Bewandtnis« hat. Er konnte es auf S. 84 oben als Alternativausdruck für »Verweisung« einführen, indem er an die Redeweise »es hat mit etwas bei etwas sein Bewenden« erinnert und diese auf Wozu-Verhältnisse einschränkte (in Wirklichkeit hat dieser Ausdruck, wie sich an meiner eigenen Verwendung des Wortes im vorletzten Satz sehen läßt, eine weitere Verwendung; man muß immer wieder konstatieren, daß Heidegger solche Kleinigkeiten einfach übergeht). Auf S. 84 unten geht er nun von einer zweiten Verwendungsweise des Wortes aus, die sich von der Redeweise »es hat mit etwas bei etwas sein Bewenden« grammatisch unterscheidet. Eine Person läßt es bei etwas bewenden, heißt soviel wie: Sie verzichtet darauf, die Sache weiter zu betreiben, sie läßt sie so sein, »wie sie nunmehr ist«. Es ist diese Möglichkeit, Bewendenlassen im Sinn von Seinlassen zu verstehen, die Heidegger nun »grundsätzlich ontologisch« (85) verstehen will, und zwar so, daß jetzt »Seinlassen« nicht so viel heißen soll wie »die Sache nicht weiter betreiben«, sondern: die Sache in ihrem Sein begegnen lassen (oder, wie Heidegger auch formuliert, das Seiende »in seinem Sein freigeben«). Nun war die Ausgangsfrage des § 18: »Wie kann Welt Zuhandenes begegnenlassen«, »in seinem Sein freigeben« (83)? Gestehen wir Heidegger erst einmal zu, daß diese Frage, wie er meint, einen Sinn hat! Wie lautet seine Antwort? »Aus dem Wobei des Bewendenlassens her ist das Womit der Bewandtnis freigegeben« (85). Das heißt also: Die Brücke zwischen der Verweisungsstruktur und der These, daß Seiendes, das diese Struktur hat, »freigegeben ist« (= begegnen kann, »entdeckt« wird), bildet das *Wort* »Bewandtnis« in seinen *zwei* Verwendungsweisen: wenn Seiendes die Struktur der Verweisung, d.h. der Bewandtnis (in der ersten Verwendungsweise) hat, wird es »sein gelassen« (zweite Verwendungsweise), »freigegeben«. Was, so möchte der Leser fragen, macht es denn möglich, daß, gerade wenn etwas diese Struktur hat, es begegnen kann? Daß Seiendes nur von Welt her begegnen kann, hatte Heidegger schon am Anfang von

§ 18 und eigentlich seit § 13 vorausgesetzt. Wird nun diese Voraussetzung begründet? An dieser Stelle ausschließlich so, daß Heidegger die beiden Verwendungsweisen des Wortes »Bewandtnis« zusammenstellt. Das *Wort* tritt an die *Stelle* einer strukturellen Begründung (später erläuterte das Heidegger, indem er sagte: »die Sprache spricht«). Und offenbar ist das Wort nur zu diesem Zweck eingeführt worden, denn wir haben gesehen, daß über die Verweisungsstruktur dadurch nichts Neues gesagt wird, daß Heidegger sie mit diesem neuen Wort belegt. Also ist es wieder nur ein Wortspiel statt einer strukturellen Klärung. Da es in (mir bekannten) anderen Sprachen keinen Ausdruck mit gerade diesen beiden Bedeutungen gibt (für Heidegger, wenn er darauf reflektiert hätte, wäre es gewiß ein weiteres Indiz dafür gewesen, daß man nur auf deutsch philosophieren könne), muß, wer *Sein und Zeit* in einer anderen Sprache liest, aufgrund entsprechender Anmerkungen des Übersetzers zur Kenntnis nehmen, daß »Bewandtnis« auf deutsch in dem einen Sinn etwas bedeutet, was in der eigenen Sprache nur durch eine umständliche Paraphrase wiedergegeben werden kann, und in einem zweiten Sinn etwas, was durch eine andere Paraphrase wiederzugeben ist, und er wird dann mühsam versuchen, das Argument zusammenzubringen, das in Wirklichkeit gar nicht existiert.

Ich behaupte nicht, daß Heidegger auf diesen zwei Seiten (84f.) geradezu nichts sagt, sondern nur, daß er das, was er sagen will, durch das Wortspiel mit »Bewandtnis« lediglich verunklart. Sieht man von den Ausführungen über »Bewandtnis« ab, bleibt die These erhalten: Seiendes kann nicht einfachhin begegnen, es begegnet nur, indem es auf etwas hin – auf ein »Woraufhin« – begegnet, und das ist eine »Bewandtnis-«, d.h. Verweisungsganzheit. Macht man sich klar, daß der Rekurs auf das Wort »Bewandtnis« diese These nicht begründen konnte, stehen wir nur wieder da, wo wir schon am Anfang des § 18 standen: Die Frage »Wie kann Welt das Seiende ... freigeben ...?« (83) ist nicht beantwortet worden, sondern daß Welt überhaupt diesen Stellenwert hat, ist weiterhin einfach eine These.

Man kann jetzt aber versuchen, die nunmehr auf S. 85f. folgenden Ausführungen als eine Begründung zu verstehen. Hier kommt Heidegger auf den auf S. 84 eingebrachten Gedanken zurück, daß das eigene Sein des Daseins das letzte Worumwillen aller Umzu-Verweisungen ist. Heidegger hatte gesagt, daß die Welt – das Verweisungsganze – das Woraufhin des Begegnenlassens des Zuhandenen ist, und nun kann er das dahingehend abwandeln, daß er sagt, das »Woraufhin des Begegnenlassens von Seiendem« sei das, worumwillen das Dasein ist (86). Heißt das, daß Welt geradezu gleichgesetzt wird mit dem Worumwillen? Das bleibt im § 18 unklar. Immerhin bezeichnet Heidegger hier das eigene Sein, das das Worum-willen sein soll, als das, »worin Dasein ... sich versteht«, und mit diesem Ausdruck »Worin« hatte Heidegger schon im § 14 das Weltphänomen eingeführt. Ich habe schon oben (S. 110) auf die Unbestimmtheit dieses Ausdrucks hingewiesen, aber der zusammenfassende und gesperrt gedruckte Satz lautet nun: »Das Worin des sichverweisenden Verstehens als Woraufhin des Begegnenlassens von Seiendem in der Seinsart der Bewandtnis ist das Phänomen der Welt« (86). Seinem Wortlaut nach ist dieser Satz deskriptiv, er gibt lediglich an, was mit Welt gemeint sein soll. Denn daß der Satz auch eine begründende Komponente hat (die in dem Satzteil »als Woraufhin des Begegnenlassens ...« zum Ausdruck kommt), ist für Heidegger an dieser Stelle unerheblich, da die Begründung scheinbar schon im Zusammenhang mit dem Wort »Bewandtnis« gegeben worden war. Auf die Frage der Begründung komme ich gleich zurück. Aber auch der deskriptive Sinn des Satzes ist nicht ganz klar, wegen der Unbestimmtheit des Wortes »Worin«. Die Frage kehrt wieder: Ist, was mit Welt gemeint ist, identisch mit dem Worumwillen?

An dieser Stelle sagt Heidegger dazu nichts weiter. Aber später hat er die eben gestellte Frage auf zwei verschiedene Weisen beantwortet. In *Vom Wesen des Grundes* wird Welt explizit mit dem Worumwillen identifiziert: »... die Welt erweist sich als das, worumwillen Dasein existiert« (S. 53; ich zitiere nach dem Abdruck in *Wegmarken*, Frankfurt/M. 1967); »die Welt« ist »die jeweilige Ganzheit des Umwillen eines Daseins« (54). Wird aber nicht auf diese Weise das Phänomen Welt als ein eigenständiges preisgegeben? Wäre Welt mit dem Worumwillen gleichzusetzen, dann wäre das Wort »Welt« entbehrlich. Es erscheint einleuchtender, daß der Bezug auf das Worumwillen für das Phänomen Welt wesentlich ist; wird jedoch Welt mit dem Worumwillen geradezu gleichgesetzt, widerspricht das nicht nur unserem normalen Verständnis des Wortes, es widerspricht auch der gerade in *Vom Wesen des Grundes* betonten Zuordnung des Wortes »Welt« zu dem »im ganzen« (52 f.), das nicht einfach eine Ganzheit von Zwecken ist, und es widerspricht auch den Beispielen, die Heidegger in *Sein und Zeit* gibt (»Werkstatt«, »Hof mit allen seinen Liegenschaften«).

Heidegger hat denn auch im § 69c von *Sein und Zeit* eine wesentlich einleuchtendere Erklärung gegeben oder jedenfalls angedeutet. Er führt hier den Begriff des »Horizonts« ein: Jede zeitliche »Ekstase« sei eine »Entrückung zu« (ihrem jeweiligen Horizont). Das »horizontale Schema« der Zukunft sei das Worumwillen (das hier mißverständlich als »Um-willen« bezeichnet wird), das der Gegenwart wird bestimmt als Um-zu, und Welt steht nun für den »Zusammenhang der Um-zu-Bezüge mit dem Um-willen« (365). Auf diese Weise läßt sich die ursprüngliche Intuition, mit »Welt« sei das »im ganzen« gemeint – die Verweisungsganzheit – bewahren; das Worumwillen ist nicht mit Welt identisch, sondern nur ihr einheitlicher Bezugspunkt. Diese Auffassung ist so viel einleuchtender, daß man geneigt sein wird, die Erklärung in *Vom Wesen des Grundes* als keine echte Alternative, sondern als mißverständliche Verkürzung anzusehen und ebenso die Erklärung im § 18, daß das, »worin« man sich versteht, das Worumwillen sei. Wenn Heidegger auf derselben Seite sagt: »Worin Dasein in dieser Weise sich je schon versteht, damit ist es ursprünglich vertraut«, so ist gewiß nicht das Worumwillen, sondern das »im ganzen«, also mindestens die Verweisungsganzheit gemeint.

Soweit also zur Klärung des deskriptiven Sinnes der Aussage des § 18 über Welt. Ich meine nun, daß auch erst die Zusammenstellung von Welt und Worumwillen verständlich macht, warum Heidegger meinte, daß Seiendes nur von Welt her (oder auf Welt hin) begegnen könne. Zwar spielt hier sicher auch eine grundsätzliche Überzeugung vom Primat des »im ganzen« gegenüber dem Begegnen von einzelnem eine Rolle, die Meinung, daß Intentionalität aus sich allein heraus nicht verständlich und auf so etwas wie ein Bewußtsein (eine »Erschlossenheit«) von Welt angewiesen sei. Aber warum muß das so sein, warum ist das nicht eine unausgewiesene Intuition? Die Art, wie Heidegger Welt und Worumwillen zusammensieht, kann das etwas verständlicher machen, obwohl auch dieser Gedankenstrang nur auf unausgewiesene Intuitionen zurückführt. Heidegger ist nicht nur von einer Intuition ausgegangen, daß einzelnes nur im Kontext eines »im ganzen« begegnen kann, daß also das Bewußtsein des »im ganzen« ontologisch irgendwie »früher« ist, sondern auch von der Intuition, daß das, was er »Lichtung« (oder »Erschlossenheit«) nennt, seinen primären Ort in der Beziehung des Daseins zu seinem eigenen Sein – seiner »Existenz«, also seinem »Worumwillen« – hat. Man kann sich das an der Art klarmachen, wie Heidegger im § 4 die Thematik von *Sein und Zeit* ansetzt: »die ontische Auszeichnung« des Daseins bestehe darin, »daß es diesem Seienden in seinem Sein um dieses Sein selbst geht« (12) – das ist der fundamentale Satz, auf den dann der § 9 aufbaut. Der Text in § 4 fährt fort: »Zu dieser Seinsverfassung des Daseins gehört aber dann, daß es in seinem Sein zu diesem Sein ein Seinsverhältnis hat.« Nächster Satz: »Und dies wiederum besagt«: Es »versteht« sich irgendwie, es ist »ihm selbst erschlossen«. Diese Gedankenabfolge ist merkwürdig. Für Aristoteles gehörte es zu allen Lebewesen, daß sie alles, was sie tun, umwillen ihres Seins tun (De Anima B 4, 415 b 1): Dieser Satz entspricht Heideggers Ausgangssatz, aber daraus folgte für Aristoteles nicht (bzw. ist nicht impliziert), daß alle Lebewesen einen Verstehens- oder Erschlossenheitsbezug zu sich haben. Erschlossenheit ist ein von der Beziehung auf ein Worumwillen unabhängiges Datum. Man antworte nicht: Heidegger meint eben das Worumwillen immer schon als bewußtes, denn dann hätte er als die »Auszeichnung« dieses Seienden vielmehr die Erschlossenheit selbst ansetzen müssen. Der nächste Schritt erfolgt auf S. 13: »Zum Dasein gehört aber wesenhaft: Sein in einer Welt. Das dem Dasein zugehörige Seinsverständnis betrifft daher (!) gleichursprünglich das Verstehen von so etwas wie Welt und Verstehen des Seins des Seienden, das innerhalb der Welt zugänglich wird.« Heidegger stellt also den Zusammenhang so dar: Die Prämisse ist, daß es dem Dasein um sein Sein geht. Daraus folgt (oder ist darin impliziert), daß es sich verstehend auf dieses Sein bezieht (1. Folgesatz). Und da es als In-der-Welt-Sein verstanden werden muß, hat es auch ein Verstehen von Welt und innerweltlichem Seienden (2. Folgesatz). Man wird vielleicht sagen, ich presse das zu sehr. Aber ganz entsprechend zu dieser Reihenfolge sagt Heidegger z.B. im § 44: »Die Entdecktheit des innerweltlichen Seienden *gründet* in der Erschlossenheit der Welt ..., daher wird erst mit der Erschlossenheit des Daseins das ursprünglichste Phänomen der Wahrheit erreicht« (220f.), und dasselbe ließe sich durch weitere Zitate belegen.

Gewiß ist weder die Intuition, daß das Bewußtsein des eigenen Worum-Willen der primäre Ort von Bewußtsein (»Erschlossenheit«) ist, noch die, daß alles Bewußtsein von anderem Seienden (das deswegen nicht »Erschlossenheit«, sondern »Entdecken« genannt wird, S. 85) nur von daher verständlich sein könne, besonders einleuchtend, aber wenn Welt hier eine Art Zwischenstellung einnimmt, wird verständlich, wieso es aufgrund dieser Intuitionen zu Heideggers Überzeugung kommen konnte, daß Seiendes nur auf Welt hin begegnen kann und daß daher das angeblich einzige auf Welt hin verstandene Seiende – das Zuhandene – »zuerst« begegnet.

Was bleibt nun von Heideggers Umweltanalyse übrig, wenn man die These des § 18, daß die Erschlossenheit von Welt das Entdecken von Seiendem ermögliche, beiseite schiebt und wenn es richtig ist, daß der § 16 im Ergebnis nichts beiträgt, der § 17 auf einem Irrtum beruht und die These des § 15, das Seiende, wie es in Umgang und Umsicht erscheint, begegne noch nicht als Vorhandenes, sich als falsch erwiesen hat? Was übrigzubleiben scheint, ist die Ausgangsthese, daß wir nicht nur auf einzelne Dinge bezogen sind, sondern uns in einem »im ganzen« verstehen; die Frage, wie dieses »im ganzen« zu verstehen ist, behält ihren guten Sinn, wenn sie als phänomenologisch deskriptive verstanden wird (oben S. 31), ohne eine konstruktive These darüber, was in der »Erschlossenheit« primär und sekundär ist. Aber wenn es auch einleuchtend erscheint, daß zu dem »im ganzen« der Bezug auf das eigene Leben (das eigene »Sein«) gehört und daß dieses als Worumwillen verstanden wird, stellt sich doch die Frage, ob dieses Worumwillen, wie das im § 18 erscheint, als ein einheitlicher Bezugspunkt angesehen werden könne, auf den alles innerweltliche Seiende in Um-zu-Bezügen hingeordnet ist. Hier ist zunächst an die Schwierigkeit zu erinnern (oben S. 34), daß Heidegger seine Rede von einer Verweisungsganzheit ausschließlich an der transitiven Um-zu-Relation konkretisiert und so die eher netzartige Relation, in der die Dinge uns in einem »im ganzen« gegeben zu sein scheinen (so in Heideggers eigenen Beispielen Werkstatt und Hof), vernachlässigt. Außerdem braucht ein unbestimmt offenes »im ganzen« nicht für eine irgendwie geschlossene *Ganzheit* zu stehen. (Heidegger hat den Ausdruck »Seiendes im ganzen« im Gegensatz zu dem der »Ganzheit« erst in *Vom Wesen des Grundes* eingeführt.) Eine Ganzheit steht für eine zusammenhängende Totalität, ein »im ganzen« hingegen kann für alles stehen, was – wenn auch zusammenhanglos – an einem Ort (bzw. in dem Raum dieses Ortes) ist. Auch wenn alles, was in dem »im ganzen« begegnet, in irgendeiner Weise auf so etwas wie ein Worumwillen bezogen ist, braucht dieser Bezug weder linear noch überhaupt einheitlich zu sein, der Bezug kann negativ so gut wie positiv sein, und das Worumwillen braucht seinerseits nicht, wie das im § 18 scheint, einheitlich zu sein, es braucht nicht das Worumwillen einer einzelnen Person zu sein. Hier stoßen wir auf die schon eingangs (oben S. 109) erwähnte Frage, wo die anderen Personen bleiben. Heidegger versuchte im § 26, »das Mitdasein der Anderen« und ihr Worumwillen in die Welt einzubauen, aber es fragt sich erstens, ob das so einfach nachträglich geschehen kann; wie müßten sich jetzt die Begriffe des »im ganzen« und der Welt modifizieren? Und zweitens muß man fragen, ob Heidegger es sich nicht zu leicht vorstellt, wenn er einfach erklärt, das »Mit« und »Auch« seien beim Mitdasein »existenzial, nicht kategorial zu verstehen« (118). Der in den §§ 4 und 9 festgelegte Begriff des Existenzialen läßt sich überhaupt nicht auf das Verständnis dessen, was es heißt, daß es auch andere Personen gibt, anwenden: Man kann gewiß nicht sagen, wie Heidegger es hier tut, »das ›Auch‹ meint die Gleichheit des Seins als umsichtig-besorgendes In-der-Welt-sein«, denn es geht nicht darum, daß die anderen *dieselbe* Seinsstruktur haben, sondern daß es *auch andere* gibt, die diese Struktur haben. Das Auch läßt sich nur »kategorial« verstehen: Es gibt so wenig einen existenzialen Begriff von »auch« wie von Zahl (daher auch nicht von »eins« und von »Sein«): die Anderen sind auch vorhanden (man kann sie im Raum als andere identifizieren); daß ich mich positiv oder negativ auf ihr Worumwillen beziehe und sie sich positiv oder negativ auf meines, ändert daran gar nichts, sondern zeigt nur, daß in der These, daß das innerweltliche Seiende auf Worumwillen bezogen erscheint, nunmehr eine Komplexität hereinkommt, die allemal die weitere Rede im *singulare tantum* (*das* Dasein, *das* Worumwillen) verbieten müßte.

Der entscheidende Fehler in Heideggers Analyse des Mitseins ist also derselbe wie derjenige, der sich in den §§ 13 und 15 bei der Analyse des innerweltlichen Seienden zeigte, die fixe Idee vom sekundären und abgeleiteten Sinn vom Sein im Sinn von »Vorhandenheit«. Abschließend mag es nützlich sein, sich klarzumachen, daß dieser Fehler nicht nur das Verständnis von Welt, von innerweltlichem Seienden und vom Mitsein verfälscht hat, sondern auch schon das des Selbstseins, von wo er seinen Ausgang nahm. Heidegger geht in den §§ 4 und 9 von der einleuchtenden These aus, daß ein Mensch sich zu sich auf eine besondere Weise verhält: Er »hat« sein Sein »zu sein«, und es geht ihm »um« dieses Sein. Inwiefern soll aber daraus folgen, daß ein Mensch (oder das Dasein) nicht ein Vorhandenes ist oder sich als nicht-Vorhandenes verstehen kann? Inwiefern soll man nicht sagen müssen: Ich finde mich vor als ein Naturwesen unter anderen Naturwesen, körperlich und im Raum, freilich so, daß ich mich auf die Weise zu meinem Sein verhalte, die Heidegger mit Existenz bezeichnet? Es gibt in Wirklichkeit nichts, was Heidegger gesagt hat, aus dem folgen würde, daß Existenz und Vorhandenheit sich ausschließen. Existenz (wie Heidegger das Wort versteht) ist nicht ein anderer Sinn von Sein, sondern eine Weise des Sich-Verhaltens, und diese setzt voraus, daß das, was sich so verhält, erst einmal ein Seiendes (und d. h. »Vorhandenes«) ist, und daß es sich so versteht. Heidegger hat seine genuinen Einsichten dadurch verdunkelt, daß er meinte, Ausschließlichkeiten aufstellen zu müssen: Existenz sollte Vorhandenheit ausschließen, und die Art, wie er, Heidegger, die Dinge sehe, müsse nicht nur anders, sondern *ganz* anders sein als wie sie bisher gesehen worden waren.

8. »Wir sind nicht fest verdrahtet«: Heideggers »Man« und die Tiefendimensionen der Gründe

Eine der merkwürdigsten Seiten der Anthropologie von Heideggers *Sein und Zeit* ist, daß in ihr das Moralische, ja das Normative überhaupt nicht vorkommt. Doch in dem, was Heidegger über »Man« und »Eigentlichkeit« sagt, ist etwas angesprochen, was an die Stelle der Ethik zu treten scheint. Obwohl Heidegger behauptet, die Darstellung von »Man« und »Verfallen« sei rein »deskriptiv« gemeint und impliziere keine »Kritik« (Heidegger 1927, S. 167, 179f.)[1], ist der normative Charakter dieser Ausführungen offenkundig, und obwohl Heidegger die Rede vom Sollen vermeidet – die Begriffe des Sollens und des Guten gehören, sagt er, in die Ontologie des »Vorhandenen« (SuZ, S. 283, 286) –, kommt er bisweilen doch nicht umhin zu sagen, man »soll« eigentlich sein (SuZ, S. 287).

Was können wir uns heute für einen Reim darauf machen? Läßt sich, was Heidegger unter dem Titel »Man« ausführt, auf seine zeitgebundenen kulturkritischen Komponenten reduzieren, oder ist hier von etwas Normativem die Rede, was an die Stelle von Moral treten kann, wenn alle Moral als unbegründbar und relativ angesehen wird? Oder: steht das Normative, das mit der Rede vom Man angesprochen ist, für etwas Allgemeineres, das auch für das Moralische gilt, aber umfassender als dieses ist?

Meine Ausführungen werden sehr schnell von *Sein und Zeit* abführen, aber ein erster Schritt der Klärung muß darin bestehen, den terminologischen Knäuel auseinanderzunehmen, in dem uns bei Heidegger die Termini »Man«, »Verfallen« und »Uneigentlichkeit« begegnen. Heidegger spricht so, als sei mit allen drei Termini ungefähr dasselbe gemeint.[2]

1 Im folgenden zit. als SuZ.

2 Als erstes kann man den Terminus »Verfallen« aus der Betrachtung ausschließen. Mit Verfallen meint Heidegger sowohl, daß das Dasein von ihm selbst an das »Man« »abfalle«, als auch, daß es von ihm selbst an das »innerweltliche Seiende« »abfalle« (SuZ, S. 175f.). Das Abfallen an das Man – wie *man* lebt, wie *man* die Dinge tut – wird als in etwa dasselbe angesehen wie das Abfallen an das »Besorgen« von »innerweltlichem Seienden«. Das wäre vielleicht noch verständlich, wenn, wie diese Stelle nahelegt, mit »Man« ungefähr dasselbe gemeint wäre wie mit dem »Miteinandersein«. Dann wäre die Idee, daß das Dasein von sich sowohl

In welchem Verhältnis stehen die Termini »Man« und »Eigentlichkeit«? Es sieht in *Sein und Zeit* so aus, als sei die Existenz in der Weise des »Man« und das uneigentliche Existieren dasselbe. »Eigentlichkeit« wäre also der Gegenbegriff zum »Man«. Sieht man aber zu, wie Heidegger in den §§ 27 und 35-37 das Man beschreibt, kommt Eigentlichkeit als Gegenbegriff nicht nur nicht vor (wäre es nur das, könnte man sagen, daß Heidegger erst viel später (im Kapitel über das Gewissen) die Eigentlichkeit behandelt), sondern das Eingehen auf das eigene Sein scheint als Gegensatz gar nicht zu passen. Statt dessen spricht Heidegger hier immer wieder von »Echtheit«. Das Wort »echt« kommt in den §§ 27 und 35-37 zwölfmal vor, wird aber nicht erklärt. An einer einzigen Stelle in *Sein und Zeit* kontrastiert Heidegger die Begriffe »uneigentlich« und »unecht« (SuZ, § 32, S. 148), wieder ohne Erklärung.

Man kann sich aber leicht klarmachen, warum »Eigentlichkeit« als Kontrastwort in diesen Paragraphen nicht gepaßt hätte. Heidegger führt die Rede vom »Man« so ein, daß er sagt: »Wir lesen, sehen und urteilen ... wie *man* sieht und urteilt«, und man kann hier viele andere Tätigkeitswörter einsetzen: jemand zieht sich an, wie man sich anzieht, malt, wie man malt, übt seine Rolle als Vater, Richter, Lehrer aus, wie man es tut, usw., allgemein formuliert: man tut, was man tut, so wie die anderen es tun, wie es gang und gäbe ist, nach konventionell vorgegebenen Maßstäben (in *einem* Sinn von konventionell). Was ist der Gegensatz? Man könnte, Heideggers Ausdruck »echt« aufnehmend, sagen: man tut, was man tut, auf genuine Weise. Was immer das konkret heißen mag (wir werden das noch zu klären haben), es heißt gewiß im allgemeinen nicht »eigentliches Selbstsein«. Zum Beispiel beim Urteilen tritt an die Stelle des Maßstabes des Man – was *man* meint – der Maßstab der Wahrheit.

an die Anderen als auch an das innerweltliche Seiende »abfalle«. Aber so würde übersehen, daß das »Man« für ein Wie des Selbstseins steht, hingegen die Anderen und das innerweltliche Seiende für ein Was. Da Heidegger auch für das Wie Substantive verwendet (das Dasein selbst, sein eigenes (»eigentliches«) Sein, sein Selbstsein) statt Adverbien, erscheint die Modifikation von einem Wie in ein anderes Wie (des Selbstseins in das Man) wie eine Modifikation von der Bezugnahme auf *ein* Seiendes – nämlich das eigene Sein – auf ein anderes Seiendes – die anderen und das innerweltlich Seiende. Der Terminus »Verfallen« wird dann auch für das Sichverhalten zu innerweltlichem Seienden überhaupt verwendet (SuZ S. 191 f.) und bringt daher in das Verständnis der normativen Differenz zwischen dem eigenständigen Sichverhalten und demjenigen Verhalten, das sich daran orientiert, wie »man« es tut – in beiden Fällen handelt es sich um Weisen, wie ich selbst mich verhalte – nur Verwirrung.

Heidegger setzt daher die »Echtheit« in *diesem* Fall der »Sachgemäßheit« gleich (SuZ, S. 168). Angst, Tod und Gewissen spielen hier offensichtlich keine Rolle.

Allerdings muß derjenige, der nicht einfach urteilt wie die anderen, sondern nach der Wahrheit fragt, eigenständig urteilen: liegt darin nicht eine Nähe zu dem, was Heidegger mit eigentlichem Selbstsein meint? Gewiß eine Nähe, und das erklärt, warum Heidegger den speziellen Fall vom allgemeinen nicht getrennt hat. Der Maßstab ist beim eigenständigen Urteil die Wahrheit, das Objektive, nicht das eigene Selbstsein. Oder man denke an einen Künstler, der eigenständig, nicht konventionell malt: ist er auf seine Existenz bezogen, findet er dort seinen Maßstab? Picasso soll jemandem, der fragte, wie er einen Kreis malen solle, gesagt haben, er soll sich ganz auf den Kreis konzentrieren, dann werde von selbst etwas Eigenständiges herauskommen. Zu sagen, daß die Bedingung des eigenständigen Urteilens oder des eigenständigen Malens im Vorlaufen zum Tod liegt, würde lächerlich klingen und ist auch Heidegger nicht eingefallen. Vorlaufen zum Tod und Gewissen sind vielmehr für den Gegensatz zum Man nur in dem speziellen Fall wesentlich, in dem die Tätigkeit das *Leben* ist: wie man konventionell im Gegensatz zu eigenständig malen kann, so kann man konventionell im Gegensatz zu eigenständig leben. Leben ist nicht eine Tätigkeit unter anderen, man kann es als die umfassendste Tätigkeit bezeichnen, aber daraus folgt nicht, daß es die allgemeinste Tätigkeit wäre in dem Sinn, daß, wie der Gegensatz zwischen Man und Eigenständigkeit in diesem Fall zu verstehen ist, auch für den Gegensatz zwischen Man und Eigenständigkeit bei den anderen Tätigkeiten gilt. Wer z.B. eigenständig malt, urteilt usw., braucht deswegen noch nicht eigenständig zu leben und umgekehrt.

Daß Heidegger *meinte*, daß der Gegenbegriff zum Man in der Eigentlichkeit liege, gründet wie beim Terminus »Verfallen« in der Orientierung am Substantivischen und der sich daraus ergebenden mangelnden Unterscheidung zwischen Wie und Was, zwischen dem Wie der Eigenständigkeit des Verhaltens und einem speziellen (wenngleich ausgezeichneten) Was, dem Bereich des eigenen Lebens.

Das Man ist also gegenüber der Uneigentlichkeit der allgemeinere Begriff. Dann ergeben sich jetzt zwei Fragen: Erstens, was wäre der richtige allgemeine Gegenbegriff zum Man, also: wie müssen wir das, wofür sich bei Heidegger das Verlegenheitswort »echt«

eingeschlichen hat, verstehen? Zweitens wird sich jetzt für die Eigentlichkeit die Fragestellung umkehren müssen: läßt sich der allgemeine Gegenbegriff zum Man auch auf die Gestaltung des eigenen Lebens anwenden? Der Großteil der folgenden Überlegungen wird sich auf die erste Frage beziehen; die Antwort auf die zweite muß dann aus einer Anwendung der ersten hervorgehen.

Zum Verständnis der Spannung zwischen Man und Eigenständigkeit gibt es nach meiner Meinung in Heideggers Anthropologie gar keine Basis. Es ist eine Eigentümlichkeit von Heideggers anthropologischen Grundaussagen, daß sie nicht auf eine spezifische Differenz der Spezies Mensch von den anderen Tieren abzielen, so daß z.B. bei derjenigen anthropologischen Grundaussage, die in *Sein und Zeit* an erster Stelle steht, daß der Mensch ein Wesen ist, dem es »um sein Sein« geht (SuZ, S. 12), was man schließlich auch von den anderen Tieren sagen kann (Aristoteles sagte es sogar von allen Lebewesen: De Anima 415 b 1), offen bleibt, wie sich das genau von der entsprechenden Charakteristik bei anderen Tieren unterscheidet; ebenso z.B. bei der Rede von »Erschlossenheit«.

Für unsere Problematik des Gegensatzes von Man und Eigenständigkeit finde ich es hilfreich, von dem heute manchmal verwendeten Satz *we are not hardwired* (»wir sind nicht fest verdrahtet«) auszugehen, um die Art, wie wir Menschen gebaut sind, von der Bauweise des Verhaltens anderer Tiere abzuheben. Mit diesem Satz ist gemeint, daß menschliches Verhalten nicht durch Gesetzmäßigkeiten erklärbar ist, die es nach einem – sei es angeborenen, sei es erlernten – Reiz-Reaktionsschema verständlich machen.

Man kann als Kontrast zuerst z.B. an das Verhalten von Ameisen denken. Menschen gerade mit Ameisen oder Bienen zu vergleichen[1] ist deswegen lehrreich, weil auch diese in geregelten Gemeinwesen leben, nur daß bei ihnen das, was uns als Regeln erscheinen mag, nicht den Charakter von Normen hat (es gibt hier kein »Sollen«), sondern durch »feste Verdrahtungen« charakterisiert ist. Ameisen kommunizieren zwar, aber man wird nicht meinen, daß in ihren Sprachen Wörter wie »Sollen« oder »richtig/unrichtig« vorkommen können.

Hätten wir nur den Kontrast zu den Ameisen oder Bienen im Auge, könnte man sagen, die biologische Differenz bestehe darin,

1 Jonathan Bennett hat in seinem Buch *Rationality* (London 1964) einen Versuch gemacht, das Spezifische von Rationalität in Abhebung zur Bienensprache verständlich zu machen.

daß Menschen ihre sozialen Regeln lernen, während den Ameisen die analogen Verhaltensweisen angeboren sind. Wenn das alles wäre, wäre alles menschliche Verhalten zwar nicht mehr instinktiv, aber sozial fest vorgegeben. Wir neigen vielleicht manchmal dazu, uns primitive menschliche Gesellschaften fälschlich so vorzustellen, weil in ihnen so viel religiös-rituell vorgegeben ist. Es gäbe dann ein normatives System, das sich zwar im ganzen historisch verändern und sich neuen Bedingungen anpassen kann, aber für das Individuum gäbe es keinen *Spielraum*, und die Regeln hätten dann nicht den Charakter, für (religiös) *begründet* gehalten zu werden. Es würde zwar Ausdrücke wie »richtig« geben und »so sollst du, und nicht so«, aber sie hätten nur die Funktion, die tradierten Normen einer Gesellschaft an die junge Generation weiterzugeben. Eine solche Gesellschaft hätte evolutionär nur den Vorteil größerer Anpassungsfähigkeit im ganzen: die Individuen würden ihr Verhalten sozial lernen, statt mit einem festen Programm auf die Welt zu kommen.

Aber mit dem Ausdruck »nicht *hard-wired*« ist nicht nur der Kontrast zu den Ameisen[1] gemeint, sondern auch der Kontrast zu den Schimpansen (oder allemal zu den meisten anderen Säugetieren). Diese sind lernfähig, können ihr Verhalten auch individuell den sich verändernden Umweltbedingungen anpassen, sie sind aber immer noch *hard-wired*. Ich bin nicht in der Lage, genau zu sagen, wie der Kontrast zu verstehen ist; deswegen verwende ich eben die vage Metapher, nicht fest verdrahtet zu sein. Was ich mit ihr meine, kann ich mit einer Reihe von Begriffen erläutern, die alle für verschiedene Seiten eines einheitlichen Phänomens stehen: Erstens, daß die Exemplare dieser Spezies *überlegen* können (von einem bestimmten Alter an); daß sie *fragen* können; daß das, wonach sie fragen, *Gründe* sind. Zweitens, daß sich dadurch ein Handlungsspielraum eröffnet: *Freiheit* in diesem Sinn. Die Voraussetzung dafür, daß ein Überlegen und Fragen in Gang kommen kann, ist, daß sich innerhalb des Verhaltens eine theoretische und eine praktische Komponente voneinander abheben: was man will und was man meint, Absicht und Urteil, und das wiederum ist entweder nur sprachlich möglich oder jedenfalls uns nur sprachlich zugänglich, in der Disposition zu Absichtssätzen einerseits, zu assertorischen Sätzen andererseits, und es sind dann die Verwendun-

1 Zu Ameisen vgl. B. Hölldobler, E.O. Wilson 1995.

gen dieser Sätze bzw. die entsprechenden Dispositionen, bei denen es sinnvoll ist, nach ihren Gründen zu fragen. Nur wenn sich die Handlungssituation in eine theoretische und eine praktische Komponente gliedern läßt, kann ein Überlegen und Fragen überhaupt einen Angriffspunkt finden; die Handlungssituation im ganzen ist kein mögliches Überlegungsobjekt. Ich weiß nicht, ob heute schon jemand etwas Sinnvolles darüber sagen kann, wie diese Verhaltensweisen physiologisch untermauert, wie sie kausal zu verstehen sind. Mit dem Nichtverdrahtetsein ist gemeint, daß das Verhalten nicht »geradezu« kausal zu verstehen ist. Das soll einfach heißen: wir können nicht sagen: er oder sie handelt so (»muß« so handeln), weil er die Situation so und so wahrnimmt und er das und das will; wir können es deswegen nicht sagen, weil zwischen diese Wahrnehmungs- und Absichtsfaktoren einerseits und die Handlung andererseits die Überlegung treten kann, eine Überlegung, die ihrem Sinn nach auf die Gründe bezogen ist, warum er die Situation so wahrnimmt und diese Absicht hat, und die, je nachdem, dazu führen kann, daß er nicht so handeln wird. Es ist diese Freiheit, die dem am nächsten kommt, was mit der Metapher gemeint ist, nicht fest verdrahtet zu sein. Aber obwohl ein Handeln, in dem die Überlegung eine Rolle spielen kann, nicht »geradezu« kausal ist (und das soll nur heißen, daß kein notwendiger Zusammenhang zwischen den äußeren und inneren Faktoren der Handlungssituation einerseits und der Handlung andererseits besteht), soll das nicht heißen, daß dieses Handeln nicht kausal bestimmt ist. Wie das Überlegen seinerseits kausal zu verstehen ist, wissen wir lediglich noch nicht. Wir wissen, nehme ich an, auch noch nicht, jedenfalls nicht zureichend, wie Gründe und Ursachen sich zueinander verhalten. Ich urteile z. B. auf Grund zweier Prämissen eines Syllogismus, daß Sokrates sterblich war, aber was diesen Gründen in den kausalen Bedingungen meines Urteilens entspricht, weiß ich nicht. Ich bin auch nicht in der Lage, eine befriedigende Erklärung davon zu geben, was wir überhaupt mit Gründen (*reasons*) meinen. Im gegenwärtigen Kontext mag die Erklärung genügen, die jüngst Scanlon gegeben hat (Scanlon 1998, § 1): mit einem Grund meinen wir etwas, was für etwas spricht, und dieses zweite »etwas« ist wohl immer ein Urteil oder eine Absicht oder eine Handlung. Wenn wir überlegen, überlegen wir, was dafür oder dagegen spricht, etwas zu tun (oder zu wollen) oder etwas zu meinen.

Vergleicht man die Strukturen, die sich bei einer solchen Betrachtungsweise ergeben, mit der Anthropologie von *Sein und Zeit*, fällt auf, daß von den drei wichtigsten Begriffen, die eben genannt wurden – Überlegung, Gründe, Normen –, kein einziger in *Sein und Zeit* sei es vorkommt, sei es auch nur eine entfernte Entsprechung findet. Gleichwohl läßt sich nach meiner Meinung das, was Heidegger mit »Man« meint, von daher besser verständlich machen, als das im Kontext von *Sein und Zeit* möglich war. Heidegger hat dem Man mit Recht, meine ich, eine Entlastungsfunktion (SuZ, § 27) gegenüber dem Wählenmüssen innerhalb eines Freiheitsspielraums zugesprochen (SuZ, § 40, S. 188), aber mit welcher Struktur des menschlichen Seins dieser Freiheitsspielraum zusammenhängt, ist von Heidegger nicht problematisiert worden, und das hatte zur Folge, daß er das Wählenmüssen erstens viel zu eingeschränkt nur im Zusammenhang mit der Eigentlichkeit des Selbstseins gesehen hat und daß er zweitens in der Struktur des Spielraums die Tiefendimension übersehen hat, die durch die Frage nach den Gründen gegeben ist: der Spielraum des Wählens erscheint bei Heidegger als ein solcher des puren Entscheidens zwischen Möglichkeiten, gewissermassen zweidimensional wie auf einer Ebene, ohne die Tiefendimension des Überlegens und Fragens, und daher wird auch nicht verständlich, wieso, wenn nur lediglich zu wählen und nicht zu überlegen wäre, in dem Wahrnehmen des Spielraums etwas Beschwerliches liegt.

Weil wir nicht fest verdrahtet sind, befinden wir uns ständig in zwei Spielräumen möglicher Verunsicherung: erstens, ist, wie ich die Welt erkenne, richtig, sind die Dinge wirklich so, und zweitens, ist, was ich will, richtig? Oder in einer sprachlichen Variante: wie sollte ich die Dinge sehen, und was soll ich tun (wollen)? Und in beiden Fällen gibt nun das Man eine erste, einfachste Antwort auf die Frage nach dem Richtigen: die Dinge sind so, wie die anderen sagen, und: ich soll mich so verhalten, wie die anderen sich verhalten, wie man sich verhält. Auf das Wort »richtig« kommt es natürlich nicht an: weder muß man dieses Wort gerade so verwenden, noch muß man den Umstand, daß ein Urteil oder eine Handlungsweise begründet ist, gerade mit diesem Wort zum Ausdruck bringen. Aber es ist nicht zufällig, daß bei Heidegger Worte wie »richtig« und »Sollen« fehlen. So bleibt bei ihm auch ungeklärt, daß das Man bereits eine erste Antwort auf die Frage nach dem Richtigen ist. Daß das Verhalten der Menschen nicht durch feste Verdrahtungen gesteuert ist, daß der Mensch also in einem Freiheitsspielraum steht, läßt sich nicht so verstehen, daß er sich in einem Spielraum mit einem Beliebigkeitsfaktor vorfindet, so daß er zwischen Alternativen entscheiden muß – auch evolutionär wäre das unverständlich –, sondern er hat in beiden genannten Dimensionen die Möglichkeit, eine Orientierung (statt sie schon zu haben oder nur lernen zu müssen) in der Frage nach Gründen zu *gewinnen.*

In beiden Dimensionen befinden wir uns in einer Spannung, die durch die genannte »Tiefendimension« gegeben ist, eine Spannung zwischen »wie es erscheint« und »wie es begründet ist«. Wir sind, weil wir nicht fest verdrahtet sind, auf Antworten auf Fragen angewiesen, auf »Richtiges«. Das Man gibt in beiden Dimensionen eine erste Orientierung, in beiden nur eine erste, weil diese Antwort, die in einem gewissen Sinn ein Grund ist, ihrerseits auf Gründe über sich hinausweist. Man kann sofort fragen: und *warum* hält *man* das für richtig? Gleichwohl lernen Kinder die verschiedenen Handlungsweisen überhaupt erst dadurch, daß sie nachahmen, wie es die Großen machen, und in einem bestimmten Alter scheinen Heranwachsende in ihrem Verständnis, was richtig ist, im allgemeinen ein Stadium des normativen Außengesteuertseins zu durchlaufen.

Aber überlegen kann man nur als einzelner, auch wenn man es gemeinsam mit anderen tut. Jeder muß nicht erst, wenn er, wie es bei Heidegger erscheint, wählt, sondern wenn er fragt, dies selbst tun (eine Masse kann wählen, aber nicht fragen oder überlegen). Heidegger hat dieses »selbst«, das in dem vorigen Satz adverbiell zu verstehen ist, sogleich substantivisch verstanden, und das hat zu dem falschen Schein beigetragen, selbst wählen heiße, daß *das Selbst* wählt. Aber das eigentliche Problem bei Heidegger ist weniger diese Substantivierung, als daß er die Tiefendimension des Fragens nicht gesehen hat, die in der Orientierung an Gründen enthalten ist.

Am einfachsten kann man sowohl das Eigentümliche dieser Tiefendimension als auch, inwiefern Heidegger sie übersehen oder geradezu preisgegeben hat, im Bereich des theoretischen Überlegens sehen, wo das Richtige den Sinn von Wahrheit hat: So und so sehe ich – sehen wir – es, aber wie verhält es sich in Wahrheit, wie verhält es sich wirklich? Diese Spannung ist im wesentlichen ein und dieselbe, ob es sich nun um eine einzelne empirische Meinung – einen einzelnen Satz – handelt oder ob wir fragen, wie es sich um ein komplexes Gebilde, das wir mit einem globalen Wort bezeichnen, »in Wahrheit«, »wirklich« verhält, z. B. ein Autounfall oder in der Biologie das Funktionieren des Lebendigen oder in der Philosophie wie z. B. in der gegenwärtigen Untersuchung: was dieses Phänomen – das Man – wirklich ist. Diese Unterscheidung einer vordergründigen Ebene (»wie es erscheint«, »wie wir es meinen«) von einer quasi hintergründigen (»wie es wirklich ist«) setzt sich leicht dem Mißverständnis eines Realismus aus, als gäbe es hinter dem, was wir meinen – den »Erscheinungen« –, eine wahre Wirklichkeit, wie die Dinge an sich sind. Spricht man demgegenüber nur von einer Frage nach Gründen, liegt dieses Mißverständnis weniger nahe: im allgemeinen ist jede besser (oder stärker) begründete Meinung wieder nur eine Meinung und kann ihrerseits auf eine erneut bessere Begründung hin hinterfragt werden. Eine erreichte Ebene des besseren Begründetseins erweist sich meist wieder als einer ausreichenden Begründung ermangelnd, bietet ihrerseits keine Sicherheit, weist wieder über sich hinaus. Was ich als Tiefendimension der Wahrheit bezeichne, verweist nicht auf eine zweite *Ebene*, sondern in eine Richtung (der zweiten, dritten usw. Ebenen) – die Richtung dieses Fragens. Wer daher auf Wahrheit aus ist, bekommt Wahrheit nicht zu sehen; was er sieht, ist die Unwahrheit, Fragwürdigkeit, Brüchigkeit des Bildes, das er, das man sich von der Sache macht. Wir haben für diese Haltung im Deutschen einen Ausdruck: intellektuelle Redlichkeit. Das Beschwerliche dieser Haltung ergibt sich aus dem gleichzeitigen Erfordernis von Verunsicherung und Weiterfragen. Es ist diese Dynamik, der gegenüber das Man eine Entlastung bedeutet. Natürlich ist die Beruhigung bei dem, was *man* für richtig hält, nicht das einzige, was der intellektuellen Redlichkeit entgegensteht. Ebenso gegenmotivierend kann die Eitelkeit des einzelnen sein, und allemal das – individuelle oder kollektive – Wunschdenken. Das Eigentümliche des Man ist, daß es bereits eine Begründung darstellt, eine erste Ebene der Richtigkeit, die eben dadurch, daß sie das ist, einen Halt gibt und für das eigenständige Fragen unbedürftig macht.

Worauf es mir bei diesen Überlegungen zur Ausrichtung auf das Richtige im theoretischen Bereich ankam, war, an diesem Beispiel zu zeigen, daß die Eigenständigkeit (oder Autonomie), die erforderlich ist, um über das hinauszufragen, was man für wahr hält, darin gründet, daß man nur als einzelner – aber gegebenenfalls gemeinsam (mehrere einzelne gemeinsam) – fragen kann, wie es sich wirklich verhält, daß aber ohne die Ausrichtung auf diesen objektivon Maßstab, der freilich nur eine regulative Idee ist, also ohne das, was ich die Tiefendimension genannt habe, die Rede von Eigenständigkeit ihren Sinn verlöre; der einzelne hätte dann nicht mehr, sondern weniger als das »Man«. Heidegger verfällt in seiner Beschreibung des »Man« auf das fast nichtssagende Wort »echt«, weil er, nachdem er das weggestrichen hat, was mit »richtig«, »Grund« und »so solltest du« gemeint ist, zur Beschreibung des Gemeinten keine strukturellen Mittel hatte. In dem speziellen Fall des Theoretischen hat er durch seine Umdeutung von Wahrheit in »Erschlossenheit« und dann »Un-Verborgenheit« sogar das spezifische Moment der zum Wahrheitsbegriff gehörenden Tiefendimension – die Spannung zwischen »so zeigt es sich« und »so ist es wirklich« – herausoperiert.[1]

Wenden wir uns jetzt dem Bereich des Praktischen zu, in dem die Rede vom »Man« gewiß seine primäre Relevanz hat! Beim Theoretischen mag es einleuchten, daß vorgegebene Meinungen nur ein Ausgangspunkt sein können und daß schon die pragmatischen Interessen dafür sprechen, sie zu hinterfragen. Im Praktischen hingegen scheinen Wesen, die nicht fest verdrahtet sind, ein selbstverständlicheres Bedürfnis nach Richtlinien zu haben, die zwar erlernt werden müssen, aber dann doch fest wären; so schiene es hier einleuchtender, daß das sozial Vorgegebene und Konventionelle einen definitiven Sinn haben könnte und also nicht wie beim Theoretischen auf eine Tiefendimension verweist und nur eine erste Stufe des Richtigen ist. Wenn jedoch der Kontrast zum Eigenständigen entfiele, verlöre auch die Rede vom »Man«, das ein Kontrastwort ist, seinen Sinn. Auf der anderen Seite werden wir nach dem Vorhergehenden dazu neigen, es als konstitutiv für »Eigenständigkeit« anzusehen, daß sie ihrerseits auf etwas Richtiges verweist, in einer Tiefendimension eines Fragens nach Gründen steht.

Allemal wird man sich hier keine einheitliche Antwort vorstellen dürfen. Als Kind wird man von einer Vielzahl von »du sollst das« und »du mußt jenes« überhäuft, und so vermischen sich uns leicht die verschiedenen Typen von Handlungsregeln, aber im jetzigen Kontext will ich mindestens die folgenden Typen unterscheiden: 1. dasjenige praktische Sollen, das das soziale Leben im ganzen be-

1 Vgl. mein Buch *Der Wahrheitsbegriff bei Husserl und Heidegger* (Tugendhat 1967), §§ 15 und 18. Was ich dort nur auf den Wahrheitsbegriff bezog, versuche ich in den gegenwärtigen Überlegungen zu verallgemeinern.

stimmt: Recht, Moral und Konventionen, 2. technisches Sollen[1], 3. prudentielles Sollen, 4. instrumentelles Sollen, 5. Spielregeln.

Gibt es zwischen diesen Typen einen Zusammenhang? Aber zunächst eine sprachliche Vorbemerkung. In manchen Sprachen, jedenfalls im Deutschen und im Spanischen (wohl in allen romanischen Sprachen, aber nicht im Englischen) gibt es den Unterschied zwischen »du sollst« und »du solltest«, und in bestimmten Bereichen erlaubt die Sprache nur den Ausdruck »solltest«: diese vorsichtigere Variante im Konjunktiv wird verwendet, wenn wir einen Rat geben, und darin ist immer ein Bezug auf einen Grund oder besseren Grund gegeben. Das gilt daher für (3) und (4) ebenso wie für theoretisches Sollen (für was man meinen sollte).[2] Hingegen drückt sich im schlichten »du sollst« ein sozialer Imperativ aus; das gilt daher für (1), (2) und (5). Ob sprachlich indiziert oder nicht, ergeben sich so zwei deutlich unterschiedene Arten von »sollen«: in der zweiten Art wird nicht auf einen Grund Bezug genommen; entweder es gibt hier gar keinen Sinn, nach Gründen zu fragen, wie bei (5) – hier scheidet daher auch der mit »Man« angesprochene Kontrast aus –, oder die Dimension der Gründe muß in anderer Weise eine Rolle spielen, so bei (1) und (2). Ich werde aus dem genannten Grund im folgenden von (5) absehen, aber auch von (4), weil das in (4) angesprochene Sollen dem theoretischen so nahe steht, daß das Man hier keine eigenständige Rolle zu spielen scheint.

Gibt es zwischen den 5 Typen einen Zusammenhang? Gibt es eine Priorität? Ich weiß nicht, ob man diese Frage kulturunabhängig beantworten kann. In einer religiösen Kultur würde die religiös verstandene Moral als grundlegend angesehen werden und das, was ich die technischen und rollenbezogenen Regeln nenne, als sich geradezu von dort her bestimmend, und das prudentielle Sollen wäre ebenso eingebettet. Ich will diese Sichtweise nicht ausschließen, damit die Betrachtung nicht zu provinziell ausfällt, gleichwohl meine ich, daß derjenigen Option, die für die Moderne – für die Position der Aufklärung – charakteristisch ist und auf der der prudentiellen

1 Was ich mit technischen Regeln meine, werde ich auf S. 150 erklären.

2 Es gilt auch, wenn wir das »sollte« geradezu auf einen Sachverhalt beziehen (und nicht nur auf die Meinung), z.B. »es sollte regnen« – es gibt Gründe dafür (spanisch *debería*); man kann nicht in diesem Sinn sagen »es soll regnen« (*debe*), während im Englischen undifferenziert *ought* verwendet wird. Ich bin auf diese Unterscheidung von Herrn Dr. Schwab (Wien) aufmerksam gemacht worden.

Frage der Primat zukommt, letztlich die sachlich gesehen einzig mögliche ist, weil das Prudentielle der letzte Bezugspunkt aller praktischen Begründungsfragen ist. Auch wenn das, *was* begründet wird, eine soziale Norm ist, ist der *Adressat* der Begründung das Individuum. Praktische Begründung ist Begründung für x; d. h. aber nicht, daß die Begründungen in anderen praktischen Bereichen auf die prudentielle Frage reduzierbar sind.

Unter der prudentiellen Frage verstehe ich die Frage, was für mich (für x) gut ist. Das Gesollte ist hier das eigentlich Gewollte. Wieso ergibt sich hier überhaupt eine Differenz zwischen faktischem Wollen und eigentlichem Wollen? Weil und insoweit auch die Frage, was ich will, ein Gegenstand der Überlegung ist. Ich möchte allerdings zwei Schritte in ihr unterscheiden. Der erste ist derjenige, auf den sich die Theorie der rationalen Wahl bezieht. Daß, was ich will, sich nicht von selbst versteht, sondern ein Gegenstand der Überlegung ist, erklärt sich in diesem ersten Schritt insbesondere daraus, daß, was ich jeweils will, im Umkreis von vielem anderen steht, was ich auch – bewußt oder unbewußt – will. Die verschiedenen »Güter«, die ich will, können sich wechselseitig relativieren. Außerdem kann ich mich fragen, ob ich etwas in dem Sinn wirklich selbst will, daß ich es nicht nur will, weil ich es will, sondern weil jemand anderer es will oder weil man es will. Das Ergebnis der Überlegung wäre in diesem letzteren Fall, daß ich nicht dieses Gut selbst will, sondern von der Abhängigkeit von dieser anderen Person oder vom »Man« motiviert werde, das Gewollte ist eigentlich diese Abhängigkeit. Die »Tiefendimension« dieses ersten Schrittes des prudentiellen Überlegens ist, Ordnung innerhalb des Gewollten herzustellen und so Autonomie zu erreichen. Autonomie ist die regulative Idee dieses Überlegens, wie Wahrheit die regulative Idee des theoretischen Überlegens ist. (Ich habe »Autonomie« auf S. 146 in einem weiteren Sinn = Eigenständigkeit verwendet.) »Es ist besser begründet«, so würden wir jemandem, den wir prudentiell beraten, sagen, »die Ordnung deines Wollens *so* zu sehen und nicht so; wenn du dir in deinem Wollen durchsichtig wirst, wirst du sehen, daß du auch A willst (oder: daß du B nur willst, weil du C willst).« Die Grenze dieses ersten Schrittes sehe ich darin, daß in ihm die Wünsche (oder Güter) nur geordnet werden, sie werden nicht ihrerseits in Frage gestellt. Das wäre der zweite Schritt. Ich glaube, daß das, was Heidegger mit Eigentlichkeit meint, diesen zweiten Schritt betrifft, bei dem weniger klar ist, ob hier überhaupt eine deutliche Tiefendimension von Gründen auszumachen ist; dieser zweite Schritt kann daher leicht als Einbildung und fiktiv erscheinen, ich verschiebe ihn auf den Schluß.

Ich kann jetzt verständlich machen, in welchem Sinn alle anderen praktischen Gründe – die moralischen und die technischen – in der prudentiellen Dimension eingebettet sind und auch inwiefern sie nicht auf sie reduzierbar sind. Ich verstehe das »technische« Sollen wie v. Wright (Wright 1963, 2. Kap., §§ 9-12) im Sinn einer Kunst (*techne*), z. B. die des Tanzens, des Malens, des Richters, des Anwalts. Zu einer solchen Kunst oder Rolle gehört ein Gesamt von Regeln, die teilweise einen instrumentellen, aber immer auch einen sozialen Charakter haben. Wer eine solche Kunst oder Rolle ausübt, übernimmt ein solches Regelganzes in sein prudentielles Wollen, aber die Regeln sind gegenüber seinem prudentiellen Wollen autonom, ebenso bei einem Spiel.

Ich kann den Zusammenhang besser bei dem umfassenden sozialen Sollen sehen: Moral und allgemeine soziale Konventionen. Hier sind mehrere Punkte zu beachten:

Erstens: für moralische Regeln gilt, daß sie für »richtig« gehalten werden und daß das einen Begründungsanspruch impliziert. Soweit moralische Regeln von Konventionen unterschieden werden, betrifft das diesen Begründungsanspruch: Konventionen haben entweder keinen oder einen anderen Begründungsanspruch.

Zweitens: dieser Begründungsanspruch macht die spezifische Tiefendimension des moralischen Sollens aus. Man kann überlegen, worin das Begründetsein moralischer Regeln besteht, und man kann eine Begründung besser als eine andere finden. Aber man kann die moralischen Regeln auch einfach für richtig halten, weil *man* es tut. Hier ist der Gegensatz zwischen dem Man und dem Bezogensein auf die Tiefendimension besonders handgreiflich. Bei L. Kohlberg wird die konventionelle Haltung als eine eigene Entwicklungsstufe angesehen.

Drittens: die Mitglieder einer moralischen Gemeinschaft akzeptieren die Moral auf der Basis des Gewichts, das sie für sie aufgrund ihres Begründetseins hat; sie »akzeptieren« sie, d. h. sie betrachten sie als ein Gut für sich; die autonome Person wird der Moral das Gewicht innerhalb ihrer sonstigen Güter (Motivationen) geben, das dem Gewicht zukommt, das ihr Begründetsein für sie hat. Hält sie die Moral ihrer Umgebung nicht für begründet, so wird sie sie überhaupt nicht für ein Gut halten und lediglich die negativen sozialen Folgen, die das Nichtbefolgen ihrer Regeln für sie hätte (als Übel), in ihrem Gütersystem berücksichtigen.

Viertens: Wie ist es zu verstehen, daß die Moral für die autonome Person innerhalb ihrer prudentiellen Gründe aufgrund ihres Begründetseins ein Gewicht hat, obwohl das Begründetsein der Moral etwas Eigenes ist und nicht ein prudentieller Grund? Bei der modernen, »aufgeklärten« Moral meine ich, daß man es so sehen muß: zu sagen, daß die Moral begründet ist, heißt, daß sie allen gegenüber gleichermaßen begründbar ist. Das Begründbarsein *für* x (oder gegenüber x) ist gegenüber dem Begründetsein *der* Moral der primitivere Begriff, und in ihm liegt schon ein Verweis auf das prudentiell Gute. Dadurch wird freilich das Begründetsein der Moral nicht auf das prudentiell Gute reduziert, vielmehr baut es sich darauf als etwas Eigenes auf, es enthält in dem »allen gleichermaßen« etwas, was sich darauf nicht reduzieren läßt. Daß die so begründete Moral nun ihrerseits ein prudentielles Gewicht für den einzelnen bekommen kann, heißt, daß für diesen die wechselseitige Begründbarkeit ein motivierendes Gewicht bekommt (ein Gut für ihn wird). Dieser letzte Schritt ist nicht selbstverständlich, aber er ist die Bedingung dafür, daß Personen die Moral aus nicht nur instrumentellen Gründen »akzeptieren«, und ohne das hinge jede Moral in der Luft.

Es muß sich daher analog auch bei jeder nicht-modernen Moral so verhalten. In einer nicht-modernen Moral baut sich das Begründetsein nicht ausschließlich in der oben bezeichneten Weise auf »gut für x« auf, das Begründetsein wird normalerweise religiös verstanden, aber wiederum kann eine solche Moral für das Individuum nichts bedeuten, wenn sie nicht durch dieses ihr in sich Begründetsein einen (gegebenenfalls ausschlaggebenden) Stellenwert innerhalb des Selbstverständnisses der Person gewönne.

Es ist aber nicht sinnvoll, diesen Stellenwert – insbesondere bei der modernen Moral – als absolut (als auf jeden Fall ausschlaggebend) anzusehen. Zwei Irrtümer sind hier zu vermeiden. Der erste, den man mit K. Baiers *The Moral Point of View* verbindet, besagt: moralische Gründe sind eo ipso ausschlaggebende, alles andere überwiegende Gründe. Eine autonome Person ist offensichtlich frei, in ihrem Handeln nichtmoralischen Gründen gegenüber den moralischen – sei es überhaupt, sei es in einer speziellen Situation – das stärkere Gewicht für sich zuzusprechen. Aber das sollte wiederum nicht dazu führen, mit B. Williams dann die überwiegenden Gesichtspunkte ihrerseits als moralische (»ethische«) anzusprechen.

Werden in einer traditionalistischen Kultur die moralischen (religiösen) Gründe als einfachhin maßgebend angesehen, legen diese die äußersten Grenzen fest, in denen alles menschliche Handeln sich bewegen muß, dann heißt das erstens, daß diese Begründung so gut wie alternativenlos verstanden wird (die Alternative ist dann etwa nur, wie in vielen mythologischen Begründungen, das Chaos), das »Richtige« kommt hier sehr nahe an die Wiederherstellung eines Verdrahtetseins, und zweitens: die Autonomie bleibt auf der Strecke (d. h., das Richtige ist kein Angriffspunkt eines erneuten Fragens und Überlegens), das Moralisch-Religiöse verliert den oben aufgezeigten Rückbezug auf das Prudentielle, das sich jetzt nur noch in begrenzten Binnenbereichen entfalten kann (wie im Schach innerhalb der vorgegebenen Regeln des Spiels). Noch heute kennen wir Tendenzen, die Moral absolut und d. h. dann zugleich unbezogen auf das Prudentielle zu begründen, Tendenzen, die sich (a) aus dem verständlichen Bedürfnis ergeben, das Moralische so stark wie möglich zu machen und, darüber hinaus (b) aus einer Art metaphysischem Bedürfnis, die Offenheit, die in unserem Nichtverdrahtetsein liegt, zu schließen.

In drei Bereichen ist jetzt deutlich geworden, wie der Gegensatz zum »Man« zu verstehen ist, 1. im theoretischen, 2. im prudentiellen und 3. im moralischen. In ihnen besteht der Gegensatz zum Man in einer Haltung des Fragens und Überlegens, die jedesmal auf Gründe ausgerichtet ist, auf ein Richtiges, wobei auch schon das, was *man* meint usw., ein Richtiges ist, etwas, was eine Richtlinie abgibt, dabei aber die Offenheit zur Tiefendimension der Gründe verdeckt. Zum Gegensatz zum Man gehört also allerdings, wie das, was Heidegger über Eigentlichkeit sagt, nahelegt, Eigenständigkeit, aber diese Eigenständigkeit hat jedesmal ein »Objekt«, auf das sie abzielt, sie ist auf ein »Richtiges« ausgerichtet, auf eine Tiefendimension von Gründen.

Das sich so ergebende Konzept läßt sich nicht ohne weiteres auf das technische Sollen übertragen: auch eine Tänzerin, ein Koch, ein Interpret, ein Maler scheinen das, was sie tun, mehr konventionell oder mehr eigenständig tun zu können. Aber haben wir hier Gründe, an denen die Handlung sich überlegend orientieren kann? Die meisten Beispiele, die Heideggers Darstellung in den Paragraphen über das »Man« gibt oder nahelegt, gehören aber gerade in diesen Bereich. Sollen wir sagen, die Rede von Eigenständigkeit sei hier nicht passend oder sie sei doch passend, stehe aber nicht in Zusammenhang mit einer Tiefendimension von Gründen? Wie wäre dann aber Eigenständigkeit zu verstehen? Bestände sie in der Darstellung oder dem Vollzug einer lediglich eigenen Sichtweise oder Version? Wäre dann hier die einzige Norm Originalität?

Denken wir z. B. an einen Richter! Er muß eine vorgegebene Menge von Normen auf einen Fall anwenden, und man wird sagen, es komme für ihn darauf an, das möglichst gut zu tun. Für ihn als Richter steht die moralische Richtigkeit der vorgegebenen Normen nicht zur Diskussion, aber es kommt für ihn doch auf eine Richtigkeit an, die möglichst richtige Interpretation der vorgegebenen Normen, ihre möglichst richtige Anwendung. Versteht er sein Handeln als Richter eigenständig (»verantwortlich«) und nicht nur konventionell (»wie man das im allgemeinen tut«), heißt das gewiß nicht, daß es ihm darauf ankommen wird, nur eine besonders originelle Version zu finden, sondern eine möglichst richtige. Bei der Frage, welche Normen auf einen konkreten Fall wie anzuwenden sind, wird er auch Gründe angeben können, aber die Entscheidung wird sich nicht auf Gründe reduzieren lassen; es ist auch »Augenmaß« oder »Intuition« erforderlich. Auch der Richter hat also eine Tiefendimension der Richtigkeit; seine Eigenständigkeit besteht in der Konzentration auf etwas »Objektives«: das Richtige zu treffen, und ob das gelungen ist, darüber können dann andere diskutieren.

Ich meine nun: ähnlich wie die Tätigkeit des Richters lassen sich alle Formen der Interpretation verstehen, auch wenn, wie z. B. bei einem Musikvirtuosen, Gründe dabei keine oder fast keine Rolle spielen. Was dem Musikvirtuosen vorgegeben ist, ist in der Partitur ein normatives Gebilde (so und so muß das gesungen, gespielt, getanzt werden), zu dem, wie bei der normativen Vorlage eines Richters, wesentlich ein Spielraum gehört, der so oder so ausgefüllt werden kann, und d. h. dann: besser oder schlechter, mehr konventionell oder mehr eigenständig. Wieder scheint die Eigenständigkeit nicht einfach darin zu bestehen, daß der Künstler dem Spielraum lediglich eine eigene, originelle Note gibt; der Spielraum hat nicht nur, im Bilde gesprochen, eine Breitendimension, sondern eine Tiefendimension. Diese Tiefendimension ist jetzt freilich nicht durch Gründe bestimmt, aber man kann sie sich analog dazu denken und sich das Eingehen des interpretierenden Virtuosen auf die Tiefendimension der Partitur analog zum Überlegen vorstellen: er versucht innerhalb des vorgegebenen Spielraums das Richtige zu treffen.

Dies führt schließlich zu der Frage, ob man sich nicht auch die kreativen Künstler – den Komponisten, Maler, Dichter usw. – analog zum Interpreten denken muß. Der Künstler sieht sich nicht lediglich vor einer Materie, die er gestalten will, sondern vor etwas normativ Vorgegebenem. Die Sprache z. B. ist nicht eine Materie, sondern ein Normenganzes, und zum Künstler wird, wer sich darauf nicht konventionell, sondern eigenständig bezieht. Zugleich steht der Künstler den Normen der bisherigen Kunst gegenüber und kann auf diese wiederum konventionell oder eigenständig reagieren. Im Vergleich zum Interpretieren ist der Spielraum, den das normativ Vorgegebene offenläßt, jetzt ungleich breiter und so auch tiefer. Es ist nicht mehr selbstverständlich, was hier angezielt wird. Ist es überhaupt noch eine Richtigkeit? Wie also ist die Tiefendimension hier zu verstehen? Dem nachzugehen würde hier zu weit führen, und ich fühle mich dazu nicht kompetent, zumal diese Frage, wie die Tiefendimension von Kunst zu verstehen ist, sich historisch gewandelt hat. Die Frage, welches die relevanten Bezugspunke der Tiefendimension sind, kann in der Kunst selbst zum Gegenstand der Frage werden, und vielleicht wird man es hier sogar als Grenzmöglichkeit offenlassen müssen, daß die Eigenständigkeit sich als bloße Originalität versteht. Aber der objektive Anspruch von Kunst ist schon dadurch gegeben, daß sie intersubjektiv einleuchten will. Auch wie der Unterschied zwischen kreativem Künstler und Interpreten gesehen wurde, hat sich kulturell gewandelt. In der chinesischen Malerei war gewiß das Vorbildhafte des normativ Vorgegebenen ausgeprägter als in der europäischen Malerei, und innerhalb dieser wiederum ist das Vorbildhafte mit der Zeit immer stärker zurückgetreten, der offengelassene Spielraum hat sich immer mehr erweitert. Ein chinesischer Maler mag sich eher als Interpret verstanden haben, und so erscheint aus unserer Perspektive chinesische Malerei leicht als konventionell; der offengelassene Spielraum wird aber lediglich geringer gewesen sein, und es ist nicht anzunehmen, daß es in irgendeiner Zeit Kunst gegeben hat, bei der die Differenz zwischen bloßer Konvention und Eigenständigkeit nicht bestand.

Wir stoßen hier auf eine Zweideutigkeit in der Rede vom Konventionellen. Als konventionell läßt sich einerseits das normativ

Vorgegebene bezeichnen, aber wenn wir andererseits vom »nur Konventionellen« sprechen (dem »Man«-artigen Verhalten), dann ist gemeint, daß das Konventionelle im ersten Sinn nicht eigenständig ausgefüllt wird. Auch für Grüßen z. B. gibt es Konventionen, aber man kann eine Person nur-konventionell grüßen oder die Konvention mit Leben füllen. Dasselbe scheint für alles Konventionelle zu gelten, das einen symbolischen Charakter hat und d. h. über sich hinausweist. Es scheint daher auch für alles religiös Rituelle zu gelten, und das zeigt, daß die Differenz zwischen »eigenständig« und »nur konventionell« sogar hier besteht: die Person, die einen Ritus vollzieht, kann sich des bloß symbolischen, über sich hinausweisenden Charakters des Ritus bewußt sein. Auch hier besteht eine Tiefendimension, obwohl es allemal keine Tiefendimension von Gründen ist: die Eigenständigkeit zeigt sich in der Intensität und im Ernst des Vollzugs[1]: auch hier hat das normativ Vorgegebene einen Spielraum, und der Ausführende ist bemüht, in der Konzentration auf das, worauf das Rituelle über sich hinausweist, dem Sinn des Rituellen zu entsprechen, es in einem »angemessenen«, »richtigen« Wie darzustellen.

Ich komme schließlich zu dem vorhin offengelassenen zweiten Schritt des prudentiellen Sollens. Die Art, wie ich hier einen ersten von einem zweiten Schritt unterschieden habe, mag etwas künstlich sein und ergibt sich vielleicht nur aus einer Verlegenheit: der erste Schritt bestand darin, innerhalb der Gegenstände des eigenen Wollens Ordnung zu schaffen, und hier ließ sich leicht angeben, worin die Tiefendimension der Gründe bestand. Aber dabei war, was man jeweils will, als feststehend vorausgesetzt. Das faktische Wollen wurde hier nur von anderem faktischen Wollen in Frage gestellt. Man kann aber, sein ganzes faktisches Wollen einklammernd, fragen: »Was soll ich wollen?«, »Worauf kommt es an?«, »Habe ich am Leben nicht vorbeigelebt?« – eine Frage, die sich gewiß nicht nur, aber besonders dann leicht stellt, wenn man sich dem Tod gegenüber weiß, wenn man sich mit dem Leben im ganzen konfrontiert sieht.

Hier stehen wir also endlich vor Heideggers Thematik der »Eigentlichkeit«. Bei Heidegger haben sich drei Bedeutungen von »eigen« vermischt, die auseinandergehalten werden müssen. Die erste ist in der Rede von Eigenständigkeit gegeben. Nur sie steht im

1 Zum Begriff des Ernsthaften vgl. jetzt Thomas 1998.

Gegensatz zum »Man«. Die zweite ist gemeint, wenn gesagt wird, es ist in diesem Fall das eigene Leben, zu dem ich mich eigenständig oder konventionell verhalten kann (mein Leben im Unterschied zu speziellen Tätigkeiten, nicht im Unterschied zu den anderen). Weil sich für Heidegger diese zwei Bedeutungen vermischten, kam es zu der verkehrten Meinung, daß der Gegensatz zum Man immer im eigenständigen Bezug – nicht zur jeweiligen Sache und ihrer Tiefendimension, sondern zum eigenen Sein stünde. Drittens verband Heidegger die Rede vom eigenen Leben oder Sein mit der Vorstellung, damit sei nicht einfach mein Sein oder Leben gemeint – im Gegensatz zu anderen Tätigkeiten von mir –, sondern mein Bezug zu mir im Gegensatz zu meinem Bezug zu anderen Menschen und anderen Dingen. Während die erste Verwechslung (zwischen der ersten und der zweiten Bedeutung) einfach dadurch vermieden werden kann, daß man, wie ich das in diesem Aufsatz getan habe, die anderen eigenständigen Verhaltensweisen von der zum eigenen Leben unterscheidet, führt die Vermischung der zweiten mit der dritten Bedeutung dazu, daß der Frage, wie zu leben ist, ein eingeschränkter Sinn gegeben wird, den sie zwar haben kann, der aber, wenn die Frage von vornherein in diesem Sinn verstanden wird, eine unbegründete Verengung darstellt: als Frage nach dem »eigensten« Sein und den »eigensten« Möglichkeiten im Gegensatz dazu, wie andere sich verstehen.

Die Frage, wie ich leben sollte, ist von der Sache her zunächst identisch mit der Frage, wie man leben sollte, wie »zu leben ist«, wie Platon es formulierte (Staat 352 d). Man verfällt leicht in den Fehler zu meinen, sobald man, wie ich das eben getan habe, das Wort »man« verwendet, sei das schon jenes »Man«, das im Gegensatz zur Eigenständigkeit steht, aber das Wort steht hier einfach für »irgendeiner«, während der Gegensatz zur Eigenständigkeit nur dann gegeben ist, wenn jemand so handelt, wie er handelt, *weil* andere so handeln (das »Man« ist immer ein *Grund*). Weil wohl auch diese Verwechslung bei Heidegger vorliegt, konnte es für ihn so scheinen, als führte die Frage, wie »zu leben ist« (wie man, wie irgendeiner leben sollte), bereits in die Uneigenständigkeit. Es kann sich allerdings im Verlauf der z.B. von mehreren gemeinsam gestellten Frage, wie jeder von ihnen (und vielleicht auch jeder andere) leben soll, herausstellen, daß sich auf diese Frage keine allgemeine Antwort geben läßt, aber das ist dann ein Ergebnis, das nicht schon im Sinn der Ausgangsfrage vorausgesetzt ist, aber sogar dann hat die

Frage, wie ich leben sollte, nicht den Sinn, was meine »eigenste« Möglichkeit ist: der Bezug auf »Eigenstes« ist nicht das, worauf die Tiefendimension dieses Überlegens verweist.

Die Gemeinsamkeit und vielleicht Allgemeinheit, in der die Frage, wie zu leben ist, zunächst gemeint ist, darf aber andererseits auch nicht mit jener besonderen Allgemeinheit verwechselt werden, die für die Moral konstitutiv ist, wo es darum geht, was wir voneinander wechselseitig fordern. Da es in der Moral um Normen geht, zu deren Sinn es gehört, daß gefordert wird, daß sie allgemein eingehalten werden, ist bei der Frage, wie man sein moralisches Verhalten verstehen soll, konstitutiv, daß über das, was in diesem Sinn gesollt ist, Übereinstimmung bestehen muß, während es bei der Frage, wie man leben sollte, vom Sinn der Frage her offen ist, wieweit sie allgemein oder nur individuell beantwortbar ist (und auch wenn sie allgemein beantwortbar sein sollte, hätte diese Allgemeinheit nicht den moralischen Sinn). Es widerspricht dem Sinn dieser Frage ebenso, wenn man sie an die Moral angleicht wie wenn man sie als von vornherein nur individuell verständlich ansieht. Historisch gesehen ist sie allerdings meist als moralische, als normative im Sinn des moralischen Müssens verstanden worden. Aus heutiger Sicht kann man diese moralische Kontamination der Frage nach dem richtigen Leben aus dem Interesse an Konformität erklären, aus der Verunsicherung, die sich ergeben kann, wenn andere sich anders verstehen. Wenn es moralisch feststeht, wie alle leben sollen, braucht keiner zu überlegen, wie er leben soll: das Man ist innerhalb der nicht verdrahteten Existenz eine erste und, insofern sie weiteres Fragen abschneidet, entlastende Antwort. Darin zeigt sich, inwiefern die Obertöne, in denen Heidegger diese Thematik durchführt, in Grenzen ihre Richtigkeit haben.

Aber was an Heideggers Darstellung der Thematik richtigzustellen ist, betrifft nicht nur die Vermischung der drei Bedeutungen von »eigen«. Die Klärung innerhalb der verschiedenen Handlungsbereiche hat ergeben, daß zur Eigenständigkeit immer eine Tiefendimension gehört. Eigenständigkeit besteht darin, eigenständig auf die Tiefendimension einzugehen. Entfällt die Tiefendimension, hat man nichts mehr, worauf man eigenständig eingehen könnte. So wie Heidegger das eigentliche Selbstsein darstellt, hat es allerdings schon deswegen keine Tiefendimension, weil er es nicht als Fragen und Überlegen sieht und daher auch von keinem Sollen die Rede ist. Für Aristoteles sind Wahl und Entschluß das Ergebnis des

Überlegens (Nik. Eth. III); bei Heidegger entfällt das Überlegen, das Ergebnis ist seine Rede von bloßer »Entschlossenheit« (SuZ, S. 297). Läßt sich dann aber überhaupt noch von einer eigentlichen Wahl sprechen, handelt es sich dann nicht um eine Willkürwahl?

Heidegger spricht emphatisch von einer Selbstwahl (SuZ, S. 188, 287), aber welche sinnvolle Möglichkeit haben wir, der Rede von einer Selbstwahl einen guten Sinn zu geben außer dem, daß eine Person sich als eigenständig verstehen will? Und sich als eigenständig wollen heißt, meine ich, eine Haltung einnehmen, in der man »den Dingen nicht ihren Lauf läßt«, das eigene Tun, Wollen, Meinen nicht passiv von den auf einen einwirkenden Faktoren bestimmen läßt, sondern selbst bestimmt. Soweit ließe sich das vielleicht noch mit Heideggers Ausführungen in Übereinstimmung bringen. Aber was heißt, daß man sein Handeln/Meinen selbst bestimmt? Ohne ein strukturelles Kriterium, wodurch sich Selbstbestimmung und passives Sichbestimmenlassen unterscheiden, bleibt die Hervorhebung des »Ich selbst« bzw. des »aktiven« eigenen Faktors nichtssagend. Eine Person, meine ich, bestimmt ihr Tun »selbst«, verhält sich als aktiver, bestimmender und insofern »verantwortlicher« Faktor, wenn sie auf der Grundlage von Überlegung handelt. Dabei gibt es auch den Grenzfall, daß einem die Gründe ausgehen und man ohne Gründe entscheidet, aber erstens ist das ein Grenzfall, zweitens erfolgt auch in diesem Fall die Entscheidung im Umkreis eines Überlegens (eben *wenn* einem die Gründe *ausgehen*). Weil nun bei Heidegger das Überlegen weggefallen ist, tritt an die Stelle dieser Struktur »das« Selbst in einem substantialisierten Sinn: das Selbst steht jetzt nicht für ein Wie, für Eigenständigkeit, sondern – gemäß der dritten der vorhin unterschiedenen Bedeutungen – für »das Dasein selbst« im Gegensatz zu »den anderen« und den Dingen. So verstanden verliert die Rede von Selbstwahl den vorhin angezeigten, einzig zulässigen Sinn – ein Sinn, der gewiß bei Heidegger mitschwingt, aber den er aufgrund des Ausblendens des Überlegens nicht festhalten kann. Die Rede von einer Selbstwahl konnte jetzt nur noch so verstanden werden, daß »sich« wählen heiße, sich von »der Welt« zurückziehen: »das« Selbst wäre dann, indem es nicht mehr als Wie verstanden wird, quasi ein Bereich (unterschieden von dem anderen Bereich »Welt«), »in« dem (oder durch den hindurch) das Dasein quasi seine »eigensten Möglichkeiten« fände, oder aber der Rekurs auf das Selbst ist nur wie eine leere Verbeugung zu verstehen (oder wie eine Schleife, die nur der Verzierung dient): so oder so hat das zur Folge, daß die realen »Möglichkeiten« (Handlungen, Seinsweisen), zu denen sich ein Mensch in dieser Weise »entschließen« würde, sich durch nichts unterscheiden von denjenigen, in denen er sich ohne diese formelle Prozedur passiv vorfinden würde, so daß zwischen Eigentlichkeit und Uneigentlichkeit gar keine Differenz bestünde.

Man könnte dieser Kritik zustimmen, aber gegen mich einwenden, daß es bei dieser grundsätzlichsten praktischen Frage, bei der es nicht darum geht, wie man sich in einem bestimmten Handlungsbereich verhalten soll, sondern, wie Platon sagte, »auf welche Weise zu leben ist«, keine Tiefendimension mehr gibt, in die hinein zu überlegen wäre, jedenfalls keine Tiefendimension, die über das hinausgeht, was ich als ersten Schritt der prudentiellen Frage bezeichnet habe. Man könnte also meinen, Heidegger habe die Bezugnahme auf Überlegen und auf ein »Wie sollte ich?« in dieser äußersten Dimension (der einzigen, die er berücksichtigte) mit Recht weggelassen, und zu kritisieren bliebe dann nur, daß er meinte, daß auch so der Rede von Selbstsein und Eigenständigkeit noch ein guter Sinn verbleibe.

Vielleicht ist es so. Dann hätte das Nichtverdrahtetsein zur Folge, daß wir Menschen zwar in den untergeordneten Handlungsbereichen eine Orientierung deswegen nicht schon haben, weil wir sie erst suchen müssen, bei der Frage hingegen, wie wir leben sollen, wäre die Orientierungslosigkeit ein letztes: wir befänden uns hier in einem Freiheitsspielraum, in dem es sinnlos wäre noch zu fragen: wie sollen wir ihn ausfüllen? Aufgeklärtsein bestünde dann in der Erkenntnis der Sinnlosigkeit dieser Frage. Man könnte dann um so besser verstehen, wieso in älteren Kulturen die Frage, wie man leben soll, in die Moral integriert und diese im ganzen religiös abgestützt war. Das Nichtverdrahtetsein, das in untergeordneten Bereichen den biologischen Sinn zu haben scheint, das Richtige erfragen zu müssen, würde also bei der Frage, wie im ganzen zu leben ist, zur Folge haben, daß hier die Frage entweder religiös beantwortet wird oder entfällt, in beiden Fällen entfiele auch die Idee einer möglichen Eigenständigkeit (außer im Religiösen insofern, als es verschieden interpretiert werden kann, und, in der Moderne, beim ersten Schritt der prudentiellen Frage).

Können wir also heute die Frage, wie man leben soll, gar nicht stellen, weil wir die Tiefendimension, in die hinein die Frage gestellt würde, nicht angeben können? Wenn man doch eine bestimmte Tiefendimension angibt, z.B. daß es um die Überlegung geht, welche Ziele mehr Befriedigung geben, kann entgegnet werden, daß das nur eine bestimmte Perspektive ist, der andere Perspektiven gegenüberstehen, z.B. daß nur ein Leben in Wahrhaftigkeit (Authentizität) richtig sei usw., und warum soll man »richtig leben« gerade so und nicht so verstehen? Ich meine aber, diese Vielfalt von möglichen Perspektiven verweist eher darauf – statt daß es keine Tiefendimension gibt –, daß es hier mehrere Tiefendimensionen gibt, offensichtlichere und weniger offensichtliche. Das hieße dann aber, daß es hier durchaus ein Überlegen gibt, nur daß dieses nicht nur in eine bestimmte Tiefendimension hineinfragt, sondern: welche Tiefendimension überhaupt relevant ist, wird selbst zum Gegenstand des Überlegens, wie sich das in anderer Weise schon bei der Kunst zeigte. Und daß die Frage sinnlos – nicht ist, aber sein könnte, macht die Irritation mit aus, die wir bei der Frage, wie zu leben ist, empfinden. Das wäre keine neue Einsicht. Schon Sokrates sagte, er wisse nur, daß er das, worauf es im Leben ankommt, nicht weiß. Daher Platons Widerstreben im »Staat«, etwas Bestimmtes darüber zu sagen, nicht nur was gut ist, sondern was mit »dem Guten« überhaupt gemeint ist. Gleichwohl war er überzeugt, daran festhalten zu sollen.

Zum Schluß möchte ich eine Frage aufnehmen, die schon in meiner Ausgangsfrage angeklungen war: wie verhält sich Heideggers Gedanke, man »soll« eigentlich sein (SuZ, S. 287), und, so kann ich jetzt statt dessen sagen, der Imperativ, die prudentielle Frage in ihren beiden Schritten zu stellen, zum moralischen Sollen? Einige Zusammenhänge habe ich schon im vorigen berührt. Was ich jetzt fragen möchte, ist nur: kann man von einem prudentiellen Gewissen sprechen, und wenn ja, wie verhält es sich zum moralischen Gewissen? Heidegger selbst beantwortet diese Frage so, daß er erklärt, *das* Gewissen sei gerade nicht moralisch zu verstehen, sondern als die Stimme, die das Dasein zu seiner eigentlichen Existenz aufruft. Wenn aber die Frage so verstanden werden dürfte, wie er annimmt: ob *das* Gewissen so oder so zu verstehen sei, müßte sie allemal zugunsten des moralischen Verständnisses entschieden werden. Denn wie Heidegger selbst zugibt, ist für das, was wir Gewissen nennen, der Bezug auf Schuld unbestreitbar, und sein Versuch, die Rede von Schuld so (wie er es nennt) zu »formalisieren«, daß nur nicht-normative »Nichtigkeits«-Bestimmungen übrigbleiben (SuZ, S. 283-285), erscheint mir indiskutabel. Schon innerhalb des moralischen Verständnisses von »Gewissen« ist es nicht sinnvoll, von *dem* Gewissen zu sprechen, sondern man wird innerhalb der Moral mindestens zwei Begriffe von Sich-Schuldig-Fühlen unterscheiden müssen: ein Gefühl von Strafangst bei einem autoritären Moralverständnis und das Gefühl, das man hat, wenn man moralische Normen verletzt hat, die man selbst bejaht. Auch das moralische Gewissen in diesem zweiten Sinn muß vielleicht nicht, aber kann sanktionsbezogen verstanden werden, als Angst vor der als berechtigt angesehenen denkbaren Empörung oder Verachtung von anderen, die als solche (als berechtigte) internalisiert werden kann. Dieser zweite Begriff eines moralischen Gewissens wird manchmal als autonomes Gewissen bezeichnet, aber in unserem Kontext wäre das verwirrend, weil ja jetzt die Frage ist, ob es auch ein rein prudentielles Gewissen gibt, also ein Gewissen, dessen einziger Maßstab die eigene Autonomie ist. Diese Frage, ob es auch ein »Gewissen« der Autonomie gibt, würde verunklärt, wenn wir vorneweg auch eine Form des moralischen Gewissens als autonomes Gewissen bezeichneten.

Die Frage kann also nicht sein, ob *das* Gewissen statt als moralisches als autonomes zu verstehen ist, sondern nur, ob es außer dem – sei es autoritären, sei es autonomen – Gewissen auch etwas gibt, das als Gewissen angesprochen werden kann, dessen einziger Gesichtspunkt die Autonomie ist. Es gibt immerhin eine Stelle, an der Heidegger in die Nähe dieser Frage kam, nämlich die, wo er dem »vulgären« Gewissensverständnis entgegenzukommen versucht und erklärt: »Die Frage bleibt nur, ob diese Ruferfahrung (die vulgäre) den Ruf sich völlig ›ausrufen‹ läßt« (SuZ, S. 293). Dieser Satz läßt an ein Pendel denken, das zwei Amplituden hätte, eine engere, die die moralische wäre, und eine weitere, die die autonome wäre; erst in der zweiten würde sich das Pendel voll ausschwingen (der Ruf sich »völlig ausrufen«).

Ich meine aber, in dieser weiteren Amplitude würde dem Gewissen etwas fehlen, das für unser normales Verständnis des Wortes »Gewissen« konstitutiv ist, eben das Bewußtsein von Schuld und damit die intersubjektiven Bezüge, die für moralische Normen konstitutiv sind. Hier kann der Unterschied zwischen »ich soll/muß« und »ich sollte« weiterhelfen, auf den ich früher hingewiesen habe. Wenn ich darunter leide, daß ich mich nicht so verhalten habe, wie ich meine, daß ich es unter dem Gesichtspunkt der Autonomie sollte, werde ich es *bereuen*, aber zusätzlich dazu zu sagen, ich fühle mich dann *schuldig*, hieße in den Bereich der prudentiellen Frage Assoziationen hineintragen, die in ihn nicht gehören. Die Frage, ob es dann gleichwohl noch berechtigt ist, von einer Gewissensinstanz auch beim Prudentiellen zu sprechen, ist fast nur noch eine Wortfrage: soll man eine Bedeutungsverschiebung im Wort »Gewissen« zulassen, in der an die Stelle des Sichschuldigfühlens das Bereuen (in einem nicht-intersubjektiven Sinn) tritt? Erich Fromm hat eine solche Erweiterung des Gewissensbegriffs vorgenommen und von autoritärem Gewissen einerseits und autonomem andererseits gesprochen, aber er konnte nicht verhindern, daß die Rede von Schuld sich auf den zweiten Begriff übertrug (Fromm 1949, IV, § 2). Diese Gefahr besteht immer, wenn Philosophen versuchen, einem Wort, das eine bestimmte normale Bedeutung hat, eine neue Bedeutung zu geben.

Man kann gleichwohl den Amplitudengedanken aufnehmen, auf den ich mich im vorletzten Absatz im Anschluß an einen Satz von Heidegger bezog. Das Pendel im ganzen wäre dann, im Sinn des prudentiellen Gewissens verstanden, bezogen auf Bereuen (im nicht-intersubjektiven Sinn), nicht auf Schuldbewußtsein. Das entspräche dem Umstand, daß man innerhalb eines autonomen Verständnisses prudentielle Gründe haben muß, sich als Mitglied einer moralischen Gemeinschaft zu verstehen (oben S. 150). Schuldbewußtsein würde damit auf den Sinn von Reue nicht reduziert, aber es wäre ein autonomer Akt, sich für Schuld zu öffnen, und eine Person würde dann moralische Schuld nur in dem Maße empfinden, in dem sie es auch für sich bereuen kann, die moralische Norm verletzt zu haben.

Literatur

Bennett, Jonathan (1964), *Rationality*, London.

Fromm, Erich (1949), *Man for Himself*, London (dt. *Psychoanalyse und Ethik*).

Heidegger, Martin (1927), *Sein und Zeit*, 15. Aufl., Tübingen 1979.

Hölldobler, Bert, Wilson, Edward O. (1995), *Ameisen*, Basel (Birkhäuser).

Scanlon, T. M. (1998), *What We Owe to Each Other*, Harvard Univ. Press.

Thomas, J. L. H. (1998), *En Quête du Sérieux*, Paris (Cerf).

Wright, Georg Henrik von (1963), *The Varieties of Goodness*, London.

9. Wie sollen wir Moral verstehen?

Mit Moral ist offenbar ein Grundfaktum des menschlichen Lebens angesprochen. Aber worin besteht es, wie ist es zu verstehen? Die Frage ist schon deswegen so schwierig, weil man auf mehreren Ebenen verschiedenen, scheinbar entgegengesetzten Sachverhalten gerecht werden muß. Erstens ist »Moral« nur ein Wort, und dieses Wort läßt sich verschieden verstehen, und doch soll es um *eine* Sache gehen. Wie können wir uns über sie verständigen, ohne dogmatisch die anderen Bedeutungen zu leugnen? Zweitens, auch wenn wir den einheitlichen Sachverhalt der Moral identifiziert haben, ist nicht zu leugnen, daß er verschieden aufgefaßt worden ist und wird. Wie können wir angesichts dieses Relativismus gleichwohl von *der* Moral sprechen? Drittens: einerseits scheint Moral etwas Vorgegebenes zu sein, andererseits müssen wir fragen können: wie sollen oder wollen wir Moral verstehen? Worauf aber können wir rekurrieren, wenn wir so fragen? Auch das Gesollte oder Gewollte scheint etwas Vorgegebenes zu sein.

Ich beginne mit der ersten der drei Schwierigkeiten: wie sollen wir das *Wort* verstehen? Hier ist es unvermeidlich, einen bestimmten Vorschlag zu machen. Nachträglich muß man dann sehen, wie er sich zu anderen Möglichkeiten, das Wort zu verstehen, verhält. Ich gehe aus von der Art, wie das Wort in der Völkerkunde verstanden wird: wenn Ethnologen die Gebräuche einer Gesellschaft (oder eines Volksstamms) untersuchen, bezeichnen sie als Moral das Gesamt derjenigen Regelmäßigkeiten im Verhalten, die auf sozialem Druck beruhen. Ich werde als jeweilige Moral das System der sozialen Normen verstehen, unter denen sich Individuen lebenslänglich sehen. Ich sage »lebenslänglich«, um ein solches Normengefüge von denjenigen Normensystemen zu unterscheiden, durch die soziale Spiele geregelt werden. Zur Teilnahme an einem Spiel kann man sich frei entscheiden; in einer Moral befindet man sich, ob man will oder nicht. Die Moral schränkt den Freiheitsspielraum derer ein, die sich als ihr unterworfen betrachten. Deswegen ist eine Moral im Unterschied zu einem Spiel legitimationsbedürftig. Ein solches Normensystem hängt nicht in der Luft, sondern diejenigen, die es akzeptieren, tun es, weil sie es für begründet halten. Die Regeln eines Spiels hingegen bedürfen keiner Begründung. Mit jeder so verstandenen Moral ist nun auch ein Begriff des guten Menschen verbunden. Ein Mensch ist gut im moralischen Sinn, wenn er sich so verhält, wie das normative System es gebietet, und d. h.: wie die Mitglieder der moralischen Gemeinschaft wechselseitig voneinander wollen (oder fordern), daß man ist.

Dieses Fordern drückt sich in Sollenssätzen aus, die sich von anderen Typen von Sollenssätzen unterscheiden. Um zu verstehen, wie ein Sollen jeweils gemeint ist, was der Sinn dieses Sollens ist, ist es sinnvoll zu fragen: was passiert, wenn der, der so und so handeln soll, nicht so handelt? Wenn jemand nicht so handelt, wie es wechselseitig voneinander gefordert ist, entsteht gemäß der vorhin erwähnten ethnologischen Definition sozialer Druck, und wenn man sich fragt, was das heißt, so kann man sagen, daß der Betreffende sich der Empörung der übrigen Mitglieder der moralischen Gemeinschaft aussetzt. Die Empörung ist eine tendenzielle Exkommunikation. Versteht sich der Betreffende nicht als Außenseiter, sondern selbst als Mitglied dieser moralischen Gemeinschaft (»akzeptiert« er diese Normen), dann heißt das, daß er seinerseits empört sein wird, wenn andere sich so verhalten, und das impliziert, daß er, wenn er sich selbst so verhalten hat, auch über sich empört ist bzw. die Empörung der anderen antizipiert, ein Schuldgefühl hat. Das Schuldgefühl ist die internalisierte Empörung. Dieses Sollen, das in wechselseitigen Forderungen besteht, wäre nicht verständlich, wenn es im Fall des Zuwiderhandelns nicht eine Sanktion gäbe, und diese Sanktion besteht eben in den Gefühlen der Empörung und Schuld.

Der Moralbegriff, von dem ich ausgehe, enthält also eine Reihe zusammenhängender Aspekte: eine Moral in diesem Sinn ist ein System wechselseitiger Forderungen, sich ausdrückend in Sollsätzen; dieses Sollen, die »Verpflichtung« ist abgestützt durch die Gefühle Empörung und Schuld, und zu jedem solchen System gehört ein Begriff des moralisch guten Menschen, und ein solches normatives System muß, da es den Individuen ihren Freiheitsspielraum einschränkt, von ihnen als für sie begründet angesehen werden, die Individuen fügen sich ihm nur, weil sie es für begründet halten.

Das also ist mein begrifflicher Vorschlag, wie wir erst einmal das *Wort* »Moral« verstehen können. So anzufangen ist natürlich nur sinnvoll, wenn andere Möglichkeiten, das Wort zu verstehen, nicht abgeblockt werden. Es muß hier genügen, wenn ich an zwei oder drei naheliegenden anderen Auffassungen zeige, daß sie keine Einwände darstellen. Ein erster Einwand wäre, daß dieser Ansatz zu soziologisch sei: er scheint Moral auf soziale Anpassung zu reduzieren, und das impliziert auch einen Relativismus. Ist dann nicht eine autonome Moral, eine moralische Eigenständigkeit ausgeschlossen? Einwände dieser Art übersehen jedoch den Aspekt der Begründung. Eine Person, die moralisch autonom ist, setzt sich nicht einfach von der gesellschaftlich vorgegebenen Moral ab, sondern sie glaubt, zeigen zu können, daß die vorgegebene Moral nicht gut begründet ist und wie sie, um gut begründet zu sein, geändert werden müßte. Ein Reformer der Moral, Jesus z. B., verwirft oder relativiert bestimmte Gegenstände, auf die sich Empörung und Schuldgefühl seiner Zeitgenossen beziehen, er verwirft aber nicht diese Gefühle als solche, er zeigt nur, daß sie sich auf andere Gegenstände beziehen sollten, daß sie dann besser begründet wären. Wollte er hingegen die soziale Einbettung der moralischen Normen als solche leugnen, dann hätte er es nur mit seinen eigenen Lebensmaximen zu tun.

Wäre das dann noch Moral? Moral stünde dann nicht mehr für ein System wechselseitiger Forderungen, und die Normen, wenn man die Maximen eines solchen Systems so nennen will, bräuchten und könnten dann auch nicht intersubjektiv begründet sein. Ich glaube, daß mein Verständnis des Wortes dem gewöhnlichen Verständnis besser entspricht, aber es ist nie sinnvoll, sich über den wahren Sinn eines Wortes zu streiten. Ich würde meinem Gegner hier vorschlagen, anstelle von Moral von eigenen Maximen zu reden, aber wenn er gerade das Moral nennen will, so kann er es natürlich tun. Ich werde dann Moral in meinem Sinn als eine Bedeutung von Moral bezeichnen (nennen wir sie m_1), seine als eine andere (nennen wir sie m_2), und man kann sich dann überlegen, wie die beiden Sachverhalte, für die m_1 und m_2 stehen, sich zueinander verhalten. Der Einwand mit der Autonomie erwies sich also zum Teil als Mißverständnis – mein intersubjektiver Begriff von Moral ist auch für das autonome Moralverständnis grundlegend –, und zum anderen Teil führt er auf einen anderen Begriff, und da man sehen kann, wie sich die beiden Begriffe zueinander verhalten, ergibt sich kein Streit in der Sache.

Betrachten wir zum besseren Verständnis meines Ausgangspunktes noch eine andere Zweideutigkeit des Wortes »Moral«! Viele verstehen unter Moral altruistisches Verhalten. Wenn z. B. in der Soziobiologie die Moral von Tieren untersucht wird, so ist im allgemeinen das altruistische Verhalten gemeint, auch wenn dieses Verhalten nicht Gegenstand von Normen, von wechselseitigen Forderungen ist. Auch Menschen können sich altruistisch unabhängig von Normen und Verpflichtungen, z. B. aus Mitleid, verhalten. Ist nicht der von mir angesetzte Begriff von Moral zu eng, wenn es auch altruistisches, also moralisches Verhalten gibt, das nicht normativ ist? Aber auch hier ist es hilfreicher, von m_1 und m_2 (oder jetzt von m_3) zu sprechen. Altruismus und normative Systeme wechselseitiger Forderungen sind zwei verschiedene Begriffe, die in einem Verhältnis partieller Überlappung stehen: eine Moral qua begründungsbedürftiges normatives System kann sehr verschiedene Inhalte haben, sehr verschiedene Verhaltensweisen fordern, nicht nur altruistische und nicht einmal nur solche, die sich überhaupt auf andere Personen beziehen, und umgekehrt gibt es altruistisches Verhalten, das nicht normativ motiviert und daher nicht begründungsbedürftig ist. Bei Menschen ist es am einfachsten, normativ gebotene und spontane Rücksicht – Rücksicht aus Mitleid oder Sympathie – zu unterscheiden. Die Wortverwendung ist wieder letztlich gleichgültig, aber ich meine, daß wir näher am gewöhnlichen Wortverständnis bleiben, wenn wir nur das als Moral bezeichnen, was einen Verpflichtungscharakter hat.

Ich hoffe, die Art, wie ich das Wort »Moral« verstehe, hat durch diese Erläuterungen etwas von ihrer scheinbaren Beliebigkeit verloren: man kann das Wort anders verstehen, aber so wie ich es verstehe, steht es für einen Sachverhalt, von dem ich meine, daß er uns tief berührt und zugleich aufklärungsbedürftig ist. Ich kann mich jetzt der zweiten der anfangs genannten Fragen zuwenden: wie ist es zu verstehen, daß es so viele Moralen in dem jetzt festgelegten Sinn gibt, wie es in der Menschheitsgeschichte moralische Gemeinschaften gab, und es gleichwohl sinnvoll ist, nach der *einen* Moral zu fragen? Die Antwort läßt sich jetzt in der Begründungsbedürftigkeit vermuten. Jede Moral ist irgendwie begründet, aber eine Begründung kann besser als eine andere sein, und so ist jetzt denkbar, daß alle Begründungen auf eine einzige konvergieren.

Es wird also dieser Begründungsaspekt sein, der weiterführt. Zunächst ist es wichtig, die Rede von der Begründung von sozialen Normen bzw. von einer Moral als einem Set von solchen Normen richtig zu verstehen. Es leuchtet schnell ein, daß Normen nicht an und für sich begründet werden können wie Aussagesätze. Um zu verstehen, was es heißen kann, eine Norm zu begründen, müssen wir berücksichtigen, daß eine Norm ein allgemeiner Imperativ ist und eine moralische Norm ein wechselseitiger allgemeiner Imperativ. Ein Imperativ erhebt keinen Wahrheitsanspruch, er ist daher nicht begründbar. Man kann ihn aber demjenigen gegenüber begründen, an den er ergeht, in dem Sinn, daß man ihm zeigt, daß er Grund hat, ihn zu befolgen, und wenn es ein wechselseitiger Imperativ ist, müssen die Individuen sich ihn wechselseitig in diesem Sinn begründen können, und wenn es nicht nur ein einzelner Imperativ ist, sondern eine stehende Norm, besteht die Begründung darin zu zeigen, daß jeder Grund hat, die Norm *einzugehen*, das heißt ihr – gegenüber den anderen und gegenüber sich selbst – in der Disposition zu den Gefühlen der Empörung und Schuld, bezogen auf den durch sie bestimmten Begriff des Guten, Nachdruck zu verleihen.

Wenn man sich in der Geschichte der Moral umsieht, wird deutlich, daß es im wesentlichen zwei Arten gibt, in der Moralsysteme begründet werden können: eine autoritäre und eine autonome oder wechselseitige, also im Bilde gesprochen eine vertikale und eine wechselseitig horizontale Begründung. In beiden Fällen besteht die Begründung darin, daß gezeigt wird, daß jedes Individuum Grund hat, das normative System einzugehen und zu befolgen, nur daß dieser Grund bei einer autoritären Moral darin besteht, daß die Individuen eine Autorität als für sich maßgebend ansehen, während im anderen Fall die Individuen von sich aus meinen, Grund zu haben, die Imperative des Systems als wechselseitig gültig anzusehen.

Bei Kleinkindern sind die Autorität die Eltern. Hat eine Moral im ganzen eine autoritäre Struktur, dann ist die Begründung meist religiös. In dem uns am nächsten liegenden Fall, im Christentum, sind die moralischen Normen Gebote Gottes. Man kann bei jeder Art moralischer Begründung als Beispiel daran denken, wie Eltern einem Kind auf die Frage antworten würden, warum es so handeln »soll«, und d.h. warum sie und andere empört sind, wenn es anders handelt. »Weil wir«, so würden sie innerhalb des Christentums antworten, »Kinder Gottes sind, das macht unsere Identität aus, und Gott hat diese Gebote erlassen.« Nun besteht die prinzipielle Schwäche der religiösen Begründung von Moral nicht nur darin, daß sie einen Glaubensakt voraussetzt, sondern daß das Kind die Eltern immer zurückfragen kann: ist das Moralsystem gut, weil

Gott es gebietet, oder gebietet Gott es, weil es gut ist? Wird geantwortet, daß das Gutsein dadurch definiert ist, daß Gott es gebietet, wird Gott als Tyrann angesehen, die Normen sind Zwangsgebote. Wird hingegen geantwortet, daß Gott nur das gebietet, was gut ist, dann heißt das, daß, was einen guten Menschen ausmacht, unabhängig von dem autoritären Gebot begründet werden muß. Die religiöse Auffassung verweist dann also von sich aus auf die autonome Begründung.

Der Ausblick auf die religiös-autoritäre Begründung kann aber verständlich machen, wieso es eine Vielzahl von Moralsystemen in der Geschichte gegeben hat, die sich nicht wechselseitig in Frage stellen müssen. Wenn das Bewußtsein des Begründetseins der Moral auf eine Autorität zurückgeht, ist alles, was die jeweilige göttliche Autorität gebietet, für diese moralische Gemeinschaft verpflichtend. Das macht dann ihren Begriff des guten Menschen aus, inhaltlich kann das alles mögliche sein, und so viele Religionen es gegeben hat, so viele Moralsysteme. Daß gleichwohl Gemeinsamkeiten bestehen, hängt daran, daß wohl alle religiösen Moralen einen nicht-autoritären Kern haben. Aber in ihrer Geltung ist hier jede Moral relativ auf die Autorität, und die so begründeten moralischen Systeme A, B, C usw. widersprechen sich nicht wechselseitig. Bei der autonomen Moral können wir das nicht mehr erwarten. Jetzt widersprechen sich die verschiedenen Begründungen, da sie nicht mehr darin bestehen, die Normen an verschiedene geglaubte Bezugspunkte aufzuhängen. Sobald man also Moral nichtautoritär begründet, wird man von *der* Moral sprechen, nicht einer Moral, und wird sie tendenziell universalistisch verstehen.

Darüber nun, wie die Moral autonom begründet oder auch nur verständlich zu machen ist, besteht heute keine Einigkeit. Häufig wird gesagt, die beiden wichtigsten modernen Traditionen der Moralphilosophie seien die utilitaristische und die kantische. Aber in keiner von ihnen ist die Begründung eine wechselseitige. Neben diesen Positionen wird man als ebenso wichtig diejenige des Kontraktualismus ansehen müssen. Im Kontraktualismus, wie man ihn gewöhnlich kennt, ist die Begründung der Moral eine, die jeder einzelne für sich vollziehen muß, sie ist nun wiederum keine gemeinsame und daher aus dem entgegengesetzten Grund auch keine wechselseitige. Kant gehört eigentlich auf die Seite des Kontraktualismus, als ein Versuch, dessen Schwachpunkte durch einen starken Vernunftbegriff zu überwinden.

Es wäre nicht sinnvoll, wenn ich versuchen würde, unabhängig von diesen bestehenden Begründungsversuchen einen eigenen zu versuchen. Da sie sich alle drei über lange Zeit haben halten können, ist anzunehmen, daß jeder von einem überzeugenden Gedanken ausgeht, und möglicherweise haben sie sich dann jeder in eine Einseitigkeit verrannt. Ich will versuchen, dem in aller Kürze nachzugehen, dabei sind gewiß Subjektivismen unvermeidlich, andererseits habe ich einen Vorteil, den keine dieser Positionen hatte, nämlich die Wortklärung im Rücken zu haben, von der ich ausgegangen bin.

Zunächst der Utilitarismus. Ihm zufolge handelt eine Person dann moralisch richtig, wenn sie mehr Wohl als Übel erzeugt, wenn sie also die Gesamtmenge des Guten auf der Welt erhöht. Im Utilitarismus wird dieses Prinzip nicht weiter begründet, sondern als evident in Anspruch genommen. Wer nicht in dieser Tradition steht, mag das nicht ohne weiteres verstehen. Es kann aber helfen, wenn wir von der formalen Bestimmung des Moralischen ausgehen, die sich bei der Worterklärung ergeben hat. Ihr zufolge ist das moralisch geboten, was wir wechselseitig voneinander fordern. Gibt es, so kann man fragen, überhaupt etwas, was wir allemal wechselseitig voneinander fordern? Allemal, so kann man im Sinn des Utilitarismus sagen, wollen wir voneinander wechselseitig, daß wir einander nicht schädigen sollen. Es ist eine Merkwürdigkeit des Utilitarismus, daß er zwischen Nichtschädigen und Wohltun (also Helfen) nicht unterscheidet. So kann man aber verstehen, daß sich tatsächlich das Gebot des Wohltuns intersubjektiv ergibt. Warum nun aber eine Maximierung des Wohls im ganzen?

Die Vorläufer des Utilitarismus, Hutcheson und Hume, haben das Prinzip noch nicht als evident in Anspruch genommen. Hume ist durchaus von einem ähnlichen formalen Ansatz ausgegangen, wie ich es eben getan habe. Er fragt zwar nicht, was wir wechselseitig voneinander fordern, sondern wann wir jemanden für gut halten. Das ist im Prinzip dasselbe: wir haben vorhin gesehen, daß zu einem System wechselseitiger Forderungen ein Begriff von guter Person gehört. Hume stellte nun die These auf: wenn wir von allen Restbeständen religiös begründeter Normen absehen, läßt sich empirisch feststellen, daß wir eine Person dann gut nennen, wenn sie für sich, für andere und für die Gesellschaft nützlich ist, und schlecht, wenn sie Schaden anrichtet. Und Hutcheson sagte außerdem: wenn wir vor der Alternative stehen, mehr oder weniger

Gutes oder Schlechtes zu tun, dann ist es geboten, diejenige Handlung zu wählen, die zu mehr Gutem bzw. weniger Schlechtem führt. Und daraus ergab sich dann das Maximierungsprinzip.

Aber, so wird man einwenden, ist das nicht nur ein Prinzip für Grenzfälle? Darauf läßt sich antworten: in der Individualethik ja, in der Politik nicht, und der Utilitarismus verstand sich immer primär als politische Moral. Worauf im Utilitarismus insistiert wird, ist, daß eine Person nie nur einer anderen Person, sondern einer Vielzahl gegenübersteht. Man kann aber erstens bezweifeln, ob eine Person ihre Verpflichtungen gegenüber einer anderen Person richtig wahrnehmen kann, wenn sie, was sie ihr schuldet, immer nur als einen Teil eines Gesamtwohls sieht. Vor allem aber zweitens: kommt es denn, sobald es um mehrere Personen geht, nur auf die Gesamtmenge an und nicht darauf, wie diese unter den Personen verteilt wird, also auf Gerechtigkeit? Wir nennen, sagte Hume, eine Person dann gut, wenn sie Gutes tut; aber wenn nun Hutcheson ergänzt: um so mehr, wenn sie mehr Gutes tut, werden wir dem nicht zustimmen, wenn das Gute nicht gerecht verteilt wird. Es hätte also durchaus nahegelegen, schon bei der ursprünglichen Formulierung des utilitaristischen Prinzips nicht auf bloße Maximierung, sondern Gerechtigkeit abzuheben, und daß das nicht geschehen ist, wird man nur ideologisch aus den Vorurteilen der Zeit erklären können.

Der Utilitarismus hat also eine Reihe von Schwächen: daß er Gutes-Tun und Schlechtes-Nichttun auf eine Skala stellt, daß er den interpersonellen Verpflichtungen nicht gerecht wird und daß er die Gerechtigkeit nicht berücksichtigt; diese Schwächen werden in der utilitarismuskritischen zeitgenössischen Literatur meist nur an intuitiven Vorstellungen gemessen; man kann sich aber diese Einwände durchaus mehr systematisch aus der Ausgangsfrage von Hume verdeutlichen, der zufolge das Kriterium ist, wann wir eine Person für gut halten. Diese Frage ist nun aber ihrerseits nicht präzise genug gestellt. Es gibt weder ein so einheitliches »wir«, von dem man ausgehen kann, noch ein ebenso einheitliches »uns«, auf das sich das Gutes-Tun bezieht. Der Gegenstand unserer moralischen Verpflichtungen ist, wie schon Humes Schüler Adam Smith moniert hat, nicht eine amorphe Gesellschaft, sondern die Individuen, und das Subjekt der Beurteilung ist ebenfalls nicht ein amorphes Wir, sondern wiederum die Individuen, die sich freilich einigen müssen. Wie eine Person sich verhalten soll, die wir für gut halten, das muß als Ergebnis der Frage verstanden werden, was wir voneinander wechselseitig fordern.

Auf diese Weise gewinnen wir auch den Anschluß an die formale Explikation von Moral, die ich am Anfang gab. Und es ist freilich wichtig zu sehen, daß es jetzt nicht naheliegt, wie Hume einfach zu fragen, wann halten wir de facto eine Person für gut bzw. was fordern wir de facto wechselseitig voneinander, sondern was wollen wir voneinander fordern, denn es ist, nach Fortfall der autoritären Moral, offen (es ist ein Gegenstand der intersubjektiven Überlegung), ob wir überhaupt noch Forderungen aneinander stellen wollen und welche. Diese Differenz zwischen faktischer Moral und gewollter Moral betraf die dritte Frage, die ich anfangs stellte, aber ich werde auf diesen Aspekt erst am Ende eingehen.

Jedenfalls hat uns die Kritik am Utilitarismus dazu geführt, die Frage einer autonomen Moral so stellen zu müssen: gibt es noch etwas, was wir, nach dem Fortfall der autoritären Normen, wechselseitig voneinander fordern? Wenn wir die Frage so stellen, ist klar, daß sie von Individuen gestellt wird. Wir könnten sie so schreiben: für alle x und alle y, was fordert x von y? Diese Formulierung bringt uns zum Ansatz des Kontraktualismus, aber zugleich in unmittelbare Nähe von Kants kategorischem Imperativ. Es ist nicht so schlimm, daß Kant die Frage in Ich-Form stellte (von welcher Maxime will ich, daß sie von allen befolgt wird?), man sollte ihm *daraus* nicht einen Strick drehen wollen, sondern ihm konzedieren, daß »ich« nicht für diesen einzelnen steht, sondern für irgendeinen, aber die Formulierung, die er aufstellte – jede Maxime sei unmoralisch, von der ich nicht wollen kann, daß sie allgemein befolgt wird –, ist unzureichend, sie enthält nur eine notwendige, keine hinreichende Bedingung für Moralität; es gibt Maximen, von denen man nicht wollen kann, daß sie allgemein befolgt würden und die doch keineswegs moralisch sind. Was fehlt hier? Was muß zu der bloß notwendigen Bedingung hinzukommen? Man muß sich in die Situation des einzelnen versetzen und fragen, welches sind denn diejenigen Maximen, von denen er nicht wollen kann, daß die anderen sie befolgen? Das aber erfordert einen unvermeidlichen Schritt in die Empirie. Kant wollte den kategorischen Imperativ aus der bloßen Idee praktischer Vernunft ableiten. Ich meine, es ist leicht zu sehen, daß die Ableitung, die er vorgelegt hat, nicht stimmt (obwohl das immer noch von Kantianern geleugnet wird), aber selbst wenn sie stimmen würde, ist das Ergebnis unzureichend, und das ist unvermeidlich, weil schon die Idee einer Ableitung aus der Vernunft falsch war, da man sich empirisch fragen muß: was wollen denn die Menschen wirklich voneinander? Und das eben war die Frage, die Kant vermeiden wollte. Man kann nun freilich gerade in Anlehnung an Kants eigene zweite Formulierung seines kategorischen Imperativs antworten: die Menschen wollen, empirisch gesehen, niemals bloß als Mittel, sondern immer zugleich als Zweck behandelt werden, und es scheint dieser Umstand zu sein, aus dem sich dann die Norm ergibt, dies wechselseitig voneinander zu fordern, und nicht, wie Kant meinte, eine reine Vernunft.

Daß die Individuen auf diese Weise durch wechselseitige Forderungen der Ursprung der moralischen Normen sind, ist der Ansatz des Kontraktualismus. Die Reflexion auf den recht verstandenen Ausgangspunkt des Utilitarismus führt uns also zum Kontraktualismus. Wir werden aber gleich sehen, daß der Kontraktualismus seinerseits einer Korrektur durch den Utilitarismus bedarf. Von Kant aber kann man sagen, daß sein Ansatz eigentlich schon der kontraktualistische war und daß sein mißglückter Versuch, die Moral auf die Vernunft aufbauen zu wollen, aus seiner Einsicht in die Schwächen des gewöhnlichen Kontraktualismus zu erklären ist. In Wirklichkeit ist aber der Ansatz des Kontraktualismus der einzig natürliche für eine autonome Moral: Da eine Moral in einem System wechselseitiger Forderungen besteht, ist eine autonom begründete Moral überhaupt nur so denkbar, daß sich die Individuen fragen, welche wechselseitigen Forderungen sie sich gegenseitig begründen können. Zur Begründung kann nicht irgendeine Instanz außerhalb des Wollens der Individuen herangezogen werden, weder eine Autorität noch eine angeblich reine Vernunft, noch sonst ein Rekurs wie z. B. der auf eine wie immer bestimmte Natur des Menschen oder auf die Gene. Und Autonomie kann hier natürlich nicht wie bei Kant Autonomie des einzelnen heißen, sondern nur wechselseitige Autonomie, d. h. daß jeder dem Willen aller anderen ein so großes Gewicht gibt wie seinem eigenen.

Man kann sich diesen kontraktualistischen Ansatz wieder an Hand der Frage verdeutlichen, die ein Kind an seine Eltern stellen könnte. Nachdem sich im Gespräch des Kindes mit den Eltern die autoritären Normen als unbegründet herausgestellt haben, können die Eltern nur noch auf den Willen des Kindes rekurrieren. Sie können ihm sagen: Soll es nun also, wenn es nach dir ginge, gar keine wechselseitigen Forderungen mehr geben, oder möchtest du auch von dir aus, daß bestimmte Normen gelten? Dasselbe möchten aber auch alle anderen, und du kannst nicht von den anderen erwarten, daß sie sich deinen Forderungen unterwerfen, wenn du dich ihnen nicht auch selbst unterwirfst. Wir müssen daher, wenn wir wollen, daß die selbstgewollten Normen gelten, eine moralische Gemeinschaft bilden, die darin besteht, daß wir dieses Set von Normen mittels unserer Disposition zu Empörung und Schuld und einem durch sie bestimmten Begriff der guten Person aufrechterhalten. »Es ist«, könnten die Eltern hinzufügen, »schwer vorstellbar, daß es je eine menschliche Gemeinschaft ohne diese Normen gegeben hat, und du kannst es dir also so denken, daß diese autonome Moral immer auch schon einen Kernbestand innerhalb der historischen autoritären Moralen bildete.«

Der Kontraktualismus hat also einen einleuchtenden Ausgangspunkt. Aber es gibt Einwände.

Ein erster Einwand richtet sich gegen den im Kontraktualismus vorausgesetzten Individualismus. Alle Menschen sind von erster Kindheit an sozialisiert, sie stehen von vornherein in normativen Verhältnissen, und daher, so wird eingewandt, sei der im Kontraktualismus angenommene Naturzustand vereinzelnter Individuen eine Fiktion. Aber daß wir uns immer schon vergesellschaftet und in normativen Verhältnissen vorfinden, wird im recht verstandenen Kontraktualismus gar nicht geleugnet, sondern vorausgesetzt. Seine Frage ist vielmehr: Sind diese Verhältnisse rechtens? Und d. h.: Sind sie den Individuen selbst gegenüber begründbar? Es ist nur die Frage nach der autonomen Begründung, die den Naturzustand bloßer Individuen als Folie erzwingt. Er bildet den Hintergrund für die normative Idee, unter welchen Bedingungen die faktisch vorhandenen normativen Verhältnisse als selbstgewollte verstanden werden können. Alle normativen Gebilde, die einen Eigenwert beanspruchen und sich nicht auf den Wert reduzieren lassen, den sie für die Individuen haben, sind zu verwerfen.

Ein zweiter Einwand besagt, der Kontraktualismus reduziere alles Moralische auf Egoismus. Es gebe auch spontanen, auf Sympathie beruhenden Altruismus. Der sich recht verstehende Kontraktualist bestreitet das nicht. Es gibt einen nichtnormativen Altruismus gegenüber Personen, mit denen wir uns gefühlsmäßig identifizieren, seien es Nahestehende oder auch alle Menschen oder sogar alle fühlenden Wesen, aber dieser Altruismus ist kein moralischer, wenn wir Moral als System von Normen, von wechselseitigen Forderungen verstehen. Man kann denjenigen Altruismus, der moralisch geboten ist, nicht als Erweiterung der Sympathie verstehen. Daß ein normativ gebotener Altruismus, dann, wenn er autonom verstanden werden soll, egoistisch fundiert sein muß, schließt nicht aus, daß es auch spontanen Altruismus gibt. Dem recht verstandenen kontraktualistischen Ansatz zufolge kann ein autonom zu verstehendes normatives System nur egoistisch überhaupt in Gang kommen, aber das schließt den spontanen Altruismus nicht nur nicht aus, sondern muß dazu führen, daß dieser durch soziale Hochschätzung in die Moral miteinbezogen wird.

An diesen zweiten Einwand schließt sich leicht ein dritter. Auch wer zugibt, daß man den moralischen Altruismus vom sympathetischen unterscheiden muß, kann zweifeln, ob nicht die egoistische Basis es dem Kontraktualismus unmöglich macht, die Ausbildung eines Gewissens verständlich zu machen. Als Gewissen bezeichnet man diejenige innere Instanz, die einen davon abhält, so zu handeln, wie man es für moralisch verboten ansieht. Wie kann, so läßt sich fragen, bei einem Konzept, das die Moral auf vormoralische Motive aufbaut, diese Instanz verständlich werden? Das war gewiß einer der Gründe, warum Kant, obwohl er dem Kontraktualismus so nahestand, meinte, daß er nur unter Rückgriff auf eine absolute Instanz, die er reine Vernunft nannte, moralisches Verhalten verständlich machen könne, und so leer in Wirklichkeit diese Idee reiner Vernunft war, so kann die Erinnerung an Kant uns davor bewahren, uns mit einem zu oberflächlichen Verständnis des moralischen Kontraktes zufriedenzugeben. Man muß nun aber sehen, daß das, worauf sich die Individuen in der Bildung einer autonomen moralischen Gemeinschaft einigen, nicht nur das Einhalten von Handlungsregeln ist, sondern daß das, was sie eingehen, ein Forderungssystem ist, und die Forderungen lassen sich nur als affektiv abgestützt denken und im Zusammenhang mit einem Konzept der guten Person. Man wird das Vermögen zur Ausbildung der moralischen Gefühle – Empörung und Schuld – als biologisch vorgegeben ansehen müssen, sonst könnten sich Systeme sozialer Normen überhaupt nicht ergeben. Was dann durch das jeweilige Konzept des guten Menschen, sei es in autoritären Moralen, sei es in der autonomen, hinzukommt, ist, daß die Disposition zur gemeinsamen Empörung, wenn anders gehandelt wird, auf dieses bestimmte normative Set bezogen wird. Wir verlangen voneinander nicht nur, so zu handeln, sondern sich an der gemeinsamen Empörung zu beteiligen, wenn nicht so gehandelt wird. Und reagiert jemand affektiv, wenn andere schlecht handeln, wird er kaum umhinkönnen, die entsprechende affektive Reaktion zu haben, wenn er selbst schlecht handelt. Wer zu der moralischen Gemeinschaft gehören will, muß wenigstens vorgeben, diese Gefühle zu haben. Natürlich können wir letztlich nicht wissen, ob jemand die Gefühle nur vorgibt, aber diese Möglichkeit, Trittbrettfahrer zu sein, muß ja in der Tat offengelassen werden, sie ist nichts Eigentümliches der autonomen Moral, sondern gehört auch zu jeder autoritären Moral.

Aber es kommt noch etwas hinzu, was ebenfalls nicht nur für die autonome, sondern für jede moralische Gemeinschaft zutrifft. Wer sich dem normativen System gemäß verhält, wird von den anderen für gut gehalten, er wird gelobt, und daran liegt es, daß das normative System – und so auch das autonome – selbst eine Motivation *generiert*, die vorher nicht da war, eine spezifisch moralische Motivation, die Motivation, moralisch geschätzt werden zu wollen und nicht verachtet zu werden. Geschätzt und verachtet zu werden sind Verhältnisse, die sich ebenso internalisieren lassen wie die Empörung. Wer sich als Mitglied einer moralischen Gemeinschaft versteht, möchte nicht nur nicht *verachtet* werden, er möchte auch nicht so handeln, daß er sich selbst *verächtlich* (verachtenswert) findet. Gewiß ist das so weit nur erst das zwar internalisierte, aber an den vorgegebenen Normen orientierte Gewissen. Aber es ist von hier nur ein weiterer Schritt zum autonomen Gewissen, dem zufolge das Individuum sich nur dann als verächtlich ansieht, wenn es diejenigen Normen verletzt, die es selbst für begründet hält. Aber so etwas wie Gewissen außerhalb dieser intersubjektiven Bezüge vom Empörung, Tadel und Geringschätzung ansetzen zu wollen erscheint mir ganz unverständlich.

Ein Einwand wäre hier noch, daß, was ich die moralische Motivation genannt habe, zwar nicht von den vormoralischen egoistischen Motiven her bestimmt ist, aber eine Art höheren Egoismus darstellt. Das moralische Handeln ist dann so motiviert, daß man selbst gut oder nicht schlecht sein möchte. Demgegenüber meinen manche, daß wer eigentlich moralisch handelt, einfach deswegen so handelt, weil er es für moralisch hält. Aber wäre das verständlich? Ich halte das für ein Residuum einer Tradition, in der man eine irreal übertriebene Vorstellung von Selbstlosigkeit hochhielt, so im

Christentum und auch bei Kant. Dabei mag die Idee derjenigen Selbstlosigkeit mitspielen, die im spontanen Altruismus gegeben ist. Aber dies ist eine Selbstlosigkeit, die sich auf andere Personen bezieht, nicht auf die Moral. Wenn jemand für eine andere Person in den Tod geht, kann er das in spontanem Altruismus um der Person willen tun oder weil er meint, daß er es soll. Beides kann sich natürlich vermischen. Aber insoweit er es tut, weil er meint, daß er es soll, ist diese Aussage doch nur eine Abkürzung dafür, daß er meint, sich sonst verachten zu müssen.

Ich komme nun zu einer weiteren Schwierigkeit, die der Kontraktualismus bietet. Es handelt sich nicht mehr nur um einen Einwand von außen, sondern um eine Schwierigkeit innerhalb dieser Position selbst. Sie betrifft die Frage, wie wir uns den sogenannten moralischen Kontrakt, die moralische Vereinbarung vorzustellen haben. Haben wir sie uns nach dem Modell eines gewöhnlichen Vertrages vorzustellen?

Einige Kontraste fallen sofort ins Auge. Erstens: ein gewöhnlicher Vertrag ist ein einmaliger Akt, die moralische Vereinbarung ist etwas dauerhaft in unserem intersubjektiven Leben Implizites; verletzen wir die moralischen Normen, ist das, was uns vorgehalten wird, nicht, daß wir eine Vereinbarung eingegangen seien.

Zweitens, ein gewöhnlicher Vertrag hat die Struktur eines wechselseitigen Versprechens, wobei offenbleibt, was es macht, daß die Beteiligten ihr Versprechen halten. Das gemeinsame Eingehen der Moral ist eher wie das Eingehen eines Versprechens zweiter Ordnung: Wir verständigen uns dahingehend, angesichts dieser Normen, wenn sie verletzt werden, die moralischen Gefühle zu haben.

Drittens, ein gewöhnlicher Vertrag wird ausgehandelt, die moralische Vereinbarung nicht. Es ist dieser Punkt, der uns zu der wesentlichen Differenz bringt, die zwischen der moralischen Vereinbarung und einem gewöhnlichen Kontrakt besteht. Der Grund, warum ein gewöhnlicher Vertrag ausgehandelt werden muß, ist, daß er zustande kommt, wenn das, was jeder dem anderen bietet, für diesen ausreicht, um der Vereinbarung zuzustimmen: d. h. wenn A findet, daß, was B ihm bietet, *für ihn* gut genug ist und umgekehrt. Die Wertsätze, die bei einem gewöhnlichen Vertrag eine Rolle spielen, haben immer die Form »gut für x« (für A, für B usw.). In der moralischen Vereinbarung einigt man sich hingegen auf etwas, was nicht nur *gut für* den einen und gut für den anderen ist, sondern was allen als *gut* gelten können soll, was sie gemeinsam *billigen*.

Wir stoßen hier auf dasjenige Phänomen, das der Ausgangspunkt des Utilitarismus war: das gemeinsame Billigen. Im Utilitarismus wurde jedoch nicht berücksichtigt, daß das Billigen kontraktuell zu verstehen ist, so daß man eigentlich fragen muß: was werden wir gemeinsam billigen, wenn alle einzeln zustimmen können sollen? Umgekehrt ist beim Kontraktualismus die Gefahr, daß die moralische Vereinbarung so konstruiert wird, daß ob des einzelnen Zustimmens das gemeinsame Billigen übersehen wird. Ob man von der einen oder von der anderen Seite herkommt, beide Faktoren müssen zusammengesehen werden, erstens daß es eine einheitliche moralische Gemeinschaft mit einem einheitlichen Begriff der guten Person ist (das liegt im formalen Begriff von Moral überhaupt), und zweitens (das Erfordernis, daß die Moral autonom begründet wird), daß es für jeden gut ist.

Wie können diese beiden Faktoren verbunden werden? Nur so, daß wir sagen: *gut ist, was für alle gleichermaßen gut ist*; nur dann können alle in gemeinsamer Autonomie dem einheitlichen Begriff des Guten zustimmen, nur dann läßt dieser sich als einheitlicher wechselseitig begründen. In einem gewöhnlichen Kontrakt fehlt dieser Aspekt, daß etwas Einheitliches wechselseitig begründet werden muß. Hier kommt eine Einigung zustande, ohne daß sich die Parteien auf etwas einigen müßten oder auch nur könnten, was sie *gemeinsam billigen*. Es gab Moralen – die autoritären –, die nur einen Begriff des Guten hatten, und es gibt umgekehrt heute Versuche – insbesondere den von David Gauthier in seinem Buch *Morals by Agreement* –, eine Moral wie einen gewöhnlichen Kontrakt zu verstehen, der sich also auf »gut für A«, »gut für B« usw. reduzieren ließe, aber die autonome Moral muß beide Begriffe enthalten – »gut« und »gut für« –, und es scheint mir klar, daß die Art, wie beide Begriffe aufeinander bezogen sein müssen, nur in der Formel »gut soll sein, was gleichermaßen gut für A, B usw. ist«, also »gleichermaßen gut für alle« enthalten sein kann, denn genau dann können sich alle das moralische System – also was als gut bezeichnet werden soll – wechselseitig begründen, und es ist das, was in der Idee einer gemeinsam autonomen Begründung gefordert war. In dieser Formel ist das Gute auf das, was gut für x ist, bezogen und darauf gleichwohl nicht reduzierbar, wegen des »gleichermaßen«.

Von hier aus kann man nun sehen, wie die drei modernen Ansätze – Utilitarismus, Kontraktualismus und Kantianismus – in ihrem Verhältnis zueinander zu beurteilen sind. Im Utilitarismus ist das, was als gut angesetzt wird, zwar als solches für ein Wir begründet, aber nicht so, daß es für alle gleichermaßen begründet ist. In demjenigen Kontraktualismus hingegen, der die Moral an einen gewöhnlichen Kontrakt anzugleichen versucht, kommt kein einheitlicher Begriff des Guten zustande, es gibt keine einheitliche Begründung eines normativen Systems, sondern das soll gelten, was so gut für A und für B usw. ist, daß sie den Kontrakt eingehen. Kant wiederum hat diese und weitere Defizienzen des Kontraktualismus zum Anlaß genommen, an die Stelle einer kontraktualistischen Begründung eine Begründung durch eine angeblich reine Vernunft zu setzen, aber was dem vulgären Kontraktualismus fehlt, läßt sich durch keine wie auch immer bestimmte Idee von Vernunft zurechtrücken, sondern betrifft die Struktur der Vereinbarung selbst, daß sie nämlich, wenn sie überhaupt als autonome Vereinbarung gedacht werden soll, eine moralische Gemeinschaft zu bilden, auf der Idee einer wechselseitigen Begründung aufgebaut sein muß, und wenn man diese Struktur nun ihrerseits noch als vernünftig in einem besonderen Sinn bezeichnen wollte, wäre das nur ein zusätzliches Wort, das die gemeinte Struktur mehr verdeckt als bezeichnet.

Nun stehen wir mit dem Begriff des Guten als dem, was für alle gleichermaßen gut ist, auch schon beim Begriff des Gerechten. Ganz allgemein steht das Wort »gerecht« – auch bei autoritären Moralen – für dasjenige Begründetsein von Normen und dann auch der entsprechenden Handlungen, das speziell das Ausgewogensein zwischen den Individuen betrifft. Bei einer autoritären Moral wird, was als ausgewogen zu gelten hat, von der Autorität bestimmt und kann daher inhaltlich beliebig sein. Wird die Moral hingegen wechselseitig autonom begründet, so kann der Maßstab der Ausgewogenheit erst einmal nur die Gleichheit sein, weil gemäß dem Prinzip der gemeinsamen Autonomie bei der Begründung jeder gleichviel zählt. Der Gerechtigkeitsbegriff der autonomen Moral ist also egalitär; das folgt zwingend aus der gemeinsamen Autonomie, was nicht heißt, daß dann nicht auch ungleiche Normen – sogenannte Proportionalitäten – als gerecht begründet werden können, aber, demselben Prinzip folgend, nur, wenn durch sie Ungleichheiten in den Umständen ausgeglichen werden, und ob es so ist, kann wiederum nur im Rekurs auf das, was allen gleichermaßen begründbar ist, entschieden werden. Das Prinzip des Egalitarismus besagt nicht, daß gleich verteilt werden muß (wieweit es auf materielle Verteilung bezogen werden kann, ist eine offene Frage), sondern daß in der Moral alle gleichgewichtig berücksichtigt werden müssen.

In demjenigen Kontraktualismus hingegen, der den moralischen Kontrakt nach dem Modell eines gewöhnlichen Vertrages versteht, kann sich der Begriff der Gerechtigkeit gar nicht ergeben, weil es hier keinen für die Kontrahenten gemeinsamen Maßstab gibt. Es gibt zwar auch Verträge im gewöhnlichen Sinn, die nicht nur faktisch eingegangen, sondern auch gebilligt, für gut und gerecht bewertet werden, aber das ist dann eine moralische Beurteilung, die dem Vertrag als solchem äußerlich ist. Gauthier meint zwar, in seinem System einen Gerechtigkeitsbegriff verwenden zu dürfen, aber ich halte das für eine Inkonsequenz.

Es ist kein Zufall, daß der Gerechtigkeitsbegriff sowohl im Utilitarismus wie im vulgären Kontraktualismus fehlt: Der auf die wechselseitige Autonomie aufbauende Kontraktualismus ist das einzige moralische Konzept, das den Ausblick auf Gerechtigkeit überhaupt verständlich macht. Nur wenn es zum Sinn der Begründung von Moral gehört, den Individuen gegenüber begründet zu sein, läßt sich die Frage aufwerfen »warum sie und nicht wir?«. Diese Frage besagt eben: »Warum ist es gerecht?«, und es ist eine falsche Meinung, daß die Antwort nur konventionell ausfallen könne, denn es gibt eine und nur eine Antwort, auf die hin die Frage nicht erneut aufgeworfen werden kann, nämlich wenn alle gleich berücksichtigt werden, denn wer die Frage auch dann wiederholen wollte, müßte einen Grund angeben, warum er stärker berücksichtigt werden müsse, und wie soll das den anderen gegenüber begründet werden können?

Dieses Ergebnis, daß die Moral in ihren Grundlagen egalitär ist, entspricht unserem gewöhnlichen Verständnis von Moral, und die Vorstellung, daß der kontraktualistische Ansatz diesem Verständnis widersprechen würde, war nur die Folge aus einem zu wörtlichen Verständnis des Wortes »Kontraktualismus«, als ob jede Vereinbarung die Struktur eines gewöhnlichen Vertrages haben müßte. Die Idee eines autonomen Eingehens der Moral impliziert aber, daß es eine gemeinsame Begründung geben muß, bei der allen ein gleiches Gewicht zukommt. Gauthier meint demgegenüber, eine aufgeklärte Moral könne nur eine rationale sein, und es wäre nicht rational für ein Individuum, eine Vereinbarung einzugehen, die für es nicht maximal rational ist, es sei also irrational, Konzessionen an die Schwachen zu machen, und Behinderte können in den moralischen Kontrakt gar nicht aufgenommen werden. Ist jedoch die Vereinbarung eine solche, die allen gegenüber gleichermaßen begründbar sein soll, dann ist es die Struktur des Gegenstandes der Vereinbarung, die den Egalitarismus erzwingt. Für jedes Individuum muß es allerdings rational sein, die moralische Vereinbarung einzugehen, es muß für es besser sein, als sie nicht einzugehen (hält es sich für allmächtig, wird es sie nicht eingehen), aber geht es sie ein, muß es sich der zum Mechanismus dieser Vereinbarung gehörenden Symmetrie beugen. Die Kantianer meinen hier, eine reine Vernunft als Korrektiv einführen zu müssen, weil sie entweder nicht sehen, daß die Wechselseitigkeit von vornherein zur Struktur der Moral gehört – als Wechselseitigkeit der Forderungen – und diese dann, sobald die Begründung autonom verstanden wird, die Symmetrie impliziert, oder weil sie diese Symmetrie einfach als vernünftig etikettieren, aber die Symmetrie in der Begründung ist nicht adäquat verstanden, wenn man sie durch ein anderes wertbesetztes Wort ersetzt.

Ist nun die sich so ergebende Moral auch universal, erstreckt sich der Egalitarismus auf alle? Was hindert, so könnte man fragen, eine einzelne Gruppe daran, die moralische Vereinbarung auf sich zu beschränken und andere auszuschließen? Ebenso wie in einer Oligarchie die Normen gegenüber den Benachteiligten nicht begründet werden können, kann eine Gruppe den Außenseitern gegenüber nicht begründen, warum sie sie ausschließt. – Nun könnte aber jemand sagen: »Und wenn schon; dann ist es eben ihnen gegenüber nicht begründbar.« Dieselbe Einstellung ließe sich dann aber auch gegenüber den Benachteiligten innerhalb der Gruppe einnehmen, und so könnte man immer weitergehen, bis man bei dem Konzept anlangt, das wie bei Gauthier einem gewöhnlichen Vertrag entspricht. Ein solcher Rückzug hätte pragmatische Grenzen, aber teilweise ist er pragmatisch gesehen möglich.

Man muß dann freilich in Kauf nehmen, daß die Ausgeschlossenen bzw. Benachteiligten durch Zwangsregeln in ihren Grenzen gehalten werden. Sie können das normative System, da es ihnen gegenüber nicht begründbar ist, nicht bejahen. Sie werden sich ihm gegebenenfalls fügen, so wie man auch einen gewöhnlichen Vertrag aus Not eingehen kann, auch wenn man ihn nicht billigt. Das normative System ist dann ungerecht.

Die Frage ist jetzt, was das bedeutet. Sollen wir sagen, der Begriff der Moral läßt das nicht zu, man verhalte sich, wenn man ein ungerechtes Konzept habe, eben unmoralisch? Doch hier müssen wir uns daran erinnern, daß »Moral« nur ein Wort ist. Warum soll man es nicht auch so definieren können, daß es normative Systeme einschließt, bei denen die Wechselseitigkeit der Begründung nur partiell verstanden wird und die Normen für einen Teil der Mitglieder der Gemeinschaft nicht oder nur partiell begründet sind und für sie daher den Charakter von Zwangsnormen haben? Was ist es also, was uns daran hindert, eine solche »Moral« in Anführungszeichen einzugehen, die für einige vom eigenen Interesse her gesehen sogar rationaler sein kann als die wechelseitig autonome?

Hier könnte es nun naheliegen, wie das in der heutigen angelsächsischen Ethik weitgehend üblich ist, sich einfach auf unser faktisches moralisches Bewußtsein zu berufen. Dieses ist heute tendenziell egalitär und universalistisch. Es gibt daher Autoren, die ein Konzept wie das von Gauthier deswegen für unangemessen halten, weil es nicht dem entspricht, was man heute für Moral hält. Aber inwiefern soll das faktische moralische Bewußtsein eine Berufungsinstanz sein können? Es ist lediglich das moralische Bewußtsein einer bestimmten historischen Epoche, das allerdings mehr oder weniger gut begründet ist und deswegen mit der Idee der autonomen Moral mehr oder weniger übereinstimmt. Aber es ist historisch geworden und kann nicht selbst als Maßstab dienen. Niemand wird heute noch so naiv sein dürfen zu meinen, daß *die* Moral etwas ist, was zum Menschen als solchem wesentlich gehört.

Unser faktisches Moralbewußtsein ist also keine Instanz. Ich komme damit endlich zu der dritten der eingangs genannten drei Fragen, die Differenz betreffend zwischen der Moral, wie sie vorgegeben ist, und der, wie wir sie verstehen sollen oder wollen. Warum, so müssen wir uns fragen, sollen oder wollen wir eine Moral der wechselseitigen Autonomie eingehen? Was kann hier »Sollen« heißen? Wir können uns bei dieser Frage weder auf das Wort (oder den Begriff) »Moral« berufen noch auf das vorhandene Bewußtsein von Moral. Worauf also dann?

Wir »sollen« Moral so verstehen, das kann nur heißen: Wenn wir es nicht tun, gehen wir vor anderen und vor uns selbst das Odium ein, es anderen (einigen anderen) nicht begründen zu können. Ein Indiz dafür, daß es so zu verstehen ist, ist, daß diejenigen, die ein moralisch-politisches System vertreten, nie zugeben möchten, daß es ungerecht ist. Man wird den Sinn von Gerechtigkeit noch so sehr zu verdrehen versuchen, aber zugeben, daß, was man vertritt, ungerecht ist, das möchte niemand. Warum nicht? Eben weil das hieße, daß es einigen gegenüber nicht begründbar ist.

Aber was, so könnte jemand weiter fragen wollen, kann das für einen Stellenwert haben? Vielleicht kann ich diese Rückfrage so beantworten, daß ich die gegebene Erklärung – nur dann lasse sich, was man Moral nennt, allen gegenüber begründen – so umformuliere, daß ich sage: nur dann lebe man mit anderen in einem Verhältnis der Symmetrie, d. h. in Beziehungen, in denen nicht der eine ein größeres Gewicht hat als der andere. Das ist ein Ideal in Zweierbeziehungen und auch ein Ideal, wie wir uns alle menschliche Koexistenz wünschen können. Es ist nicht irgendein Ideal, sondern wir stehen hier vor der prinzipiellen Gabelung, wie man sich im Verhältnis zu anderen verstehen kann: entweder, indem man ihre Interessen berücksichtigt, oder so, daß man die Möglichkeiten eigener Vorteile ausnützt: Moral oder Macht. Dieselbe Gabelung, vor der wir *innerhalb* der Moral stehen: zwischen der Ausnutzung des eigenen Vorteils und der Berücksichtigung des Gegenübers, wiederholt sich bei der Frage, wie wir die Moral im ganzen verstehen wollen.

Auf die Frage, warum wir uns die Moral so denken müssen, kann also die Antwort nicht lauten: weil der Begriff der Moral die Symmetrie fordert, sondern nur: wir müssen es, wenn wir Symmetrie wollen. So schwach, wenn man so will, ist also letztlich die Basis. Wir können uns nur auf das Wie einer Lebensweise berufen.

Man kann sich aber noch klarmachen, daß in der Beantwortung der Ausgangsfrage, wie Moral zu verstehen ist, ein anderes Ergebnis auch gar keinen Sinn ergäbe. Denn einfachhin zu sagen, so müssen wir handeln oder so müssen wir Moral verstehen, wäre sinnlos, weil es kein absolutes Müssen gibt, sondern nur ein Müssen relativ auf ein Wollen (und das kann letztlich nur heißen: wie wir uns selbst verstehen wollen). Man kann bei einer Frage dieser Art nicht erwarten, am Ende zu einem Wegzeiger zu gelangen, der sagen würde: so muß man gehen, sondern nur auf eine Weggabelung, die sagt, welches die grundsätzlichen Alternativen unseres Selbstverständnisses sind, und worauf es ankommt, ist nur, diese Gabelung richtig zu identifizieren. Wir haben einerseits die Möglichkeit, wie wir uns intersubjektiv verstehen wollen, symmetrisch zu sehen, in der Weise gleichmäßig begründeter Normen, und auf der anderen Seite den Weg einseitiger normativer oder nichtnormativer Macht (natürlich gibt es Zwischenmöglichkeiten).

So wäre jetzt also der nächste Schritt, das Gewicht, das dieser Gedanke der Symmetrie für uns hat, näher zu erläutern. Hier sei noch wenigstens *ein* Aspekt hervorgehoben. Bei der Frage der Motivation, moralisch zu handeln, habe ich darauf hingewiesen, daß es keinen Sinn macht zu sagen, unser Motiv sei einfach das Moralische als solches oder: so zu handeln, weil es richtig sei; sondern nur: weil wir uns sonst verachten müßten. Besteht jedoch der Sinn des Moralischen in der Symmetrie, dann gewinnt das moralisch Richtige einen Sinn, bei dem es verständlich wird, daß es zum Selbstzweck werden kann. Es wird jetzt verständlich, daß eine Person auch unabhängig vom Lob- und Sanktionssystem einfach dadurch motiviert sein kann, moralisch zu handeln, weil sie ihr Handeln nicht als unsymmetrisch verstehen will, als Ausnutzung eines einseitigen Machtvorteils, und es macht Sinn zu sagen: So möchte ein Mensch sich nicht verstehen.

Ich meine, daß ich jetzt meine Ausgangsfrage – wie sollen wir Moral verstehen? – in ihrem Kern beantwortet habe, allerdings nur in ihrem Kern. Ohne den symmetrischen Kontraktualismus scheint ein autonom begründbares System wechselseitiger Forderungen nicht denkbar. Aber ist es einmal in Gang gekommen, kann es – das möchte ich nur noch als Ausblick sagen – auch andere Motive in sich aufnehmen, insbesondere die des spontanen Altruismus – Motive, die nun durch die wechselseitige moralische Schätzung verstärkt werden können. Der spontane Altruismus durchbricht die Grenzen des Kontraktuellen und des Normativen überhaupt, aber er läßt sich in dieses integrieren: Er ist nicht etwas, was man fordern kann, aber er läßt sich in den Begriff des moralisch Guten aufnehmen, als etwas, das bewundert wird.

Eine weitere Dimension, in die die Moral des symmetrischen Kontraktualismus sich erweitert, wenn sie einmal als System wechselseitiger Achtung in Gang gekommen ist, besteht darin, daß es dann natürlich wird, Achtung nicht nur wechselseitig voneinander zu fordern, sondern auch gegenüber den anderen Menschen und gegebenenfalls Tieren, die nicht mehr oder noch nicht oder überhaupt nicht fähig sind, wechselseitige Forderungen zu stellen, die wir aber als uns ähnlich und als zu uns gehörig ansehen. Es ist jedoch nicht selbstverständlich, wieweit und mit welcher Stärke wir uns diese Erweiterung wechselseitig begründen können – ist sie nur möglich oder wieweit ist sie zwingend? –, und ich lasse diese dornige Frage hier offen.

10. Zeit und Sein in Heideggers *Sein und Zeit*

Derjenige Teil von Heideggers *Sein und Zeit* (SuZ),[1] der veröffentlicht worden ist, ist eine Anthropologie – aber die Absicht des Autors war es doch gewesen, eine neue Antwort auf die Frage nach dem Sinn von Sein zu geben, nämlich daß man, im Gegensatz zu allem, was bisher gedacht worden war, den Sinn von Sein aus der Zeit verstehen müsse. Diese These sollte im dritten, nicht veröffentlichten Abschnitt ausgeführt werden. Sollen wir also, da dieser Abschnitt nicht erschienen ist, über diese These einfach hinweggehen? Aber Heidegger hat erstens in der Einleitung des veröffentlichten Teils angedeutet, was er mit seiner These meinte, zweitens hat er im zweiten Abschnitt schon gezeigt, worauf die These aufgebaut werden sollte, nämlich auf die in den letzten vier Kapiteln des Buchs durchgeführte Darstellung der Zeitlichkeit als Sinn des Seins des Menschen, drittens hat er 35 Jahre nach SuZ im Jahr 1962 einen Vortrag mit dem Titel »Zeit und Sein« gehalten, also unter dem Titel, der für den fehlenden dritten Abschnitt vorgesehen war. Das zusammengenommen sollte eine Basis abgeben können, um Heideggers Projekt wenigstens als Projekt beurteilen zu können.

Um die besondere Art kenntlich zu machen, wie Heidegger das Problem anging, möchte ich zuerst klären, warum seine These so außerordentlich paradox wirkt. Heidegger selbst, in der Einleitung von SuZ, meint, daß seine These nicht etwa paradox, sondern lediglich ungewohnt sei, und zwar deswegen, weil von den Griechen Sein als Gegenwart verstanden worden sei. Heidegger sah darin auch in gewisser Weise eine Bestätigung seines Projekts, weil Gegenwart doch ein Zeitmodus sei. So konnte er das so verstehen, die Griechen hätten das Sein *nur* nach *einem* Zeitmodus verstanden; warum also sollte man es nicht von allen drei Zeitmodi her verstehen (Gegenwart, Zukunft, Vergangenheit)? Aber man kann bezweifeln, ob, wenn für das griechische Verständnis von Sein Gegenwart wichtig war, Gegenwart dabei den Charakter eines Zeitmodus hat. Und man kann bezweifeln, daß der Grund, warum uns die Vorstellung, daß Sein und Zeit zusammengehören, so

1 Martin Heidegger, *Sein und Zeit*, Max Niemeyer Verlag, Tübingen 1993 (1927).

merkwürdig erscheint, mit besonderen Vorurteilen der Griechen zusammenhängt. Mir scheint, daß immer, wenn wir sagen, etwas ist so und so, dies nicht so sehr einen gegenwartsbezogenen als vielmehr einen zeitlosen Sinn hat. Sagt man, um Heideggers eigenes Beispiel auf S. 4 zu nehmen, »der Himmel *ist* blau«, so heißt das zwar wohl »der Himmel ist jetzt blau«, aber sogar dann meinen wir, daß der Gehalt dieser Aussage zeitlos gilt. Das »ist« scheint seinem eigenen Sinn nach zeit-indifferent zu sein. Wenn z. B. einer sagt »so ist es« und ein anderer antwortet »so ist es nicht«, streiten sie über etwas, das mit Zeit nichts zu tun zu haben scheint. Wie hat Heidegger sich dazu gestellt? Erstens hat er in der Einleitung von SuZ erklärt, auch das zeitlos Seiende müsse »hinsichtlich seines Seins« zeitlich verstanden werden (S. 18); wie er sich das dachte, hat er allerdings nie aufgeklärt. Vor allem meinte er aber zweitens: der Logos, die Aussage, sei eine abkünftige, sekundäre Weise von dem, was er »Erschlossenheit« nennt (§ 33), die Frage nach dem Sinn von Sein dürfte sich also nicht am Satz orientieren. Das muß uns natürlich in großes Erstaunen versetzen, denn selbst wenn es so wäre, wie Heidegger behauptet, so ist doch allemal klar, daß das Wort »ist« – und auf diese verbale Form beruft er sich selbst – in die Sprache gehört und ein Wort ist, das zur Struktur der Aussage gehört. Wir stoßen hier auf eine Schwierigkeit, die sich für einen kritischen Leser besonders in den ersten Paragraphen des Buches bemerkbar macht. Obwohl nämlich Heidegger die Frage nach dem Sinn von Sein für seine Grundfrage erklärt, tut er doch fast nichts zur Klärung der Schwierigkeiten, die man üblicherweise bei diesem Wort sieht, insbesondere sagt er nichts zu den Zweifeln, ob die verschiedenen Verwendungen des Wortes »ist« überhaupt unter einen einheitlichen Begriff zu bringen sind. Statt dessen erklärt er gleich in § 2, alles Sein sei Sein von Seiendem. Trotz seines Anspruchs, sich von der Tradition freizumachen, scheint er so stark in der aristotelischen Tradition zu stehen, daß ihm das selbstverständlich erscheint. Er fragt daher überhaupt nicht, wie sich diese Rede vom Sein des Seienden zu den anderen Bedeutungen von Sein verhält, sondern versteht die Frage nach Sein gleich als Frage nach der Seinsverfassung von Seiendem. Das ist aber durchaus merkwürdig, weil Sein in diesem Sinn – Sein als Sein von Seiendem – eher eine philosophische Konstruktion von Aristoteles gewesen ist als ein Aspekt der gewöhnlichen Rede. Es ist aber diese Wendung (Sein von Seiendem), die der Idee, man könne Sein aus der Zeit verstehen, überhaupt eine Verständlichkeit gibt, denn so schwerverständlich ein Zeit-Sinn beim »ist« ist, so verständlich ist er bei Seiendem, denn man könnte doch sagen, daß alles, was wir so als Seiendes kennen, also alle Dinge, alle natürlichen Substanzen, zeitlich sind, und innerhalb dieses Rahmens ist es verständlich, wenn nun vom Menschen in besonderer Weise von Zeitlichkeit gesprochen wird, weil er sich zu seiner Zeitlichkeit *verhält*. Und das ist nun der Weg, den Heidegger schon in § 2 einschlägt. Die Zeit als Sinn des Seins soll sich aus einer Analyse der Seinsstruktur des Menschen ergeben. Der Mensch unterscheide sich von allem anderen Seienden dadurch, daß er ein Seinsverständnis habe, insbesondere auch ein Verständnis von seinem eigenen Sein, und von daher – es ist das, was Heidegger zeigen will – könnte sich auch ein Sinn von Zeitlichkeit ergeben, der sich von demjenigen unterscheidet, dem zufolge wir von anderen Wesen sagen, daß sie zeitlich sind, und es soll dieser besondere Sinn von Zeitlichkeit sein, der dann auch für das Verständnis von der Zeitlichkeit des Seins – angeblich auch des Zeitlosen – relevant werden soll.

Ungefähr so sieht der erste Schritt aus. Um das Weitere zu verstehen, müssen wir aber jetzt eine zweite grundsätzliche These von *Sein und Zeit* zur Kenntnis nehmen. Es ist die These, daß es, wie Heidegger sagt, verschiedene Arten von Sein (Seinsmodi) gibt, und diese seien nicht nur verschieden, sondern eine von ihnen sei die fundamentale, die anderen deriviert. Es handelt sich um drei Seinsmodi, und Heidegger nennt sie Existenz, Zuhandenheit und Vorhandenheit. Ich muß das kurz erklären. Als »Existenz« bezeichnet Heidegger das Sein des Daseins, und Dasein ist die Bezeichnung, die er für den Menschen verwendet. Das Eigentümliche des Daseins ist es nach Heidegger, daß es sich zu seinem eigenen Sein auf eine affektiv-voluntative Weise verhält, nämlich so, daß es ihm immer um sein Sein geht (das ist es, was ich mit dem Voluntativen meine) (S. 12) und daß es zugleich mit seinem Sein affektiv konfrontiert ist als etwas, was es zu-sein hat, ob es will oder nicht (S. 134 f.). Deswegen bezeichnet Heidegger, was er Existenz nennt, auch als Zu-Sein. Ich habe diese zwei Seiten in meinem Buch über *Selbstbewußtsein* als praktische Möglichkeit und praktische Notwendigkeit erläutert.[1] Im Voluntativen liegt das Moment praktischer Möglichkeit: ich *kann* so oder so sein – letztlich auch: sein

1 Ernst Tugendhat, *Selbstbewußtsein und Selbstbestimmung. Sprachanalytische Interpretationen*, Suhrkamp, Frankfurt am Main, 1979.

oder nicht sein –, und im Affektiven: ich sehe mich damit konfrontiert, ob ich will oder nicht, praktische Notwendigkeit. Wo Heidegger diese Seinsstruktur im Selbstbezug herausstellt, in § 9, bezeichnet er sie mit Existenz, dieses Wort soll aber gerade nicht so verstanden werden wie der traditionelle Begriff der »Existentia«, der vielmehr soviel wie »Vorhandenheit« besage. Mit Sein im Modus der Vorhandenheit meint Heidegger soviel wie Konstatierbarkeit, also dasjenige Sein, das in Aussagen zum Ausdruck kommt, worunter auch die Existentia von Naturdingen gehört. Ich muß hier sehr verkürzt vorgehen und nenne nur die weiteren Thesen, die Heidegger in diesem Zusammenhang aufstellt: 1. daß Existenz und Vorhandenheit zwei grundsätzlich verschiedene Seinsweisen sind; die Existenz müsse ganz aus sich verstanden werden und ohne Rekurs auf Vorhandenheit, entsprechend unterscheidet Heidegger die Existenzialien, die für die Existenz wesentlichen ontologischen Begriffe, von den Kategorien, wie er die für Vorhandenes konstitutiven ontologischen Begriffe nennt. Und die 2. These, die er erst später durchführt, ist, daß die Existenz grundlegend für das Verstehen von Sein als Vorhandenheit ist und nicht umgekehrt.

Es ist unvermeidlich, daß ich die wesentlichen Schritte vorführe, in denen Heidegger diesen Primat der Existenz darzulegen versucht. Aber ich werde mich auch hier auf die Thesen beschränken. Daß es überhaupt so etwas wie Erschlossenheit gibt, gründet für Heidegger im Verhältnis des Daseins zu sich selbst, also in der Existenz. Man kann diese freilich merkwürdige Idee vielleicht so erläutern, daß nur wo ein Wesen ein praktisches Verhältnis zu sich selbst hat, es überhaupt so etwas wie Erschlossenheit hat. Erschlossenheit ist das Wort, das Heidegger anstelle von Bewußtsein verwendet, definiert hat er es nie. Der nächste Schritt ist, daß das Dasein sich nie auf einzelnes Seiendes bezieht (als Subjekt zu einem jeweiligen Objekt), sondern sich immer schon in einer Ganzheit erschlossen ist, es ist In-der-Welt-Sein. Diese Ganzheit wird zugleich praktisch verstanden, sie ist auf das eigene Worumwillen bezogen. Und Heidegger meint nun, nur wenn Seiendes praktisch auf meine Welt hin verstanden wird, kann es überhaupt erschlossen sein. Das praktisch erschlossene innerweltliche Seiende nennt Heidegger das Zuhandene. Das Vorhandene hingegen, das aussagend-prädikativ verstanden ist, ist nicht weltbezogen und ist deswegen für Heidegger nur zugänglich, indem es zu einem Zurücktreten des Weltphänomens kommt. Wenn das geschieht, zeigt sich das zunächst als zuhanden erschlossene Seiende als Vorhandenes. Heidegger faßt also zwei Derivationsschritte ins Auge: die Erschlossenheit von Zuhandenem verdankt sich der Existenz und der Erschlossenheit von Welt, und die Erschlossenheit von Vorhandenem ergibt sich erst sekundär in einem Zurücktreten des Weltphänomens.

Ich sollte, ebenfalls nur thesenhaft, erwähnen, was mir hier einleuchtet und was nicht. Ich sehe in den zwei Gedanken der Existenz und des In-der-Welt-Seins wichtige philosophische Beiträge: Es scheint mir richtig, daß es keine isolierte Subjekt-Objekt-Beziehung gibt, und daß alle Erschlossenheit von einzelnem Seienden in ganzheitlichen Zusammenhängen steht, also welthaft ist, und es scheint mir auch ein Gewinn, das Selbstbewußtsein des Menschen nicht als Reflexion des Ich auf sich zu verstehen, sondern als einen Bezug auf das bevorstehende Leben, und dies voluntativ-affektiv zu verstehen. Fragwürdig finde ich hingegen die Unterscheidung verschiedener Seinsmodi. Heidegger hat nirgends klar gesagt, worin der Unterschied zwischen Sein im Sinn von Zuhandenheit und Sein im Sinn von Vorhandenheit bestehen soll, und es bleibt auch unklar, wieso ein Mensch, weil er diese Eigentümlichkeit der Existenz hat, sich also affektiv-voluntativ auf sein Sein bezieht, nicht gleichwohl ein Vorhandenes ist. Heidegger hat keine Kriterien dafür angegeben, wie man verschiedene Seinsmodi unterscheiden könne. Und auch die Idee, man müsse die Erschlossenheit und so auch das Sein von einem Modus aus einem anderen ableiten, das eine sei »ursprünglicher« als das andere und das theoretische Bewußtsein der Vorhandenheit müsse aus dem praktischen des Bezugs des Daseins zu sich selbst abgeleitet werden, sind einfach Vormeinungen von Heidegger, die er nicht begründet hat. Ich würde meinen, es wäre viel einleuchtender, wenn Heidegger das, was er Existenz nennt, lediglich als die Art angesehen hätte, wie ein Mensch sich zu sich verhält, und nicht als eine eigene Weise des Seins. Insofern ein Mensch ist, ein Seiendes ist, wäre er ein Vorhandenes, aber Heidegger wollte es nicht so sehen, weil dasjenige Sein, das in einer Aussage gemeint ist, also die Vorhandenheit, als derivíert angesehen werden solle. Heidegger hat im § 33 einen expliziten, aber meiner Meinung nach mißglückten Versuch gemacht, die Struktur der Aussage aus einer angeblich vorprädikativen Erschlossenheit von Zuhandenem als sekundär abzuleiten. Ich begnüge mich aber, alle diese Probleme lediglich als Schwierigkeiten hinzustellen – ein durchschlagendes Argument, warum man nicht leugnen kann, daß Existenz ihrerseits auf Vorhandenheit verweist, ergibt sich nach meiner Meinung gerade erst bei der Problematik der Zeitlichkeit.

Heidegger unterscheidet jetzt nämlich im zweiten Abschnitt des Werkes auch von der Zeit im gewöhnlichen Sinn eine ursprüngliche Zeitlichkeit. Die Zeit im gewöhnlichen Sinn, als Reihe von Ereignissen, die durch die Relation »später als« bestimmt ist, ist aus Heideggers Perspektive ähnlich sekundär wie überhaupt das Sein als Vorhandenheit sekundär ist. Als ursprüngliche Zeitlichkeit bezeichnet Heidegger diejenige Zeitlichkeit, die er in § 65 als die Zeitlichkeit des Daseins beschreibt, und seine Thesen sind nun 1. die, die er dann im letzten Kapitel des Buches zu begründen versucht, daß die Zeit im gewöhnlichen Sinn erst aus dieser ursprünglichen hervorgeht – daß also unsere ursprüngliche Erfahrung von Zeit gerade nicht die des Nacheinanders von Ereignissen ist –, und 2. mußte es natürlich diese ursprüngliche von Vorhandenheit freie Zeitlichkeit sein, von der aus dann im unveröffentlichten dritten Abschnitt die These von der Zeit als Sinn des Seins vorgestellt werden sollte. Diese These, also die Grundthese von SuZ, hat als wesentliche Voraussetzung, daß das, was Heidegger die ursprüngliche Zeit nennt, wirklich eine von der vorhandenen Zeit unabhängige Struktur hat.

Sehen wir deswegen an, wie Heidegger im § 65 diese ursprüngliche Zeit beschreibt. Heidegger stützt sich dabei in erster Linie auf eine eigentümliche Zukünftigkeit, die zur Struktur des Selbstbezugs gehört, die er als Existenz bezeichnet hatte. Dem aufmerksamen Leser muß diese Zukünftigkeit schon bei der Einführung des Existenzbegriffs auffallen: Das Dasein verhalte sich zu seinem Sein als Möglichkeit, also selbstverständlich nicht dazu, daß es jetzt existiert, sondern zu seinem bevorstehenden Leben. Heidegger hatte diesen Aspekt in § 41, wo er den Begriff Sorge einführt, als Sich-vorweg-sein bezeichnet, und im § 31, wo er von Verstehen und Entwurf handelt, beschreibt er das so:

> Auf dem Grunde der Seinsart, die durch das Existenzial des Entwurfs konstituiert wird, ist das Dasein ständig »mehr«, als es tatsächlich ist, wollte man es und könnte man es als Vorhandenes in seinem Seinsbestand registrieren. Es ist aber nie mehr, als es faktisch ist, weil zu seiner Faktizität das Seinkönnen wesenhaft gehört. Das Dasein ist aber als Möglichsein auch nie weniger, das heißt das, was es in seinem Seinkönnen *noch nicht* ist, *ist* es existenzial (S. 145).

Das heißt indem ich mich auf mein bevorstehendes Leben existenzial beziehe, beziehe ich mich auf etwas, was ich noch nicht bin. Es scheint mir nun interessant, daß Heidegger bei der Beschreibung dieses Kontrastes offenbar genötigt ist, auf die seiner Meinung nach unpassende Rede von Vorhandenheit zurückzugreifen. Dieser Kontrast ergibt sich ja nur, wie es in dem Zitat heißt, »wollte man das Dasein und könnte man es als Vorhandenes« ansehen. Heidegger scheint also diese Struktur des Sich-vorweg nur beschreiben zu können, indem er selbst auf die Sprache der Vorhandenheit rekurriert, von der er doch gleichzeitig behauptet, daß sie auf das Dasein unanwendbar sei.

Es ist nun diese selbe Struktur des Sich-vorweg, die in dem § 65 erneut aufgegriffen wird. Dort wird das Sich-vorweg als Zu-kunft (mit einem Bindestrich geschrieben) erklärt. Die Zu-kunft wird beschrieben als ein Auf-sich-zukommen. Indem ich mich auf mein bevorstehendes Sein beziehe, komme ich in gewisser Weise auf mich, d.h. auf mein bevorstehendes Sein, zu, und Heidegger fügt nun zur Abgrenzung gegen Zeitlichkeit im gewöhnlichen Sinn hinzu:

> »Zukunft« meint hier nicht ein Jetzt, das, *noch nicht* »wirklich« geworden, einmal erst *sein wird*, sondern die Kunft, in der das Dasein in seinem eigensten Seinkönnen auf sich zukommt (S. 325).

Nun meine ich, daß diese Abhebung der Kunft vom Zukünftigen trivial ist, weil, wenn ich auf mein bevorstehendes Sein bezogen bin, ich dieses natürlich »noch nicht« bin. Wir müssen hier wieder auf dieses verräterische vorhandene »noch nicht« zurückgreifen. Zukunft im Sinn eines Auf-sich-zukommens (darin hat Heidegger ganz recht) ist selbstverständlich nicht Zukunft im Sinn von etwas Zukünftigem, aber das liegt einfach daran, daß das Auf-sich-zukommen ein Bezug auf etwas Künftiges und nicht selbst Künftiges ist. Aber das heißt doch nicht, daß sich das Auf-sich-zukommen, wie Heidegger es sehen möchte, unabhängig von einer bevorstehenden Zukunft denken läßt. Wenn ein Mensch nicht implizit unterstellen würde, daß er weiterhin leben wird, daß ihm Zukunft im gewöhnlichen Sinn, also künftige Ereignisse, bevorstehen, könnte er nicht in dem Sinn, auf den es Heidegger ankommt, auf sich zukommen. Das heißt aber doch, daß Heidegger sich getäuscht hat, wenn er meinte, die Zeitlichkeit des Daseins sei ursprünglicher als die Zeit im normalen Sinn, vielmehr können wir das Auf-sich-zukommen, und d. h., was er Kunft nennt, den Bezug auf Zukunft, nur mittels Zukunft im gewöhnlichen Sinn definieren.

Bei der Erläuterung dieser existenzialen »Zu-kunft« verweist Heidegger auf seine Analyse über den Tod und das Sein zum Tod. Aber wenn wir nachsehen, müssen wir feststellen, daß Heidegger dort denselben Fehler begeht wie im § 65. Der Tod hat eine zentrale Bedeutung für Heidegger, weil ein Mensch, wenn er sich dessen bewußt wird, daß ihm das Ende seines Lebens, das Nichtsein, bevorsteht, sich auf sein Leben, sein Sein, zurückgeworfen sieht und gegenüber seinen besonderen Ausgestaltungen des Lebens, seinen verschiedenen Tätigkeiten, Distanz gewinnt. Der Tod kann jederzeit eintreten, er ist immer möglich. Heidegger erklärt daher, daß er eine ausgezeichnete Möglichkeit ist. Das ist auch gewiß richtig, nur unterläuft Heidegger jetzt eine Zweideutigkeit im Wort »Möglichkeit«. Er hatte von den existenzialen Möglichkeiten des Daseins gesprochen, diese bedeuten immer ein »ich kann«, und man kann dieses »ich kann« sinnvoll gegen die Rede von Möglichkeit als Kontingenz abheben, die eine Bestimmung des Vorhandenen ist. Der Tod hingegen, der »jeden Augenblick möglich ist«, d. h. eintreffen kann, läßt sich nur als Ereignis verstehen, das Ereignis des Aufhörens meines Lebens, und was Heidegger das »Vorlaufen zum Tode« nennt, ist das Sich-verhalten zu diesem Ereignis, genauso wie das in § 65 erörterte Auf-sich-zukommen ein Sich-verhalten zu meinem realen Weiterleben ist. Statt dessen benützte nun Heidegger das Wort »existenzial« wie eine magische Etikette derart, daß er meinte, wenn man existenzial vom Tod spreche, dann ergebe sich, daß mit dem Tod nicht das Zu-Ende-sein des Daseins gemeint sei, »sondern ein *Sein zum Ende*« (S. 245). Aber gerade dieser Ausdruck, Sein zum Ende, impliziert doch, daß das Sein-zum unterschieden wird von dem, wozu es sich so verhält. Das Sein zum Tod kann man als etwas Existenziales bezeichnen und die Möglichkeit, sich zum Tod ausdrücklich zu verhalten, als eine Möglichkeit im existenzialen Sinn, aber das, wozu man sich dabei verhält, der Tod, ist ein Ereignis, ein mögliches vorhandenes Ereignis.

So führte Heideggers Besessenheit von der Idee einer Existenz ohne Bezug auf Vorhandenheit dazu, daß er die einfachen Zusammenhänge des Seins zum Tod mit unnötigen Verrenkungen beschreibt. Werde der Tod existenzial verstanden, sagt er, dann besage Tod soviel wie Sein zum Tod, und übersieht, daß man diesen Ausdruck »Sein zum Tod« gar nicht verstehen kann, wenn man nicht das Sein-zum unterscheidet von dem, wozu es sich so verhält. Das aber, wozu es sich so verhält, läßt sich nicht existenzial verstehen, es ist ein kontingentes Ereignis.

Und ebenso also wie das Sein zum Tod sich zu einer Zukunft verhält, die sich nicht existenzial verstehen läßt, so setzt auch der allgemeinere Begriff der existenzial verstandenen Zu-kunft eine Zukunft voraus, die sich nicht existenzial verstehen läßt. Das Fazit ist, daß die sogenannte ursprüngliche Zeit die Zeit im gewöhnlichen Sinn und das Bewußtsein dieser voraussetzt, und also das Bewußtsein der gewöhnlichen Zeit sich nicht, wie Heidegger glaubte es im Schlußkapitel zeigen zu können, aus der angeblich ursprünglichen Zeit ableiten läßt.

Was folgt daraus für die These von der Zeit als Horizont des Seins? Ich muß zunächst auf die Art eingehen, wie Heidegger in § 65 glaubt, auch bei Vergangenheit und Gegenwart einen ursprünglicheren existenzialen Sinn aufzeigen zu können. Bei der Behauptung, daß es ein analoges Sich-beziehen auf das eigene Sein in der Vergangenheit gebe wie das des Auf-sich-zukommens in die Zukunft, ergibt sich eine zusätzliche Schwierigkeit. Während es bei dem Aspekt, daß es dem Dasein um sein Sein geht, ohne weiteres klar ist, daß das ein Bezug auf etwas Zukünftiges, Bevorstehendes ist, kann ich nicht sehen, daß in der affektiven Gegebenheit meines Zu-Seins, meiner Geworfenheit, überhaupt ein zeitlicher Aspekt gegeben ist. Es ist ja kein Zufall, daß das Sich-verhalten zu mir eben zukünftig ist, mein Sein steht mir bevor, und es gibt da kein Analogon für die Seite der Vergangenheit oder, wie Heidegger sagt, »Gewesenheit«. Man kann natürlich in der historischen oder psychologischen Reflexion sagen, das Sein, auf das ich mich zukünftig beziehe, ist geworden, aber dieses Gewordensein ist nicht Gegenstand des Sichbefindens, in der Stimmung, und deshalb neige ich zu der Auffassung, daß sich Heidegger hier noch zusätzlich geirrt hat: Das Vergangene ist immer nur etwas *in* der Zeit, worauf ich mich reflektierend zurückbeziehen kann, aber es gibt da nicht einmal ein Analogon des existenzialen Begriffs der Zu-kunft.

Wie ist es mit der Gegenwart? Heidegger bezeichnet die Gegenwart hier als die jeweilige Handlungssituation, und innerhalb dieser sei uns Seiendes gegeben. Die These, die Heidegger nur sehr kurz ausführt, ist, daß die Bedingung dafür, daß ich mich erschließend auf gegenwärtig Seiendes beziehen kann, die zukünftiggewesene Erstrecktheit auf meine Zukunft und Gewesenheit ist.

Ich komme also aus der vollen Zeitlichkeit erst auf das Gegenwärtige zurück.

Es ist dieser Gedanke, der, wenn überhaupt, das Projekt verständlich macht, das Sein aus der Zeit zu verstehen. Denn die These, die sich aus der Zeitlichkeit des Daseins ergäbe, würde jetzt lauten: nicht nur gehört die existenziale Zeitlichkeit zum Wesen des Daseins – das für sich allein ist ja gewiß plausibel –, sondern alles »ist«-Sagen ist ein Gegenwärtigen, und dieses ist immer einbehalten von der ganzen Zeitlichkeit, das Dasein kommt immer aus Zukunft und Gewesenheit auf die Gegenwart zurück. Also, so läßt sich dann folgern, ist alles Gegenwärtighaben ermöglicht durch die existenziale Zeitlichkeit. Diese These entspricht der, daß alle Erschlossenheit von Einzelnem in der Erschlossenheit von Welt gründe. Ich habe schon vorher meine Zweifel geäußert, daß man hier von einer Begründungsfolge sprechen könne. Kann es wirklich einleuchten, daß, wenn ich sage, »das ist so«, im Beispiel »der Himmel ist jetzt blau« oder auch »ein Pferd ist ein Tier«, die Erschlossenheit eines solchen »so ist es« nur aus einem Zurückkommen aus einem Zeithorizont zu verstehen ist? Nehmen wir an, das würde einleuchten, dann wäre aber doch immer nur gezeigt, daß das Bewußtsein von Gegenwart und demzufolge das Bewußtsein eines »so ist es« in einem Bewußtsein von Zeitlichkeit gründe, nicht hingegen das, was wir mit dem »so ist es« meinen, das Sein. An dieser Stelle stoßen wir, glaube ich, an eine merkwürdige Grenze von Heideggers Verständnis. Er scheint Sein mit Anwesen, Begegnen, Erschlossensein geradezu zu identifizieren. Er sagt so merkwürdige Dinge wie: »Bevor die Gesetze *Newtons* entdeckt wurden, waren sie nicht ›wahr‹« (S. 226) und: »nur solange Dasein *ist*, [...] ›gibt es‹ Sein« (S. 212). Das klingt nachgerade wie Berkeleys »esse = percipi«. Ich glaube, daß diese Anschauung mit seiner Geringschätzung des Logos, der Aussage, zusammenhängt. Wir anderen würden, meine ich, sagen: wenn man sagt, »so ist es«, so ist die Erkennbarkeit ein Kriterium dafür, daß es ist, aber mit dem »ist« ist nicht gemeint, daß es erkannt wird. Der Aspekt von Objektivität, der zum Sein zu gehören scheint, ist etwas, das Heidegger ausgeblendet hat. Ich hatte am Anfang gesagt: in jedem »so *ist* es« liegt Zeitlosigkeit, gemeint ist: man kann darauf als ein Selbiges immer wieder rekurrieren. Ich kann nicht sehen, daß die angebliche Zeitlichkeit aller Erschlossenheit, selbst wenn sie stimmen würde, zu der Aufklärung dieses Sinns von Sein irgend etwas beitragen kann.

Zum Schluß möchte ich noch fragen, was aus der These von *Sein und Zeit* nach Heideggers sogenannter »Kehre« geworden ist. Lange Zeit hat Heidegger sich zu dem Thema Zeit überhaupt nicht mehr geäußert. Dort, wo Heidegger zum ersten Mal von seiner »Kehre« gesprochen hat, im Humanismusbrief (S. 72),[1] sagt er zwar, die »Kehre« sei etwas, was von vornherein im Übergang zum 3. Abschnitt von SuZ beabsichtigt gewesen war, also im Übergang von der Zeitlichkeit des Daseins zum Thema »Zeit und Sein«, aber er verweist zur Erläuterung, was er mit »Kehre« meine, auf den Vortrag »Vom Wesen der Wahrheit,[2] dessen These vielleicht so zusammengefaßt werden kann, daß die Erschlossenheit des Daseins in der Offenbarkeit des Seins gründe. Der transzendentalphilosophische Aspekt der Methode von SuZ wird aufgegeben, die Offenheit wird nicht mehr aus dem Sein des Menschen konstruiert, sondern ist – als sogenannte Wahrheit des Seins – selbst ein letztes; Heidegger nennt es »das Ereignis«.

Aber wo bleibt die Zeit? Erst 15 Jahre nach dem Humanismusbrief hat sich Heidegger noch einmal zu diesem Thema geäußert in dem Vortrag, den er 1962 unter dem Titel »Zeit und Sein«[3] gehalten hat, also unter dem Titel, der seinerzeit für den 3. Abschnitt von SuZ vorgesehen gewesen war. Aber der für den 3. Abschnitt vorgesehene Schritt, die Frage, wie das aus der Analyse der Zeitlichkeit des Daseins Gewonnene sich nun für das Verständnis des »ist« auswirke, ist für Heidegger gar kein Thema mehr, vielmehr ist, was Heidegger interessiert, nur noch identisch mit dem, was er bereits in dem veröffentlichten Teil von SuZ erörtert hat, nur daß er statt von der Erschlossenheit des Daseins jetzt von der Offenheit oder Lichtung als solcher spricht. Deshalb wiederholt Heidegger in dem späten Vortrag einfach das Konzept, das er in SuZ entwickelt hatte, jedoch mit Veränderungen, wie sie durch die nicht mehr transzendentale Problemstellung gefordert sind. Auch jetzt unterscheidet er den Zusammenhang von Zukunft, Gewesenheit, und Gegenwart als »eigentliche Zeit« von der Zeit als Nacheinander, aber von einer Ableitung der letzteren aus der ersteren ist nicht mehr die Rede, ja

1 Martin Heidegger: *Platons Lehre von der Wahrheit. Mit einem Brief über den »Humanismus«*, Franke Verlag, Bern 1954 (1947).

2 Martin Heidegger: »Vom Wesen der Wahrheit« in: *Wegmarken*, Vittorio Klostermann, Frankfurt am Main 1967, S. 73-97.

3 Martin Heidegger: »Zeit und Sein«, in: *Zur Sache des Denkens*, Max Niemeyer Verlag, Tübingen 1969.

Heidegger führt jetzt die Rede von Zukunft so ein, daß Zukunft als das bezeichnet wird, was »noch nicht« gegenwärtig ist, und entsprechend die Rede vom Gewesenen (S. 13). Außerdem wird die Einheit von Zukunft, Gegenwart und Gewesenem nicht mehr aus der Art begründet, wie das Dasein sich zu seinem Sein verhält. Die These des Vortrags ist lediglich, daß die beiden Sätze »Es gibt Sein« und »Es gibt Zeit« zusammengehören, sie bilden gemeinsam das sogenannte »Ereignis«, und darin konstituiert sich »die Lichtung des Offenen« (S. 15). Ich übergehe hier weitere Besonderheiten in der Art, wie Heidegger sich ausdrückt, insbesondere daß er meint, bei der Rede »es gibt« von einem Geben sprechen zu müssen und dann das, was er Ereignis nennt, als Subjekt dieses Gebens verstehen zu sollen. So wie Heidegger jetzt das, was er eigentliche Zeit nennt, beschreibt, ohne sie gegen das Nacheinander auszuspielen, könnten wir sagen: Was er meint, ist, was McTaggart als A-Reihe bezeichnet hat, und die These wäre jetzt also, daß, nur weil es ein Bewußtsein der A-Reihe gibt, es das gibt, was in SuZ Erschlossenheit und jetzt das Offene genannt wird. Das ist sehr viel weniger als das, was die These von SuZ war, aber begründet wird auch das nicht.

Heidegger hat in einem Seminar, das er dann zu diesem Vortrag gehalten hat und dessen Protokoll im selben Band abgedruckt ist,[1] erklärt, »der Name ›Zeit‹« sei »der Vorname für das«, was er inzwischen als Wahrheit des Seins bezeichne, und es komme darauf an, »die Enge, die im Titel ›Zeit‹ [...] liegt, zu vermeiden« (S. 30). »Zeit« sei »bereits in SuZ im Bezug auf die ›aletheia‹ (Unverborgenheit)« gedacht gewesen (S. 31). Man gewinnt also den Eindruck, daß Heidegger sich eher widerwillig in diesem Vortrag noch einmal dem Thema Zeit zugewendet hat.

Wie haben wir es zu verstehen, daß an die Stelle von Zeit die Rede von der Wahrheit des Seins getreten ist? Was meint Heidegger mit Wahrheit des Seins oder, wie er ebenfalls häufig sagt, mit dem »Sein selbst«? Heidegger wird in den meisten seiner späteren Schriften nicht müde, der bisherigen Philosophie, die er als Metaphysik bezeichnet, »Seinsvergessenheit« vorzuhalten. Zwar gibt er zu, daß in aller Metaphysik Sein immer das Grundthema gewesen sei, aber erörtert worden sei immer das Seiende, nicht das Sein selbst. Heidegger schreibt, in der Metaphysik seien Sein und Seiendes »ver-

1 »Protokoll zu einem Seminar über den Vortrag ›Zeit und Sein‹«, in: *Zur Sache des Denkens*, Max Niemeyer Verlag, Tübingen 1969, S. 27-61.

wechselt« worden,[1] aber er war erstaunlich wenig fähig zu sagen, was *er* denn, wenn er so spricht, eigentlich mit Sein meint. Er hat sich in den Spätschriften eine stereotype Sprechweise angewöhnt und den Unterschied der von ihm gemeinten Rede von Sein gegenüber der von Seiendem nie einwandfrei verständlich gemacht. Ist denn mit »Sein« nicht das gemeint, was wir im »ist« ausdrücken? Und soll in der Metaphysik der Sinn von »ist« (*einai*) nicht unterschieden worden sein von der Rede von Seiendem (*on*)? Muß man Heidegger nicht seinerseits vorwerfen, daß er von Sein immer nur in der Rede vom Sein des Seienden gesprochen und die allgemeine Frage, wie Sein zu verstehen ist, gerade selbst nie gestellt hat? Was Heidegger meint, kann also nicht sein, daß in der Metaphysik nur das Wort »*on*« und nie das Wort »*einai*« thematisiert worden sei, man denke etwa an Aristoteles, Kap. 7 des 5. Buchs der *Metaphysik*. Es ist also nicht das »ist«, das verständlich macht, was Heidegger, wenn er vom Sein selbst spricht, das vergessen worden sei, im Auge hat. Um zu verstehen, was er meint, muß man sich an seine Rede von »der Wahrheit des Seins« halten. Aber das ist auch nicht ganz einfach, weil Heidegger einen kuriosen Begriff von Wahrheit hatte. Er meint nämlich mit Wahrheit etwas, was angeblich im griechischen Wort »aletheia« gemeint gewesen war, nämlich Unverborgenheit, und dabei soll wesentlich gewesen sein, daß das eine Unverborgenheit sei, die nicht nur gegen die Verborgenheit gedacht werde, sondern zu der die Verborgenheit mit gehört. Heidegger bringt das zum Ausdruck, indem er »Un-verborgenheit« mit einem Bindestrich schreibt. Was also Heidegger meint, wenn er sagt, in der Metaphysik werde das Sein vergessen, ist gar nicht einfachhin das Sein, sondern dieses durchaus eigenwillige Seinskonzept, dem zufolge so etwas wie Verborgenheit wesentlich zum Sein gehöre. Das ist so merkwürdig, daß man sich fragt, wie man sich das überhaupt zu denken habe.

Es gibt einen Passus in Heideggers Aufsatz »Der Spruch des Anaximander«, in dem es ihm nach meiner Meinung am ehesten gelungen ist zu sagen, was er im Auge hat.[2] Was Heidegger hier ausführt, bringt das zum Ausdruck, wovon er meinte, daß es der ursprüngliche griechische Sinn von Sein und Seiendem sei. Das Sei-

1 Martin Heidegger, »Einleitung zu: ›Was ist Metaphysik‹«, in: *Wegmarken*, Vittorio Klostermann, Frankfurt am Main 1967, S. 199f.

2 Martin Heidegger, »Der Spruch des Anaximander«, in: *Holzwege*, Vittorio Klostermann, Frankfurt am Main 1980 (1950), S. 322f.

ende werde als in der Unverborgenheit Anwesendes verstanden. Als solches »kommt« das Anwesende »aus der Verborgenheit hervor« und geht auch schon aus der Unverborgenheit hinweg auf die Verborgenheit zu. »Das jeweilig Anwesende, das Gegenwärtige, west aus dem Abwesen«. Heidegger meint also, zur Unverborgenheit des »ist« gehört die doppelte Verborgenheit von Herkunft und Weggang, gewissermaßen Geburt und Tod. Das hieße also, daß zu allem »ist« von Seiendem im Entstehen und Vergehen Zeitlichkeit gehört, also doch wieder Zeitlichkeit, aber das ist jetzt eine Zeitlichkeit, die viel traditioneller anmutet als die Zeitlichkeit, von der in SuZ die Rede war. Um Entstehen und Vergehen zu verstehen, brauchen wir die McTaggertsche A-Reihe nicht, hier würde die B-Reihe genügen. Alles Seiende auf sein Nichtsein hin zu sehen, alles Lebende auf sein Vergehen, ist an und für sich überhaupt kein neuer Gedanke, und so sehr man ihm an und für sich zustimmen mag, scheint es mir doch gänzlich abwegig zu sein, von ihm her gerade das Sein zu verstehen. Nicht umsonst hat sich Heraklit, derjenige griechische Philosoph, an den man sich hier am ehesten erinnert fühlt, gerade nicht am Wort »Sein« orientiert. Auch wenn man der Meinung ist, daß es wesentlich für alles Seiende ist, zu entstehen und zu vergehen, so ist doch eben das nicht ein Aspekt des »ist«. Ich komme damit auf meine anfangs gemachte Behauptung zurück, daß der Sinn des »ist« zeitlos ist. Ich verstehe überhaupt nicht mehr, woran sich Heidegger orientiert, woran er sich anmißt, wenn er behauptet, dieser Bezug zur Verborgenheit gehöre zum Sein. Zu welchem Sein? Sicher nicht zu dem, das in unserer Sprache vorkommt. Und so scheint auch Heidegger am Ende unsicher geworden zu sein, ob das, was er im Auge hat, überhaupt noch mit dem Wort »Sein« zum Ausdruck zu bringen ist. So sagte er in dem Seminar über den Vortrag über »Zeit und Sein«, daß, »indem das Sein als das Ereignis in den Blick kommt, es als Sein verschwindet« (S. 46). Heidegger war also von der These ausgegangen, daß man das Sein aus der Zeit verstehen müsse, und am Ende ist er zu dem Ergebnis gekommen, daß weder das Wort »Zeit« noch das Wort »Sein« das wiedergebe, was er im Auge hat. Was für ein trauriges Ende eines einst so stolzen und faszinierend klingenden Programms!

11. Moral in evolutionstheoretischer Sicht

Für Dr. Paul Löw-Beer
zum 90. Geburtstag am 8. Juli 2000

I.

»Moral in evolutionstheoretischer Sicht«: die einen sagen, so muß Moral gesehen werden; die anderen, so kann sie gar nicht gesehen werden. Auf der einen Seite sagt man: Die Menschen sind auch Tiere, und andere Spezies sind auch sozial und haben auch altruistische Verhaltensweisen, und es gibt Methoden, wie man diese genetisch untersuchen kann, also usw. Auf der anderen Seite wird geantwortet: Die Menschen sind zwar auch Tiere, aber sie unterscheiden sich von allen anderen Spezies durch den Faktor Kultur und kulturelle Geschichte, die Moral müsse in diesem Kontext verstanden werden, also usw.

Statt den einen und den anderen Argumenten nachzugehen, will ich von der Frage ausgehen, ob nicht das Thema Moral von sich aus eine evolutionstheoretische Reflexion *erfordert*. Dann wären es nicht erst die Biologen, die auf diese Perspektive aufmerksam machen würden, sondern als Philosoph müßte man heute von selbst auf sie stoßen. Sie legt sich nahe, wenn wir uns etwa fragen, woher wir die Moral haben. Sosehr wir uns auch mit Moral identifizieren mögen, so hat sie doch auch etwas von einem Fremdkörper. Daher ist die Frage »Woher kommt die Moral?« auch in den meisten älteren Kulturen gestellt und dort allerdings gewöhnlich religiös beantwortet worden. Zu meinen, die Moral sei einfach etwas, was wir *haben*, etwas, das zu unserem selbstverständlichen Gepäck gehört, ist eine eher ungewöhnliche Vorstellung, die sich da und dort in der Aufklärung vielleicht nur aus der Zurückweisung der religiösen Beantwortung der Woher-Frage ergeben hat. Auch unter aufgeklärten Prämissen läßt sich die Woher-Frage stellen und ist dann meist historisch-kulturell, gegebenenfalls sozio-ökonomisch verstanden worden. Aber reicht das? Müßte die Woher-Frage nicht so weit radikalisiert werden, daß sie auch die evolutionstheoretische Vorgeschichte umfaßt?

Doch nun kommt der Einwand. Es ist der Vorwurf des sogenannten naturalistischen Fehlschlusses. Merkwürdigerweise ist dieser inzwischen von vielen Soziobiologen als möglicher Einwand akzeptiert worden. Er erscheint in verschiedenen Formulierungen. In G. E. Moores *Principia Ethica*, dem *locus classicus* der *naturalistic fallacy*, kommt er nebenbei auch in der Form vor, daß man nicht sagen dürfe: Das und das hat sich evolutionär entwickelt, also sollte es so sein (oder: ist es gut) (§ 29). Daß das zwei verschiedene Aussagen sind, zwischen denen keine Implikation besteht, ist selbstverständlich. Aber Moore hatte eine viel allgemeinere These im Auge, die These, die wir auch schon bei Hume finden, daß man nie von einem Sein, von etwas Faktischem, auf ein Sollen schließen dürfe.

Daß *das* so sein müsse, ist weniger klar. Hobbes z. B. erklärt einfach: für jede Person ist das gut, was sie begehrt (Leviathan, 6. Kap.), und daß jemand etwas begehrt, ist etwas Faktisches. Haben diejenigen, die von der Irreduzibilität des Sollens auf ein Sein sprechen, alles Sollen im Auge, alle Normen, oder nur die moralischen? Bei einer strafrechtlichen Norm z. B. würde man doch sagen: man verstehe, was mit dem Gebotssatz gemeint ist, wenn man verstanden hat, welches die Strafe ist, die jemand riskiert, der ihn übertritt. Soll also die Irreduzibilität des Normativen aufs Faktische nur bei der Moral gelten, und warum? Der naturalistische Fehlschluß ist also keineswegs so evident, wie er auf den ersten Blick erscheint, sondern hängt offenbar an einem bestimmten Verständnis von Moral.

Es gibt noch eine andere These, die mit der von der *naturalistic fallacy* verwandt ist. Es handelt sich um die sogenannte *genetic fallacy*, die sich auf die Wahrheit von Aussagen bezieht. Man müsse unterscheiden zwischen der Frage, wie man zu einer Meinung gekommen ist, und derjenigen, ob sie wahr ist. Man muß unterscheiden zwischen den Ursachen, warum ein einzelner oder eine Gruppe zu der Meinung p gekommen ist, von den Gründen, die für die Wahrheit von p sprechen. Soviel ist unkontrovers, aber es gibt Moralphilosophen, die glauben, diese Unterscheidung auch auf Wertaussagen anwenden zu dürfen, auf Aussagen der Form »x ist gut«. Diese Übertragung wäre aber nur einwandfrei, wenn auch Wertaussagen immer auf Wahrheitsgründe verwiesen. Aber kann man z. B. eine ästhetische Wertaussage begründen, hat hier die Rede von einem Grund einen Sinn? Und bei moralischen Aussagen ist die Rede von Gründen zumindest kontrovers. Darauf werde ich zurückkommen.

Also diejenigen, die die Frage, woher die Moral kommt, für entweder überhaupt unberechtigt oder jedenfalls für irrelevant für das

Verständnis ihres Gehaltes ansehen, stützen sich entweder auf die *naturalistic fallacy*, oder auf eine Angleichung moralischer Sätze an faktische Sätze und auf das für diese geltende Verbot der *genetic fallacy*. Diese Fehlschlüsse sind deswegen so wenig evident, weil sie beide eine ganz bestimmte Vorstellung von Moral voraussetzen. Der Rede vom naturalistischen Fehlschluß entspricht eine Vorstellung vom moralischen Sollen von der Art, wie Kant sie hatte: das moralische Sollen – nicht das Evaluative generell – hat bei ihm einen transzendenten Sinn, dem zufolge es mit einem natürlichen, auf Sanktionen beruhenden Sinn von Sollsätzen nicht in Verbindung gebracht werden kann. Der anderen Vorstellung, die die moralischen Sätze an Aussagesätze assimiliert, entspricht der zur Zeit in der angelsächsischen Moralphilosophie vielfach vertretene sogenannte ethische Realismus. Ihm zufolge gibt es moralische Sachverhalte in einem objektiven Bereich analog zu denjenigen Sachverhalten, die unsere faktische Welt ausmachen. Glaubt man an eine dieser beiden Theorien, an die kantische oder die des ethischen Realismus, ist die Frage, woher wir die Moral haben, in der Tat abwegig.

Nun sind beide Theorien gewiß nicht einfach Phantasien, vielmehr kann man sich leicht klarmachen, daß sie sich durch bestimmte Weisen, wie wir von Moralischem reden, nahelegen, und doch scheinen sie mir beide das wirkliche Phänomen der Moral völlig zu verfehlen, weil sie beide das Sollen auf eine rigide Weise vom Wollen (bei Kant muß man sagen: vom natürlichen Wollen), trennen.

Zur Erläuterung beschränke ich mich auf den ethischen Realismus. Er assimiliert eine Aussage der Form »X ist gut« an Sätze mit einem objektiven Prädikat. Zu Unrecht, denn in »gut« steckt etwas Subjektives. Man braucht nicht soweit zu gehen wie die vorhin erwähnte Definition von Hobbes, die das Gute auf das faktische Wollen eines einzelnen bezieht. Moore hat darauf hingewiesen, daß, wenn wir sagen, etwas ist gut, das zwar auf ein Wollen oder Vorziehen bezogen ist, aber gemeint sei dabei, daß es begehrenswert ist, daß man es begehren sollte (§ 40). In der Tat, wir machen diesen Unterschied zwischen dem, was begehrt wird, und was man begehren soll, aber berechtigt das dazu, das Gesollte dem Begehren einfach gegenüberzustellen als ob es in einen transzendenten Bereich gehörte? Ein guter Wein ist ein solcher, den man nicht einfach faktisch vorzieht, sondern der objektiv gut ist, aber was heißt das? In diesem Fall, daß er allgemein oder von den Kennern vorgezogen wird. Es handelt sich also bei Gut und Sollen um eine Differenz, die im Umkreis des Wollens selbst bleibt: Ein so oder so ausgezeichnetes Wollen wird vom bloßen Wollen unterschieden.

Wie ist das aufs Moralische anzuwenden? Ich meine so, daß man eine Person als moralisch gut bezeichnet, wenn sie so ist, wie wir wechselseitig voneinander wollen, daß wir sind (vgl. J. Rawls, *Theory of Justice*, § 66). Diese Erklärung geht über Hobbes hinaus: Das Gute ist nicht einfach, was einer will, sondern es geht jetzt um das wechselseitige Wollen in einer *moral community*. In dieser konstituiert sich das, was man die moralischen Normen nennt. So gesehen steht uns das moralisch Gesollte weder wie bei Kant als etwas Transzendentes noch wie im Realismus als objektiver Sachverhalt gegenüber, es wurzelt vielmehr in etwas Faktischem, im wechselseitigen Wollen der Mitglieder einer moralischen Gemeinschaft, und wenn man sich fragt, was hier Sollen heißt, so sieht man sich sehr wohl auf ein Sanktionssystem verwiesen, zwar kein strafrechtliches, aber auf das der sogenannten moralischen Gefühle Empörung und Schuld.

Wenn aber das Moralische etwas jeweils Faktisches ist, erscheint es auch relevant zu fragen, woher es kommt, welches die Ursachen und Bedingungen sind, daß in einer jeweiligen Gesellschaft gerade das und das wechselseitig voneinander gefordert wird. Solange es um die Normen einer jeweiligen Gesellschaft geht, ist diese Frage nach dem Woher und Warum eine historische, aber muß man nicht darüber hinaus fragen, woran es liegt, daß Menschen offenbar in allen Zeiten im Bewußtsein wechselseitiger normativer Forderungen gelebt haben? Es ist diese Frage, die in eine evolutionstheoretische Perspektive führt. Z. B. ist die Hypothese naheliegend, daß die Disposition, wechselseitige Normen unter bestimmten Bedingungen anzuerkennen, und d. h. die entsprechenden moralischen Gefühle zu haben, genetisch vorgegeben ist.

Doch ein Vertreter der Lehre vom naturalistischen Fehlschluß wird an dieser Stelle Einspruch erheben. Er wird meine Beschreibung von Moral für unvollständig erklären. Die faktischen wechselseitigen Forderungen können doch nicht alles sein, um den Sinn dessen zu erfassen, was in einer moralischen Gemeinschaft für gut gehalten wird. Moore hätte erklärt, daß auch hier – beim wechselseitigen Wollen – noch eine Differenz zwischen faktischem und gesolltem Wollen zu beachten sei. Diese Differenz liege jetzt im Begründungsanspruch: Man müsse unterscheiden zwischen bloß tatsächlich bestehenden sozialen Normen und begründeten sozialen Normen.

Das ist gewiß richtig. Wie immer der Anspruch des Begründetseins bei moralischen Normen zu verstehen sein wird, er besteht. Aber folgt daraus, daß wir hier von der von Hume und Moore beschworenen Differenz zwischen Sein und Sollen eingeholt werden? Mir scheint vielmehr: Gerade bei der Frage, was es heißt, moralische Normen zu begründen, stoßen wir auf Tatsächliches, auf bestimmte Voraussetzungen, die wir faktisch machen über das, was es heißt, Moralisches zu begründen, und es wird sich noch zeigen, daß es zumindst als möglich angesehen werden muß, daß sich diese Voraussetzungen evolutionär konstituiert haben. Daß wir überhaupt nach Gründen fragen können, im praktischen wie im theoretischen Bereich, scheint allemal ein solcher Tatbestand zu sein. Der Aspekt des Begründetseinmüssens der moralischen Normen führt also sowenig aus dem Bereich des Tatsächlichen hinaus, als es gerade die Kriterien des Begründetseins selbst sind, die uns ihrerseits auf etwas Vorgegebenes zu verweisen scheinen.

2.

Sieht man sich an, was die evolutionstheoretische Reflexion unserer Zeit – die Soziobiologie – zu dieser Frage zu bieten hat, so muß man feststellen, daß sie nicht einmal den normativen Charakter der Moral berücksichtigt, geschweige denn die Perspektive der Begründung der Normen. Aber das Problem sind nicht nur die Soziobiologen. Wir finden im ganzen eine eigentümlich verquere Frontstellung. Denn viele derjenigen, die an der Moral als solcher interessiert sind, also vor allem die Philosophen, verwerfen nicht nur, was von den Soziobiologen angeboten wird, sondern schon die Möglichkeit eines Beitrags der Evolutionstheorie für die Moral. Ein Beispiel ist der Vortrag, den Thomas Nagel 1978 auf dem internationalen Dahlemer Symposion über »Morality as a Biological Phenomenon« gehalten hat.[1] Nagel erklärt, die Moraltheorie sei eine ebenso autonome Wissenschaft wie die Mathematik. Dahinter steht die heute besonders in den USA verbreitete Auffassung der Moral als etwas, was wir eben haben. Muß man hier nicht entgegenhalten, daß, wenn alle Menschen so etwas wie Moral (oder gar »die«

1 Th. Nagel, »Ethics as an Autonomous Theoretical Subject«, in: G. Stent (Hrsg.), *Morality as a Biological Phenomenon; The Presuppositions of Sociobiological Research*, London 1978, S. 189-205.

Moral) haben, sie sich nur evolutionär ergeben haben kann, es sei denn, wir hätten sie von anderswoher, von Gott? Ist das nicht die einzig verständliche Alternative? In der Vorstellung, Moral gehöre uns wesentlich zu, lasse sich aber nicht naturalistisch verstehen, liegen also wohl immer noch, wie schon bei Kant, uneingestandene theologische Voraussetzungen.

Auf der anderen Seite nun, in der Soziobiologie, gibt es kaum Versuche, vom Phänomen der menschlichen Moral selbst auszugehen;[1] die Forschung konzentriert sich vielmehr auf einen Begriff, der so allgemein ist, daß er sich a) auf soziale Insekten, b) die Spezies Homo und c) andere Wirbeltiere gleichermaßen anwenden läßt, »Altruismus«. Ich will nicht bestreiten, daß die Frage, welches die biologischen Voraussetzungen dafür sind, daß es sowohl bei Menschen wie bei anderen Spezies Altruismus geben kann, einen Wert hat und daß also eine entsprechende einheitliche Disziplin – Soziobiologie – überhaupt einen Sinn hat. Nur scheint mir ebenso klar, daß das Phänomen der Moral nicht erreicht wird, wenn man es nicht als etwas Normatives sieht (vgl. auch die auf dieser Seite Anm. 1 zitierten Arbeiten): Erstens gewinnt das Problem des Altruismus dann einen anderen Sinn, und zweitens gibt es mehrere andere Inhalte, die offenbar genauso universell zu normativen moralischen Systemen gehören, wie z. B. die Gerechtigkeit, die in der Soziobiologie einfach weggelassen werden, und so ist jedenfalls die Meinung derjenigen Soziobiologen völlig unfundiert, die wie E. O. Wilson oder Alexander meinen, daß ihre Forschungen etwas zum Verständnis unserer moralischen Fragen beitragen können.[2] Daß die Soziobiologie sich ausschließlich auf das Thema Altruismus konzentriert, hängt allerdings auch damit zusammen, daß in der englischen Ethik seit Hutcheson und dann insbesondere im Utilitarismus das moralische Verhalten primär als *benevolence* und *beneficence* verstanden worden ist. Man sieht, wie sehr die Frage,

1 Wo von Biologen der normative Charakter der menschlichen Moral hervorgehoben wird, geschieht das zur Abgrenzung (bei Kummer gegen das Verhalten anderer Primatenspezies, bei Ayala gegen die Soziobiologie), ohne daß die Normativität selbst als evolutionstheoretisches Thema zum Gegenstand gemacht wird. – Vgl. H. Kummer, »Analogs of Morality among Nonhuman Primates«, in G. Stent, a. a. O. (Anm. 1), S. 31-47; F. Ayala, »The Biological Roots of Morality«, *Biology and Philosophy* II (1987), S. 235-52.

2 E. O. Wilson, *Sociobiology*, Harvard Univ. Press 1975; ders., *On Human Nature*, Harvard Univ. Press 1978; Richard D. Alexander, *The Biology of Moral Systems*, New York 1987.

was von einer evolutionstheoretischen Aufklärung der Moral erwartet wird, von der sei es philosophischen, sei es populären Vorstellung von Moral abhängt, von der man ausgeht.

Man muß nun aber auch die eigentümliche Perspektive beachten, in der das Phänomen der Kultur bei den Soziobiologen erscheint. Es besteht ein Konsens, daß sich die Menschen in den letzten 10-40 000 Jahren nicht mehr genetisch entwickelt haben, daß also, was sich über die Menschen evolutionstheoretisch sagen läßt, die Entwicklung von Vermögen betrifft, die für unsere Spezies im Stadium von Jäger- und Sammler-Gesellschaften relevant gewesen sein müssen. Und es besteht Konsens, daß seit dem evolutionären Auftreten der menschlichen Sprache alle weiteren Veränderungen durch das bestimmt worden sind, was man Kultur nennt. So zitiert Wilson zustimmend Dobzhansky: »Human genes have surrendered their primacy in human evolution to an entirely new, nonbiological or superorganic agent, culture« (*On Human Nature*, S. 21). Weniger klar scheint hingegen, welchem Faktor dieser neue Agent Kultur seine Dynamik verdanken soll, und auch, wie sich diese neuartige Dynamik zur genetischen Dynamik verhält. So kann man sich darüber wundern, wieso von seiten der Soziobiologen einerseits erklärt wird, der entscheidende Faktor sei inzwischen der kulturelle, und sie andererseits meinen können, daß z. B. die für den menschlichen Altruismus maßgebenden Bedingungen ausschließlich im Genetischen zu suchen sind. Daß die Soziobiologen von der Normativität der menschlichen Moral absehen, hängt also auch damit zusammen, daß sie den Faktor Kultur zwar anerkennen, ihn aber mehr wie einen Überbau sehen, der jedenfalls nicht ihr Thema, sondern Gegenstand anderer Disziplinen ist. Es versteht sich natürlich von selbst, daß man mit Genetik nicht Geschichte treiben kann, weder Technikgeschichte noch Sozialgeschichte, aber die Fähigkeit zur Kultur kann doch ihrerseits nur genetisch entstanden sein. Müßte nicht also die Genese von Kultur, damit aber auch von Moral, ein sinnvoller Gegenstand evolutionstheoretischer Spekulation sein?

Überlegungen dieser Art hat es immer schon gegeben, und Ansätze zu einer solchen Reflexion finden sich auch im Umkreis der Soziobiologie. Eine Skizze, was kulturelle im Gegensatz zu genetischer Evolution bedeuten kann, hat Dawkins in seinem Buch *The Selfish Gene* (Oxford 1976) im 11. Kapitel mit seinem Begriff von Mimenen oder Memen entworfen. Sein Vorschlag bezieht sich auf einen für die Kultur relevanten Faktor, nämlich daß es bei Kulturellem eine neue Weise von Verstetigung und auch Veränderung gibt, nämlich Traditionen. Aber dieser Aspekt ist nicht nur für das Verständnis von Moral zweitrangig, sondern von daher allein ließe sich auch nicht verstehen, wieso, wie Dawkins eingangs sagt, die kulturelle Entwicklung »um Dimensionen schneller als die genetische« sei (189); nur nebenbei erwähnt er die Sprache (189), in einem Atem mit Moden (192).

Aber auch die mir bekannten Kritiker der Soziobiologie helfen hier nicht weiter. Marshall Sahlins sieht in seinem Buch *The Use and Abuse of Biology; an Anthropological Critique of Sociobiology* (London 1976) zwar die Sprache als das relevante kulturelle Phänomen, aber er versteht Sprache aus strukturalistischer Perspektive als symbolische Sinnstiftung einer Gesellschaft. So versteht man bei Sahlins ebensowenig wie bei Dawkins, wie es überhaupt zum Phänomen der Kultur kommen konnte noch wieso zu Kultur eine neuartige Dynamik gehört. In dem Buch *Not in our Genes* wiederum, das der Genetiker R. C. Lewontin zusammen mit S. Rose und L. Kamin geschrieben hat (Penguin Books 1984), wird die Soziobiologie u. a. aus einer Gerechtigkeitsperspektive kritisiert, aber ich meine: daß in der Soziobiologie neben Egoismus/Altruismus die Gerechtigkeitsperspektive nicht vorkommt, sollte nicht moralisierend gesehen werden, sondern als strukturelles Problem, das sich aus dem das Normative ausblendenden Ansatz ergibt.

Das eigentliche Problem, wie ich es sehe, ist also zwischen Anhängern und Gegnern der Soziobiologie hindurchgefallen: Die Soziobiologie anerkennt zwar das Gewicht des Faktors Kultur, aber sieht nicht, daß die Moral etwas wesentlich Kulturelles und zugleich ein genügend strukturiertes Phänomen ist, das selbst evolutionstheoretisch zu befragen ist. Zweitens, die Kritiker stellen der Soziobiologie keine Struktur von Kultur entgegen, die moralisch relevant ist. Drittens, die Mehrzahl der Philosophen versteht die Moral als einen autonomen Bereich, der nicht nach seinem Woher zu befragen sei.

3.

Gegenüber Auffassungen von Kultur, wie sie sich bei Dawkins, aber auch bei Sahlins finden, müßte ein Faktor im Phänomen Kultur hervorgehoben werden, der erstens einen evolutionären Vorteil darstellt und zweitens als Basis für eine eigene, nicht mehr genetische Evolution einsichtig ist. Als ein solcher Faktor ist häufig die Fähigkeit zum instrumentellen Denken genannt worden. Das ist soweit gewiß richtig, aber erstens, wodurch ist das instrumentelle Denken seinerseits ermöglicht, und zweitens, wie hängt das mit der Moral zusammen? Mit Sahlins glaube ich, daß die menschliche Sprache das Grundphänomen von Kultur ist, und ich stimme ihm auch darin zu, daß sie sich, wie er gegen Wilson geltend macht, von anderen Sprachen dadurch unterscheidet, daß sie nicht nur der Kommunikation dient. Aber ich meine nun, daß die extrakommunikative Funktion der menschlichen Sprache, auf die es hier ankommt, diejenige ist, die die Basis für das Phänomen der Rationalität ist. Hier legt sich der folgende Gedankengang nahe:

Menschen haben aufgrund ihrer Sprache das Vermögen zu *überlegen*, und wer überlegt, fragt nach *Gründen*. Wie ist der Zusammenhang zwischen der menschlichen Sprache und diesem Vermögen näher zu verstehen? Wenn eine Katze von einem Hund verfolgt wird und auf einen Baum springt, erklären wir ihr Verhalten als Resultante aus einem Wunsch und einer Meinung. Sie tut, was sie tut, weil sie etwas will und etwas (mehreres) meint, aber diese zwei Faktoren, das Wollen und das Meinen, haben bei ihr keinen eigenen Repräsentanten; daß hingegen bei Menschen eine solche Trennung von Wunsch und Meinung gegeben ist, ist die Folge davon, daß diese sich jede für sich sprachlich ausdrücken lassen.[1] Das Besondere der menschlichen Sprache muß in ihrer propositionalen Struktur gesehen werden,[2] und die zwei Grundformen sind Wunsch- und Befehlssätze auf der einen Seite und Meinungssätze auf der anderen. Daß ein Individuum etwas meint oder etwas will, heißt, daß es die Disposition hat, den entsprechenden Satz zu äußern. Daß die propositionale Sprache nicht nur eine Kommunikationsfunktion hat, liegt darin, daß das Individuum eine Mitteilung nicht einfach an andere Individuen weitergibt, sondern mit seinem Wunsch (ebenso mit dem Wunsch oder Befehl des anderen) *konfrontiert* ist, ebenso mit seiner Meinung, in dem Sinn, daß es jetzt – sein Gegenüber natürlich genauso – *zu* seiner Meinung bzw. seinem Wunsch (bzw. dem Befehl eines anderen) *Stellung* nehmen kann, indem es den entsprechenden Satz bejahen oder negieren kann und dadurch auch die Möglichkeit hat, sich zwi-

1 Vgl. A. Kenny, *Will, Freedom and Power*, Oxford 1975, S. 48.
2 Vgl. Tugendhat, *Vorlesungen zur Einführung in die sprachanalytische Philosophie*, Frankfurt 1976.

schen Bejahung und Negation zu stellen, indem es fragt oder überlegt.

Das Objekt der Überlegung sind Gründe. Ich folge Scanlon,[1] wenn ich sage: Unter einem Grund ist das zu verstehen, was für oder gegen etwas spricht, für oder gegen eine assertorische oder praktische Bejahung, eine Meinung oder einen Wunsch. Dazu gehört nun auch, daß, indem das Individuum das Bewußtsein hat, zu einer theoretischen oder praktischen Bejahung so oder so Position beziehen zu können oder auch Epoché zu üben, es sich eines *Spielraums von Optionen* bewußt ist, es hat in diesem Sinn ein Freiheitsbewußtsein. Dieser Aspekt, daß das Individuum Optionen hat, weil es zu seinen Meinungen und Absichten Stellung nehmen kann, läßt sich durch die Metapher ausdrücken, daß Menschen nicht »fest verdrahtet« sind (*hard wired*). Damit ist gemeint, daß auf der Ebene des Verhaltens keine kausale Determiniertheit besteht, d.h. das menschliche Verhalten läßt sich nicht nach dem Schema Stimulus-Reaktion verstehen, weder angeboren noch gelernt. Man kann nicht sagen, das Individuum müsse so und so handeln, weil es die Situation so und so wahrnehme und das und das wolle; man kann es nicht sagen, weil zwischen Wahrnehmung und Absicht einerseits und Handlung andererseits die Überlegung treten kann. In der Überlegung erwägt man verschiedene Optionen. Aber das heißt nicht, daß menschliches Handeln nicht kausalbestimmt ist, es ist es nur nicht auf der Ebene des Verhaltens. Wir wissen heute lediglich noch nicht, auf welche Weise Überlegung und Gründe mit Ursachen zusammenhängen.

So wie ich die Dinge sehe, gehören also 1. das Vermögen der Überlegung, 2. daß sich Menschen in einem Spielraum von Optionen befinden und 3. daß sie eine Perspektive auf Gründe haben, unmittelbar zusammen, und dieses Ganze gründet sich auf das Auseinandertreten der praktischen und theoretischen Komponenten des Verhaltens, das seinerseits durch die propositionale Struktur der Sprache ermöglicht wird. Solange die Komponenten des Meinens und Wollens nicht auseinandergetreten sind, hätte die Überlegung – die Frage nach Gründen – keinen Anhaltspunkt: Die Handlungssituation als ganze ist kein möglicher Gegenstand der Überlegung. Die in der antiken Definition vom Menschen als *zoon logon echon* angesprochene Zusammengehörigkeit von Satzspra-

1 T.M. Scanlon, *What we Owe to Each Other*, Harvard Univ. Press 1998, § 1.

che und Rationalität besteht also zu Recht, jedoch nicht als Identität: Das Sprechen in Sätzen ist nicht selbst das, was wir mit Rationalität meinen, aber es ist die Bedingung dafür, daß wir nach Gründen (*rationes, reasons*) fragen können: Gründe sind wesentlich Gründe für Sätze, assertorische und praktische, bzw. für das in ihnen Gemeinte.

Wie läßt sich das nun evolutionär verstehen? Ich habe vorhin die Auffassung erwähnt, der zufolge der evolutionäre Sprung, der mit der menschlichen Intelligenzform erreicht ist, in der Ausbildung des instrumentellen Denkens liegt. Nun ist die Fähigkeit, instrumentell zu denken, lediglich eine Folge der Fähigkeit, zu überlegen und mit Gründen umzugehen. Was hier also evolutionär neu aufgetreten ist, hat die grundsätzlichere Struktur der durch die propositionale Sprache ermöglichten Fähigkeit, nach Gründen zu fragen und mit Gründen umzugehen. Es ist eine der erstaunlichsten Tatsachen, daß die Struktur menschlicher Sprachen überall im wesentlichen die gleiche ist. Wir kennen ihre Vorformen nicht, wissen also nicht, wie sie sich entwickelt hat, und können sie wohl nur, jedenfalls vorderhand, ähnlich wie bei so vielen anderen biologischen Gebilden, als etwas evolutionär Zustandegekommenes feststellen, das einen zweifellosen evolutionären Vorteil darstellt, nicht nur wegen der neuartigen kommunikativen Möglichkeiten, sondern wegen der Ermöglichung der Rationalität. Diese stellt gegenüber dem Lernen durch Konditionierung eine neue Stufe der Intelligenz dar, die eine unvergleichliche neue Flexibilität in der Anpassung ermöglicht, und sie impliziert zugleich die Möglichkeit einer eigenständigen, von der genetischen unabhängigen kumulativen Dynamik.

Dobzhansky erklärt, nach dem vorhin zitierten Satz (oben S. 205): »However, it should not be forgotten that this agent (die Kultur) is entirely dependent on the human genotype.« Wenden wir diese These von der Abhängigkeit der Kultur vom Genetischen auf die Ergebnisse der Rationalität an, so kann, was Dobzhansky meint, natürlich nicht heißen, daß sie im einzelnen auf genetische Bedingungen verweisen, da ja die Rationalität dann nicht eine neue, eigenständige Dynamik darstellen würde, sondern nur, daß die Fähigkeit, sich rational zu verhalten (und sich mehr oder weniger so zu verhalten), genetisch bedingt sein muß. Das heißt dann aber, daß das Verhältnis zwischen genetischer Grundlage und dem phänotypischen Verhalten, da es jetzt aufgrund der Eigendynamik des

Kulturellen, des Begründungsdenkens vermittelt ist, nicht mehr so direkt sein kann, wie es der Fall ist, wenn gesagt wird, daß bestimmte Gene für bestimmte phänotypische Merkmale (*traits*) verantwortlich sind. Ich beziehe mich hier natürlich nicht auf den allgemeinen Umstand, daß die meisten phänotypischen Merkmale von vielen Genen abhängen, sondern auf den spezifischen Tatbestand, der im Bereich des Kulturellen und speziell Rationalen gelten muß, daß, was genetisch bedingt ist, nicht die Merkmale sein können, sondern Fähigkeiten, die jeweils einer ganzen Palette von rational bestimmtem Verhalten zugrunde liegt. Und das werden wir ebenso im Bereich des Moralischen erwarten müssen wie im Bereich des Theoretischen. In beiden Fällen sind es offenbar Dispositionen zu formalen Tätigkeiten, die wir uns als genetisch bedingt denken müssen, und nicht inhaltliche Merkmale wie z. B., im Fall der Moral, Altruismus oder Freigebigkeit.

Aber wie ordnet sich nun die Moral, als formale Verhaltensweise verstanden, die inhaltlich so oder so ausgefüllt sein kann, in das vorhin entworfene Schema des Begründenkönnens? Menschen, habe ich gesagt, handeln nicht nur wie andere Tiere nach ihren Meinungen und Wünschen, sondern sehen sich mit ihnen konfrontiert, können sich überlegend fragen, was für und was gegen sie spricht. Was ist innerhalb dieses Schemas der Ort der Moral, wie läßt sich die Frage nach der Begründung einer Moral hier einordnen?

Innerhalb der Dichotomie Meinungen – Wünsche müßte die Begründung einer Moral natürlich auf die Seite der Begründung unserer Wünsche gehören. Aber läßt sich denn, erstens, die Moral als Wunsch verstehen, und zweitens und vorneweg: wie sieht denn überhaupt eine Begründung von Wünschen aus? Das Überlegen, was für oder gegen die eigenen Wünsche spricht, ist natürlich anders zu sehen als bei Meinungen. Bei Meinungen geht es darum, diese selbst zu begründen oder zu entkräften, sie als wahr oder falsch zu erweisen. Sich hingegen zu einem Wunsch rational verhalten heißt, wie es die Theorie der rationalen Wahl zeigt, ihn in Zusammenhang mit den anderen eigenen Wünschen zu sehen, ihn im Vergleich zu ihnen gewichten. Daß aber auch die Moral als ein Wünschen gesehen werden muß, erscheint vielleicht deswegen merkwürdig, weil ich das Wort »Wünschen« hier als Sammelausdruck für alle praktischen Bejahungen verwende, es umfaßt also auch Gebote, und eine moralische Norm ist ein allgemeiner wechselseitiger Imperativ, der freilich, da er wechselseitig ist, von jedem

Mitglied der moralischen Gemeinschaft auch im engen Sinn des Wortes gewünscht sein muß.

Damit ist zunächst sichergestellt, daß eine Moral, als wechselseitiges normatives System, auch in den Bereich der propositionalen Sprache fällt. Und darin liegt dann auch, daß es sich um etwas handelt, wozu ein Individuum sich positiv oder negativ verhalten kann, also nicht, wie wenn Moral als Altruismus verstanden wird, um eine Verhaltensweise oder Eigenschaft, die man lediglich in höherem oder geringerem Maße *hat*.

Wie ist nun 1. dieser Begriff der moralischen Norm als wechselseitige Forderung genauer zu verstehen? Und dann 2.: Was heißt es, ein normatives System zu begründen? Die Beantwortung der zweiten Frage müßte dazu führen, der Begründung der Moral eine Stelle innerhalb der Theorie der rationalen Wahl zuzuordnen.

Zur ersten Frage: Die moralischen Normen als wechselseitige Forderungen zu verstehen ergibt sich aus der in der Ethnologie üblichen Auffassung der moralischen Regeln einer Gesellschaft als derjenigen Regelmäßigkeiten, die durch sozialen Druck aufrechterhalten werden. Sozialer Druck ist natürlich wechselseitig, und im Druck liegt die Sanktion. Keine intersubjektive Forderung ohne eine Sanktion. Das Eigentümliche einer wechselseitigen Forderung ist natürlich, daß hier jeder zugleich Subjekt und Adressat ist. Und das muß wohl folgendermaßen verstanden werden: Wenn jemand anders handelt, als die Normen es vorschreiben, sieht er sich der Empörung der übrigen ausgesetzt. Versteht er sich nicht als Außenseiter, sondern als Mitglied der moralischen Gemeinschaft, dann heißt das, daß er seinerseits empört sein wird, wenn andere sich so verhalten, und das impliziert, daß er, wenn er sich selbst so verhalten hat, die Empörung der anderen antizipiert, ein Schuldgefühl hat. Das Schuldgefühl bzw. Gewissen ist die internalisierte Empörung. Die Sanktion besteht also in den beiden komplementären Gefühlen der Empörung und Schuld. Zu beachten ist, daß, so wie die Empörung hier definiert ist, jemand sich nicht empören kann, wenn er nicht unterstellt, daß alle anderen Mitglieder der moralischen Gemeinschaft sich über denselben Sachverhalt ebenso empören oder empören müßten. Die so definierten moralischen Gefühle sind, was im ganzen Bereich der Affekte einzigartig ist, von ihrem Sinn her geteilte Gefühle. In ihnen, natürlich immer gedacht als bezogen auf ein bestimmtes Normenset, konstituiert sich die Gemeinsamkeit einer moralischen Gemeinschaft. An das gemeinsame

Gefühl der Empörung schließen sich unmittelbar Tadel und Lob. Zu einer moralischen Gemeinschaft gehört also stets ein Begriff des moralisch Guten. Jemand ist moralisch gut, wenn er so ist, wie die Mitglieder der moralischen Gemeinschaft das wechselseitig voneinander fordern (oben S. 202). Aus den wechselseitigen moralischen Gefühlen und moralischen Werturteilen generiert sich nun auch eine eigene Motivation. Das Individuum hat ein Motiv, moralisch zu handeln, weil es nicht getadelt und verachtet sein möchte, und dann auch (im Schritt zur autonomen moralischen Haltung): weil es sich nicht als tadelns- und verachtens*wert* sehen möchte. Zweifellos ist es genetisch bedingt, daß die Individuen der Spezies Mensch ein Selbstwertgefühl haben, das für ihre Lebensbejahung wichtig ist, und das Bewußtsein von sozialem und dann auch speziell moralischem Wert ist dafür wesentlich.

An diese Stelle gehört eine Anmerkung zur Altruismusdiskussion in der Soziobiologie. Es gibt gewiß auch spontanen Altruismus, der dann direkt genetisch bedingt sein mag, aber was man als spezifisch moralischen Altruismus bezeichnen kann, ist derjenige Altruismus, der moralisch geboten ist. Wer moralisch altruistisch handelt, handelt nicht aus Altruismus, sondern aus Moral, d. h. weil er nicht verachtet werden möchte oder auch sich nicht als verachtenswert vorkommen möchte. Die Frage, ob und wieweit es bei Menschen einen, wie die Soziobiologen sagen, »wahren«, d. h. selbstlosen Altruismus gibt oder nicht, ist also weitgehend irrelevant, diese Frage stammt im übrigen nur aus einer irreal übertriebenen Idee von Selbstlosigkeit in Teilen der christlichen Tradition (unabhängig von dieser würde man nicht sagen, es komme auf Selbstlosigkeit, sondern auf Gerechtigkeit an; sogar das Gebot »liebe deinen Nächsten wie dich selbst« ist ein Gerechtigkeitsgebot und fordert nicht Selbstlosigkeit). Die moralische Motivation ist selbstverständlich egoistisch, es geht dem moralisch Handelnden nicht, wie manchmal behauptet wird, um die Moral oder das Richtige, sondern um sein eigenes moralisches *Standing*. Wenn sich z. B. jemand für eine andere Person opfert – das bei den Soziobiologen beliebte Beispiel –, kann er das in spontamem Altruismus um der Person willen tun oder weil er meint, daß er es soll, beides kann sich natürlich vermischen. Aber insoweit er es tut, weil er meint, daß er es soll, heißt das, daß er es tut, weil er meint, daß er sich sonst verachten müßte. Der Vergleich mit dem Verhalten von sich opfernden Ameisen oder Bienen ist also abwegig, und dies keineswegs wegen der von den Soziobiologen hervorgehobenen anderen genetischen Konstellation, sondern wegen der Vermittlung durchs Normative. Das Normative ist nicht nur ein anderer Mechanismus, sondern soweit man hier überhaupt von einer entsprechenden genetischen Disposition sprechen kann, handelt es sich um die genetische Disposition, nicht sich für andere zu opfern, sondern die Normen gut zu befolgen, egal welche es sind.

Ich komme nun zu der zweiten Frage: wie man die Rede von der Begründung einer Moral verstehen muß. Zu dieser Frage findet sich merkwürdigerweise in der ethischen Literatur nirgends eine befriedigende Antwort, und deswegen wird es vielfach auch für falsch, ja für sinnwidrig erklärt, von einer Begründung von Normen zu sprechen. Man muß es aber nach meiner Meinung so sehen: Normen sind sicher nicht an und für sich begründbar analog zu Aussagesätzen,[1] denn eine Norm ist ein allgemeiner Imperativ und eine moralische Norm ein wechselseitiger allgemeiner Imperativ. Ein Imperativ erhebt keinen Wahrheitsanspruch, er ist daher nicht begründbar (nicht weil er unbegründbar wäre, sondern weil die Rede von Begründbarkeit hier keinen Sinn hat). Man kann ihn aber *demjenigen* gegenüber begründen, an den er ergeht: Das hat dann den Sinn, daß man ihm zeigt, daß er einen Grund hat, ihn zu befolgen. Das gilt für alle Imperative; es gibt da die verschiedensten Gründe. Ist es nun aber ein wechselseitiger Imperativ, können die Individuen sich wechselseitig sagen, daß jeder einen Grund hat, ihn zu befolgen. Und da es nicht ein einzelner Imperativ ist, sondern eine stehende Norm, muß offenbar die Begründung darin bestehen zu zeigen, daß jeder einen Grund hat, die Norm nicht nur zu befolgen, sondern das System wechselseitiger Forderungen einzugehen, und das heißt: der Norm bei anderen und sich selbst in der Bereitschaft zu den gemeinsamen Gefühlen der Empörung und Schuld Nachdruck zu verleihen. Es ist also nicht ganz korrekt, von einem wechselseitigen normativen System zu sagen, *es* sei begründet; genauer muß man sagen, es ist wechselseitig begründet, für alle. Deswegen läßt sich die Rede vom Begründetsein einer Moral nur auf eine moralische Gemeinschaft beziehen, man muß sagen können: es ist für uns begründet (und wenn wir heute von einer universalen Moral sprechen, kann das nur den Sinn haben; daß es eine universale Gemeinschaft gibt).

1 Daß es so sei, ist die Meinung von J. Habermas.

Ich glaube, daß diese personenrelative Erklärung (im Englischen: nicht *justify*, sondern *justify to x*) sich nicht nur begrifflich ergibt, sondern auch dem normalen außerphilosophischen Verständnis entspricht. Wenn z.B. ein Kind von seinen Eltern wissen will, warum es die und die Normen befolgen und akzeptieren soll, ist das die Frage nach der Begründung. Daß Eltern es als Manko empfinden, wenn sie auf diese Frage nicht antworten können, zeigt, daß außerhalb der Philosophie die Begründungsbedürftigkeit der moralischen Normen durchaus gesehen wird, und eine Antwort, die Kind und Eltern befriedigt, wird kaum in einer Aussage über das Gute bestehen (oder in einer Aussage, in der »gut« das Prädikat ist), sondern sie wird entweder auf eine – gewöhnlich religiöse – Tradition rekurrieren oder das Kind auf Regeln verweisen, von denen es will (wünscht), daß die anderen es befolgen und bei denen es zugleich einsehen kann, daß es auch die anderen von ihm und untereinander wollen. In beiden Fällen ist klar, daß, indem das normative System der Person gegenüber begründet wird, die Norm in doppelter Weise in das prudentielle System der Person (also in das Ganze ihrer Wünsche) eingeordnet wird: die Person will die Geltung des normativen Systems für sich, es ist in ihrem Interesse; 2. sie will es auch als etwas, das wechselseitig begründbar ist, sie will diese wechselseitige Begründbarkeit. Aber man kann nun fragen: warum auch dieses Zweite? Es ist diese Stelle, an der z.B. die Diskursethiker glauben, auf die Vernunft zurückgreifen zu sollen. Man kann das tun, aber es nützt nichts, weil man sich dann wieder fragen müßte: und was hat man für ein Motiv, in diesem Sinn praktisch-vernünftig zu sein? Eine andere, immerhin bessere Antwort, bei der wir uns aber ebenfalls nur im Kreise drehen, wäre: weil man gerecht sein will, und tatsächlich wollen das die meisten, wenigstens als Lippenbekenntnis. Aber wieder stellt sich die Frage: warum? *Eine* Antwort wäre, daß es ohne die wechselseitige Begründbarkeit eben nicht zu einer moralischen Gemeinschaft kommt, zu gemeinsam gewollten Normen, zu geteilten moralischen Gefühlen. Das heißt, daß der Umstand, daß es für die anderen genauso begründet sein muß, eine Folge des Mechanismus der moralischen Einigung wäre: sonst ließen sich die moralischen Gefühle nicht erreichen.[1] Eine solche Antwort reicht auch ein Stück weit, aber wohl nicht ganz.

1 Diesen Aspekt habe ich in meinem Aufsatz »Wie sollen wir Moral verstehen?« (s. in diesem Band S. 163) stark zu machen versucht. Ich habe aber auch schon dort auf seine Grenzen hingewiesen.

Die andere Antwort wäre, daß ein Bedürfnis nach intersubjektiver Symmetrie bei Menschen – gewiß neben anderen und entgegengesetzten Gefühlen, aber immerhin – vorhanden ist, und das könnte dann heißen, daß es zur genetischen Ausstattung dieser Spezies gehört. Wenn man das Vermögen, gemeinsame auf Normen bezogene Gefühle auszubilden – Empörung und Schuld –, als evolutionär entstanden ansehen darf, ist es von da zur Annahme eines ebenfalls auf Normen bezogenen genetisch bedingten sozialen Symmetriebedürfnisses nur ein Schritt.

Ich behaupte nicht, daß man es so sehen muß, ich glaube nur, daß die evolutionstheoretische Diskussion zur Moral in Richtung solcher Fragen gehen müßte, also bezogen auf die Art, wie sich Menschen normativ zueinander verhalten, und nicht bezogen auf vornormatives intersubjektives Verhalten.

Besteht eine Nähe, so könnte man jetzt fragen, zwischen der Haltung, andere als gleiche zu achten, die sich aus dem Symmetriewunsch ergibt, und altruistischem Verhalten? Vielleicht; in beiden Fällen beziehen wir uns irgendwie positiv auf andere, aber es sind doch wesentlich verschiedene Verhaltensweisen. Altruistisch ist ein Verhalten, das auf das Wohl anderer bezogen ist – das kann auch unsymmetrisch und paternalistisch erfolgen –, die Achtung bezieht sich auf die anderen als Partner gemeinsamer und gegebenenfalls symmetrischer Normen. Aus der wechselseitigen Achtung *folgen* altruistische Forderungen, wie es umgekehrt auch einen vornormativen, spontanen Altruismus gibt. Man könnte sagen, daß ein Mensch symmetrische Neigungen hat, wenn er gleichgewichtige intersubjektive Situationen vorzieht: er möchte weder dominant sein und eigene Vorteile ausnutzen, noch neigt er dazu, sich zu unterwerfen. Symmetrische Neigungen sind etwas anderes als altruistische Neigungen, aber man kann sich klarmachen, daß beide Neigungen in menschlichen Gruppierungen positiv bewertet werden, so daß es auch naheliegt anzunehmen, daß beide Eigenschaften evolutionär bevorzugt worden sind. Weiterhin ist dann aber naheliegend, daß, sobald Normen aufkommen und begründet werden müssen, Individuen, die im direkten Umgang symmetrische Neigungen haben, auch dazu disponiert sind, die wechselseitig symmetrische Begründung zu bevorzugen.

Ich bin jetzt an der Stelle angelangt, die ich anfangs antizipiert habe, daß es gerade die Begründungsfrage sein könne, die uns möglicherweise auf eine genetische Basis verweist. Das impliziert nicht einen naturalistischen Fehlschluß, man muß vielmehr sehen, daß, wenn nach dem begründetermaßen Gesollten gefragt wird, dies nicht eine Frage im leeren Raum ist: »begründet« heißt: begründet für uns, und wir sind eine so und so strukturierte, evolutionär gewordene Spezies.

Die spannenden Fragen fangen aber jetzt erst an. Die eine betrifft das Verhältnis zwischen Individuum und Gemeinschaft. Die Biologen sprechen von »Gruppe«. Aber wenn eine Mehrzahl von Individuen durch gemeinsame Normen zusammengehalten wird, haben wir ein neues Phänomen. An die moralische Gemeinschaft schließt sich dann die politische Gemeinschaft. Worauf ich hier nur hinweisen möchte, ist, daß der Kitt menschlicher Gemeinschaften im Gegensatz zu Gruppen oder »Staaten« bei Tieren, die »fest verdrahtet« sind, wiederum in Begründungen besteht: in Normen, die teilweise erzwungen werden, aber teilweise gemeinsam begründet, für gut befunden sein müssen. Im krassen Gegensatz zu den Staaten der Hymenoptera bilden sich menschliche Gemeinschaften nur in der Weise, daß die Individuen sich, wenn sie nicht Sklaven sind, von sich aus an das Gemeinwesen anhaken, weil das für sie begründet (gut) ist. Das ist das Ergebnis einer – natürlich meist potentiellen – Überlegung, sie könnten also auch anders, und das hat zur Folge, daß die Gemeinschaft den Individuen gegenüber begründet (legitimiert) werden muß. Menschliche Gemeinschaften sind ein evolutionäres Unikum, mit den Gruppen anderer Wirbeltierspezies strukturell ebenso unvergleichbar wie mit den Staaten der Hymenoptera. In der Soziobiologie wird betont, daß alle Selektion sich auf der Ebene der Individuen abspielt, nicht der Gruppe. Aber wie verhält sich bei Menschen das normative Verhalten des Individuums zum Überleben der Gruppen und umgekehrt. Hängt das Überleben der Individuen nicht wesentlich vom Gemeinwesen ab, und von welchen normativen und anderen Faktoren hängt das Überleben des Gemeinwesens ab? Ich wundere mich lediglich, wie wenig ich über solche Fragen in der soziobiologischen Literatur gefunden habe.

4.

Eine weitere Frage ist: Welche bestimmteren Formen kann die Begründung eines normativen Systems annehmen, wenn sie im allgemeinen so zu verstehen ist, wie ich gezeigt habe, und wie sind sie moralisch und pragmatisch relativ zueinander zu beurteilen? Die prinzipiellste Unterscheidung von Begründungsweisen, die sich hier nahelegt, habe ich schon angedeutet: einerseits die religiös-traditionalistische und andererseits diejenige, in der, was die Individuen voneinander wechselseitig fordern, nur auf die Interessen eines jeden bezogen ist, wobei dann durch die Art der Begründung (»einem jeden gegenüber«) die gleichmäßige Berücksichtigung impliziert ist. Man kann die erste Begründungsweise als vertikale bezeichnen und die zweite als horizontale. Nun scheint bei wechselseitigen Forderungen die wechselseitige, also horizontale Begründung derart naheliegend, daß man vielleicht gar nicht auf die Idee kommen würde, daß es auch eine andere Begründungsweise geben könnte, wenn wir nicht durch die Wirklichkeit der Kulturgeschichte vom Gegenteil belehrt wären. Noch heute glauben viele Menschen, die religiöse, also vertikale Begründung sei das genuine Medium für die Moral. Wie läßt sich das verstehen?

Der Umstand, daß, wie Piaget gezeigt hat, alle Menschen als Kinder unvermeidlich ein zumindest partiell autoritäres Moralverständnis durchlaufen, scheint keine ausreichende Erklärung zu sein. Es muß zu denken geben, daß in den frühen Hochkulturen, also als zuerst politische Gebilde entstanden sind, die weit über Sippengemeinschaften hinausreichten wie in China oder Ägypten, die Idee einer demokratischen Ordnung geradezu undenkbar gewesen zu sein scheint. Legitimität war nur durch eine transzendente Instanz begründbar, und eine politische Ordnung ließ sich nur als von oben hierarchisierte denken. Lag das nur an den Zahlen? Ich meine, hier sollte berücksichtigt werden, daß die horizontale Begründung von ihrer Struktur her eine egalitäre Tendenz hat, während bei der vertikalen Begründung inhaltlich nichts präjudiziert ist; es gilt einfach das, was die Autorität gebietet. Man könnte also geradezu sagen, die vertikale Begründung habe die Funktion gehabt, den Egalitarismus der horizontalen Begründung zu verhindern, also eine Moral wechselseitiger Forderungen möglich zu machen, die als begründet angesehen würde und, da sie gleichwohl nicht wechselseitig begründet werden mußte, sich den realen inegalitären Verhältnissen anpassen ließ. Wenn mit Recht gesagt worden ist,[1] daß die Moral den Vorteil biete, sich an neue ökologische Bedingungen unvergleichlich schneller anpassen zu können als ein genetisch bestimmter Charakter, so erfüllt die vertikal begründete

1 Vgl. H. Kummer, a.a.O., S. 44.

Moral diese Eigenschaft in außerordentlicher Weise, da sie einen Schein von Begründung wahrt, aber sich inhaltlich beliebig anpassen kann. Der Kontrast zum Begründetsein im theoretisch–technischen Bereich springt in die Augen: Dort ist die bessere Begründung die Bedingung für gesteigerte Umweltanpassung, während hier die größere Flexibilität erreicht wird, indem eine Scheinbegründung an die Stelle der tatsächlichen tritt. Wenn moralische Begründungsweisen so leicht verschiebbar sind, wäre das ein Argument für die materialistische Geschichtsauffassung, der zufolge der Motor der neuartigen, nicht mehr genetischen Evolution, die durch das Begründungsdenken ausgelöst worden ist, primär in der technischen Dimension liegt und der moralischen Begründung die Funktion zukäme, die durch den technischen Fortschritt veränderten sozialen Verhältnisse nachträglich scheinhaft zu rechtfertigen.

In unserer Zeit hat sich die horizontale Begründungsweise formal durchgesetzt, und es wäre nun verlockend, das erstens besser zu verstehen und zweitens der Frage nachzugehen, welches die neuen Mechanismen sind, die den Egalitarismus in Grenzen halten, und welches andererseits die moralischen Gründe, die dagegengesetzt werden können.

Gibt es Mischformen von vertikaler und horizontaler Begründung? Jedenfalls haben wohl alle vertikal begründeten Moralsysteme auch Komponenten enthalten, die eigentlich in die horizontale Begründung gehören, sonst ließe sich z.B. nicht verstehen, wieso auch alle vertikal begründeten Moralsysteme den Gesichtspunkt der Gerechtigkeit überhaupt enthalten.

Neben diesen zwei Begründungsweisen möchte ich auf zwei andere hinweisen, bei denen man vielleicht überhaupt nicht von Begründung sprechen kann. Ich meine auf der einen Seite das, was in der Soziobiologie als *reciprocal altruism* bezeichnet wird, und auf der anderen Seite den moralischen Partikularismus.

Das Konzept des reziproken Altruismus, das vor allem auf einen Aufsatz von Trivers von 1971 zurückgeht,[1] bot in der Soziobiologie eine Möglichkeit, altruistisches Verhalten nicht auf *kin selection* beschränken zu müssen: altruistisches Verhalten ist auch außerhalb der Verwandschaftsgruppe genetisch vorteilhaft, wenn der Aufwand des Individuums sich durch ein entsprechendes Verhalten der anderen bezahlt macht, und das ist der Fall, wenn es so diskri-

1 Robert L. Trivers, »The Evolution of Reciprocal Altruism«, *Quarterly Rev. of Biology* 46 (1971), S. 35-57.

minieren kann, daß es dieses Verhalten nur denjenigen gegenüber aufrechterhält, die sich revanchieren. Trivers wendet dieses Konzept auch auf das menschliche Verhalten an (S. 45 ff). Dabei versteht er aber auch spezifisch normative Verhaltensweisen wie Schuldgefühl und »moralistische Aggression« als zusätzliche genetisch bedingte vorteilhafte Merkmale, die den reziproken Altruismus bei Menschen unterstützen.[1] Deskriptiv ist gegen diese Verbindung des Konzepts des reziproken Altruismus mit normativen Strukturen der menschlichen Moral nichts einzuwenden, aber wenn man bedenkt, daß der reziproke Altruismus bei anderen Spezies nicht normativ ist und umgekehrt bei Menschen normative Systeme sich nicht nur auf Altruismus beziehen, stellt sich die Frage, wieweit sich der reziproke Altruismus bei Menschen auch ohne das Normative denken ließe. Hier zeigt sich eine Lücke in meiner Ableitung. Ich habe von der Moral nur gezeigt daß sie Sprache und Begründungsdenken voraussetzt, nicht daß sie, wenn diese gegeben sind, notwendig folgt. Wäre es also nicht durchaus denkbar, daß es bei Menschen oder Hominiden, bei denen der evolutionäre Schub der propositionalen Sprache schon stattgefunden hat, einen reziproken Altruismus ohne Moral gegeben hat? Es wäre doch möglich, daß Wesen, die bereits propositional sprechen könnten, die aber noch nicht die Fähigkeit zu moralischen Gefühlen hatten, also keine wechselseitigen Forderungen stellten und die Perspektive auf Gerechtigkeit nicht hatten, reziproke altruistische Verhaltensweisen ausbildeten. Man kann sich gut vorstellen, daß man sich auf eine bestimmte Weise (nicht schädigend, nicht lügend, helfend) zu anderen nur verhält, wenn auch sie sich so verhalten, ohne es aber zu fordern, d.h. ohne daß dieses Verhalten wechselseitig sanktioniert wäre.[2] Aber man kann sich, meine ich, ebenso klarmachen, daß ein moralisch gestützter Altruismus mit Normen, Sanktionen, Gewissen, sobald er evolutionär verfügbar ist, die stärkere Möglichkeit ist, stärker sowohl in dem Sinn, daß zugunsten seiner selegiert worden wäre, als auch in dem Sinn, daß ein rationales Wesen ihn vorziehen würde.

1 Ähnlich bezieht auch R. Alexander Normatives in die Beschreibung des menschlichen reziproken Altruismus ein: »systems of indirect reciprocity as expressed in humans require ... widely communicated concepts of right and wrong« (*The Biology of Moral Systems*, New York 1987, S. 95).

2 Daß es bei anderen Primaten soziale Sanktionen für Fehlverhalten noch nicht gibt, zeigt Kummer, a.a.O., S. 40f.

Schließlich der moralische Partikularismus. Ich denke hier nicht an die verschiedenen historischen Formen des Partikularismus – diese aufzuklären wäre ein weiteres Problem –, sondern an denjenigen Partikularismus, der heute neben dem Universalismus eine gleichzeitige, aber entgegengesetzte Tendenz darstellt, die in den verschiedenen Formen des Faschismus am deutlichsten zu fassen ist. Wie läuft im Partikularismus die Begründung? Sie ist jedenfalls nicht vertikal, aber läßt sie sich als Variante der horizontalen Begründung ansehen? Ich habe an anderer Stelle zu zeigen versucht,[1] daß das Wesentliche des Partikularismus nicht einfach darin besteht, daß er um eine Gruppe – etwa eine ethnische – eine ausschließende Grenze zieht, sondern daß auch innerhalb der Gruppe nicht relativ auf die Individuen begründet wird: »Abartige« Individuen werden genauso ausgeschlossen wie die Fremden. Hier gibt es durchaus Normen, aber ihre Geltung wird weder relativ zu meinen eigenen Interessen noch zu denjenigen der anderen gesehen, vielmehr ergeben sie sich erstens durch reziproke *Bestätigung* statt Begründung (»ich bin gut, wenn ich bin wie die anderen meiner Gruppe«), und zweitens, wo es um Haltungen geht, die begründet werden wie Loyalität oder Tapferkeit, ist es eine instrumentelle Begründung relativ zum Erhalt oder Wohl der Gruppe. Soll man sagen, der Bezugspunkt der Begründung ist die Gruppe anstelle der Individuen? Vielleicht, aber so würde das eben genannte Phänomen der wechselseitigen Bestätigung übergangen. Der Wechselbezug der Individuen besteht nicht wie in der horizontalen Begründung darin, daß sie wechselseitig auf ihre Interessen Rücksicht nehmen, sondern daß sie in einem sich gegen Fremdes ausgrenzenden gemeinsamen Wir-Gefühl aufgehen. Wenn es richtig ist, alle praktische Begründung auf die eigenen Wünsche zu beziehen, dann gründet die partikularistische Einstellung darin, daß das Individuum in einem sich gegen Fremdes ausgrenzenden Wir-Gefühl aufgehen will. Darin drückt sich ein Verschmelzungsbedürfnis aus, das zu einem Normenverständnis führt, das dadurch charakterisiert ist, daß es Begründungsfragen, die nicht ich- und wir-bezogen sind (»wie kannst du es den anderen gegenüber begründen?«), ablehnt: Moral als begründungsunbedürftige Sitte. Die Tendenz, in einem sich nach außen abgrenzenden Wir verschmelzen zu wollen, könnte eine anthropologische Konstante so gut sein wie das inter-

1 *Dialog in Leticia*, 4. Abschnitt.

subjektive Symmetriebedürfnis, von dem im Zusammenhang der horizontalen Begründung die Rede war.

Eine partikularistische Moral wäre also in gewisser Weise auch eine Moral ohne Begründung, wie sie es in ganz anderer Weise der reziproke Altruismus ist: im reziproken Altruismus gibt es gar keine Normen, die zu begründen wären, während eine partikularistische Moral ein normatives System ist, in dem eine Begründung abgewehrt wird. Der offenkundigste Gegensatz besteht aber darin, daß der reziproke Altruismus ein System isolierter, nur instrumentell aufeinander bezogener Individuen ist, während die partikularen Moralsysteme auf dem Bedürfnis aufbauen, die Grenze zwischen Ich und Wir zum Verschwimmen zu bringen, und damit mag zusammenhängen, daß der normenfreie reziproke Altruismus bei Menschen nur ein hypothetisches Konstrukt ist, während der Partikularismus unsere Wirklichkeit durchdringt.[1]

5.

Die Gegenüberstellung der vier Weisen der Begründung oder Nichtbegründung gehört, mit Ausnahme des reziproken Altruismus, nicht mehr in den Bereich der genetisch bedingten Voraussetzung von Kultur, sondern in den der Kulturgeschichte selbst. Gleichwohl mag es naheliegen, auch bei ihnen nicht nur die Frage nach der besseren Begründetheit der wechselseitigen Forderungen, sondern auch die nach dem Überlebensvorteil zu stellen, an die uns die evolutionstheoretische Denkweise gewöhnt hat. Aber was heißt es, von einer Moral oder sogar einer Begründungsweise von Moral zu sagen, daß sie vorteilhafter ist als eine andere? Vorteilhafter für die Individuen, für die Gesellschaft, für beide in ihrer Wechselbeziehung? Und wird hier nicht allemal ein krasser Fehlschluß begangen, wenn auch nicht ein naturalistischer, wenn man die beiden Fragen, ob ein Konzept das moralischere oder das vorteilhaftere ist, vermischt? So wäre es jedenfalls, wenn sich die beiden Prädikate »moralisch« und »vorteilhaft« beim Ver-

1 Ich sollte anmerken, daß mich die Beschreibung, die ich vom Partikularismus hier gebe, ebensowenig befriedigt wie die, die ich im *Dialog in Leticia* gegeben habe. Wahrscheinlich ist es falsch, ihn als eine vierte Weise von Begründung (oder Nichtbegründung) zu sehen. Statt dessen wäre bei der horizontalen Begründungsweise zwischen einem egalitär-universalistischen und einem partikulären Ast zu differenzieren.

gleich der verschiedenen Moral*konzepte* so klar trennen ließen, wie das bei der Beurteilung von Einzelhandlungen der Fall ist.

Was ist mit dem komparativischen Ausdruck »moralischer« gemeint, wenn wir ein ganzes Konzept mit einem anderen vergleichen? Wahrscheinlich, daß das Konzept wechselseitiger Forderungen (oder, was auf dasselbe hinausläuft, das Konzept des moralisch Guten) besser begründet ist als das andere. Aber was heißt besseres Begründetsein, wenn wir verschiedene *Begründungsweisen* normativer Systeme miteinander vergleichen? Wir haben vielleicht nicht ein von den verschiedenen Begründungsweisen unabhängiges Kriterium. Wenn wir z. B. die horizontale mit der partikularistischen Begründungsweise vergleichen, scheinen wir letztlich auf zwei verschiedene Weisen, wie man sich in seiner Intersubjektivität verstehen kann, zu stoßen: bezogen auf ein Symmetriebedürfnis oder bezogen auf ein Verschmelzungsbedürfnis. Es sind zwei verschiedene Bezugspunkte für intersubjektive Begründung. Die egoistischen Interessen eines jeden (»was für mich vorteilhaft ist«) bilden einen dritten Bezugspunkt. Dieser war es gewesen, von dem aus ich oben die normative Moral als »stärker« gegenüber dem vormoralischen reziproken Altruismus beurteilt habe. Falls man auch beim Vergleich von verschiedenen Begründungsweisen von Normensystemen untereinander auf Eigeninteressen Bezug nehmen müßte, dann ließe sich beim Vergleich verschiedener Begründungskonzepte der Komparativ »moralischer« nicht mehr so klar vom Komparativ »vorteilhafter für den einzelnen« freihalten. Wahrscheinlich geben, wenn etwa zwischen dem horizontal universalistischen und dem partikularistischen Konzept argumentiert wird, prudentielle Argumente mehr her als moralische, die prudentiellen Argumente hängen aber zweifellos von den historischen und ökonomischen Bedingungen ab. Von daher wäre auch verständlich, wieso die moralische Sichtweise ganzer Bevölkerungen je nach den historischen Bedingungen in kurzer Zeit von einem Begründungskonzept zu einem anderen wechseln kann, wie das z. B. in Deutschland und in Japan in den Jahren nach 1945 der Fall gewesen zu sein scheint.

Man könnte meinen, es handle sich dabei nur um eine Verschiebung der Motivation, nicht des Verständnisses der Begründung. Die Frage ist jedoch, ob diese zwei Aspekte überhaupt so reinlich zu trennen sind. Das läßt sich auch *innerhalb* der horizontalen Begründungsweise zeigen, etwa am Beispiel der universalistischen Einstellung. Hier erscheint die folgende Überlegung naheliegend:

Der formale Egalitarismus ergibt sich bei der horizontalen Begründung von vornherein, weil ein inegalitäres Konzept den anderen – allen anderen – gegenüber nicht begründet werden kann. Daß man hingegen die moralische Gemeinschaft auch als eine universale verstehen müsse, ist ein weiterer Schritt: Die Begründung ist schwächer, sie folgt durch Analogie zu dem Egalitarismus, der sich in der wechselseitigen Begründung innerhalb einer zunächst als begrenzt angenommenen Gemeinschaft ergeben hat.[1] Dieser Differenz in der Begründung scheint zu entsprechen, daß die meisten, die ein formal egalitäres Moralverständnis haben, den Universalismus zwar auch, aber halbherziger vertreten (die eigenen Toten wiegen ungleich mehr als die übrigen usw.). Dieses zweiseitige Phänomen, daß viele Menschen heute erstens universalistisch eingestellt sind, aber zweitens nicht so sehr, läßt sich aber nach beiden Seiten auch einfach auf pragmatische Gründe zurückführen: Einerseits gibt es eine große Mobilität (»es könnte auch uns betreffen«), andererseits ist der Rest der Menschheit nach wie vor weit weg (»es könnte nicht uns geschehen«). Es gibt also scheinbar zwei alternative Erklärungen für diese Komponente im heutigen Verständnis von Moral: entweder weil man sie für begründet, aber für weniger begründet hält *oder* weil diese halbherzige Erweiterung der moralischen Gemeinschaft den eigenen Interessen entspricht. Man scheint sich also fragen zu können: Hat man diese moralische Auffassung aus moralischen oder aus prudentiellen Gründen?

Aber wenn die moralischen von den prudentiellen Gründen nicht reinlich zu trennen sind, ist das keine klare Alternative. Wenn die moralische Begründung in diesem Fall nur eine Begründung durch Analogie ist, ist sie gar keine geschlossene Größe, die von anderen Motiven deutlich zu trennen wäre. Ähnlich steht es z. B. bei der Frage, wieweit wir moralische Verpflichtungen gegenüber ungeborenen Kindern oder gegenüber Tieren haben: sie sind *wie wir* (die aufeinander wechselseitig moralisch Bezogenen), aber doch *nicht ganz*. Es gibt also Gründe, aber keine zwingenden, so daß sich die scheinbar objektiven moralischen Gründe von subjektiven Motiven durchdringen lassen. Etwas Analoges gilt allemal für

1 Vgl. dazu meinen Aufsatz »Gleichheit und Universalität in der Moral«, in: M. Willaschek, *Ernst Tugendhat: Moralbegründung und Gerechtigkeit*, Münster 1997, S. 24, und »Wie sollen wir Moral verstehen?«, in diesem Band, S. 163.

die Voraussetzung, die wohl der horizontalen Begründung auch in ihrem Kernbereich zugrunde liegt, das Interesse an intersubjektiver Symmetrie. Der oberste Bezugspunkt der wechselseitigen Begründung ist ein subjektives Motiv.

Die letzten Überlegungen waren gewiß nicht besonders luzide. Der Unterschied zwischen moralisch-objektiver Rechtfertigung und subjektiven Motiven sollte nicht geleugnet werden, aber wo die Begründungsfragen an ihr Ende stoßen, scheint die Unterscheidung nicht mehr so einfach. Auch deswegen können für die Moral im ganzen evolutionstheoretische Überlegungen so relevant werden, deswegen sind aber auch für moralische Anschauungen im einzelnen die historischen Bedingungen so viel relevanter, als es aus der Innenperspektive scheinen mag.

12. Macht und Antiegalitarismus bei Nietzsche und Hitler

Kann man über Nietzsche in einem Atem mit Hitler sprechen? Viele meinen: nein. Es ist aber heute schlecht von der Nazizeit abzusehen, und wenn ich den Antiegalitarismus von Nietzsche mit demjenigen von Hitler vergleiche, so nicht nur, weil es, bei allen offensichtlichen Differenzen, wirkliche Vergleichspunkte gibt, sondern weil ich glaube, daß Nietzsche vieles nicht gesagt hätte, wenn er gewußt hätte, was man inzwischen weiß. Das macht den Vergleich auch als einen, den man Nietzsche selbst hätte vorhalten können, sinnvoll. Wer heute Nietzsche liest, muß entweder gegenüber bestimmten Aussagen die Augen schließen oder aber ausrufen: »O wenn du gewußt hättest!«

1.

Der Egalitarismus bestimmt seit der Französischen Revolution das dominante Verständnis von Moral und Legitimität. Das soll nicht heißen, daß er von allen bejaht wird, aber er beherrscht die Bühne der Auseinandersetzung. Deswegen sind diejenigen modernen Denker, die es anders sehen, nicht einfach Inegalitaristen – sie haben nicht einfach andere Anschauungen –, sondern Antiegalitaristen, sie verstehen ihre andersartige Auffassung reaktiv als Kampf gegen den Egalitarismus.

Mit Egalitarismus ist dabei nicht, wie das heute häufig der Fall ist, die materielle Gleichverteilung gemeint, sondern daß – und so sehen es auch Nietzsche und Hitler – alle gleiche Rechte haben.

»Wir glauben,« so heißt es in der nordamerikanischen Unabhängigkeitserklärung, »daß es selbstevident ist, daß alle Menschen gleich geschaffen sind ...« Diese Formulierung ist nach zwei Hinsichten unbefriedigend. Erstens, weil die Überzeugung des Egalitarismus nicht darin besteht, daß alle Menschen gleich sind, sondern daß sie bei aller Ungleichheit als gleich angesehen werden *sollen*. Zweitens: Wenn gesagt wird, daß etwas »selbstevident« ist, wirkt das als Eingeständnis, daß man nicht wisse, wie es zu begründen sei. Deswegen sind zwar außer den faschistischen alle modernen Rechtsordnungen in diesem grundsätzlichen Sinn egalitär, es gibt aber bis heute keinen Konsens darüber, worin diese Bedeutung der

Gleichheit ihren Grund hat. So hält man auf der einen Seite die Gleichheit für nicht begründbar, und auf der anderen Seite meint man, daß sie sich aus irgendwelchen historischen kollektiven Vorurteilen ergeben habe und im Grunde willkürlich sei. Ich meine aber, die richtige Antwort liegt auf der Hand: Wenn Normen denjenigen gegenüber, für die sie gelten sollen, nicht begründet werden können, haben sie für sie einen Zwangscharakter, d. h. dann sind sie für sie nicht legitim. Moralische und politische Normen sind nur begründet, wenn sie es den Betroffenen gegenüber sind. Lassen sie sich nicht allen gegenüber gleichermaßen begründen, haben sie für diejenigen, denen kein oder ein geringeres Gewicht eingeräumt wird, einen Zwangscharakter (im Grenzfall wären die ihnen Unterworfenen Sklaven).

Wieso konnte es dann überhaupt inegalitäre Rechtsordnungen geben? Es scheint im wesentlichen zwei Arten der Begründung von Normen gegeben zu haben: durch Autorität oder wechselseitig. Auch die Begründung über eine religiöse Autorität oder die Autorität der Tradition ist natürlich eine Begründung *für* die Individuen und muß in diesem Sinn eine einheitliche für alle sein. Im Effekt kann aber ein so begründetes Normensystem beliebig inegalitär sein, weil hier – für alle – das als gut oder legitim gilt, was die Autorität als solches setzt. Entfällt der Glaube an die Autorität, dann ist die Begründung nur wechselseitig möglich, und als wechselseitige scheint sie wenigstens im Fundament egalitär sein zu müssen, da die Gleichheit das einzige ist, worauf sich mehrere einspielen können, wenn die Normen nicht für die eine Seite einen Zwangscharakter haben sollen, wenn also nicht von der andereren Seite Macht eingesetzt wird. Mit der Begründung durch Autorität läßt sich der Egalitarismus, der mit der Begründungsbedürftigkeit von Normen gegeben ist, blockieren. Der gleiche *Glaube* tritt dann an die Stelle des *gleichmäßigen Interesses*. So wird verständlich, wieso der Egalitarismus erst seit der Französischen Revolution für Legitimität konstitutiv scheint und andersartige Auffassungen das egalitäre Prinzip explizit verwerfen müssen.

2.

Es ist nicht bekannt, ob Hitler Nietzsche überhaupt gelesen hat,[1] aber ihre anti-egalitaristischen Positionen sind sich genügend ähn-

1 Vgl. W. Maser, *Adolf Hitler*, München/Esslingen (Bechtle Verlag) 1971, S. 189.

lich, um es interessant erscheinen zu lassen, zu fragen, wie sie sich konzeptuell zueinander verhalten. Der erste Eindruck ist:

Erstens, sowohl Nietzsche wie Hitler verwerfen die Idee der Gleichheit, beide mit besonderer Schärfe, beiden erscheint diese Idee als etwas geradezu Irrsinniges, besonders Unbegreifliches: In Nietzsches *Zarathustra* wird die Lehre von der Gleichheit in den Mund der Taranteln gelegt (IV, 128), bei Hitler ist es eine Idee der Juden.

Zweitens: Das, zugunsten wovon die Gleichheit verworfen wird, ist nicht etwa ein anderer Gerechtigkeitsmaßstab (so ist die Gleichheit sonst kritisiert worden: nicht die gleiche Verteilung sei gerecht, sondern die proportionale gemäß bestimmten Maßstäben wie z. B. größeres Verdienst, größere Bedürftigkeit usw.), nicht das also soll an die Stelle der Gleichheit treten, sondern Macht. Nietzsches Terminus ist »Wille zur Macht«. Hitler erkärt: »Stets hat der Stärkere das Recht, seinen Willen durchzusetzen,« das sei das Gesetz der Natur. Die Macht allein entscheidet und rechtfertigt zugleich. Die Gleichheit wird also im Namen der Macht verworfen, und die Begründung lautet, auch das bei Nietzsche und bei Hitler ähnlich: es sei eine empirische Tatsache, daß alles menschliche Handeln ebenso wie alles Leben überhaupt (oder sogar die Natur) ausschließlich durch Machtstreben bestimmt wird, und das impliziert – auch das sehen Nietzsche und Hitler analog –, daß auch dasjenige Handeln, das sich nicht so versteht, das moralisch egalitäre, in Wirklichkeit – nur auf eine verquere Weise – ausschließlich durch das Machtmotiv bestimmt ist.

Aber es gibt wesentliche Unterschiede: *Erstens*, Hitlers theoretische Position ist sehr einfach, während Nietzsche ein ungewöhnlich komplizierter und facettenreicher Philosoph war. *Zweitens*, und damit zusammenhängend: Hitler hatte einen kruden und einfachen Machtbegriff im Sinn von Gewalt, während Nietzsche in seinem Begriff vom Willen zur Macht die Antworten auf mehrere Fragen gebündelt hat: der Begriff ist nicht eindeutig. *Drittens*: Nietzsche war zentral am Begriff der Moral interessiert, während Hitler sich als Handelnder, nicht als Denkender verstanden hat, und dafür reichte die Überzeugung, daß, wo es um Macht geht, alle Rücksichten der Moral und der guten Sitten entfallen können. Nietzsche hingegen ging es darum, dem Sinn von Moral auf den Grund zu gehen und vom Willen zur Macht her eine »Umwertung aller Werte« vorzunehmen. *Viertens*, der persönliche Ausgangspunkt von Hitler war ein ganz anderer als der persönliche Ausgangspunkt von Nietzsche. Hitler ging es ausschließlich um seine Macht und damit in eins um die Macht des Volkes. Nietzsche hingegen war ein Gegner des Nationalismus. Sein existentieller Ausgangspunkt war, daß er sich als zur Begabtenelite gehörig angesehen hat, und damit war für ihn die Vorstellung von einer unüberbrückbaren, weil blutsmäßig bestimmten Ungleichheit zwischen den »höheren« und den »gewöhnlichen« Menschen verbunden. Damit hängt *fünftens* zusammen, daß die Inegalität, um die es Nietzsche ging, eine quasi vertikale Ungleichheit war, eine Ungleichheit zwischen denen, die oben, und denen, die unten sind, während es Hitler um einen Machtkampf zwischen den Völkern ging, also um eine quasi horizontale Ungleichheit.

Es sind vor allem die ersten zwei dieser Differenzen, die es sinnvoll erscheinen lassen, entgegen der chronologischen Reihenfolge die schlichte Position Hitlers voranzustellen. Bei Nietzsche darf man es sich nicht zu leicht machen. Es genügt nicht, von seinen Mehrdeutigkeiten nur im allgemeinen zu sprechen. Die verschiedenen Stränge und Nuancen müssen auseinandergenommen werden. Es ist nur ein Strang, der sich jedoch am Ende für Nietzsche selbst immer stärker als der maßgebende aufdrängte, auf dem er in die unmittelbare Nähe Hitlers gerät. Ich mache also nicht einfach einen Vergleich, ich interessiere mich auch nicht für die Wirkungsgeschichte, die von Nietzsche zu Hitler führt, sondern ich werde verschiedene Tendenzen bei Nietzsche unterscheiden und sehe Hitler als *terminus ad quem* für eine von ihnen.

3.

In *Mein Kampf* (MK) stellt Hitler seine »Weltanschauung« vor. Diese ist sowohl praktisch wie theoretisch zu verstehen. Hitler war ein leidenschaftlich – »fanatisch« – Wollender, sein ganzer Wille war auf den einen Punkt konzentriert, sein Volk – das »Deutschtum« – aus der »Schmach« des Versailler Vertrags heraus und zur Weltherrschaft zu führen. Dieses praktische Konzept, in dem sich Hitlers eigenes Machtstreben mit dem Streben nach Machterweiterung des Kollektivs verbindet, fügt sich in sein theoretisches Verständnis der Wirklichkeit, das er aus dem damals gängigen Sozialdarwinismus entnimmt, dem zufolge alles Leben und bei Menschen insbesondere das der Völker im »Kampf ums Dasein« besteht. Er beruft sich in MK und auch später immer wieder darauf, daß Recht gleich Macht sei, daß es natürlich und daher auch richtig sei, daß die Stärkeren siegen und die Schwächeren untergehen und daß dafür die Einsetzung aller Mittel berechtigt sei. Das Subjekt dieses Kampfes sieht Hitler im Kollektiv, und dieses sieht er nicht nur als Volk, sondern als Rasse.

Um zu verstehen, wie die Zusammenhänge zwischen Kampf ums Dasein, Rasse und Wert für Hitler aussehen, muß man seine Rassentheorie berücksichtigen, die er im 11. Kapitel von MK darstellt und die im wesentlichen auf Gobineau zurückgeht. »Alles weltgeschichtliche Geschehen ist nur die Äußerung des Selbsterhaltungstriebes der Rassen ...« (324). Mit Gobineau meint Hitler, die Menschheit zerfalle in mehrere Rassen, höhere und niedrigere. Das Kriterium für diese werthafte Differenz sieht er darin, ob und wieweit die Individuen sich egoistisch oder aufs Gemeinwesen hin verstehen, »opferungsbereit« sind. Die egoistische Einstellung bezeichnet Hitler als »materialistisch«, die sich vom Gemeinwesen her verstehende als »idealistisch«, und diese ist die Bedingung für »Kulturbildung«. So ergibt sich eine Skala, auf deren höchster Stufe die arische Rasse angesiedelt wird, auf der niedrigsten die jüdische. Neben dieser werthaften Unterscheidung zwischen den reinen Rassen gibt es – auch dies geht auf Gobineau zurück – einen besonderen Unwert, der in der Rassenmischung – der »Blutschande« – besteht: Rassen degenerieren, wenn sie sich mit anderen vermischen.

Mit »dem« Juden hat es für Hitler eine besondere Bewandtnis, die man nicht richtig sieht, wenn man meint, daß sich bei Hitler lediglich die gängigen antisemitischen Vorurteile ins Extrem gesteigert haben. Hitler schildert im 2. Kapitel von MK, wie er meinte in Wien zu seinen antisemitischen Überzeugungen gekommen zu sein. Aber bereits in einer Stellungnahme von 1919,[1] die in der Forderung gipfelt, das letzte Ziel »muss unverrückbar die Entfernung der Juden überhaupt« sein, unterscheidet Hitler seinen Antisemitismus vom gewöhnlichen, »gefühlsmässigen«, Antisemitismus als »Antisemitismus der Vernunft«. Wie dieser zu verstehen ist, führt Hitler im 11. Kapitel von MK aus, anknüpfend an die schon erwähnte Charakterisierung der Juden als materialistisch und individualistisch. Da ihnen der idealistische Gemeinsinn fehlt (ihr Zusammengehörigkeitsgefühl ist nur ein Schein, MK 330), ist die-

1 Vgl. Maser a. a. O., S. 175-177.

ses Volk unfähig zur Bildung einer eigenen Kultur. Die Juden können sich daher nur erhalten, indem sie als »Parasiten« anderer Völker leben. Als »Blutegel« saugen sie ihre Wirtsvölker aus und streben nach Weltherrschaft.

Hitler führt im 11. Kapitel 11 Stufen vor, wie er die historische Entwicklung der europäischen Juden sieht (MK 338-358). Hier kommt es nur auf die letzten Stufen an, die unter den Stichwörtern »Gleichheit« und »Internationalismus« stehen (346): Liberalismus, Demokratie und Sozialismus – also alles, was Nietzsche die »modernen Ideen« nennt – sind jüdische Ideen, und jüdisch sind insbesondere das internationale Finanzwesen und der internationale Marxismus. Hitler sieht also die egalitären Gedanken als die Machination eines Gegners, der sie, selbst nicht volkshaft verwurzelt, dazu verwendet, das Nationale und Gewachsene und somit das »Sittliche« mit seinem Individualismus zu zerstören.

Die egalitären Ideen sind also für Hitler in den Juden gewissermaßen personifiziert. Hitler konnte sich nur im Haß eigentlich entfalten, und denselben Haß suchte er im Volk, das seine Vorurteile teilte, zu erwecken. Daher brauchte er einen einheitlichen Gegenspieler, der wie in einem Prisma alles in sich verbinden mußte, was sich dem Völkisch-Nationalen, zu dem er seine Volksgenossen aus den Verführungen, denen sie erlegen waren, zurückführen wollte, widersetzte. »Die Nationalisierung unserer Massen wird nur gelingen, wenn bei allem positiven Kampf um die Seele unseres Volkes ihre internationalen Vergifter ausgerottet werden« (MK 372). Folglich, so könnte man ergänzen, müßte man einen solchen einheitlichen Gegner, wenn man ihn nicht finden sollte, konstruieren (der Jude als »die Personifikation des Teufels«, MK 355), aber für Hitler gab es zwischen Konstruieren und Finden keinen Gegensatz. Was Hitler also den Antisemitismus der Vernunft nannte, ist der beschriebene personifizierte Antiegalitarismus.

4.

Es ist noch einiges zu ergänzen. Daß Hitler die Juden nicht nur als Gegner sah, sondern daß er sie ausrotten wollte, ist eine logische Konsequenz daraus, daß er sie als Rasse sah. Er insistierte darauf, daß, was die Juden zu einem Volk macht, nicht die Religion, sondern die Rasse ist (die Religion werde nur vorgetäuscht, MK 336), und daraus folgt, daß sie von ihrer verderblichen Eigenheit nicht abgebracht werden können.[1]

Die große Bedeutung des Rassegedankens im 19. und 20. Jahrhundert für den Antiegalitarismus besteht darin, daß er es zu einer Zeit, in der der Feudalismus seine Glaubhaftigkeit verloren hat, möglich machte, die in Wirklichkeit sozio-ökonomisch bedingten Inegalitäten naturhaft zu zementieren. Man sieht das schon da, wo der Rassebegriff zuerst aufgekommen ist, in der ersten Hälfte des 19. Jahrhunderts in Frankreich. Die Adelsschicht, deren Stellung durch den Egalitarismus der Französischen Revolution erschüttert war, sollte jetzt von der germanischen Rasse der Franken, der Eroberer, abstammen und der dritte Stand auf die Ureinwohner, die Gallier, zurückgehen. Der Rassismus gab also denjenigen, die nach dem Zusammenbruch des Feudalismus am Inegalitarismus festhalten wollten, eine Handhabe, sei es, daß man, wie Gobineau, das Feudale als seinerseits rassisch fundiert sah, sei es, daß das Rassische, wie nun im 20. Jahrhundert, ganz vom Feudalen emanzipiert wird und jetzt zur Zementierung der Ungleichheit der Völker dient. An die Stelle des vertikalen Inegalitarismus der Schichten tritt der horizontale Inegalitarismus zwischen den Völkern. Für Hitler diente der Rassebegriff sowohl zur Intensivierung des Selbstgefühls der Deutschen als arischer Herrenrasse wie auch dazu, den Juden ihr Schicksal als unentrinnbar erscheinen zu lassen, und natürlich ebenso zur Rechtfertigung seiner Behandlung fremder Völker als Untermenschen. – Hitlers Inegalitarismus beschränkt sich nicht auf die Außenperspektive: Die Volksgemeinschaft ist ihrerseits inegalitär nach dem Führerprinzip zu organisieren (MK 378f., 492f.), gemäß dem »aristokratischen Grundgesetz der Natur« (421); aber dieser vertikale Inegalitarismus ist kein rassischer, er ist nicht vorgegeben, sondern normativ und soll nur auf Tüchtigkeit beruhen.

Eine Ergänzung zu Hitlers Judenbild liegt nahe, die naturgemäß über sein explizites Selbstverständnis hinausgeht. Hitler tendierte dazu, alles, was er sich nicht erklären konnte, auf Machenschaften der Juden zurückzuführen, so wie man in anderen Zeiten, was man sich nicht erklären konnte, auf Hexen oder den Teufel zurück-

1 Die Ausrottung der Juden war nur die Konsequenz der Rassengesetze von 1935. Es wirkt komisch, wenn die Diskussion in Deutschland sich heute nur auf die effektive Vernichtung und darauf bezieht, ob und wieweit man z. B. von ihr gewußt habe oder nicht, als ob man von den Rassegesetzen nicht gewußt hätte.

führte. Zum Beispiel war es Hitler unverständlich, daß England nach dem Zusammenbruch von Frankreich im Jahr 1940 – entgegen seinen »wirklichen Interessen«, wie Hitler sie sah – auf seine Friedensangebote nicht einging; es konnte folglich nur an den Juden gelegen haben.[1] Die Juden personalisierten also für Hitler nicht nur das Böse und Egalitäre, sie hatten auch die Funktion eines Erklärungs-Jokers. Es liegt nahe, auch diesen Aspekt der Erklärung des Unverständlichen auf die egalitären Ideen zu beziehen. Man hat nicht den Eindruck, daß Hitler eine Erklärung dafür hatte, wieso sie aufgekommen waren, außer eben, daß sie eine jüdische Erfindung waren. Sie schienen ihm unnatürlich in dem doppelten Sinn von böse und unverständlich.

Angesichts der wahnhaften Aspekte von Hitlers Bild von den Juden liegt die Frage nahe, wieweit er daran wirklich geglaubt hat. Aber erstens könnte man bei Hitlers eher pragmatischem Wahrheitsverständnis[2] sagen, daß es sich wohl in dem Maße für ihn bestätigte, als es sich auch in der Propaganda bewährte. Zweitens spricht wohl alles dafür, daß er tatsächlich daran glaubte. Es gibt zwar eine Stelle in dem Text, den Hitler im Februar 1945 Bormann diktiert hat, wo er erklärt, von jüdischer Rasse spreche er »nur aus sprachlicher Bequemlichkeit«[3], aber seine weiteren Ausführungen entsprechen dem Konzept von MK, und am Tag vor seinem Tod erklärte er: »Vor allem verpflichte ich die Führung der Nation und die Gefolgschaft zur peinlichen Einhaltung der Rassengesetze und zum unbarmherzigen Widerstand gegen den Weltvergifter aller Völker, das internationale Judentum.«[4]

Jedenfalls ist Hitlers Judenbild einigermaßen konsistent und klar umrissen, und als solches ist es von einem bloßen Mischmasch antisemitischer Vorstellungen ebensoweit entfernt wie von einem Konzept, das ihm neuerdings von Gunnar Heinsohn unterstellt worden ist.[5] Heinsohn meint, daß Hitler »das archaische Recht

1 *Hitlers Politisches Testament*, A. Knaus Verlag, Hamburg 1981, S. 43.

2 Vgl. Nietzsche: »ein Gedanke wird durch seine Wirkung bewiesen« (XIII 245).

3 *Hitlers Politisches Testament*, a.a.O., S. 68.

4 Zitiert von E. Jäckel, *Hitlers Weltanschauung*, Tübingen 1969, S. 85 und von W. Maser, a.a.O., S. 270.

5 Gunnar Heinsohn, »Auschwitz ohne Hitler?«, in der Zeitschrift *Lettre International* 1996, S. 21 ff. Heinsohns Auffassung ist jüngst auch von Michael Naumann in einem Vortrag auf einer Holocaust-Konferenz in Stockholm im Januar 2000 vertreten worden. Der Vortrag ist in der *Frankfurter Rundschau* vom 29. 1. 2000 abgedruckt worden.

auf ... Völkerausrottung wiederherstellen und dafür (!) das Volk der zehn Gebote beseitigen wollte ...« (S. 21). Heinsohn meint erstens, daß die Stoßrichtung von Hitlers Antisemitismus primär die jüdische Moral, insbesondere das Tötungsverbot des 5. Gebots betrifft. Nur so lasse sich auch zweitens die Steigerung des Antisemitismus bis zur Ausrottung verstehen.

Beide Thesen scheinen mir klarerweise falsch. Die einzige Grundlage von Heinsohns Argument ist eine Stelle in Hermann Rauschnings Buch *Gespräche mit Hitler*.[1] Hitler soll in einem der Gespräche gesagt haben (S. 210): »Wir stehen vor einer ungeheuren Umwälzung der Moralbegriffe ... Wir beenden einen Irrweg der Menschen. Die Tafeln vom Berge Sinai haben ihre Gültigkeit verloren. Das Gewissen ist eine jüdische Erfindung.« Die Authentizität der Hitler-Zitate bei Rauschning ist jedoch heute allgemein umstritten.[2] Man sollte also nicht eine Theorie über Hitlers Anschauungen aufstellen, die nur durch Rauschning-Zitate gestützt wird, und das Zitat, auf das sich Heinsohn stützt, wirkt schon in der Diktion unecht, vor allem aber paßt sein Inhalt gar nicht in den Kontext von Hitlers sonstigen Äußerungen (von MK über das sogenannte *Zweite Buch* und die Reden bis hin zu den letzten Äußerungen). Oben wurde gezeigt, daß Hitler Wert darauf legte, daß er, wenn er von den Juden redete, eine im rassischen Charakter gründende Eigenheit und nicht die Religion meine, also nicht ein bestimmtes religiöses Dogma, und allemal hätte das nicht eines sein können, das vom Christentum übernommen worden war. Hitler haßte die Juden nicht wegen der Moral, er beschreibt sie im Gegenteil als unmoralisch. Daß Hitler meinte, ein Recht zur Unterdrükkung und Vernichtung von Völkern zu haben, gründete in seiner Überzeugung vom Recht des Stärkeren, und die Judenvernichtung war nicht eine Bedingung oder Mitbedingung für diese Überzeugung, sondern ihre Konsequenz.

Auch immanent ist Heinsohns Auffassung nicht überzeugend, weil, wenn Hitler nur gegen ein jüdisches Dogma gewesen wäre, das kein Grund gewesen wäre, die Juden auszurotten. Hingegen ist die Ausrottung eine verständliche Konsequenz, wenn man die Überzeugungen hat, die Hitler hatte, nämlich erstens, daß die Ju-

1 Zürich 1940. Neudruck Europaverlag, Wien 1988.
2 Vgl. E. Jäckel, a. a. O., S. 14, Anm. 22 und das von E. Jesse geschriebene Kapitel über Rauschning bei Smelser, *Die braune Elite*, Wissenschaftliche Buchgemeinschaft 1993.

den Schaden anrichten, zweitens, daß das in ihrem rassischen Charakter liegt, und drittens, daß zur Selbsterhaltung alle Mittel erlaubt, ja geradezu geboten sind. Und selbst wenn Hitler in seinem Inneren, quasi als zusätzliche Geheimlehre, die Überzeugung gehabt hätte, die ihm Heinsohn unterstellt, wäre das belanglos, weil nur das an seinem Antisemitismus zählen kann, was er öffentlich zum Ausdruck brachte und wovon er erwarten konnte, daß es ihm von den Volksgenossen abgenommen werden konnte, und niemals wäre es Hitler eingefallen, gegen die christliche Moral öffentlich und frontal anzugehen.

Damit stehen wir vor der Frage, welches der wirkliche Stellenwert ist, den die Moral für Hitler hatte. Er war zweifellos ein totaler Amoralist, er hatte kein moralisches Sensorium, aber hier kommt es darauf an, was seine erklärten Prinzipien waren. Und da ergibt sich in MK ein Bild, von dem wir keinen Grund haben anzunehmen, daß es sich später verändert hat: Sicher war für Hitler grundlegend, daß alles Recht nicht nur auf Macht beruht, sondern sich auf Macht reduziert. Nicht einfach nur von Macht zu sprechen, sondern das Machtstreben als rechtens anzusehen hat gleichwohl einen Sinn, weil es einen Unterschied macht, ob man, daß sich stets das Stärkere durchsetzt, nur deskriptiv feststellt oder es zugleich in seinen Willen aufnimmt, es appellativ meint, als Appell sowohl an sich wie an die anderen. Das Subjekt des Selbsterhaltungs- und Machtsteigerungstriebes ist für Hitler im Gegensatz zu Nietzsche nicht das Individuum, sondern das Gemeinwesen, die Rasse.

Das gilt für alle Rassen, auch die jüdische. Müßte dann, so könnte man fragen, die jüdische Rasse in Hitlers Augen nicht ein ebensolches Recht haben, für ihre Machterweiterung zu kämpfen, wie die arische für die ihrige? Ergibt sich hier nicht ein Relativismus? Aber dem steht die Lehre vom verschiedenen Wert der verschiedenen Rassen entgegen. Das Problem, das sich hier ergibt, ist zu theoretisch, als daß es sich für Hitler gelohnt hätte, es zu beantworten. Aber an einer Stelle in MK tut er es dennoch: Wie wäre es, fragt Hitler, wenn die jüdische Rasse siegen würde? Daran knüpft er die Frage: »Haben wir ein objektives Recht zum Kampf für unsere Selbsterhaltung, oder ist auch dies nur subjektiv in uns begründet?« (69). Seine Antwort ist, daß bei einem Sieg der jüdischen Rasse alle Kultur und damit auch die Menschheit untergehen müßte. Auf derselben Linie liegen die wiederholten Äußerungen in den Bormann-Diktaten von 1945, daß die Deutschen und überhaupt die Nachwelt es Hitler danken würden, die Juden wenigstens in Mitteleuropa »ausgelöscht« zu haben.[1] Der Kampf gegen die Juden wird als notwendiger Abwehrkampf gesehen nicht nur für die eigene Rasse, sondern für die Menschheit, er hat also nicht nur einen »subjektiven« Wert. Dasselbe gilt für die Berechtigung der Unterdrückung aller anderen minderwertigen Rassen.

Wo bleibt nun die Moral im geläufigen Sinn? Auch darüber hat Hitler keine elaborierte Theorie, aber er läßt sie als *untergeordnete* Instanz im Binnenbereich der Volksgemeinschaft gelten. Entscheidend ist, daß »diese Begriffe« (der »Humanität«, d.h. die Berücksichtigung des Wohles der einzelnen) »beim Kampfe eines Volkes um sein Dasein ... nur untergeordnete Bedeutung« haben, *»ja sie scheiden als bestimmend für die Formen des Kampfes vollständig aus«* (MK 195). Der letzte Teilsatz ist natürlich wörtlich gemeint. Aus ihm folgt, daß, wenn es um die Machtsteigerung des Gemeinwesens (der Rasse) geht – und Hitler ging es nie um etwas anderes, außer gleichzeitig um die eigene Macht –, alle Mittel (»alle Formen des Kampfes«) nicht nur erlaubt, sondern geboten sind und jede Rücksichtnahme auf individuelle Rechte oder Interessen vollständig ausscheidet. Was Hitlers Praxis auszeichnete, ist, daß er diesen Satz, der aus der Überzeugung folgt, daß die Rasse die einzige Wertquelle ist, mit »absoluter Konsequenz« und »Rücksichtslosigkeit« angewandt hat. Und da Hitler überzeugt war, daß seine eigene Machtstellung die notwendige Voraussetzung für die Machtsteigerung des Volkes war, deckt diese Überzeugung auch die Anwendung aller Mittel zur Erringung seiner persönlichen Macht.[2] So ergibt sich hier ein konsistentes normatives Ganzes, das so ausschließlich an der Werthaftigkeit des Volks als Rasse gebunden ist, daß Hitler die Moral im landläufigen Sinn nicht zu bekämpfen, sondern nur unterzuordnen brauchte. Das einzige Normative, was bekämpft wird, ist der Egalitarismus, weil der Egalitarismus erstens für die Rücksicht auf die Individuen steht und zweitens für die Gleichheit der Individuen sowohl innerhalb (»Demokratie«, »Bolschewismus«) wie außerhalb (»Internationalismus«). Der

1 *Hitlers Testament*, S. 70; Jäckel, a.a.O., S. 84.

2 Psychologisch liegt es gleichwohl nahe, daß für Hitler das hemmungslose eigene Machtstreben das Primäre war und die Macht des Volkes sekundär. Das zeigt sich angesichts seiner Äußerungen und seines Verhaltens seit der Kriegswende und insbesondere in den letzten Wochen. Und man kann umgekehrt sagen: Ein so extremes Machtstreben eines einzelnen ist überhaupt nur möglich, indem es sich die Macht eines Kollektivs zu eigen macht.

Egalitarismus wird nicht nur überhaupt bekämpft, sondern absolut bekämpft, weil er sich nicht nur nicht in Hitlers Werte-Konzept integrieren läßt, sondern ihm diamentral entgegensteht.

5.

Was war bei Nietzsche der Ausgangspunkt? Karl Ulmer hat in seinem Buch *Nietzsche: Einheit und Sinn seines Werkes*[1] zu zeigen versucht, daß man Nietzsches ganzes Denken von seinen Frühschriften bis in die Spätphase aus der Frage verstehen kann, wie »großes Menschentum und höhere Kultur« möglich seien. Hinter dieser Frage stand nun für Nietzsche die Überzeugung, daß es einerseits große (»höhere«) und andererseits »gewöhnliche«, »niedrige« Menschen gibt. Diese Unterscheidung entspricht dem schon angedeuteten Elitebewußtsein von Nietzsche. Es scheint ein bei Nietzsche bis in die Adoleszenz zurückreichendes Axiom gewesen zu sein, daß die Menschen in zwei blutsmäßig geschiedene Klassen fallen. Wie man früher als Adliger oder Plebejer geboren wurde, so dachte sich Nietzsche die Differenz zwischen besonderen und gewöhnlichen Menschen als von Geburt vorgegeben. Nietzsche hat, soweit ich sehe, nie ernsthaft erwogen, daß solche Unterschiede, sofern sich mit ihnen überhaupt ein klarer Sinn verbinden läßt, milieubedingt sein können. Wie zweifelhaft aber schon der Sinn einer solchen Unterscheidung ist, zeigt sich daran, daß Nietzsche mit ihm immer wieder neue Inhalte verbunden hat.

In einer der Frühschriften – *Vom Nutzen und Nachteil der Historie für das Leben* – sieht er es so: Die einen wollen nur »leben um jeden Preis«, sie »leben aus dumpfer Gewöhnung«; der »große Mensch hingegen »achtet« nicht »das Dasein«, es geht ihm um etwas, was über ihn hinausreicht, »ein Werk ... eine Schöpfung«, um »Ruhm« (I, 259f).[2] Offensichtlich denkt hier Nietzsche vor allem an Künstler und auch an die »grossen Männer« des Altertums, er verweist auf Plutarch (295). Der Unterschied zwischen Höher und Niedriger wird also am Anfang so verstanden, daß das Niedrige in

1 Verlag Franke, Bern 1962.

2 Ich zitiere Nietzsche nach Band und Seite gemäß der Kritischen Studienausgabe, hrsg. von G. Colli und M. Montinari, de Gruyter, Berlin 1967-1977. Für einzelne Schriften mit Aphorismenzahl verwende ich die Abkürzungen MA für *Menschliches Allzumenschliches*, M für *Morgenröte*, FW für *Fröhliche Wissenschaft*, JvGuB für *Jenseits von Gut und Böse* und GdM für *Genealogie der Moral*. »WzM« steht für die ältere Sammlung zum *Willen zur Macht*.

einer konventionellen Lebensweise besteht, das Höhere das Eigenständige und das Über-sich-hinaus-Gehen auf ein Werk bedeutet.

In der aus etwa derselben Zeit stammenden »Vorrede« zu einem (nicht geschriebenen) Buch über den griechischen Staat geht Nietzsche einen Schritt weiter. Entgegen der »angeblichen Gleichberechtigung aller« und den »sogenannten Grundrechten der Menschen« müsse man sehen, »daß zum Wesen einer Kultur das Sklaventum gehöre« (I, 767), weil, damit es zu einer »Kunstentwicklung« – der »höheren Kultur« – kommen könne, die »bevorzugte Klasse«, bei der »das Individuum völlig über sich hinausgeht«, durch die »Mehrarbeit« der gewöhnlichen Menschen erhalten werden muß (766 f). Es gibt also diese angeborene Differenz nicht nur als Faktum, sie ist auch notwendig und muß daher erzwungen werden, wenn es Kultur geben können soll: Die Menschen, die nur vegetieren und arbeiten können, müssen zur Mehrarbeit zugunsten »des Genius« herhalten: »der Mensch an sich« hat »weder Würde noch Rechte« (776). An der Notwendigkeit von Sklaverei als »Bedingung jeder höheren Kultur« hat Nietzsche zeitlebens festgehalten (JvGuB §§ 239, 257).

Nietzsches Überzeugung von der Ungleichheit der Menschen im Sinn von zwei Klassen, der höherstehenden und der niedrigen, ist älter als seine Moralkritik und ein fester Bestandteil seines gesamten Denkens, den er erstaunlicherweise nie in Frage gestellt hat. Die Terminologie, die sich in den späteren Schriften für diese Unterscheidung durchgesetzt hat, ist die von den Starken und Schwachen, und Nietzsche denkt dabei weiterhin, obwohl diese Ausdrücke ebenso wie die von Hoch und Niedrig doch eher ein Kontinuum nahelegen würden, im wesentlichen nicht im Komparativ, sondern an zwei Klassen. Die Rede von Stark und Schwach hat den Vorteil, daß mit ihr zugleich etwas Einheitliches ins Auge gefaßt wird, *was* stark oder schwach ist, und das ist der Begriff der *Kraft*, der von Nietzsche fast äquivalent mit dem der *Macht* verwendet wird.

6.

Den Begriff des Willens zur Macht hat Nietzsche in *Also sprach Zarathustra* in dem Abschnitt »Von der Selbst-Überwindung« eingeführt (IV, 146-149). Die These, daß alles Leben Wille zur Macht ist »und nichts außerdem« (JvGuB § 36), war trotz der Unbestimmtheit dieses Ausdrucks, aber auch gerade wegen dieser Unbestimmtheit, ein genialer Gedanke. In ihm konnte Nietzsche eine ganze Reihe wesentlicher Gesichtspunkte zusammenziehen:

1. In der »Selbstüberwindung«, von der er in dem Zarathustra-Abschnitt spricht, ist die künstlerische, aber auch sonstige Kreativität aufgenommen, die schon in den Frühschriften in dem Übersichhinausgehen des großen Menschen angesprochen wurde. Dabei sorgt der neue Begriff dafür, daß das Übersichhinausgehen nicht ein Transzendieren zu etwas Vorgegebenem ist, sondern eine Steigerung in sich selbst.

2. Indem alles menschliche Verhalten diese Struktur haben soll, gewinnt Nietzsche einen vereinheitlichenden Begriff für alles menschliche Wollen, und die Differenzierung in Stark und Schwach erlaubt es, zugleich den Unterschied aufzunehmen, der in Nietzsches Axiom von der Unterschiedenheit höherer und niedriger Menschen enthalten war.

3. Seit seiner mittleren Zeit war Nietzsche darauf aus zu zeigen, daß alles vermeintliche unegoistische Verhalten – und damit das Moralische im überlieferten Sinn, wie er es verstand – in Wirklichkeit egoistisch ist, »selbstsüchtig« und nie »selbstlos«. »Egoistisch« war aber ein diffuser Begriff. Das Individuum kann alle möglichen eigenen Interessen haben. Lassen sie sich auf einen Nenner bringen? Diese Frage läßt sich durch die Rede von der Selbststeigerung und vom Willen zur Macht beantworten. Das Einheitliche, auf das alles menschliche Wollen aus ist, wird auf diese Weise zugleich so gefaßt, daß es dem Moralischen diametral entgegengesetzt ist.

Während der 1. Punkt sich primär aufs Ästhetische bezieht und der 3. aufs Moralische, kommt noch ein *4. Gesichtspunkt* ins Spiel, der sich ans Moralische eng anschließt, aber für sich hervorgehoben werden muß: Es ist der metaphysische oder religiöse Gesichtspunkt. Im Unterschied zu anderen Tieren sind Menschen nicht nur auf die Objekte ihrer Umgebung bezogen, sondern auch auf »Werte«, die sagen, wie sie leben »sollen« – was »gut« und »böse« ist (IV, 149) –, und die ihrem Leben »Sinn« geben. Wie können uns nun Werte gegeben sein? Da sie nicht wie die Objekte unserer Umwelt vorfindlich sind, scheint es nur zwei Möglichkeiten zu geben: Entweder wir meinen, daß sie uns religiös oder metaphysisch vorgegeben sind, oder wir müssen sie schaffen, sie selbst setzen. An dieser Stelle wird Nietzsches Rede vom »Tod Gottes« relevant (FW §§ 108, 125, 343). Dadurch, »daß ›Gott tot ist‹, daß der Glaube an den christlichen Gott unglaubwürdig geworden ist«, sei auch »unsere ganze europäische Moral« untergraben (§ 343). In diesem Zusammenhang steht zugleich, was Nietzsche über den »Nihilismus« sagt. Der menschliche Wille »braucht ein Ziel«, einen Sinn des Lebens, »und eher will er noch das Nichts wollen als nicht wollen« (GdM, 3. Abh. § 28), und wenn er also meint, daß ein Ziel ihm nur religiös vorgegeben sein kann, muß ihm, wenn der religiöse Glaube entfällt, das Leben sinnlos erscheinen. Nietzsche will jedoch nicht nur sagen, daß der Glaube an eine religiöse Vorgegebenheit von Werten irrig ist, sondern auch jeder andere und dann »metaphysische« (etwa platonische) Glaube, daß Moral, Sinn, Werte etwas Festes, Vorgegebenes sind. Sich in seinem Werte-Bezug von jeglichem Glauben, ob religiös oder metaphysisch, freimachen, heißt, sich als »freier Geist« verstehen (FW § 343). Der Mensch ist jetzt auf seine Freiheit zurückgeworfen, die Werte müssen selbst gesetzt, geschaffen werden. Aber wie ist das zu verstehen?

Eine Antwort, durch die zugleich der Zusammenhang dieses 4. Punktes mit dem ersten deutlich wird, ist in einer Aufzeichnung aus dem Jahre 1881 enthalten: »Die ästhetischen Urteile... sind das, was den Grund der Gütertafel ausmacht. Diese wiederum ist der Grund der moralischen Urteile... Sobald wir die absolute Wahrheit leugnen, müssen wir alles absolute Fordern aufgeben und uns auf die ästhetischen Urteile zurückziehen... Reduktion der Moral auf Ästhetik!« (IX, 471). Aber das reichte Nietzsche nicht. Der Begriff des Willens zur Macht sagt seinerseits etwas über den Sinn der ästhetischen Urteile aus. Wenn die Werte dem Willen nicht vorgegeben sind, muß der Wille in sich eine Quelle haben, aus der heraus er Werte setzen kann, genauer: Er muß selbst als solche Quelle – als etwas sozusagen Sprudelndes – gedacht werden.

5. Nietzsche meinte nun aber nicht nur, daß alles menschliche Verhalten als Wille zur Macht zu verstehen ist, sondern alles Leben überhaupt. Er glaubte gegen Darwin einwenden zu können, daß es auch im organischen Bereich nicht primär um Leben und Überleben geht, sondern um »Machterweiterung« (FW § 349).

Um sich mit Nietzsches Lehre vom Willen zur Macht sinnvoll auseinandersetzen zu können, sollte man sie aufs Menschliche beschränken. Nicht nur, daß sowohl »Wille« wie »Macht« sehr unbestimmt verwendet werden müssen, wenn sie auf alles Organische bezogen werden. Der entscheidende Einwand ist, daß es der besondere, auf Sinn bezogene Wille des Menschen ist, der sich, wenn überhaupt, auf etwas Einheitliches beziehen läßt. Hingegen gibt es sicher keine einheitliche Bestimmung, die sich auf alle organischen Prozesse anwenden ließe. Gewiß findet sich z. B. so etwas wie Wachstum bei allem Organischen, aber es ist unsinnig zu sagen, alle organischen Prozesse seien Prozesse des Wachstums – oder der »Kraftsteigerung« oder der »Einverleibung von Fremdem«. Nietzsche charakterisiert den Willen zur Macht als bezogen auf ein (immer) »Mehr« (WzM § 695). Wenn überhaupt, könnte es sinnvoll sein, das vom menschlichen Wollen zu sagen, nicht hingegen vom Lebendigen überhaupt, wo alle Vorgänge limitiert sind, bezogen auf was für das Individuum und seine Reproduktion förderlich ist. Kein Lebewesen strebt nach *immer mehr* Macht. Die Auseinandersetzung mit Darwin geht von einem Mißverständnis aus. Wenn Darwin sagt, alles Lebendige sei aufs Überleben bezogen, so ist das nicht eine allgemeine Charakteristik der Lebensvorgänge selbst, die nun durch eine andere – Macht – ersetzt werden könnte, sondern es heißt, daß für alle biologischen Erscheinungen und Prozesse, die ihrerseits unter keinen einheitlichen Begriff zu bringen sind, gilt, daß sie sich nur entwickelt haben können, wenn sie für das Überleben förderlich sind. Nietzsche hat Darwins Theorie völlig mißverstanden oder wollte sie nicht verstehen.

Man muß aber fragen, was Nietzsche motiviert haben kann, eine so unplausible Erweiterung seiner Theorie aufzustellen. Die naheliegende Antwort ist: Wenn die ganze Natur von diesem Gesetz bestimmt ist, kann der Mensch nicht eine Ausnahme bilden. Die Absicht ist hier dieselbe, wie es die von Hitler ist, wenn er vom Recht des Stärkeren als Gesetz der Natur spricht. Hitler meinte sich mit seiner Machttheorie gerade im Einklang mit Darwin zu befinden. Nietzsche hingegen sah richtig, daß Darwins Theorie das nicht hergibt, sie redet nicht von den Stärkeren, sondern den Überlebensfähigeren, und so gelangte er zwar zum selben Satz wie Hitler, aber indem er meinte, Darwin zu widerlegen. Nietzsche und Hitler stützten also ihre Überzeugung vom Recht des Stärkeren beide auf die Meinung, daß das das Gesetz der Natur sei. Sie vertraten beide in ihren normativen Begründungen einen Naturalismus, der jedoch klarerweise irrig ist. Beider Begründung war falsch, aber aus unterschiedlichen Gründen.

Während nun aber für Hitler die naturalistische Begründung dieses Satzes die einzige war, können wir bei Nietzsche von ihr ganz absehen, weil seine eigentliche Begründung eine anthropologische ist, die in den vorausgehenden obigen vier Punkten enthalten ist.

Gibt es nun aber wirklich wenigstens im Anthropologischen einen einheitlichen Begriff eines Übersichhinausgehens, das gleichwohl nur eine Steigerung der eigenen Kraft ist und das sowohl die künstlerische Kreativität wie den aus der Transzendenz zurückgeholten Bezug auf Sinn umfaßt und zugleich als das Charakteristikum alles menschlichen Verhaltens angesehen werden kann und das sich nun sinnvoll als Wille zur Macht bezeichnen läßt? Nietzsche hat die Beantwortung auf diese Frage dadurch erschwert, daß er bei seinen Erklärungen, daß »alles Leben« – und denken wir jetzt nur an das menschliche Leben – »eben Wille zur Macht ist« (JvGuB § 259), nie eine präzise Erklärung gegeben hat, was unter Macht zu verstehen ist.

7.

Ich kann von den Beispielen ausgehen, an denen Nietzsche zu zeigen versucht, daß Verhaltensweisen, bei denen man das nicht ohne weiteres animmt, als egoistisch und dann insbesondere als machtbezogen anzusehen sind. Ein frühes Beispiel, bei dem Nietzsche noch nicht von Macht spricht, ist MA § 57. Handelt eine Mutter, die sich für ihr Kind opfert, oder ein Autor, dem es um seine Sache geht und der wünscht, kritisiert, gegebenenfalls durch die Kritik vernichtet zu werden, »unegoistisch«? Nein, antwortet Nietzsche, denn es gehe ja immer um das, was die Person selbst wünscht. Hier legt sich natürlich der Einwand nahe: Es ist in der Tat trivial, daß man alles, was einer wünscht, insofern »egoistisch« nennen kann, als er es, sobald er es wünscht, zu *seinem* Wunsch gemacht hat, auch wenn es ein altruistischer Wunsch ist. Einem Menschen geht es immer auch um sich, wenn es ihm um anderes geht. Was Nietzsche hätte zeigen müssen, ist, daß es einem Menschen immer *nur* um sich, nie um anderes geht. Hier zeigt sich eine Merkwürdigkeit, die für Nietzsches Reduktionen allgemein charakteristisch sind: Es genügt ihm, wenn er ein einheitliches Etikett für scheinbar divergierende Haltungen gefunden hat, und er kümmert sich nicht um das, worin ihre Differenz besteht.

Die großzügigen Haltungen, die Nietzsche in MA § 57 erörtert, lassen sich zur Not als selbstisch, aber gewiß nicht als selbstsüchtig und allemal nicht als machtbezogen bezeichnen. Soweit ich sehe, ist

Nietzsche auf diese Formen der selbstlosen Hingabe nicht mehr zurückgekommen. Wenn er später zeigt, daß etwa die »Liebe der Geschlechter« nur eine Form des Willens zur Macht sei (FW § 14), legt er den Finger auf ihren besitzerischen Aspekt, der von niemandem geleugnet wird, nur fragt man sich erstens wieder, inwieweit sie in diesem Aspekt aufgeht, und zweitens, wie sie sich von anderen Formen der Inbesitznahme unterscheidet.

Ähnlich wird man Nietzsches Versuche beurteilen, andere Weisen, wie einer sich zu anderen verhält und in welchen andere für ihn wichtig werden, auf den Machtfaktor zu reduzieren, so z. B. wenn er »das Streben nach Auszeichnung« als »Streben nach Überwältigung des Nächsten« (M § 113) oder als Streben, dem anderen »wehezutun« (§ 30) charakterisiert. Welchem anderen – dem Konkurrenten oder dem Zuschauer? Offensichtlich ist die Struktur komplizierter.

Von grundlegenderer Bedeutung ist für Nietzsche sein Versuch – etwa in M § 133 und in FW §§ 13f. und 118 –, die Phänomene Nächstenliebe, Wohltun und Mitleid auf Machtausüben zu reduzieren, weil er meinte, damit die moralische Motivation, so wie sie von Schopenhauer und im Utilitarismus gesehen worden ist, auf den Willen zur Macht zurückführen zu können. Nietzsche verfährt hier wesentlich einseitiger und dogmatischer als in MA § 57. Die dort erörterten Gestalten von großzügigem Verhalten werden gar nicht mehr berücksichtigt. Ähnlich wie bei den Beispielen Liebe und Streben nach Auszeichnung wird jetzt beim Helfenwollen ein Faktor, der sich mit ihm häufig verbindet, als dessen Substanz ausgegeben. Und es erscheint wenig plausibel, daß Mitleid kein eigenes, irreduzibles Phänomen ist.

Angenommen aber sogar, man gesteht Nietzsche zu, daß alle menschlichen und insbesondere die altruistischen Handlungsweisen in erster Linie – oder sogar ganz und gar – egoistisch sind, so ist doch erstens zu bezweifeln, daß, was man für sich erstrebt, immer Macht ist, und zweitens vermißt man eine Differenzierung verschiedener Formen von Macht.

Damit komme ich zu dem entscheidenden Problem. Es betrifft die Vagheit, in der Nietzsche seinen Grundbegriff verwendet. Das Wort »Macht« wird üblicherweise so verstanden, daß man von »Macht über ...« sprechen muß, und dabei ist das, worüber Macht ausgeübt wird, der Wille anderer Personen. Max Weber z. B. definiert »Macht« als »jede Chance, innerhalb einer sozialen Beziehung den eigenen Willen auch gegen Widerstreben durchzusetzen.«[1] Nietzsche spricht aber auch von dem viel allgemeineren Phänomen einer Kraftsteigerung als Gegenstand des Willens zur Macht, entsprechend dem lateinischen *potentia*, das – ebenso wie das griechische *dýnamis* – zwischen »Macht« und »Vermögen« schillert. Zum Begriff der Kraft gehört nicht die Relation des »über«, die zum Begriff der Macht gehört. Z. B. genießt bei dem »Streben nach Auszeichnung«, von dem vorhin die Rede war, jemand, der einen Wettkampf gewonnen hat, seine höhere Kraft – gegebenenfalls auch, daß er *mehr* Kraft *als* andere hat –, ohne daß damit unmittelbar ein Mehr an *Macht* gegeben wäre.

Nur weil Nietzsche seinen Begriff in diesem weiten Sinn verwendet, in dem er für das Vermögen (*potentia*) zu allem möglichen Übersichhinausgehen steht, wird es überhaupt verständlich, daß man z. B. auch die Kreativität des Künstlers (s. oben S. 238 Nr. 1) von daher verstehen kann ebenso wie das eigenständige Setzen von Werten und die Einstellung des freien Geistes (oben S. 239 Nr. 4).

Es wäre nichts dagegen einzuwenden, das Wort »Macht« in einem umfassenderen Sinn zu verwenden, wenn nur erstens klargestellt wäre, wie der sich so ergebende Begriff genauer gemeint ist und wenn zweitens ein willkürliches Changieren zwischen den verschiedenen Bedeutungen vermieden würde. Wenn mit Macht so etwas wie Kraft und Stärke gemeint ist, stellt sich die Frage, woran das Mehr an Kraft zu messen ist. Die Frage, was der »Gradmesser von Kraft« ist, wird für Nietzsche fundamental, weil von ihr die Frage der »Rangordnung« abhängt und damit Nietzsches Ausgangsfrage nach der Differenz zwischen den höheren und den niedrigen Menschen. So wie dieser Unterschied ursprünglich gefaßt war, war noch nicht so klar, daß es sich bei ihm um ein Mehr oder Weniger an Kraft handelt. Wie unsicher Nietzsche in der Frage war, wie Kraft zu verstehen ist, zeigt sich an den verschiedenen Antworten über ihren »Gradmesser«: In ein und derselben Schrift sagt er an einer Stelle, es bestimme »beinahe die Rangordnung, wie tief Menschen leiden können« (JvGuB § 270), und an einer anderen, daß sich die Stärke eines Geistes danach bemesse, »wieviel er von der ›Wahrheit‹ gerade noch aushält« (§ 39). Dieser zweiten Antwort entspricht die, die er in FW § 347 gibt: der »Gradmesser der Kraft« sei, wieviel »Glauben« man nötig habe, aber es finden

1 M. Weber, *Wirtschaft und Gesellschaft*, § 16.

sich noch andere Erklärungen, und die für Nietzsche definitive war wohl eine mit den eben genannten nicht zusammenhängende, das Kriterium sei, ob man den Gedanken der ewigen Wiederkehr aushalte.

Dasjenige Kriterium, das Nietzsche in FW 39 und JvGuB 270 gibt, entspricht seinem Begriff vom freien Geist. Nietzsche schwankt also, wenn er von Kraft und Gesundheit spricht, zwischen einem mehr geistigen und einem mehr physischen Verständnis. Es kommt hinzu, daß er sich, wo er nicht nur *potentia*, sondern Macht im eigentlichen Sinn im Auge hat, also Macht über andere, über die Verschiedenheit der Möglichkeiten der Machtausübung hinwegsetzt und ausschließlich an physische Gewalt denkt. Nichts, was in dem schillernden Begriff des Willens zur Macht liegt, nötigt zu dieser eigentümlichen Verengung. Die große Attraktion dieses Begriffs bestand also darin, daß Nietzsche fortfahren konnte, ihn in einem weiten Sinn zu verwenden, andererseits drängt sich der Begriff der Stärke im physischen Sinn und der Macht im Sinn von Gewalt immer mehr in den Vordergrund, erstens wegen seiner einfacheren Faßlichkeit und zweitens wegen Nietzsches schon erwähntem betonten Naturalismus. In dem Maße nun aber, in dem das geschieht, rutscht Nietzsche immer mehr in die Nachbarschaft Hitlers.

In diesem Sinn verengt sich insbesondere sein Verständnis von den »höheren Menschen« und ihrer Tugend, der »Vornehmheit«. Bei der Frage, »was vornehm ist« (der Titel des letzten Hauptstücks von JvGuB), orientiert sich Nietzsche im wesentlichen an historisch zurückliegenden »aristokratischen« und sogar »barbarischen« Gesellschaften (vgl. JvGuB § 258, GdM 1. Abh. § 11). Die höheren Menschen sind »prachtvolle« »Raubtiere« und – näher an Hitler – »blonde germanische Bestien« (V, 117, 275 f.). Wieweit die an früheren Aristokratien und Erobererhorden gewonnenen Bestimmungen auch für heute gelten sollen, wird offengelassen, aber suggestiv nahegelegt. Für eine »gute und gesunde« Aristokratie soll nun charakteristisch sein, erstens, daß ihre »Moral aus einem triumphierenden Ja-Sagen zu sich selbst herauswächst« – »Wir Vornehmen, wir Guten, wir Schönen, wir Glücklichen« (GdM 1. Abh. § 10) –, und zweitens, daß zu diesem Gefühl nicht nur ein »Pathos der Distanz« aus dem Kontrast zu den Schwachen gehört, sondern daß sie auch »mit gutem Gewissen das Opfer einer Unzahl Menschen hinnimmt, welche um ihretwillen zu unvollständigen

Menschen, zu Sklaven, zu Werkzeugen herabgedrückt und vermindert werden müssen« (JvGuB § 258).

Man sieht, wie sich der Begriff des Willens zur Macht zugunsten von Nietzsches anfänglichem Axiom verengt, das sich seinerseits jetzt so modifiziert, daß die Niedrigen nicht mehr so sehr die Gewöhnlichen, sondern die Schwachen sind. Nietzsche erläutert im folgenden Paragraphen (§ 259): »Hier muß man gründlich auf den Grund denken und sich aller empfindsamen Schwächlichkeit erwehren: Leben selbst ist *wesentlich* Aneignung, Verletzung, Überwältigung des Fremden und Schwächeren, Unterdrückung, Härte, Aufzwängung eigner Formen, Einverleibung und mindestens, mildestens, Ausbeutung.« Zur Begründung verweist Nietzsche darauf, daß »Leben eben Wille zur Macht ist«. Aber diese Begründung reicht auch dann nicht, wenn man »Macht« im engen Sinn von Gewalt versteht, denn warum soll sich die Gewalt der Starken ausgerechnet (und so sagt es Nietzsche wiederholt, vgl. z. B. auch § 257) gegen die »Schwächeren« richten und nicht primär gegen andere, vergleichbar Starke? Offensichtlich wirkt sich hier das Axiom von einer Kluft zwischen Hohen und Niedrigen und der Notwendigkeit, die Niedrigen sei es zu versklaven, sei es zu vernichten, aus, die bei Nietzsche eine Konstante von Anfang an war. (Daß man in aristokratischen Gesellschaften primär immer nach unten schaute und nicht rundherum, wirkt aber eher kurios und ist ein weiteres Indiz, daß Nietzsches Gedanke hier von seinem Axiom bestimmt ist.)

Auch in dem Sinn kommt Nietzsche jetzt in die Nähe Hitlers, daß Napoleon für ihn den Inbegriff des großen Menschen darstellt (III, 288). So verschieden Napoleon und Hitler auch waren, darin sind sie gewiß vergleichbar, daß sie Machtmenschen ganz und gar waren, im gewöhnlichen Sinn dieses Wortes, vollständig von diesem einen Trieb bestimmt, und es ist dieser Aspekt, der für Nietzsche maßgebend war. So vieldeutig Nietzsches Begriff des Willens zur Macht auch ist, in seiner Bewunderung für Napoleon und ähnliche Naturen wie Cesare Borgia und Cäsar (vgl. JvGuB §§ 197, 200) ist er eindeutig.

So wichtig es mir scheint, diese Seite von Nietzsche nicht zu verharmlosen, so ist es doch nur eine Seite, die sich im Zusammenhang seines Begriffs vom Willen zur Macht ergeben hat. Dieser Begriff ist nicht nur objektiv vieldeutig, sondern schillert bei Nietzsche selbst. Während nun für Hitler Macht im Sinn von Gewalt so ausschließlich bestimmend war, daß für ihn die traditionelle Moral belanglos wurde, war es Nietzsches zentrales Anliegen, eine »Umwertung aller Werte« vorzunehmen, d.h. im Anschluß an den Begriff des Willens zur Macht die traditionelle Moral zu entwerten und ein neues Verständnis von Moral zu entwerfen. Für diese Aufgabe reichte es keineswegs zu versuchen, die altruistischen Motive, wie vorhin gezeigt, auf den Willen zur Macht (und auf ihn in seiner niedrigen Form, der Schwäche) zurückzuführen, weil es sich dabei lediglich um die *Inhalte* der tradierten Moral handelte und es Nietzsche vor allem darauf ankam, die *Form* der bisherigen Moralen zu destruieren, daß sie nämlich normative Systeme waren, Moralen des Sollens.

Um zu verstehen, wie Nietzsche sich diese Kritik dachte, ist an jenem anderen Aspekt des vielseitigen Begriffs des Willens zur Macht anzuknüpfen, den ich oben S. 238f. in den Punken 1 und 4 angesprochen habe, einem Aspekt, der mit Macht über andere nichts zu tun hat, wohl aber mit Mächtigkeit im Sinn von *potentia*, nämlich einem Vermögen des Übersichhinausgehens, der Kreativität und der Autonomie.

8.

Versucht man sich innerhalb Nietzsches Gedanken zur Geschichte und Kritik der Moral zu orientieren, so findet sich diejenige Idee, die er dann in der 1. Abhandlung von GdM ausgearbeitet hat, auch schon in MA: daß »gut und schlecht ... so viel wie vornehm und niedrig« heißt (MA § 45). Dasjenige Konzept von Moral, das in MA und auch noch in M im Vordergrund steht, ist jedoch ein anderes, dem zufolge »gut« und »moralisch« sein heißt »Gehorsam gegen ein altbegründetes Gesetz oder Herkommen haben« (MA § 96). »Alle Gemeinwesen der Menschheit« lebten unter einem »furchtbaren Druck der ›Sittlichkeit der Sitte‹«, und so sei es auch »im Großen und Ganzen bis auf den heutigen Tag« geblieben (M § 14). Mit dem Ausdruck »Sittlichkeit der Sitte« knüpft Nietzsche einerseits an die Verwendung des Wortes »Sittlichkeit« im Deutschen als identisch mit Moralität an und will andererseits sagen, diese Moral bestehe in Wirklichkeit nur in Sitten, in sozial aufgezwungenen Gewohnheiten: »Sittlichkeit ist nichts anderes (also namentlich nicht mehr!) als Gehorsam gegen Sitten, welcher Art diese auch sein mögen« (M § 9). Sittlichsein heißt sich dem wechselseitigen sozialen Druck unterwerfen. Wie sich Nietzsche diesen wechselseitigen Druck vorstellt, sagt er in M § 105, wo er eine Beschreibung gibt, die sehr ähnlich ist wie die, die Heidegger von dem gibt, was er »Man« nennt. Und in MA § 97 zeigt Nietzsche, worin die »Lust in der Sitte« besteht: was es so anziehend macht, sich ihr zu unterwerfen. Dabei können die Sitten beliebige Inhalte haben: Zum Teil dienen sie dem wechselseitigen Schutz (MA 96), vor allem aber der »Erhaltung« der »Gemeinde« (a. a. O.), aber auch wenn sie ganz und gar unvernünftig wirken und keinerlei Nützlichkeit erkennen lassen, haben sie einfach die Funktion, »den unausgesetzten Zwang, Sitte zu üben, forwährend im Bewußtsein zu erhalten« (M § 16).

In diesem Zusammenhang scheint Nietzsche zuerst seinen Begriff vom »freien Geist« erläutert zu haben. »Der freie Mensch ist unsittlich, weil er in allem von sich und nicht von einem Herkommen abhängen will« (M § 9). Die Sittlichkeit der Sitte hingegen beruht auf einer Form von »Furcht« (a. a. O.). Sie verbietet »jede individuelle Handlung«, »die Originalität« jeder Art (a. a. O.) Dem freien Geist steht der sittliche als der »gebundene« gegenüber (MA §§ 226-28). Der freie ist aber nicht etwa ungebunden im Sinn von willkürlich, sondern er unterscheidet sich vom gebundenen so, daß er Gründe fordert, während der Gebundene Glauben verlangt (§ 225 f.).

An dieser Stelle, im 5. Buch von MA, hat Nietzsche eine erstaunliche Konstruktion vorgenommen, die sich von den Positionen, die er früher und später eingenommen hat, dadurch unterscheidet, daß er die zwei entgegengesetzten Einstellungen, die der höheren und der konventionellen Menschen, beide als konstitutiv für eine gelungene Kultur ansieht. »Zweierlei« müsse »zusammenkommen: einmal die Mehrung der stabilen Kraft durch Bindung der Geister im Glauben und Gemeingefühl, sodann die Möglichkeit, zu höheren Zielen zu gelangen ...; gerade die schwächere (!) Natur, als die zartere und freiere, macht alles Fortschreiten überhaupt möglich« (MA § 224). Man sieht, daß Nietzsche hier nicht einmal darauf bedacht ist, den Typus, den er als den höheren ansieht und als »Genie« bezeichnet (§§ 230 f.), als den stärkeren zu charakterisieren. Es sei »die Gebundenheit der Ansichten«, die zur Charakterstärke« führe und »eine große Energie« ermögliche (§ 228). In anderer Weise aber ist »der große Intellekt« ein Individuum von »starker Energie« (§ 235). Hier zeigt sich, wie vieldeutig und daher nichtssagend der Begriff der Kraft ist, wenn man ihn nicht näher spezifiziert. Was ich aber vor allem bemerkenswert in dieser Konstruktion des 5. Buchs von MA finde, ist, daß die beiden Haltungen hier nicht auf zwei Klassen verteilt werden, sondern verschiedene Persönlichkeitsstrukturen charakterisieren, die sich wechselseitig ergänzen sollen. Von einem in Sitten gebundenen Gemeinwesen wird noch nicht derogatorisch als von einer »Herde« gesprochen, und der einzelne steht ihr noch nicht als Raubtier gegenüber.

Doch zeigt sich sogar hier eine Zweideutigkeit in der Rede von Eigenständigkeit. Besonders gut greifbar wird sie in M § 104 f. Im § 105 sieht es so aus, als sei Eigenständigkeit die Selbständigkeit im Urteilen, und das ist sie allemal in MA § 225, wo der freie Geist derjenige ist, der auf Gründen insistiert. Wenn Nietzsche hingegen in § 104 sagt, daß »alle Wertschätzungen ... entweder eigene oder angenommene (angewöhnte)« sind, und dann erklärt: »eigene Wertschätzungen: das will besagen, eine Sache in Bezug darauf messen, wie weit sie gerade uns und niemandem anderen Lust oder Unlust macht«, dann heißt Eigenständigkeit: bezogen auf die eigenen Wünsche. Was ist also der »freie Geist«: derjenige, der auch innerhalb der Sitten des Gemeinwesens diese auf ihre Gründe befragt, oder derjenige, der sich lediglich an seinen eigene Wünsche hält und seine eigene Individualität auslebt? Weil Nietzsche diese Zweideutigkeit im Sinn von Eigenständigkeit nie thematisiert hat, konnte er sie in der Folgezeit so leicht auf ihre zweite Bedeutung beschränken. Das entspricht auch seinem anfänglichen »Axiom«, und damit ergreift er Partei für die Individuen und gegen die Gemeinschaft. So wirkt die Konstruktion im 5. Buch von MA wie eine kurze Zwischenphase.

9.

Hält man an dem Begriff von Moral fest, den Nietzsche in MA und M ins Auge faßt (»Sittlichkeit der Sitte«), so läuft die Umwertung der Werte, auf die Nietzsche in den späteren Schriften zusteuert, nicht auf eine neue *Moral* hinaus, sondern auf die Verherrlichung des Individuums und seines Egoismus. Darin sollen die neuen Werte bestehen. Sehr viel von dem, was Nietzsche geschrieben hat, soll dem einzelnen sein Wertgefühl und sein Ja-Sagen zu seiner Natürlichkeit und zum Leben zurückgeben, er soll die Scham- und Unterwerfungshaltungen abwerfen, die ihm die Anpassung ans Kollektiv – an die »Sittlichkeit der Sitte« – abgefordert hat. So befreiend dieses Anliegen wirkt, so wird es doch von Nietzsche erstens dadurch erkauft, daß er, da er die zwei Bedeutungen von Eigenständigkeit und Autonomie nicht unterscheidet, nicht etwa ein neues Konzept von intersubjektiver Moral entwirft, sondern diese im ganzen, weil sie das Individuum zur Passivität zwinge, verwirft. Sie ist nun ausschließlich Sache der Schwachen. Und zweitens unterstellt Nietzsche, daß die einzelnen, wenn sie sich nicht mehr vom Gemeinwesen her, sondern von ihren egoistischen Wünschen her verstehen, Macht gegen andere ausüben müssen. Dieser zweite Schritt folgt nicht, wie er scheinbar meint, aus dem alles bestimmenden Willen zur Macht, ja er widerspricht der bei Nietzsche mitschillernden Möglichkeit, auch das Kreative, z. B. in seiner Ausgestaltung als Künstler, als Ausdruck des starken Willens zur Macht anzusehen, sie ergibt sich lediglich, weil Nietzsche innerhalb des Begriffs des Willens zur Macht nicht zwischen *potentia* und *Macht-über* unterscheidet (oben S. 243).

Das erste – die Zurückweisung nicht einer bestimmten Moral, sondern der Moral überhaupt – kommt darin zum Ausdruck, daß Nietzsche anstelle von Sittlichkeit der Sitten jetzt von Herdenmoral spricht. Mit dem abwertenden (und natürlich allemal irreführenden) Wort »Herde« (Büffel haben keine Normen) spricht er nicht einen bestimmten Typus von Gemeinwesen an: Explizit wird in JvGuB § 199 erläutert, daß es für Gemeinwesen aller Art steht: »Geschlechterverbände Gemeinde, Stämme, Völker, Staaten, Kirchen«. Daß Nietzsche Herdenmoral erstens so versteht wie vorher die Rede von der Sittlichkeit der Sitten und daß er zweitens mit der so verstandenen Moral alle Moral im intersubjektiven Sinn – alle normative Moral – verwirft, wird leicht übersehen, weil er doch von zwei Moraltypen spricht, Herrenmoral einerseits und Herden- und dann Sklavenmoral andererseits. Aber man muß hier beachten, daß man das Wort »Moral« in zwei Bedeutungen verwenden kann – und so tut es auch Nietzsche –, erstens in dem üblicheren Sinn einer intersubjektiven, normativen Moral (»Sittlichkeit der Sitten«) und zweitens im Sinn der Werte, nach denen jemand lebt. Die Herrenmoral ist nur noch Moral in diesem zweiten Sinn. Nietzsche drückt sich daher eindeutiger aus, wenn er von Werten und Gütertafeln spricht: Es sind Lebenskonzepte. Auch sich »moralisch« im engeren Sinn zu verstehen, als »Herdentier«, ist ein Lebenskonzept, aber die Herrenmoral ist ein Lebenskonzept von Individuen, die sich überhaupt nicht mehr auf intersubjektive Werte, nicht als Herdentiere verstehen.

Beide Aspekte, daß Nietzsche die Herrenmoral gar nicht als intersubjektive Moral versteht und daß ihr Egoismus als Macht-über verstanden wird, werden in JvGuB und GdM sehr deutlich: »Die Starken (die »Herren« der »solitären (!) Raubtier-Species Mensch«) streben ebenso naturnotwendig *aus*einander, als die Schwachen *zu*einander; wenn erstere sich verbinden, so geschieht das nur (!) in der Aussicht auf eine aggressive Gesamt-Aktion und Gesamt-Befriedigung ihres Willens zur Macht ...« (III, 384), und in JvGuB § 259 macht Nietzsche deutlich, daß es zwar auch in einer Aristokratie eine gewisse Gleichheit gibt, daß diese aber nur in einer Art kontraktueller Übereinstimmung besteht, sich wechselseitig zu schonen: Sie hat ihren Sinn lediglich darin, daß die Individuen ihre Gewalt nun gemeinsam nach außen, gegen andere richten können.[1] Nietzsche sieht also Aristokratien als Zweckverbände zur gemeinsamen Austobung des Expansionsbedürfnisses ihrer Glieder – er sieht sie als Raubtierrudel –, und wieder bleibt offen, wie man sich das in seiner Anwendung auf moderne Zeiten denken soll. Was jedenfalls sehr deutlich wird, ist, daß Nietzsche für die Herrenmenschen eine Moral im engeren Sinn weder vorgeschlagen hat noch suchte. Er hat das Soziale nicht in einer bestimmten Interpretation, sondern als solches verworfen, und daher ist die einzige in seinen Augen gültige oder jedenfalls anständige Form des sozialen Zusammenschlusses die, als Vehikel für den Machtwillen der einzelnen zu dienen. (Hier unterscheidet sich Nietzsche also von Hitler extrem.) Nietzsche sieht vom Willen zur Macht her menschliches Verhalten nur als Verhalten gegen andere und nicht als Verhalten mit und zu anderen. Wahrscheinlich geht die Vernachlässigung des »mit« nicht nur auf den Begriff des Willens zur Macht zurück, sondern dieser und die Tendenz zu seiner einseitigen Ausdeutung gründen ihrerseits auf dem, was Nietzsches Axiom von Anfang an war, der Vorstellung der »höheren« Menschen. Diese waren anfangs noch nicht als Raubtiere verstanden, aber doch schon als Solitäre. Und nur zwischendurch – im 5. Buch von MA – hatte Nietzsche einen vorübergehenden Versuch unternommen, das Solitärsein – verstanden vom freien Geist her – in seiner Funktion für die Gesellschaft zu verstehen.

Da Nietzsche vom Willen zur Macht her – jetzt immer als Macht-über verstanden – alles menschliche Verhalten als Verhalten *gegen*

1 Zum kontraktuellen Aspekt vgl. auch M § 112.

andere verstehen mußte, mußte jetzt auch die intersubjektive Moral ihrerseits noch einmal umgedeutet werden: Die »Sittlichkeit der Sitte« ist nicht nur »Herdenmoral«, sondern »Sklavenmoral«. Der Terminus »Herdenmoral« soll nur den Aspekt der wechselseitigen Anpassung zum Ausdruck bringen. Indem Nietzsche die Herdenmoral als Sklavenmoral versteht, als Produkt eines gemeinsamen Ressentiments gegen die Herren, interpretiert er auch sie vom Willen zur Macht her, als Reaktion der Schwachen auf ihr Untensein, das jetzt nicht mehr nur als Schwäche, sondern als Unterdrücktsein durch die Herren, als Schwächung verstanden wird. So wie er die Sklavenmoral in GdM darstellt, erscheint sie zwar leicht als ein speziell jüdisch-christliches Phänomen, aber in JvGuB § 260 führt er Herrenmoral und Sklavenmoral als *die* »zwei Grundtypen« aller Moral ein, er hält also die jüdisch-christliche Moral lediglich für einen besonders ausgeprägten Fall der Sklavenmoral, sonst wäre auch die Klassifikation in Herren- und Sklavenmoral (plus Mischformen, JvGuB § 260) unvollständig: Es würde dann eine Herdenmoral geben, die nicht Sklavenmoral ist; daß eine Herdenmoral nicht Herrenmoral sein kann, ergibt sich daraus, daß für Nietzsches Rede von Herrenmoral nicht irgendwelche historischen Gegebenheiten bestimmend sind, sondern der vorhin dargestellte Begriff des kontraktuellen Zusammenschlusses der solitären Individuen. Alle Herdenmoral ist jetzt also als Sklavenmoral zu verstehen, alles »mit« reduziert sich auf ein »gegen«.

Das Ergebnis ist also: Alle intersubjektive Moral gründet in einer Unterwerfung – nicht mehr nur unter die Sitten (oder unter die hinter diesen stehenden transzendenten Mächte), sondern unter Herren. Gelegentlich spricht Nietzsche freilich auch bei der Herrenmoral von Sitten, und es ist natürlich weder historisch noch prinzipiell gut vorstellbar, daß es Gemeinschaften – aristokratische oder nicht – gegeben haben soll oder geben könnte, die sich ohne Sitten – ohne wechselseitige Normen – verstehen, nur als Zweckgemeinschaften oder »Rudel«. Außerdem ist natürlich Nietzsches Ableitung des Schuldgefühls aus dem Haß der Sklaven gegen die Herren (GdM, 2. Abhandl. §§ 16 f.) so wenig einleuchtend, weil das Gefühl von Schuld Identifikation voraussetzt. Die Vorstellung schließlich, die uns heute eher selbstverständlich scheint, daß man die Werte der Selbstentfaltung der Individuen hochhalten und gleichzeitig ein System von intersubjektiven Normen anerkennen kann, ja daß ein wesentlicher Bestandteil der Normen darin bestehen müsse, den Individuen, freilich allen Individuen, Rechte auf Selbstentfaltung einzuräumen, war für Nietzsche teils nicht vorstellbar, teils hielt er sie dadurch für widerlegt, daß die Idee der Gleichheit eben zur Herdenmoral gehöre (das war sein stereotyper Einwurf gegen die modernen Ideen der »gleichen Rechte«, JvGuB § 202). Autonomie und Sittlichkeit, erklärt er, schließen sich aus (V, 293).

10.

Ich muß noch einmal auf die Zweideutigkeit im Begriff der Autonomie zurückkommen. In den mittleren Schriften hat Nietzsche Autonomie insbesondere im Sinn des »freien Geistes« verstanden, also als (intellektuelle) »Redlichkeit«, als Hinterfragung des Vorgegebenen. Um den Stellenwert des Begriffs des Willens zur Macht bei Nietzsche zu verstehen, ist außer dem schon Gesagten noch zu berücksichtigen, daß durch diesen Begriff der der intellektuellen Redlichkeit *zurückgedrängt* wird. Sowohl die intellektuelle Redlichkeit wie der Wille zur Macht (sofern er sich nicht aus Schwäche gegen sich wendet) sind Begriffe von Autonomie. Aber Nietzsche ist die Eigenständigkeit der intellektuellen Redlichkeit, des Fragens, zu unsubstantiell geworden. Er wollte jetzt gegenüber vorgegebenen Werten nicht nur eine *kritische* Instanz haben, sondern eine eigenständige *inhaltliche* Quelle des Wertsetzens, und es war das, was er im Gedanken des Willens zur Macht gefunden zu haben meinte. Und von ihm her hat er nun die Idee der Redlichkeit zu relativieren versucht. Der Wille zur Wahrheit bedürfe »selbst erst einer Rechtfertigung« (V, 401). Werde er absolut gesetzt, so sei er ein »metaphysischer« Glaube, er gründe in der christlichen Moral (FW 344, M Vorrede § 4). Die Frage müsse jetzt sein, inwieweit die Redlichkeit dem Leben, also dem Willen zur Macht, nütze. Was für Wahrheit gehalten worden sei, seien in Wirklichkeit »perspektivische Schätzungen und Scheinbarkeiten« (JvGuB § 34). Daher sei es zwar gut, aber genüge nicht, freier Geist zu sein (JvGuB § 44); oder aber die Freiheit des Geistes müsse so verstanden werden, daß sie bereit sei, sich auch vom Glauben an die Wahrheit freizumachen (V, 399); erst »ein solcher Geist wäre der freie Geist par excellence« (FW § 347).

Nietzsche will also die Idee der Redlichkeit gelten lassen, soweit sie sich dem Willen zur Macht unterordnet. In einer heutigen Formulierung ließe sich das in der Weise wiedergeben, daß die theoretische Rationalität nur so weit als rational anzusehen sei als sie sich der praktischen Rationalität unterordnet.[1] Die Frage bleibt aber, ob die intellektuelle Redlichkeit nicht eine eigene Instanz ist, von der Nützlichkeit für den Willen zur Macht ebenso unabhängig wie von der Moral. Nietzsche hat sich hier jedenfalls in eine mißliche Lage manövriert, denn daß der Wille zur Macht alles bestimme und also seine Steigerung der einzig maßgebende Gesichtspunkt sei, ist eine These, die er als *begründet* ansehen muß. Nietzsche erklärt, man müsse erst nach dem Wert des Willens zur Wahrheit fragen, und das kann für ihn immer nur heißen: Wert für den Willen zur Macht, aber *soweit* jemand überzeugen will – und das will Nietzsche mit seiner These vom Willen zur Macht –, kommt er nicht umhin, sich auf Gründe und Gegengründe einzulassen. Zu fordern, die intellektuelle Redlichkeit – den »Willen zur Wahrheit« – müsse gegenüber dem Willen zur Macht ausgewiesen werden, heißt also, die Dinge auf den Kopf zu stellen. Das Begründen ist ein vorgängiger formaler Gesichtspunkt, die These vom Willen zur Macht ein inhaltlicher. Einen inhaltlichen Gesichtspunkt dem formalen Gesichtspunkt vorzuordnen ist Dogmatismus. Der Wille zur Wahrheit hat nicht einen Wert an sich, aber er ist als ein nicht relativierbarer Wille erforderlich, *wenn* man seine Meinungen sich und anderen begründen will.

II.

Wie das Konzept des freien Geistes ohne die Festlegung auf den Willen zur Macht hätte aussehen können, davon gibt das unter dem Titel »Sanctus Januarius« stehende 4. Buch von FW einen Eindruck, das von einer bei Nietzsche ungewohnten Serenität durchstimmt ist. Man erlebt hier einen Nietzsche ohne Haß und sogar ohne Überheblichkeit. Es ist, als ob das neue Konzept schon da wäre und Nietzsche noch einmal Abstand von ihm nähme:

»Ich will nicht anklagen, ich will nicht einmal die Ankläger anklagen«, so lautet der Vorsatz »zum Neuen Jahre« (1882) in § 276. »Ich will irgendwann einmal nur noch ein Ja-Sagender sein!« Dieses Motiv wird dann im vorletzten Paragraphen dieser Sammlung (341) mit der Idee des Ja-Sagens zur ewigen Wiederkehr des gleichen aufgenommen, die Nietzsche später in einer so schlecht zum Willen zur Macht passenden Weise als seine höchste Idee beibehalten hat.

1 Vgl. S. Gosepath, *Aufgeklärtes Interesse; Eine Theorie theoretischer und praktischer Rationalität*, Suhrkamp, Frankfurt 1992.

Nietzsche fühlt sich auf einem »Höhepunkt« (§ 277), aber von Wille zur Macht ist nicht die Rede, obwohl der Schritt zum Zarathustra im letzten Aphorismus (342) angesprochen wird. Er spricht von »Gefährlich leben!« (§ 283), aber damit ist eine Existenz des Experimentierens gemeint, daher die Anpreisung von »kurzen Gewohnheiten« (§ 295). Das »Leben« dürfe »ein Experiment des Erkennenden sein«, der »Grundsatz« sei: »Das Leben ein Mittel der Erkenntnis« (und nicht, wie nachher, umgekehrt) (§ 324). »Der Schritt aller Schritte des befreiten Geistes«, die Auszeichnung des »höheren Menschen«, besteht im »Widersprechen-Können«, im »erlangten guten Gewissen bei der Feindseligkeit gegen das Gewohnte«, das sei »das eigentlich Große, Neue, Erstaunliche unserer (!?) Kultur« (§ 297). »Die hohen Menschen unterscheiden sich von den niederen« (nicht durch mehr Kraft, sondern) »dadurch, daß sie unsäglich mehr sehen und hören und denkend sehen und hören« (§ 301). Das Paradigma ist der Künstler (§ 299). Nietzsche will anderen nichts aufreden, »ich will keine Moral machen« (§ 292). Wenn er von anderen abweiche, so sei das sein Problem, und »entbehrlich sind wir alle« (§ 311). Er denkt nicht an ein allgemeines Wesen des Lebens, worauf es ankomme ist vielmehr: jeweils »dies *gut* zu tun, so gut als es eben *mir* möglich ist« (§ 304). Ob man zu den »starken« oder den »schwachen« Naturen gehöre, wichtig sei nur, »daß der Mensch seine Zufriedenheit mit sich erreiche ... Wer mit sich unzufrieden ist, ist fortwährend bereit, sich dafür zu rächen« (ein ganz anderer Grund des Ressentiment als nach der Lehre der Sklavenmoral) (§ 290). Nicht Steigerung also, sondern Zufriedenheit als Kriterium, und »die Dinge schön, anziehend, begehrenswert zu machen« (§ 299), offenbar Vorschläge, Experimente. »Vornehmheit« (anders als dann im 9. Hauptstück von JvGuB) besteht darin, »vor sich keine Furcht zu haben, von sich nichts Schmähliches zu erwarten, ohne Bedenken zu fliegen, wohin es uns treibt – uns freigeborene Vögel!« (§ 294)

12.

Schließlich ist noch eine Ergänzung erforderlich zu dem Ergebnis, zu dem Nietsche mit seiner »Umwertung« gekommen ist. Nietzsche konnte sein Konzept auch mit den Begriffen *Befehlen* und *Gehorchen* erläutern, auf die er in dem Abschnitt »Von der Selbst-Überwindung« Bezug nimmt, in dem er im »Zarathustra« den Begriff des Willens zur Macht eingeführt hat. Diese Begriffe dienen

Nietzsche als Bezugspunkte für einen weiteren Vorschlag, welches die Kriterien für die Unterscheidung zwischen Stark und Schwach sein sollen: Die Starken sind die, die einen starken Willen haben, während schwach diejenigen sind, deren Wille schwach ist (JvGuB § 21), das aber soll heißen: die »nichts verantworten« wollen, und das wiederum: die nur gehorchen, nicht befehlen können. Diese Unterscheidung fügt sich nun gut in die zwischen Herren- und Herdenmoral. (Auch für Hitler verband sich im Führerprinzip die Idee des starken Willens mit der der Verantwortung, MK 2. Bd. 4. Kap.)

Hier muß man sich nun aber daran erinnern, daß das Einleuchtende von Nietzsches Ausgangsproblem in der Frage bestand, wie man sich von der bloßen Vorgegebenheit der Normen, der Heteronomie, emanzipieren könne (oben S. 239 Punkt 4). Daß die Normen vorgegeben sind, hieß, daß man sich ihnen unterwirft, ihnen gehorcht, und das heißt dann: sich als Herdenwesen versteht. Weil nun, wie es für Nietzsche von Anfang an der Fall war, jeder ein höherer oder gewöhnlicher Mensch von Geburt ist, so ist es für die schwachen Menschen konstitutiv, daß sie nur gehorchen können, eine gewiß merkwürdige Vorstellung. Weil aber jetzt, wie vorhin gezeigt, die Herdenwesen nicht nur als *Normen* unterworfen, sondern auch *von Herren* unterworfen gesehen werden – einem einzelnen Herrn oder einer Herrenschicht –, erschien es Nietzsche natürlich, daß, so merkwürdig man auch das finden mag, die Rede vom Gehorchen indifferent auf das Normen-Gehorchen und auf das Herren-Gehorchen bezogen werden könne. Das Ergebnis ist, daß es einerseits Menschen gibt, die nur gehorchen können, und andererseits die Menschen mit starkem Willen, die sich selbst befehlen und gehorchen (JvGuB § 19) und die daher die geborenen Befehlenden für die Schwachen sind. Diese Auffassung fügt sich natürlich besonders schön in die Lehre vom Willen zur Macht: Das Befehlen und d.h. die *Macht* der *Herren* tritt an die Stelle der *Legitimität* der *Normen*.

Das also ist Nietzsches Lösung des Problems der Autonomie vs. der Vorgegebenheit von Normen. Bei ihm ließ es sich nur so lösen, daß die Legitimität nicht nur auf die Erde zurückgeholt wird, sondern verschwindet und die Normen in Befehle übergehen, die von denen, die die Macht haben, denen gegenüber ergehen, die sei es unterworfen werden, sei es unterworfen sein müssen, weil sie (wie die Sklaven bei Aristoteles) von Natur nur gehorchen können.

Glaubte Nietzsche, daß das die einzige Art ist, wie die Vorgegebenheit von Normen in Autonomie überführt werden kann? Eine Lösung von diesem Typus ist natürlich erforderlich, wenn die These vom Willen zur Macht (daß also Menschen sich nur in Machtverhältnissen zueinander verhalten können) vorausgesetzt wird, aber das gerade steht immer noch zur Diskussion. Eine andere Lösung hätte hier viel näher gelegen. Das Problem der Rückführung der religiösen oder Sitten-Transzendenz der Normen in Autonomie ist doch, so könnte man sagen, nicht eines, das sich dem Subjekt Mensch, sondern *den Menschen* – uns – stellt.[1] Und wäre nicht, sobald es so, im Plural der 1. Person gesehen wird, die naheliegendste Lösung, daß *wir* in unserem Verhältnis zu den intersubjektiven Normen autonom werden, wenn wir, anstelle einer transzendenten Autorität zu gehorchen, uns wechselseitig befehlen und gehorchen? Die Normen wären dann wechselseitige Forderungen, und diese würden als legitim angesehen werden, wenn sie wechselseitig begründbar wären, d. h. wenn die Forderungen nicht nur wechselseitig, sondern auch symmetrisch wären. Niemand müßte dann mehr gehorchen als befehlen, und niemand dürfte mehr befehlen als gehorchen, jeder würde dem anderen soviel Autonomie zugestehen wie sich selbst, und auf diese Weise wäre der Widerspruch, der für Nietzsche zwischen »Sitte« (Norm) und »Autonomie« besteht (oben S. 252), behoben.

Gewiß, für Nietzsche wäre eine Lösung dieser Art, schon wegen der für sie konstitutiven Gleichheit, nicht in Frage gekommen, und ich will sie ihm auch nicht aufreden. Es kommt aber darauf an, die Alternative zu Nietzsches Konzept richtig zu sehen. Er selbst sah sie nur in der Herdenmoral, und die Herdenmoral war für ihn unvermeidlich mit bloßem Gehorsam und d. h. Vorgegebenheit der Normen verbunden, und das hieß auf der anderen Seite, daß Autonomie nur als Selbständigkeit des Individuums und Selbständigkeit nur als einseitige Machtausübung denkbar war, und das wiederum führte zu der Leerstelle, die sich ergeben hat, daß Nietzsche überhaupt kein positives Konzept von Sozialität entwickeln konnte und sich eine Aristokratie nur in Form eines Rudels verstehen ließ.

Man sollte sich klarmachen, welche Bestandteile von Nietzsches

1 Man vgl. hier auch die Auffassung von Jürgen Habermas, wie sie insbesondere in seinem Buch *Der philosophische Diskurs der Moderne* entwickelt wird (Frankfurt, Suhrkamp 1985).

Konzept von welchen seiner Prämissen abhängen. Es ist seine Ausdeutung des Begriffs der Macht als Gewalt-über, die in seinem vagen Ausgangsbegriff »Willen zur Macht« noch nicht impliziert ist, die zu diesem Konzept von Befehlenden einerseits, Gehorchenden andererseits führt. Das Axiom von der Unterscheidung höherer und niederer Menschen hingegen hätte diesen Schritt noch nicht erzwungen: Von ihm her hätte es im Gegenteil eher nahegelegen, der Herrenmoral auch einen positiven sozialen Sinn zu geben.

Was allemal nicht selbstverständlich ist, ist die Art, wie Nietzsche die Verhältnisse von Befehlen und Gehorchen aufteilt: Wenn man, wie er es tut, Befehlen und Gehorchen in einer Person verbunden sehen kann, hätte es nahegelegen, auch das wechselseitige Befehlen und Befolgen zu berücksichtigen, das dann eben ein Befehlen und Befolgen von Normen gewesen wäre und zur Folge gehabt hätte, daß Normen nicht unweigerlich heteronom sein müssen. Nietzsche hätte dieses Konzept wenigstens berücksichtigen und dann verwerfen können. Dann hätte er es sich mit der Gleichheit und den auf ihr fußenden »modernen Ideen« nicht so leicht machen können. Er meinte, daß eine annähernde Gleichheit charakteristisch für das Herdenbewußtsein sei (MA § 224, JvGuB § 44) und daß die Berufung auf gleiche Rechte verworfen werden müsse, weil Gleichheit soviel wie Gleichmäßigkeit und Gewöhnlichkeit bedeute und insofern die geborene Feindin von allem Herausragenden und aller Kultur sei. Den wirklichen Stellenwert der Gleichheit in ihrer Funktion für die wechselseitige Begründung von Normen hat er sowenig gesehen wie viele andere. Es ist nur eine andere Seite derselben Sache, daß er symmetrische intersubjektive Verhältnisse nicht berücksichtigt: Ein symmetrisches intersubjektives Verhältnis besteht darin, daß die beiden oder mehrere Individuen sich in ihrer Macht so einschränken, daß sie sich unter gleiche Normen stellen.

Nietzsche hat auch die Geschichte der Philosophie entsprechend einseitig rezipiert. So besteht Hegels *Phänomenologie des Geistes* in der Hauptsache in einer Analyse verschiedener Formen von intersubjektiver Symmetrie.

Mit symmetrischen intersubjektiven Verhältnissen ist in etwa das gemeint, was oben noch unbestimmt als intersubjektives »mit« angesprochen wurde (S. 250). Nietzsche hat uns hellsichtiger für die so weitreichende Bedeutung des »gegen«-Faktors in intersubjektiven Beziehungen gemacht, aber es liegt etwas Fanatisches in seiner ausschließlichen Hervorhebung. Es ist viel naheliegender zu sagen, daß normale Individuen der Spezies Mensch mit dem Motiv, sich gegen andere durchzusetzen, ausgestattet sind, aber ebenso mit dem Motiv, mit anderen sein zu wollen, sowie mit der Fähigkeit, ihre aus dem ersten Motiv hervorgehenden Neigungen zugunsten des zweiten Motivs einzuschränken, und es ist hier, wo die Moral ihre Basis hat. Es gibt viele Menschen, bei denen das zweite Motiv vom ersten ganz oder weitgehend überdeckt wird, und es gibt seltene Individuen wie Hitler, bei denen das zweite Motiv ganz zu fehlen scheint und bei denen der Machttrieb in der Reinkultur erscheint, in der er Nietzsche ein allgemeines Phänomen zu sein schien, das nur aus Schwäche eingeschränkt würde. Es ist eine weitere Merkwürdigkeit in Nietzsches Denken, daß er sich den Willen immer nur als eine expandierende Bewegung vorgestellt hat, scheinbar *ad indefinitum*, und denjenigen Aspekt des Wollens, der seit Aristoteles das Hauptthema der Philosophen in ihren Erörterungen des menschlichen Wollens gewesen ist, das reflektierende Sichverhalten in und zu seinem Wollen, wozu dann auch die Selbstbeschränkung gehört, nie berücksichtigt hat.

13.

Blickt man zurück, so sieht man Nietzsche wie auf einer abschüssigen Bahn, auf der er sich, soweit ich sehe, zweimal und beidemal im Anschluß an den Begriff vom »freien Geist« zurückgehalten hat – in MA und im »Sanctus Januarius« in FW –, auf der er sich aber, als einmal der Begriff des Willens zur Macht feststand, über den *Zarathustra* und bis zu den Schriften des Jahres 1888 in zunehmend megalomanischer Sprache bewegt. Inwieweit ist es sinnvoll, den Fluchtpunkt, auf den diese Linie hinläuft, mit Hitler zu vergleichen?

Persönlich repräsentiert Hitler wie keine andere Figur der jüngsten Geschichte den reinen Machttypus. Man mag ihn widerlich finden und sagen, so habe sich Nietzsche den nicht vorgestellt, von dem er am Ende der 2. Abhandlung von GdM schreibt: »Aber irgendwann, in einer stärkeren Zeit, als diese morsche, selbstzweiflerische Gegenwart ist, muß er uns doch kommen, der erlösende Mensch« (V, 336). Und in der Tat, die Beschreibung, die Nietzsche von diesem Übermenschen gibt, paßt nicht auf Hitler, wenn Nietzsche ihn als »Mensch der großen Liebe und Verachtung« und als

»schöpferischen Geist« beschreibt, aber woher nimmt Nietzsche diese Beschreibungen? Doch wohl aus den Hintergrundvorstellungen, die in seinem weiten Begriff von menschlicher Größe und Willen zur Macht mitschwingen, aber nicht aus dem Begriff des Willens zur Macht, wie er von ihm selbst zu einem ausschließlich auf Gewalt-über reduzierten Sinn verengt worden ist.

Doch sehen wir von Hitler als Person ab! Wie verhält sich Nietzsches Konzept zu Hitlers Auffassungen? An dieser Stelle erscheint es sinnvoll, sowohl bei Nietzsche wie bei Hitler von ihren empirischen Machttheorien ihre Wahnideen zu unterscheiden. Es hat sich gezeigt, daß sowohl Hitler wie Nietzsche jeder eine Idee mit einem zentralen Stellenwert in seinem System hatte, die man sinnvoll als verrückt bezeichnen kann: bei Hitler die Vorstellung von »dem« Juden als Gegenspieler und Teufel, die ihn denn auch zu Handlungen getrieben hat, die auf sein Machtziel hin gesehen nicht rational waren, und bei Nietzsche die gewiß nicht weniger verrückte Vorstellung, daß die Menschen von Geburt in die zwei Klassen der höheren und der niederen fallen. Die beiden Vorstellungen sind inhaltlich sehr verschieden, aber sie haben durchaus vergleichbare Charakteristika, auch abgesehen davon, daß es Wahnvorstellungen sind: Erstens handelt es sich beidemal um vorausgehende Prämissen, die aus den alles sonstige vereinheitlichenden Machttheorien nicht ableitbar sind; zweitens sind beides Theorien von »blutsmäßigen« (genetischen) und zugleich werthaften Differenzen: Beides sind Unterscheidungen von genetisch bestimmten Übermenschen gegenüber genetisch bestimmten Untermenschen, und drittens ergab sich sowohl bei Nietzsche wie bei Hitler aus der Verbindung ihrer jeweiligen »verrückten« Idee mit der Machttheorie ein exterministisches Programm (bei Nietzsche vgl. WzM § 964, JvGuB § 258, VI, 170).

Sowohl bei Nietzsche wie bei Hitler ergibt sich der Inegalitarismus also nicht nur aus einer Leugnung der Relevanz von Moral gegenüber Macht, sondern er wird von beiden außerdem noch in dieser merkwürdigen Weise überspitzt, daß es *eine* besonders relevante Inegalität von Natur aus geben soll, die zwischen Über- und Untermenschen, eine Grunddifferenz, die sie »sehen« und die andere nicht erkennen können, daher nennen wir sie eben wahnhaft.

Die Art, wie sich Nietzsche und Hitler in ihrer Sicht von einer solchen Grunddifferenz unterscheiden, hängt damit zusammen, daß für Hitler die Subjekte des Machtkampfes die Völker sind und für Nietzsche die Individuen. Sekundär können es dann freilich auch für Nietzsche die Kollektive sein, und wenn er so spricht, nähert er sich Hitler am stärksten. In den Spätschriften spricht er öfters von ungeheuren bevorstehenden Kriegen, und im 1. Abschnitt von GdM spricht er von dem großen Kampf »Rom gegen Judäa, Judäa gegen Rom«. Die Römer stehen hier für »die Starken und Vornehmen«. »Rom,« schreibt Nietzsche, »empfand im Juden etwas wie die Widernatur selbst, gleichsam sein *antipodisches Monstrum*«. Man muß in diesem Satz nur statt »Rom« »die Arier« setzen, was naheliegt, weil Nietzsche vorher in GdM die Vornehmen als die blonden germanischen Bestien charakterisiert hat, und man steht wieder bei Hitler.

Das wäre freilich insofern unangemessen, als Nietzsche die Rede von den Juden an dieser Stelle nicht rassisch,[1] sondern ideologisch versteht und mit der Rede von Judäa vielmehr ans Christentum denkt. Nietzsche hat aber überhaupt nicht primär Kollektive im Auge. Die für ihn wichtige blutsmäßige Unterscheidung verläuft nicht horizontal zwischen Völkern oder Rassen, obschon er mitunter von Ariern ähnlich sprechen kann wie Hitler,[2] sondern vertikal zwischen den höheren und niedrigen Individuen.

Nietzsches Inegalitarismus war im Gegensatz zu demjenigen von Hitler vertikal. Sein Konzept gründete nicht nur in einer Wahnidee, sondern es war auch in dem anderen Sinn verrückt, daß es *nicht realisierbar* war, schon weil es keine Kriterien gibt, wie die zwei von ihm gemeinten Klassen unterschieden werden könnten, für die Nietzsche nie operationalisierbare Merkmale angegeben hat. Sein Inegalitarismus war im Unterschied zu Hitlers Inegalitarismus nostalgisch, auf eine feudalismusähnliche Wiederbelebung bezogen. Seine Ausblicke auf eine kommende Zeit – z. B. am Ende der 1. und am Ende der 2. Abhandlung von GdM – wirken daher eher komisch, weil sie sich nicht einmal in der Phantasie konkretisieren lassen.

Hitlers Wahnidee hingegen war das Gegenteil von komisch, und er verfügte über virtuose Gaben, sein Machtkonzept samt sei-

1 Nietzsche vertrat einen milden Antisemitismus, wie er zu jener Zeit »anständig« war (vgl. JvGuB § 251), und das Problem der Juden spielt für seine Position keine wichtige Rolle. Es wäre sehr oberflächlich, beim Vergleich mit Hitler darauf abzuheben.

2 Man vgl. JvGuB § 257 mit MK 319.

ner Wahnidee für einige Jahre in schauerlicher Destruktivität zu realisieren. Der horizontale Inegalitarismus ist unter modernen Bedingungen eine reale Möglichkeit, weil er innerhalb der Volksgemeinschaft weitgehend egalitär sein kann und weil er sich die in jedem Volk vorhandene Tendenz zur Aggressivität nach außen zunutze machen kann. Was Nietzsche als »Nationalitäts-Wahnsinn« verachtete, ist in Wirklichkeit für einen Inegalitarismus der Entrechtung in einer egalitären Welt die einzige Chance. Das war Hitlers Inegalitarismus, und Hitler hatte diesen dann noch dadurch übersteigert, daß er außer den anderen Völkern, gegen die er sein Volk aufhetzte, in den Juden ein Volk sah, das, wie er meinte, nicht nur ein anderes Volk, sondern antinational sei. Vielleicht ist der Hitlerismus in diesem engeren, zusätzlich von Hitlers Wahnidee bestimmten Sinn heute eine Sache der Vergangenheit, aber der horizontale Antiegalitarismus an sich, den Hitler vertreten hat, lebt mit der ihm eigenen Destruktionstendenz weiter. Hingegen kann der vertikale Inegalitarismus in der Form, in der ihn Nietzsche vertreten hat, in nachfeudalen – kapitalistischen – Verhältnissen wohl keine Breitenwirkung mehr finden. Der heute fortlebende vertikale Inegalitarismus ist nicht mehr einer der Entrechtung, sondern hat eine andere, primär ökonomische Gestalt.

Nachweise

1. Berliner Abschiedsvorlesung, gehalten im Februar 1992 im »Philosophischen Kreis« der Freien Universität. Gedruckt in *Das Argument* Nr. 194 (1992), S. 573-584.
2. Aus dem Spanischen. Gedruckt in *Analyse & Kritik* 15 (1993), S. 101-110, und auf englisch in H. Pauer-Studer (Hrsg.), *Norms, Values and Society*, Dordrecht 1994, S. 33-41.
3. Aus *Logos* 1 (1994), S. 123-138.
4. Aus D. Senghaas (Hrsg.), *Frieden machen*, Frankfurt a.M. 1996, S. 324-333.
5. Aus M. Stamm (Hrsg.), *Philosophie in synthetischer Absicht*, Stuttgart 1998, S. 487-512.
6. Unveröffentlicht.
7. Aus D. Schidlowsky u.a. (Hrsg.), *Zwischen Literatur und Philosophie*, Festschrift für Víctor Farías, Berlin 2000, S. 31-52.
8. Aus R. Brunner (Hrsg.), *Anthropologie, Ethik und Gesellschaft*, Festschrift für Helmut Fahrenbach, Frankfurt a.M. 2000, S. 77-100.
9. Unveröffentlicht.
10. Aus *Sats – Nordic Journal of Philosophy* 1 (2000), S. 13-25.
11. Unveröffentlicht.
12. Unveröffentlicht (eine stark gekürzte Fassung erschien in der *Zeit* Nr. 38 vom 14. September 2000).

»Ethik und Moralphilosophie« im Suhrkamp Verlag Eine Auswahl

Karl-Otto Apel

- Auseinandersetzungen in Erprobung des transzendentalpragmatischen Ansatzes. 866 Seiten. Gebunden
- Diskurs und Verantwortung. Das Problem des Übergangs zur postkonventionellen Moral. stw 893. 488 Seiten
- Transformation der Philosophie
  Band I: Sprachanalytik, Semiotik, Hermeneutik. stw 164. 378 Seiten
  Band II: Das Apriori der Kommunikationsgemeinschaft. stw 165. 446 Seiten

Transzendentalpragmatik. Ein Symposion für Karl-Otto Apel. Herausgegeben von Andreas Dorschel, Matthias Kettner, Wolfgang Kuhlmann, Marcel Niquet. stw 1081. 474 Seiten

Karl-Otto Apel/Matthias Kettner (Hg.). Zur Anwendung der Diskursethik in Politik, Recht und Wissenschaft. stw 999. 372 Seiten

Seyla Benhabib. Selbst im Kontext. Kommunikative Ethik im Spannungsfeld von Feminismus, Kommunitarismus und Postmoderne. Übersetzt von Isabella König. Gender Studies. es 1725. 340 Seiten

Gernot Böhme. Ethik im Kontext. Über den Umgang mit ernsten Fragen. es 2005. 240 Seiten

Hauke Brunkhorst/Wolfgang R. Köhler/Matthias Lutz-Bachmann (Hg.). Recht auf Menschenrechte. Demokratie und internationale Politik. stw 1441. 352 Seiten

NF 133/1/5.01

Lutz H. Eckensberger/Ulrich Gähde (Hg.). Ethische Norm und empirische Hypothese. stw 1088. 396 Seiten

Wolfgang Edelstein/Gertrud Nunner-Winkler (Hg.). Zur Bestimmung der Moral. Philosophische und sozialwissenschaftliche Beiträge zur Moralforschung. stw 628. 476 Seiten

Martin Endreß (Hg.). Zur Grundlegung einer integrativen Ethik. Für Hans Krämer. stw 1205. 259 Seiten

Josef Früchtl. Ästhetische Erfahrung und moralisches Urteil. Eine Rehabilitierung. 519 Seiten. Gebunden

Günther Grewendorf/Georg Meggle (Hg.). Seminar: Sprache und Ethik. Zur Entwicklung der Metaethik. stw 91. 354 Seiten

Jürgen Habermas
- Erläuterungen zur Diskursethik. stw 975. 229 Seiten
- Moralbewußtsein und kommunikatives Handeln. stw 422. 208 Seiten
- Theorie des kommunikativen Handelns. Zwei Bände. Band I: Handlungsrationalität und gesellschaftliche Rationalisierung. Band II: Zur Kritik der funktionalistischen Vernunft. Leinen. Zusammen 1167 Seiten
- Vorstudien und Ergänzungen zur Theorie des kommunikativen Handelns. 606 Seiten. Leinen

R. M. Hare. Die Sprache der Moral. Übersetzt von Petra von Mornstein. stw 412. 243 Seiten

Dieter Henrich. Ethik zum nuklearen Frieden. 322 Seiten. Leinen

NF 133/2/5.01

Otfried Höffe

- Ethik und Politik. Grundmodelle und -probleme der praktischen Philosophie. stw 266. 489 Seiten
- Moral als Preis der Moderne. Ein Versuch über Wissenschaft, Technik und Umwelt. stw 1046. 312 Seiten
- Strategien der Humanität. Zur Ethik öffentlicher Entscheidungsprozesse. Mit einem neuen Nachwort. stw 540. 373 Seiten

Norbert Hoerster

- Abtreibung im säkularen Staat. Argumente gegen den § 218. Erweiterte Neuauflage. stw 929. 200 Seiten
- Sterbehilfe im säkularen Staat. stw 1377. 193 Seiten

Axel Honneth

- Kampf um Anerkennung. Zur moralischen Grammatik sozialer Konflikte. stw 1129. 301 Seiten
- Die zerrissene Welt des Sozialen. Sozialphilosophische Aufsätze. Erweiterte Ausgabe. stw 849. 279 Seiten

Axel Honneth/Hans Joas (Hg.). Kommunikatives Handeln. Beiträge zu Jürgen Habermas' »Theorie des kommunikativen Handelns«. stw 625. 420 Seiten

Detlef Horster (Hg.). Weibliche Moral – ein Mythos? stw 1376. 231 Seiten

Hans Joas. Die Entstehung der Werte. stw 1416. 321 Seiten

Immanuel Kant. Die Metaphysik der Sitten. stw 190. 885 Seiten

Matthias Kettner (Hg.). Angewandte Ethik als Politikum. stw 1458. 416 Seiten

NF 133/3/5.01

Lawrence Kohlberg. Die Psychologie der Moralentwicklung. Herausgegeben von Wolfgang Althof unter Mitarbeit von Gil Noam und Fritz Oser. stw 1232. 564 Seiten

Hans Krämer. Integrative Ethik. stw 1204. 427 Seiten

Angelika Krebs (Hg.)
- Naturethik. Grundtexte der gegenwärtigen tier- und ökoethischen Diskussion. stw 1262. 402 Seiten
- Gleichheit oder Gerechtigkeit? Texte der neuen Egalitarismuskritik. stw 1495. 224 Seiten

Niklas Luhmann/Stephan H. Pfürtner (Hg.). Theorietechnik und Moral. stw 206. 267 Seiten

Niklas Luhmann/Robert Spaemann. Paradigm lost: Über die ethische Reflexion der Moral. Rede von Niklas Luhmann anläßlich der Verleihung des Hegel-Preises 1989. Laudatio von Robert Spaemann: Niklas Luhmanns Herausforderung der Philosophie. stw 797. 73 Seiten

Alasdair C. MacIntyre. Der Verlust der Tugend. Zur moralischen Krise der Gegenwart. Übersetzt von Wolfgang Riehl. stw 1193. 381 Seiten

Karl Menger. Moral, Wille und Weltgestaltung. Grundlegung zur Logik der Sitten. Herausgegeben und eingeleitet von Uwe Czaniera. stw 1286. 210 Seiten

Martha C. Nussbaum. Gerechtigkeit oder Das gute Leben. Herausgegeben von Herlinde Pauer-Studer. Gender Studies. Übersetzt von Ilse Utz. es 1739. 320 Seiten

NF 133/4/5.01

Thomas Rentsch. Die Konstitution der Moralität. Transzendentale Anthropologie und praktische Philosophie. stw 1421. 380 Seiten

Johannes Rohbeck. Technologische Urteilskraft. Zu einer Ethik technischen Handelns. stw 1112. 312 Seiten

Günter Ropohl. Ethik und Technikbewertung. stw 1241. 379 Seiten

Christoph Sachße/H. Tristam Engelhardt (Hg.). Sicherheit und Freiheit. Zur Ethik des Wohlfahrtsstaates. stw 911. 360 Seiten

Wilhelm Schmid. Auf der Suche nach einer neuen Lebenskunst. Die Frage nach dem Grund und die Neubegründung der Ethik bei Foucault. stw 1487. 466 Seiten

Gerhard Schönrich. Bei Gelegenheit Diskurs. Von den Grenzen der Diskursethik und dem Preis der Letzbegründung. stw 1111. 187 Seiten

Gunter Scholtz. Ethik und Hermeneutik. Schleiermachers Grundlegung der Geisteswissenschaften. stw 1191. 326 Seiten

Oswald Schwemmer. Ethische Untersuchungen. Rückfragen zu einigen Grundbegriffen. stw 599. 221 Seiten

Martin Seel
- Ethisch-ästhetische Studien. stw 1249. 299 Seiten
- Versuch über die Form des Glücks. Studien zur Ethik. 365 Seiten. Gebunden

NF 133/5/5.01

Marcus George Singer. Verallgemeinerung in der Ethik. Zur Logik moralischen Argumentierens. Übersetzt von Claudia Langer und Brigitte Wimmer. 420 Seiten. Leinen

Holmer Steinfath. Orientierung am Guten. stw 1531. 496 Seiten

Holmer Steinfath (Hg.). Was ist ein gutes Leben? Philosophische Reflexionen. stw 1323. 260 Seiten

Ernst Tugendhat
- Aufsätze 1992-2000. stw 1535. 272 Seiten
- Dialog in Leticia. stw 1302. 143 Seiten
- Ethik und Politik. es 1714. 144 Seiten
- Vorlesungen über Ethik. Gebunden und stw 1100. 399 Seiten

Albrecht Wellmer. Ethik und Dialog. Elemente des moralischen Urteils bei Kant und in der Diskursethik. stw 578. 224 Seiten

Reiner Wimmer. Universalisierung in der Ethik. Analyse, Kritik und Rekonstruktion ethischer Rationalitätsansprüche. 465 Seiten. Leinen

Lutz Wingert. Gemeinsinn und Moral. Grundzüge einer intersubjektivistischen Moralkonzeption. 365 Seiten. Gebunden

Ludwig Wittgenstein. Vortrag über Ethik. Und andere kleine Schriften. Herausgegeben und übersetzt von Joachim Schulte. stw 770. 142 Seiten

Georg Henrik von Wright. Normen, Werte und Handlungen. 259 Seiten. Gebunden

NF 133/6/5.01